21세기의

청소년복지론

조성연 · 유진이 · 박은미 · 정철상 · 도미향 · 길은배

창지사

머리말

조기교육, 저출산, 학업중도탈락 등의 아동 · 청소년과 관련한 사회문제가 심각해지면서 국가는 청소년복지에 많은 관심을 갖게 되었다. 그리하여 중앙정부는 지난 수십 년 동안 관련 법규를 제정하여 다양한 기구를 설치함으로써 여러 가지 정책을 실시하고 있다. 2020년 5월에는 〈포용국가 청소년정책 방향〉을 발표하면서 "새로운 100년, 이제는 청소년이다."를 슬로건으로 미래 청소년정책의 방향과 비전을 제시하기도 하였다. 그러나 전혀 예상하지 못했던 COVID-19와 같은 전 세계적인 팬데믹 상황은 그동안 유지해 왔던 다양한 청소년활동을 위축시켰을 뿐만 아니라 청소년의 학교생활마저 위협하는 상황으로 이어지기도 하였다. 더욱이 빠른 정보화 사회로의 진입으로 다양한 문화가 선별되지 못한 채 청소년에게 전달되어 아직 그러한 능력을 갖추지 못한 청소년으로 하여금 정보의 바다에 빠지게 했을 뿐만 아니라 유해환경에도 쉽게 노출되는 상황으로 이어지고 있다. 이러한 상황에서도 지난 수십 년 동안 정부의 청소년과 관련한 다양한 법과 제도의 신설과 개정 등으로 청소년복지에 대한 관심과 정책 및 제도는 괄목할 만한 성장과 발전을 이루었다. 그러나 여전히 우리나라 청소년복지에 대한 각종 제도와 정책은 청소년이 미래사회를 위한 국가적 동량이라고 주장하는 것만큼의 필요성이나 요구에 제대로 부응하지 못하고 있다. 사회 전반에서 주장하는 것처럼 청소년을 위한 복지는 복지국가를 지향하는 우리나라의 당면과제이기 때문에 가정이나 학교, 국가는 청소년이 건전하게 성장, 발달할 수 있도록 최선의 노력을 기울여야만 한다.

특히, 현대사회에서의 청소년은 NZ세대, Z세대, N세대, alpha세대 등과 같은 다양한 용어가 생겨나면서 기성세대와 다른 가치관과 생활양식을 가지고 다양한 욕구와 생활양식을 추구한다. 다른 한편으로 청소년은 틀에 박힌 학교생활이나 대학입시 등으로 사회적 · 정신적으로 많은 어려움에 직면하고 있다. 뿐만 아니라, 과거와 달리 사회적이고 정치적인 최근의 이슈에 대해 자신의 주장을 솔직하게 표현함으로써 보다 진취적인 특성을 나타내기도 하는 등 이전 세대와는 확연하게 다른 모습을 보인다.

이러한 청소년의 변화에 대해 청소년의 복지 분야를 연구하고 이의 발전 방향을 모색하는 청소년 분야의 학자들이 모여 청소년의 복지를 위한 작은 노력의 일환으로 청소년복지에 대한 기초와 행정, 서비스 전달체계, 청소년복지의 실제 등에 대한 내용의 도서를 집필하여 2008년에 『청소년복지론』을 출간한 바 있다. 당시 수년간 청소년복지와 관련한 다양한 분야에서 연구와 강의, 활동을 하면서 한국청소년복지학회를 이끌었던 교수들이 가능한 한 최신의 정보를 전달하고자 관련 내용을 담아 출판하였다. 이후 7년여의 시간이 흐르면서 청소년복지와 관련한 각종 법규의 개정과 제정이 이루어졌고, 관련 정책이나 제도 등에 다양한 변화가 있었으며, 행정 부서도 이동하는 등의 변화가 있어 새로운 방향에서의 저서 집필이 불가피하게 되어 2016년에 전면개정된 『최신 청소년복지론』을 출간하였다. 그 후, 어느덧 5년여의 시간이 흘러 관련법이 개정되고, 제6차 청소년정책기본계획(2018~2022)이 발표되는 등 새로운 청소년정책과 청소년복지서비스 등이 제시되면서 청소년복지환경이 변화되었다. 이에 기존의 내용을 대폭 수정하여 금년에 미래 사회를 지향하면서 새롭게 본서를 출간하게 되었다. 본서를 대폭 수정하여 새롭게 집필하였으나 부분적으로 지난 저서의 내용이 일부 동일하게 포함되어 있음을 밝힌다.

본서는 총 4부 13장으로 구성되어 있다. 제1부는 청소년복지의 개념과 발달과정, 접근방법 등 청소년복지의 기초적인 측면에 대해 살펴보았다. 1장과 2장은 도미향 교수, 3장은 유진이 교수가 집필하였다. 제2부는 청소년복지관계법, 청소년복지행정과 서비스 전달체계를 2개 장으로 구성하여 길은배 교수가 집필하였다. 제3부는 청소년이 직면하고 있는 다양한 문제, 즉 중독, 성, 가출, 학업중단, 일, 폭력, 시설보호 등과 같은 청소년복지의 실제를 6개 장으로 구성하여 살펴보았다. 6장과 7장은 조성연 교수, 8장과 9장은 박은미 교수, 10장과 11장은 정철상 교수가 각각 집필하였다. 제4부는 외국의 청소년복지정책과 미래 청소년복지의 과제와 전망에 대해 12장은 유진이 교수, 13장은 조성연 교수가 각각 집필하였다.

새로운 자료를 추가하여 최신의 경향을 담고자 하였으나 저서의 특성상 이전 도서와 크게 변화된 부분이 없는 장도 있음을 이해해 주기 바란다. 저서를 출간할 때마다 그렇듯 아쉬운 부분은 있지만, 본서가 우리나라 청소년복지를 공부하는 후학들이나 관련 분야의 전문가들에게 조금이라도 도움이 될 수 있기를 바란다. 마지막으로 본서의 발간을 위해 조력을 아끼지 않은 김기섭 사장님을 비롯한 창지사 가족 여러분께 감사의 마음을 전한다.

2021년 6월

저자를 대표하여

조성연

차례

PART 2. 청소년복지관계법과 서비스 전달체계

PART 3. 청소년복지의 실제

PART 4. 청소년복지의 과제와 전망

PART 1

청소년복지의 기초

Chapter 1

청소년복지의 이해

청소년을 개념적으로 정의하기는 쉽지 않다. 청소년은 아동과 연령이 중복되어 오랫동안 아동의 개념 속에서 이해되어 왔다. 일반적으로 청소년은 '아동기에서 성인기로 이행하는 과도기적 단계에 있는 존재'라고 이해되어 왔고, 법적 기준에 따라서도 청소년은 「청소년 기본법」에서 9세 이상 24세 이하의 연령으로 규정하고 있어, 부모로부터 독립하는 시기까지의 존재라고 볼 수 있다. 따라서 본 장에서는 청소년복지를 이해하기 위해 이러한 연령 기준과 개념에 기초하여 청소년기의 개념과 환경에 대해 살펴보고, 청소년의 발달 특성, 청소년복지의 개념, 청소년의 기본권과 학생인권에 관하여 살펴보고자 한다.

1. 청소년기의 개념과 환경

1) 청소년기의 개념

(1) 어원에 따른 개념

과거 농경사회에서는 청소년(靑少年)이라는 개념 자체가 존재하지도 않았는데 산업화로 인한 노동시장에서 훈련받은 노동력의 필요성 때문에 청소년이라는 용어가 나타나기 시작하였다. 농경사회에서는 어른 아니면 아동이었기 때문에 아동이 그 사회의 고유한 통과의례를 거치면 곧바로 성인으로 받아들여졌다. 이와 같이 청소년의 개념은 시대적 상황과 국가의 제도 및 문화에 따라 다양하게 정의될 수 있어 일치된 정의를 내리기가 쉽지 않다.

청소년은 어린이와 청년의 중간 시기이다. 청소년의 보호와 규제를 목적으로 하는 「청소년 보호법」에서는 19세 미만(19세가 되는 해의 1월 1일을 맞이한 사람은 제외한다.)을 청소년으로 정의하고 있다(국가법령정보센터, 2021). 통상 중학교와 고등학교의 시기에 해당된다.

청소년에 대한 연령 규정은 법령이나 규범에 따라 다른데, 「청소년 기본법」에는 9세에서 24세 사이의 사람이지만, 다른 법률에서 청소년에 대한 적용을 다르게 할 필요가 있는 경우에는 따로 규정한다.

영어식으로는 만 13~19세를 teenage라고 하는데, 이 시기는 청소년기와 꽤 일치한다. 즉, 2차 성징이 나타나면서부터 성장이 급속화되는 2차 급속성장기의 성장이 끝나 성인이 되기 전의 연령을 이르는 말이다. 그러나 사회, 문화 및 법적 규정은 각각 조금씩 나이의 차이를 보인다. 10대의 청소년을 연령단계로 나눠 만 15~16세 미만을 로우틴(low teen, 대체로 중학생), 만 15~16세 이상을 하이틴(high teen, 대체로 고등학생)이라고 부르기도 한다. 이 구분은 청년심리학에 있어서 청년전기 · 청년중기와 거의 대응한다(위키백과, 2021).

청소년이라는 단어와 관련하여 영어권에서는 'adolescent'와 'youth'로 구분하여 사용하고 있다. 'adolescent'는 라틴어의 'adolescere'에서 비롯되었으며, '성장하다(to grow up)', '성숙에 이른다(come to maturity)'는 의미가 내포되어 있고(구혜영, 2020), 발달심리학에서 말하는 생리학적 발달국면(physiological development phase)과 밀접하게 관련되어 있다. 따라서 청소년기는 아동기에서 성인기로 이행하는 과도기적 성격을 지니고 있으며, 현재보다 성인기를 준비하는 데 역점을 두고 대학입시 등 학습으로 많은 시간을 보낸다. 그래서 청소년은 성인 세대의 가치나 규범을 수용하면서 자율적이고 적극적이라기보다는 다소 수동적 존재로 보이기도 한다.

다음으로, 청소년을 의미하는 'youth'는 두 가지 관점에서 접근하고 있는데, 하나는 앞서 언급한 'adolescence'에서 사회적 성격을 좀 더 가미하여 사회구성원들에게 보다 높은 교육적 성취를 위한 인생주기로 청소년기가 생겨났다고 보는 관점이다. 즉, 'youth'는 사회-심리학적 성격에 주목하여 사회적 맥락에서 접근하고 이해하는 입장이다. 따라서 이 개념에서의 청소년기는 아동기와 성인기 사이의 과도기적 성격으로 보기보다는 오히려 독자적인 인생 발달 과정의 한 단계로서 자율성과 책임성, 능동성뿐만 아니라 참여권, 시민권 등을 인정하고 그 당위성을 강조하고 있다.

다른 하나는 'youth'를 'adolescence'와 성인 사이의 중간 개념으로 바라보는 것으로, 이 관점은 'adolescence'의 전제가 되는 발달심리학[1]과 교육 및 취업준비기간의 중요성 등에 관한 사회심리적 맥락을 포함하는 것이다.

이상에서 볼 때 우리나라에서는 과도기적인 개념으로서의 청소년기와 자율과 책임을 강조하는 청소년기 그리고 성인에게 의존적인 청소년기에 관한 개념들이 혼재된 상태로 이해하는 경향이 있다. 그리고 청소년의 특성을 질풍노도의 시기(a time of storm and stress), 주변인(marginal man)의 시기, 과도기(transitional period), 모방의 시기라고 표현하기도 한다. 이는 청소년기가 신체적 · 심리적 · 사회적 성장이 급속하게 진행되면서 불안정한 시기가 된다는 전환기적 의미이기도 하다.

1) 발달심리학에서는 13~24세까지를 청년기(adolescence)라고 부른다.

(2) 법과 연령에 따른 개념

청소년기의 개념을 정의함에 있어서 신체발달과정의 특성과 연령에 의한 기준을 사용하는 것이 보편적이다. 신체발달과정을 기준으로 청소년기를 구분하는 방법이 일반적이지만 신체발달의 개인차로 인해 보편적인 기준을 제시하는 데는 어려움이 있다. 또 다른 방법인 연령에 의한 구분은 각 나라와 기구, 단체마다 문화, 환경, 교육, 목적 등의 상황에 따라 다소 상이한 연령범위를 제시하고 있다. 즉, 유엔에서는 청소년을 15세 이상 24세 이하로 규정하고 있으며, 유엔 식량농업기구(Food and Agriculture Organization: FAO)는 10세부터 24세까지로 정의하였다.

우리나라에는 「청소년 기본법」, 「청소년복지 지원법」, 「청소년활동 진흥법」 등 다양한 청소년관련법이 제정되어 있는데 각각의 법마다 청소년의 호칭과 적용 연령에 차이가 있다. 그것은 일반적인 청소년기의 발달 특성뿐만 아니라 발달영역별 특성을 고려했기 때문이다. 따라서 〈표 1-1〉에서 제시한 것처럼 청소년관련법상에서의 청소년의 호칭과 연령은 다소 상이하다. 「청소년 기본법」에서는 9세 이상 24세 이하인 자, 「청소년 보호법」에서는 19세 미만인 자를 '청소년'으로, 「민법」에서는 19세 미만인 자를 '미성년자'로 규정하고 있다. 그리고 「소년법」에서는 19세 미만인 자를 '소년'으로 규정하고 있으며, 「근로기준법」에서는 "18세 미만의 자는 도덕상 또는 보건상 유해 · 위험한 사업에 사용하지 못한다."라고 규정하고 있다(법제처, 2021). 이처럼 청소년의 연령은 아동과 청소년을 혼재하여 사용하고 있고 아동과 청소년의 구분도 모호한 점이 있어, 그 개념도 일관된 정의를 내리기에 다소 어려움이 있다.

청소년복지와 관련하여 연령을 구분하는 경우에는 주안점을 두는 부분이 다르기 때문에 세부 분야에 따라 청소년에 대한 연령 범위 및 그 정의를 달리하고 있다. 즉, 비행청소년은 상황에 대한 분별력과 판단력 등의 사회인지적 관점을 중시하여 정의하고, 근로청소년은 최소한도로 근로할 수 있는 신체적 능력에 초점을 맞추어 정의하고 있다. 이와 같이 청소년복지 분야에 따라 청소년을 조금 다르게 정의함으로써 법의 적용을 통한 청소년복지의 실천에서 운영의 합리화를 기할 수 있지만 통합적인 청소년복지정책의 실시에는 어려움이 따를 수 있다.

〈표 1-1〉 청소년관련법상에서의 청소년의 호칭과 연령

법률	호칭	연령 구분
「청소년 기본법」	청소년	9세 이상 24세 이하의 자
「청소년활동 진흥법」	청소년	9세 이상 24세 이하의 자
「청소년복지 지원법」	청소년	9세 이상 24세 이하의 자
「청소년 보호법」	청소년	19세 미만의 자
「아동 · 청소년의 성보호에 관한 법률」	아동 · 청소년	19세 미만의 자
「보호소년 등의 처우에 관한 법률」	소년	20세 미만의 자
「소년법」	소년	19세 미만의 자
「보호관찰 등에 관한 법률」	소년	19세 미만의 자
「민법」	미성년자	19세 미만의 자
「형법」	형사미성년자	14세가 되지 아니한 자
「근로기준법」	연소자	18세 미만의 자
「아동복지법」	아동	18세 미만의 자
「한부모가족지원법」	아동	18세 미만의 자
「국민기초생활 보장법」	아동	18세 미만의 자

출처: 법제처(2021)를 근거로 저자가 구성함.

2) 청소년의 생활환경

환경은 개인이 직면하는 조건과 세력 및 외적인 자극들이라 할 수 있는데 이는 개인에게 긍정적 혹은 부정적인 영향을 미치는 외적 조건 및 자극의 개별적이고 총합적인 구조와 작용이라고 할 수 있다. 그리하여 환경은 다음과 같은 몇 가지 측면에서 청소년에게 영향을 미친다.

첫째, 환경은 언제나 개인이 핵심이 된다. 즉, 환경은 집단으로서의 인간이 아니라 개인으로서의 청소년을 중심으로 하고 있어서 어떤 청소년은 환경에 더 많이 영향을 받을 수 있으나, 어떤 청소년은 거의 영향을 받지 않을 수 있다. 그러므로 같은 외적 자극, 즉 환경에 대해 청소년은 서로 다르게 지각하고 반응할 수 있다.

둘째, 환경은 개인 외부의 물적 · 인적 요인을 모두 포함한다. 그러므로 청소년

개인을 중심으로 볼 때 그의 환경에는 청소년을 둘러싼 가족과 그 특성 및 또래와 친척, 이웃들과 같은 인적 조건과 그들이 주는 자극을 모두 포함한다.

셋째, 개인이 직면하는 외적 조건과 자극이 개별적 혹은 총합적으로 개인에게 영향을 미친다. 아버지와 어머니는 각기 청소년이라는 개인에게 영향을 미치는 환경이 되지만 아버지와 어머니의 상호작용이 총합적으로 청소년에게 영향을 미칠 수도 있다. 또한, 가족구성원 각자는 물론, 이웃들, 친구들은 개별적으로 각기 청소년에게 영향을 미치는 외적 자극과 조건이 되기도 하고 이들이 상호작용함으로써 총합적 특성을 지닌 단위로서도 영향을 미칠 수 있다.

넷째, 환경은 상호작용을 포함한다. 환경의 인적 요인과 물적 요인 간의 상호작용은 청소년 환경에 영향을 미친다. 이 작용은 눈에 보이지 않는 풍토이자 문화이기 때문에 청소년이 감각적으로 흡수하고 반응하는 행동에서 관찰될 수 있다. 또한, 이 작용은 물적 및 인적 요인보다 비교적 가변적이며, 이 가변성도 인적 및 물적 요인의 영향을 받기도 한다.

이상의 환경 측면에 근거하여 볼 때, '청소년 환경'이란 청소년의 성장과 발달에 영향을 미치는 외적인 조건과 자극 및 그 상호작용이라 할 수 있다.

(1) 청소년과 가족환경

청소년의 환경 중 부모와 가족구성원은 청소년이 성장 · 발달함에 있어서 필수적인 요소일 뿐만 아니라 건강한 인격체로 성장해 나가는 근본적 환경이라 할 수 있다. 특히, 경제적으로나 사회적으로 완전히 독립할 때까지 가족 안에서 청소년기를 보내는 우리나라의 실정을 생각한다면 한 인간의 발달과 교육에 있어서 가족구성원과 부모의 역할은 매우 중요하다.

제4차 산업혁명과 지식사회의 현상은 가족의 구조와 기능 및 가족구성원 간의 관계에 많은 변화를 가져왔을 뿐만 아니라 다양한 가족유형을 형성하였다. 이러한 가족환경은 청소년에게도 중요한 영향을 미친다. 가족은 '공유된 역사를 지니며, 일정한 정서적 유대를 경험하는 상호 의존적 사람의 집합체'이며(도미향 · 강기정 · 이무영 · 박경애 · 장미나, 2018), 경제적 기능, 출산 및 성행위 규제 기능, 사회보장, 지위계승 기능 그리고 자녀양육 및 사회화 기능, 정서적 유대 기능 등 다양한 기능을 수행한다. 그리하여 가족의 경제적 기능이 상실되면 그 가족구성원인 청소년은 경제위기의 직접적인 영향을 받게 된다. 청소년은 부모의 실직과 같은 경제적 상태의 변화에 가장 취약한 집단으로서 청소년기의 경제적 열악함으로 인한 부정적 경험은 청소년의 심리적 복지나 행동상의 문제, 성취 행동에도 영향을 미친다.

또한, 이와 더불어 가족의 오락기능 상실은 청소년에게 다양한 유해환경에 노출되는 기회를 제공하고, 가출 등의 심각한 문제를 야기한다. 그리고 가족의 교육 기능이 점차 약화되면서 부모의 역할이 제3자 또는 제도적인 기관으로 위탁되어 부모-자녀 간 대화와 의식의 단절로 청소년의 비행을 일으키는 원인이 되기도 한다. 따라서 가족은 청소년이 독립성과 자율성을 함양할 수 있는 안전하고 신뢰로우며 창의적 환경을 제공해 주어야 한다.

(2) 청소년과 교육환경

교육환경은 학교뿐만 아니라 학교와 밀접하게 관련된 학교 주변의 상황을 모두 포함한다. 학교는 가정보다 계획적 · 조직적 · 합리적 · 의도적인 사회화 기관이며, 교사와 학생이 함께 생활하고 경험하는 교육환경이다.

청소년은 학교에서 친구, 교사와 인간관계를 형성하고, 다양한 분야에서의 학습활동을 통하여 기존의 문화를 계승할 뿐만 아니라, 새로운 문화를 창조할 수 있는 지식과 기술을 습득한다. 그러므로 학교는 청소년이 성숙한 사회인으로 기능할 수 있도록 도와주는 조직적인 기관이다.

학교는 다양한 기능을 하며, 이러한 기능은 사회적 위임 사항으로서, 친구, 교사 등의 인적 요인과 기관의 위치, 시설과 설비, 교구와 교재 등의 물적 요인 및 이러한 요인의 상호작용 수준에 따라 청소년복지에 직 · 간접적인 영향을 미친다. 더욱이 청소년 생활의 대부분이 학교에서 이루어지며, 삶의 질 향상을 위한 도구로써 교육이 더욱 강조될 것이라고 가정할 때, 학교의 영향력은 더 커질 것으로 전망된다.

우리나라의 학교환경에서 교원 1인당 학생 수는 점차 줄어들고 있지만 여전히 OECD국가의 평균에 비해 더 높다. 교사 1인당 학생 수의 비율이 높아 교사와 학생 간 친밀한 관계를 형성하는 데 어려움이 있다. 또한, 입시 위주의 교육으로 인해 지나치게 경쟁의식을 강조함으로써 시험에 대한 중압감, 스트레스로 인한 정신질환 등 다양한 교육병리현상이 나타나고 있다.

3) 청소년의 사회환경

(1) 또래환경

또래는 비슷한 연령대의 인간을 지칭한다. 특히, 청소년은 동네, 학교, 종교기관 등의 다양한 장소에서 또래와 만나 인간관계의 폭을 넓힐 수 있을 뿐만 아니라 깊이도 더할 수 있다. 청소년은 가정을 벗어난 교육 및 사회기관에서의 생활시간이 증가하면서 부모의 영향력이 약화되고 또래집단의 영향력이 점차 확대된다.

한편, 정보통신기술과 멀티미디어 매체를 중심으로 한 사이버 문화는 또래를 새로운 하나의 문화권으로 결집시키는 데 기여하고 있다. "친구 따라 강남 간다."라는 속담처럼 또래는 청소년에게 강력한 정서적 지지원이 되고 있다. 청소년은 국가와 민족에 관계없이 또래에게 소속감과 친밀감을 느낄 수 있으며, 나아가 또래들과의 긴밀한 관계를 통해 다양한 사회적 기술을 학습한다. 따라서 현실과 가상공간에서 아동기보다 더 강한 결속력을 지닌 집단(gang)을 형성할 수 있다. 즉, 청소년은 또래집단에 소속됨으로써 사회적 지지와 정서적 안정감을 갖게 되고, 정체성 형성에 영향을 받게 된다(이상준, 2015, p. 62).

청소년이 또래에게 느끼는 강한 유대감이 언제나 긍정적으로 작용하는 것만은 아니므로 '제2의 탄생'이 시사하는 것처럼 아동에서 청소년으로 이행하는 과정에서 진정한 실존의 의미와 미래의 비전을 성취하기 위해 함께 노력하고 있는지에 대한 문제가 제기될 수 있다. 부정적인 경우 '반항을 위한 반항'으로 또래집단이 가지는 위력에 편승하여 반사회적 행동을 스스럼없이 하거나, 허무주의에 빠져 알코올과 물질을 오·남용하거나 자살을 시도할 수도 있다. 그 예로 폭주족, 왕따족, 막가파와 지존파, 자살사이트 제작과 유포 등을 들 수 있다. 또한, 청소년기는 성적 발달이 급격하게 이루어지는 시기인 만큼 이성에 대한 관심이 매우 높아서 이성 또래에 지대한 관심을 보이는데 이성과의 접촉은 인터넷의 발달에 따라 더욱 용이해졌다.

(2) 대중매체와 유해환경

현대인에게 있어서 매체를 통한 생활은 필수불가결한 것이라고 받아들여지고 있다. 특히, 가정에서 TV나 컴퓨터 등의 대중매체가 생활의 필수적인 도구가 됨으로써 현대 청소년의 생활과 매우 밀접한 관련을 맺고 있으며, 앞으로 그 영향력은 더욱 커질 것으로 전망된다. 대중매체가 하루가 다르게 급성장하는 현실 속에서 영화와 온라인 게임 등의 콘텐츠 산업이 미래 국가 성장의 동력이라는 이름 아래 상업주의로 치닫고 있다. 특히, 사이버 시대의 필수 디지털 기기인 인터넷, 스마트폰 등의 디지털 매체에 무방비 상태로 노출되어 있는 청소년은 그 부작용에 의한 피해를 고스란히 입게 될 가능성이 가장 큰 연령층이다. 이들의 피해를 방치할 경우 우리나라의 장래도 암울해질 수밖에 없을 것이다(김향초, 2015, p. 38). 특히, 청소년에게 TV는 폭력적이고 선정적인 장면으로 인해 부정적인 영향을 미치기도 한다. 현재 우리나라에서 방송되는 많은 프로그램 중 성인 위주로 제작된 프로그램과 광고물의 내용이 지나치게 외설적이고 폭력적인 경향이 있다.

우리나라의 인터넷 이용률을 보면 가구 인터넷 접속률은 99.7%, 국민 인터넷 이용률은 91.8%로 거의 모든 국민이 인터넷을 이용하고 있다(과학기술정보통신부, 2020). 그리고 최근 한 연구결과 인터넷-스마트폰 사용의 경우 하루에 3~4시간 이상 한 적이 있다는 응답이 65.1%, 인터넷이나 스마트폰(게임, 채팅 등) 사용으로 인해 계획한 일들을 제대로 못 한 적이 있다는 응답도 39.5%로 나타났다(충주시청소년상담복지센터, 2020). 이러한 실태를 볼 때 청소년의 인터넷이나 스마트폰 사용은 자칫 중독으로 이어질 가능성이 크다. 인터넷 중독 증세가 있는 경우 인터넷을 하지 않을 때도 하고 있는 듯한 환상을 느끼거나, 인터넷 사용 때문에 사회적 규범을 어기거나 비도덕적 행위를 하는 등 현실과 사이버세계와의 구분 장애가 점점 심해지는 현상을 나타내기도 하여 청소년의 인터넷 사용에 따른 폐해에 대한 대비책이 필요하다.

이상에서 볼 때, 청소년을 대중매체의 역기능으로부터 보호하기 위해서는 대중매체에 대한 규제를 정부의 다양하고 적극적인 대책과 더불어 민관 네트워크를 통한 대책 방안 모색이 필요하다. 특히, 각급 학교에서는 대중매체의 역기능과 문제점 등에 관한 이해교육 및 윤리교육 실시를 의무화하고 건강한 문화 속에서 매체가 제공하는 순기능을 극대화하는 방향으로 사용할 수 있도록 규정을 마련할 필요가 있다.

한편, 유해환경은 국가의 안전 환경과 청소년의 복지 및 삶의 질에 직접 영향을 미칠 수 있다. 국제연합아동기금(UNICEF)은 국내 1~14세 아동의 인구 10만 명당 25.6명이 각종 상해 및 사고로 목숨을 잃고 있다고 보고하였다. 뿐만 아니라, 세계보건기구(WHO)에 따르면 유해환경과 관련한 각종 질병으로 전 세계 14세 이하의 약 500만 명 이상의 아동이 매년 사망하고 있다. 이밖에 교통사고와 익사 등 비의도적인 부상이 아동 사망에 대한 주요 원인으로 분석되었다. 이러한 아동 사망을 예방하기 위해서는 건강한 환경 조성이 필요하다.

2. 청소년의 발달

청소년복지에서 청소년의 발달 특징은 이들의 성장과정을 단순하게 이해하는 데 그치는 것이 아니라, 발달적 특징을 바탕으로 청소년복지정책을 입안하여 적극적으로 실천하기 위한 목적을 지닌다. 따라서 청소년의 발달 특성을 이해하는 것은 청소년복지실천에서 중요한 의미를 지니며, 이를 위해 다양한 발달이론의 관점에서 청소년을 이해하고, 발달적 접근 및 청소년의 상황적 특성을 고려한 발달적 특성에 대한 이해가 필요하다.

발달은 양적 또는 질적 변화의 과정과 특성을 중심으로 일정한 순서에 따라 일어난다. 특히, 어떤 행동특성은 그것이 나타날 수 있는 심리적 구조가 형성되어야만 비로소 나타날 수 있기 때문에, 학자들이 주장하는 이론에 따라서는 발달을 일련의 단계로 구분하여 제시하기도 한다. 그러므로 각 발달단계(發達段階)는 질적으로 차이가 있는 행동변인으로 구분된다. 즉, 발달단계는 심리학에서 심신(心身)의 성장과정을 어떤 구분에 따라 나눈 단계로서 발달단계 이론은 사람의 일생동안의 발달단계, 특히 아동발달을 별개의 단계로 나누는 이론으로 행동과 심적 구성개념의 질적 차이를 그 특징으로서 다룬다(Michel Hersen & Jay C. Thomas, 2012).

이러한 발달단계는 생활연령별로 발달 정도를 파악하고 있는데 최근에는 사회·문화적 환경특성의 다양화로 청소년의 성장도 가속현상(acceleration)을 초래하고 있어 청소년기의 시작이 1~2년 정도 개인차가 발생하고 있음을 고려해야 한다.

발달단계와 관련하여 청소년의 발달이 순조롭게 이루어지기 위해서는 각 단계에서 반드시 이루어야 할 행동양식이 있는데, 이를 '발달과업(developmental task)'이라고 한다. 발달과업은 시대와 문화에 따라, 청소년이 생활하고 있는 가정환경에 따라 차이가 있는데 청소년의 주요발달과업은 자아정체감 형성, 독립과업 성취, 사회적 역할에 관한 이해, 윤리적 체계 획득이다. 에릭슨(Erik Homburger Erikson)의 발달단계이론에 따르면 청소년기는 심리사회적 유예기간(psychosocial moratorium)이고, 또래관계를 통해 자아정체감 대 정체감 혼란 사이에서 심적 발달 위기를 겪게 된다고 하였다(김세원, 2021).

발달과업은 발달단계에서의 준비도(readiness)와 밀접한 관계가 있다. 인간의 발달은 초기에 적절한 보호와 교육을 받으면 더 나은 발달적 성취를 이룰 수 있으나, 그렇지 않으면 발달적 손상을 경험하여 그 이후의 발달에 심각한 영향을 받게 됨으로써 돌이킬 수 없는 결과를 초래하게 된다. 그러므로 청소년도 신체가 성장함으로써 자신이 어떠한 과업을 성취할 준비가 되었을 때 적합한 발달과업을 성취하게 되면 장래 청소년 자신의 행복을 기할 수 있다. 이러한 관점에서 볼 때 청소년복지는 청소년 시기의 발달단계에 적합한 교육과 복지서비스를 제공해 주는 것이라 할 수 있다. 따라서 부모와 청소년복지 종사자는 청소년 시기가 급격한 신체발달을 통해 인지발달, 자아개념발달, 정서발달 등의 제 발달영역들이 밀접한 관련을 지니면서 유기적으로 발달한다는 특징을 이해함과 동시에 청소년기의 발달과업에 대한 지식이 있어야 하며, 청소년 각자가 가지고 있는 개인차에도 유념해야 한다. 뿐만 아니라, 청소년 발달영역에서 기본적으로 설정하고 있는 목표들을 통합적으로 육성하는 기본 방침을 유지하면서 개성을 신장시킬 수 있도록 노력해야 한다.

한편, 청소년의 발달과 성장에 대해서는 다양한 이론적 관점이 있다. 이러한 이론적 관점은 청소년기에 접어들었을 때 나타내는 특징과 외부환경 및 접근하는 주요 내용과 청소년문제를 분석하는 데 있어 다양한 시각을 보여 준다(표 1-2 참조). 대표적인 관점으로는 생물학적, 정신분석학적, 심리사회적, 사회인지적, 인본주의 및 실존주의적 관점, 맥락적 및 생태학적 관점 등이 있다.

〈표 1-2〉 청소년 발달이론의 주요 내용과 청소년문제

발달이론	주요 내용	청소년문제
생물학적 관점	생물학적 특성으로 다른 단계와 차별되는 성격을 지님	청소년의 신체 구조적 · 인지적 · 심리사회적 특징
정신분석학적 관점	성적 충동에 대한 내적 갈등, 심적 불균형, 자기중심적인 면, 초자아와 원초아 간의 깨진 균형 회복이 주요 문제임	청소년과 성, 청소년폭력
심리사회적 관점	중요한 생활사건, 사건의 발생 시기, 타인과의 관계, 문화적 특성이 중요한 영향을 미침	청소년 약물남용 및 자살
사회인지적 관점	의식적 사고 강조, 추상적이고 논리적 사고 가능, 상대적이고 다차원적인 사고 가능, 근본적인 존재에 대한 의문, 인습적 혹은 후인습적인 도덕성	청소년활동
인본주의 및 실존주의적 관점	인간은 근본적으로 잠재력을 가진 존재이므로 청소년도 동일함. 이상적 자아와 실제 자아의 격차가 커지면 부적응적인 문제를 유발함	다문화청소년
맥락적 및 생태학적 관점	특히, 청소년 단계에 환경적 체계의 상호작용이 중요함	청소년 인터넷 중독, 입시교육
학습 이론적 관점	인간의 행동은 사회적 및 상황적 환경에 의해 결정되므로 생애별 단계는 동일한 심리과정을 가짐. 청소년기가 반드시 혼란의 시기는 아니며, 청소년에 대한 기대에 따라 행동이 달라질 수 있음	청소년 범죄

출처: 천정웅 · 김윤나 · 이채식 · 전경숙(2012); 김영화 · 최영진(2013).

3. 청소년복지

1) 청소년복지의 개념

(1) 청소년복지의 정의

청소년복지는 청소년과 복지의 합성어로서 단순하게 접근하면 청소년과 복지라는 정의를 바탕으로 수평적으로 연결 지어 정의할 수도 있지만, 엄격하게 보면 그리 단순명료하지 않다. 그것은 복지라는 상태가 이상적 · 현실적, 추상적 · 구체적인 것과 같이 다면적이고, 특정 상황이나 보는 관점에 따라 다양하게 정의될 수 있으며, 청소년도 개인차가 크기 때문에 모든 청소년을 일괄 처리하듯 묶어서 정의할 수 없기 때문이다.

특히, 한국사회에서 그동안 청소년복지는 대체로 아동복지영역에 포함되어 아동의 특성 및 복지서비스 등과 구분되지 않고 다루어져 왔으며, 아동복지영역에서 청소년복지로 구분된 것은 그다지 오래되지 않았다. 이것은 「아동복지법」상 연령이 만 18세 미만의 자여서 아동복지에서 청소년복지까지를 포함한 부분과 청소년관련법이 청소년문화, 청소년 수련활동 등으로 접근되어 청소년복지의 독립적 관점이 다소 늦게 대두된 영향도 있다.

우리나라에서 청소년복지라는 단어가 사용되기 시작한 것은 1991년 「청소년 기본법」이 제정된 이후로 보는 것이 일반적이다. 청소년복지에 대한 정의는 사회가 가지고 있는 청소년복지의 환경이나 여건, 청소년의 특징에 대한 관점, 청소년정책에 대한 국가적 수준과 방향에 따라 달라질 수 있다.

청소년복지에 대한 정의들을 살펴보면, 1980년대 이전까지는 청소년복지에 대한 개념정의를 찾아볼 수 없고, 아동복지와 달리 청소년복지의 주된 관심 영역이 무엇인가에 대한 논의를 하는 데 그쳤다. 왜냐하면, 당시까지만 해도 청소년복지는 아동복지와 혼재되어 있었기 때문이다. 그러나 「청소년 기본법」이 제정되면서 아동복지와 분리하여 '청소년복지'라는 용어가 사용되기 시작하였다.

「청소년 기본법」 제3조 제4호는 "청소년복지란 청소년이 정상적인 삶을 영위할 수 있는 기본적인 여건을 조성하고, 조화롭게 성장 · 발달할 수 있도록 제공되는 사회적 · 경제적 지원을 말한다."라고 정의하고 있다. 이상의 정의를 종합하여 볼 때 청소년복지는 특정 보호를 필요로 하는 청소년 집단에 국한되는 것이 아니라 일반 청소년까지 포함하여 보편적 서비스로, 청소년에 대한 직접적인 서비스뿐만 아니라 간접적으로 제공되는 모든 정책과 제도를 통하여 청소년이 행복하게 잘 살아갈 수 있도록 생활 여건 향상과 복지 증진에 기여하는 것이라고 정의할 수 있다.

(2) 청소년복지의 개념 확대

최근 국가사회에 있어서 지속 가능한 개발이라는 관점에서 청소년 능력개발과 역할 증대를 중심으로 하는 청소년정책이 부각되고 있다. 지속 가능한 개발(sustainable development) 또는 지속 가능한 발전(持續 可能 發展)은 환경을 보호하고 빈곤을 구제하며, 장기적으로는 성장을 이유로 단기적인 자연자원을 파괴하지 않는 경제적인 성장을 창출하기 위한 방법들의 집합을 의미한다. 처음 이 용어가 등장한 것은 1987년에 발표된 유엔의 보고서 〈우리의 미래〉였으며, 여기에서는 "미래 세대가 그들의 필요를 충족시킬 능력을 저해하지 않으면서 현재 세대의 필요를 충족시키는 발전"으로 정의되었다(위키백과, 2021). 이는 빈곤가정청소년, 장애청소년 등 보호를 필요로 하는 청소년의 복지를 중시하던 관점에서 일반청소년의 사회 · 심리적 욕구 충족을 위한 복지를 중시하는 관점으로의 변화를 뜻하는 것으로서, 복지의 개념이 소수 보호를 필요로 하는 청소년에 대한 복지에서 전체 청소년의 삶의 질을 개선하는 측면으로 바뀌고 있음을 의미한다. 이에 따라 청소년복지의 개념은 잔여적인 개념에서 보편적인 개념으로 변화하고 있다. 즉, 일반적인 사회생활을 영위할 수 없는 사회적 약자인 빈곤자, 장애청소년이 일상적인 생활을 유지할 수 있도록 구제 · 보호 · 예방 · 회복 등 정책 및 방법체계로서의 협의의 청소년복지 개념이 역사적 · 경제적 · 사회적 조건의 변화와 그에 따른 국민생활의 변화 및 구제 · 원조의 기본구조와 국민의식의 변화 등에 따라 보다 폭넓게 변화하였다. 그리하여 청소년복지의 대상이 이전의 '자본주의의 재생산기구로부터 탈락하였거나 경제 질서의 외적 존재' 또는 '정상적인 일반생활 수준에서부터 탈락하고, 혹은 그렇게 될 위험이 있는 자' 등과 같이 보호를 필요로 하는 청소년에서 전체 청소년으로 그 대상이 확대되기에 이르렀다.

이처럼 청소년복지의 개념이 확대된 것은 자본주의의 발달이나 산업화의 진전에 따른 사회구조의 변화에 의해 청소년복지가 대응해야 할 문제의 변화와 확충에서 기인된 것이다. Wilensky와 Lebeaux(1965)도 잔여적인(residual) 사회복지는 진전하는 산업화에 따라 근본적인 사회의 변화를 반영하고 있지 않다고 봄으로써 산업화의 진전에 따른 사회 및 가족구조의 변동과 가치의식의 변화 등을 배경으로 사회복지가 제도적(institutional)으로 이행하고 있다고 주장하였다.

사회복지와 동일한 맥락에서 청소년복지의 개념 또한 보편적으로 확대되는 것은 청소년복지의 발달과정에 있어 일반적인 경향이라고 할 수 있다. 그리하여 우리나라의 청소년복지정책도 과거에는 요보호 청소년에 대한 복지정책이 중심이었지만 현재는 전체 청소년의 삶의 질을 개선하기 위한 진일보된 복지 요구로 확대되고 있다. 결국, 우리나라 청소년복지의 정책목표와 가치체계는 보편적인 청소년복지정책의 강화로 발전하여야 하므로 일반가정 청소년의 문제에 대처하는 보편적인 청소년보호정책이 마련되어야 하며, 그 내용에 있어서도 최저생활보장, 교육, 보건, 주택 등 포괄적인 서비스 체계로 발전되어야 한다.

2) 청소년복지의 학문적 배경

청소년복지의 학문적 영역에서는 아동학, 청소년학, 심리학 등의 인간발달과 관련된 학문적 성과를 토대로 하는 발달론적 접근을 통하여 '청소년'이나 '청소년기'의 정의를 내리고 있다. 이러한 정의는 청소년복지제도라고 하는 구체적 분야에서의 청소년에 대한 법적 규정의 근거가 되고 있다. 그러므로 청소년복지에서 청소년에 대한 법적 정의는 매우 실제적인 의미를 지닌다.

대학의 교과과정에서도 아동복지에서 청소년복지가 다루어졌다가 점차 아동 및 청소년복지로 개편되었으며, 최근 들어 청소년복지라는 독립된 교육과정이 설정되었다. 일반적으로 청소년복지는 아동복지, 여성복지, 노인복지, 장애인복지 등과 같이 대상자를 기준으로 분류한 사회복지의 한 하위체계로 간주됨으로써 학문적 측면에서 사회복지와 맥락을 거의 같이한다. 사회복지학은 사회학, 문화인류학, 법학, 경제학, 정치학, 심리학 등의 인접 학문에 근거하여 발달해 왔다. 이 중에서도 사회학과 문화인류학은 초기 사회복지학의 체계를 성립하는 데 기여한 바가 컸다. 또한, 오늘날은 청소년문제를 포함한 사회문제의 발생과 대책에 대한 국가의 책임이 강조되는 추세이므로 정치학, 경제학, 법학 등의 이론적 배경도 사회복지의 실천에 적용되고 있다.

(1) 사회학

사회학은 인간의 사회적 공동생활을 연구하는 사회과학의 한 분야이다. 사회학의 이론적 체계 중에서 문화, 사회화, 사회계층, 사회이동, 사회통제 등의 개념은 청소년복지를 포함한 사회복지에 관한 사회적 힘의 근원을 발견하는 데 유용하다. 일례로 사회계층과 범죄청소년의 발생률의 관계에 대한 연구를 들 수 있다.

(2) 법학

법학은 사회질서를 유지하고, 공익을 보장하기 위한 근거를 마련하기 위해 연구하는 사회과학의 한 분야이다. 법학의 이론적 체계 중, 특히 청소년복지를 포함한 사회복지정책 실현은 관계 법률의 입법제도를 통해 이루어지고 있다. 더구나 우리나라와 같이 여러 가지 사회적 질서를 「조문법」에 의존하는 나라에서는 법적 뒷받침이 강력한 힘을 갖는다. 그 예로 입양을 성립시키기 위한 요건 규정을 위한 연구 등을 들 수 있으며, 그 외에 최저 고용 연령이나 형사상의 면책특권을 가지는 청소년 연령의 설정 등을 들 수 있다.

(3) 문화인류학

문화인류학은 인간의 사회생활과 문화를 연구하는 사회과학의 한 분야로서, 역사적인 관점에서 인류의 역사와 현재의 생활을 대상으로 문화의 생성과 변이를 탐구하는 학문이다. 문화인류학의 이론적 체계 중에서 문화의 개념은 청소년을 포함한 사회구성원의 사회적 적응과정을 이해하는 데 도움을 주며, 청소년발달의 보편성과 특수성에 대한 시각을 제공해 준다. 더 구체적으로는 문화적 차이에 의한 사회적 행동의 이해와 수용은 청소년복지 종사자와 대상 청소년의 문제해결과정에서 상호작용을 용이하게 해 주는 주요 동인이 된다. 그 예로, 문화권에 따른 청소년학대의 현상과 그 대책에 관한 연구를 들 수 있다.

(4) 정치학

정치학은 정치현상을 연구하는 사회과학의 한 분야로서, 정치학의 이론적 체계 중 정치이념의 유형은 청소년복지를 포함한 사회복지에서 국가 차원의 서비스 수준을 결정하는 기준이 된다. 정치활동의 하나로서 복지정책의 결정과정과 분석은 공공복지의 실행에 영향을 주는 이익집단의 역동성에 대한 실체를 파악할 수 있게 해 준다. 그 예로 청소년의 정치참여 확산을 들 수 있다. 청소년의 정치참여는 직접적으로 청소년정책 수립에 영향을 미친다. 그리하여 청소년의 건강보험문제, 청소년의 학교폭력 등 청소년의 인권과 복지에 관한 문제를 정치적으로 이슈화하여 청소년뿐만 아니라 청소년과 관련된 청소년단체가 이익집단으로서 청소년정책을 수립하는 데 영향을 미칠 수 있다.

(5) 경제학

경제학은 경제활동과 관련된 사회질서를 연구하는 사회과학의 한 분야로서, 정치학과 밀접한 관련을 갖는다. 경제학의 이론적 체계 중에서 고용, 임금, 소득의 분배와 조세의 개념은 청소년복지를 포함한 사회복지정책에서 비중 있게 다루어진다. 즉, 기본적 생활의 보장과 관련된 완전고용, 최저임금의 보장, 공적 부조와 사회보험 및 복지사업을 실시하는 기관과 사회적 약자에 대한 조세감면 등은 청소년복지 실천에서 구체화된다. 그 예로, 청소년을 둔 빈곤가정을 지원하기 위한 빈곤선(poverty line)의 설정을 들 수 있다. 최근에 들어서는 경제학의 목표가 사회 전체의 경제적 안정의 극대화에 있다는 관점에서 후생경제학(厚生經濟學, welfare economics)이 활발히 연구되고 있다. 후생경제학은 인류 경제활동의 궁극적 목표가 '행복추구'라는 전제하에 사회구성원의 소비효용 또는 복리증진을 목표로 하는 경제학의 일부이다(이민우, 1999; 위키백과, 2020). 여기에서는 국민생활 수준의 측정, 최적 공공가격의 설정, 경제활동에서의 편익과 공평성의 보장을 위한 과제들이 연구되고 있다.

(6) 심리학

심리학은 생물체의 의식과 행동을 연구하는 학문으로서, 심리학의 이론적 체계 중 자극-반응, 학습, 정신분석, 모방 등의 개념은 청소년과 부모를 위한 상담과 치료 등에 유용하게 활용된다. 뿐만 아니라, 낙인(stigma) 및 일탈(deviation) 심리의 연구 등은 복지 전반에 걸쳐 광범위하게 활용된다. 특히, 청소년발달심리학의 연구 성과는 청소년을 올바르게 이해하고 지도하는 지침으로 활용되고 있다.

최근에는 긍정심리학(positive psychology)이 주목받고 있다. 긍정심리학은 개인과 사회를 번영시키는 강점과 장점을 연구하는 심리학의 한 분야로, 단지 정신질환을 치료하는 것보다 일반적인 인생을 보다 충실히 하기 위한 연구가 이루어지고 있으며, 청소년의 학업, 동아리 또는 또래관계, 청소년문화 등에서 청소년복지 증진을 위한 다각적인 접근이 가능하다.

4. 청소년의 권리

1) 청소년기본권

(1) 청소년기본권의 의미

청소년기본권은 「헌법」과 「청소년 기본법」, 청소년헌장에 청소년의 우선적인 권리로 명시되어 있다. 청소년 권리에 관한 헌법 조항으로는 「헌법」 제11조(인간의 존엄성과 기본권 보장), 제31조(교육을 받을 권리 · 의무 등), 제34조(사회보장 등)를 들 수 있다.

「헌법」 제11조에는 "모든 국민은 인간으로서의 존엄과 가치를 가지며 행복을 추구할 권리를 가진다. 국가는 개인이 가지는 불가침의 기본적 인권을 확인하고 이를 보장할 의무를 진다."라고 명시함으로써 청소년도 인간으로서의 존엄성과 가치, 그리고 행복추구권을 갖고 있음을 규정하고 있다. 또한, 동법 제31조에는 "모든 국민은 능력에 따라 균등하게 교육을 받을 권리를 가진다.", "국가는 평생교육을 진흥하여야 한다(제5항).", "학교교육 및 평생교육을 포함한 교육제도와 그 운영, 교육재정 및 교원의 지위에 관한 기본적 사항은 법률로 정한다(제6항)." 등을 명시하고 있다. 동법 제34조에는 "모든 국민은 인간다운 생활을 할 권리를 가진다(제1항)."라고 명시함으로써 청소년도 인간다운 생활을 할 권리가 있음을 천명하고 있다.

역사적으로 보면 19세기까지만 해도 세계 각국은 아동복지를 일종의 자선사업으로 간주하는 경향이 많았으나 20세기에 들어서면서 아동과 청소년을 독립된 인격체로 받아들이기 시작하였다. 이는 Ellen Key가 『아동의 세기(*Das Jahrhundert des Kindes*)』(1900)라는 저서에서 주창한 아동의 권리, 즉 아동은 튼튼하게 태어날 권리, 건전하게 키워질 권리, 정상적인 가정생활을 영위할 권리, 교육을 받을 권리, 정서적 및 도덕적 훈련을 받을 권리, 유희나 오락을 충분히 즐길 권리에 잘 나타나 있다(정혜영 역, 2012). 그러나 아동권리에 비해 청소년권리에 대한 국제사회의 논의는 활발하게 이루어지지 않았다. 청소년권리 혹은 청소년 인권만을 따로 규정한 국제협약이 없을뿐더러, 아동을 18세 미만으로 정의할 때 청소년이 대부분 포함되어 청소년권리보장은 아동권리협약의 틀 속에 머물러 있었다(배화옥 · 심창학 · 김미옥 · 양영자, 2015). 그러나 1985년 유엔이 청소년을 평등과 정의에 입각한 새로운 국제경제 질서 확립에 참여시키고, 인류의 기본적인 자유와 인권에 대한 존중심을 환기시킬 목적으로 국제 청소년의 해를 제정한 것을 계기로 비로소 청소년의 권리에 대한 논의가 시작되면서 인식을 환기하게 되었다. 그리고 지속 가능한 발전의 주체로서 청소년을 강조하고 청소년이 의사결정에 참여할 수 있는 기회를 확대하기 위하여 유엔이 1985년에 이어 25년 만에 2010년을 세계 청소년의 해로 지정하였다. 2010 세계 청소년의 해의 주제는 '소통과 상호 이해(Dialogue and Mutual Understanding)'로 문화, 종교, 세대를 초월하여 청소년 간의 연대와 평화 등을 촉구했다. 이는 청소년에 대한 관심을 더욱 증폭시키는 모티브가 되었다(네이버지식백과, 2021).

우리나라에서는 「청소년 기본법」 제1조(목적)에서 청소년의 권리 및 책임과 가정 · 사회 · 국가 · 지방자치단체의 청소년에 대한 책임을 정하고 있다. 그리고 제2조(기본이념)에서는 청소년이 사회구성원으로서 정당한 대우와 권익을 보장받음과 아울러 스스로 생각하고 자유롭게 활동할 수 있도록 하며, 보다 나은 삶을 누리고 유해한 환경으로부터 보호될 수 있도록 함을 규정하고 있다. 또한, 동법 제5조(청소년의 권리와 책임)에서의 내용은 다음과 같다.

① 청소년의 기본적 인권은 청소년활동 · 청소년복지 · 청소년보호 등 청소년육성의 모든 영역에서 존중되어야 한다.

② 청소년은 인종 · 종교 · 성별 · 나이 · 학력 · 신체조건 등에 따른 어떠한 종류의 차별도 받지 아니한다.

③ 청소년은 외부적 영향에 구애받지 아니하면서 자기 의사를 자유롭게 밝히고 스스로 결정할 권리를 가진다.

④ 청소년은 안전하고 쾌적한 환경에서 자기발전을 추구하고 정신적 · 신체적 건강을 해치거나 해칠 우려가 있는 모든 형태의 환경으로부터 보호받을 권리를 가진다.

⑤ 청소년은 자신의 능력을 개발하고 건전한 가치관을 확립하며 가정 · 사회 및 국가의 구성원으로서의 책임을 다하도록 노력하여야 한다.

그리고 아동 및 청소년의 권리는 유엔의 「아동의 권리에 관한 협약」에 잘 나타나 있는데 이는 3가지 기본 원칙하에 아동의 기본 권리를 4가지로 규정하고 있으며, 그 기본 원칙은 다음과 같다.

① 아동의 연령기준으로서 이 협약의 대상을 18세 미만의 자로 정의하고 있다.
② 무차별의 원칙으로 아동의 권리는 인종, 국적, 종교를 초월하여 모든 아동에게 해당된다.
③ 아동 최선의 이익 원칙으로 모든 조치, 정책은 아동에게 가장 유익한 방향으로 결정되어야 한다.

이러한 기본 원칙하에 유엔 아동권리협약은 아동에게는 생존권, 보호권, 발달권, 참여권의 4가지 기본 권리가 있다는 것을 규정하였다.

첫째, 생존권은 생명을 유지하고 그 최상의 건강과 의료혜택을 받을 권리이다. 이의 위협 요인들로는 굶주림과 영양실조, 신체적 학대를 포함한 성인에 의한 공격, 빈곤, 보호시설에 수용된 청소년, 범죄에 개입한 청소년, 집 없는 청소년과 고아 등 다양하다. 이와 관련된 피해 청소년은 거리의 아이들(비행, 가출 등), 학대받는 청소년, 성적으로 착취당하는 청소년 등을 들 수 있다.

둘째, 보호권은 차별대우와 착취, 학대와 방임, 가족과의 인위적인 분리 등으로부터 보호를 받을 권리이다. 이의 위협 요인들로는 경제적 착취, 정신적 학대, 전쟁, 방임과 유기, 혹사, 차별대우이다. 피해 청소년은 위법행위를 한 청소년, 돌봐 주는 사람이 없는 청소년, 성적으로 학대받는 청소년, 거리의 청소년 등을 들 수 있다.

셋째, 발달권은 육체적 · 정서적 · 도덕적 · 사회적 성장에 필요한 정규 · 비정규 교육을 포함한 모든 종류의 놀이, 여가, 정보, 문화활동, 사상, 양심, 종교의 자유를 누릴 권리, 국적과 이름을 가질 권리이다. 발달의 필요조건으로는 정보와 자료, 교육, 놀이와 오락 활동 등이다.

넷째, 참여권은 자신의 의사를 표현할 자유와 자기생활에 영향을 주는 일에 대하여 말할 수 있는 권리, 청소년 자신의 능력에 부응하여 적절한 사회활동에 참여할 기회를 가질 권리이다. 참여를 위한 필요조건으로는 자신의 견해를 자유롭게 표현할 권리, 정보를 얻을 권리, 집회의 자유와 결사에 대한 권리이다.

(2) '청소년헌장'에 나타난 청소년의 권리

청소년기본권은 '청소년헌장'에 잘 나타나 있다. 국제사회에서 시작된 청소년의 권리와 책임에 대한 논의에 힘입어 우리나라는 1990년에 '청소년헌장'을 제정, 선포하였으며, 그 후 시대에 부합하는 내용으로 1998년에 이를 개정하였다. 개정된 헌장은 전문과 본문으로 구성되어 있다. 전문에는 청소년은 한 인간으로서의 인권과 한 시민으로서의 시민권을 갖고 있으며, 자신의 생명을 존중해야 할 책임과 공동체의 성원으로서 책임을 갖고 있음을 명시하고 있고, 본문에는 청소년의 권리와 책임에 대해 명시하고 있다.

'청소년헌장'은 청소년의 삶에 직접 영향을 주지는 않지만 청소년과 관련된 정책과 제도의 방향성, 청소년의 인권 보장, 청소년의 사회에 대한 책임과 권리 등을 선언하는 내용을 담고 있다. 특히, 청소년을 사회의 구성원으로 인정하고 청소년의 참여와 자율권을 강조한 것은 청소년에 대한 시각에 큰 전환점을 마련하였다고 볼 수 있다.

청소년헌장

청소년은 자기의 삶의 주인이다. 청소년은 인격체로서 존중받을 권리와 시민으로서 미래를 열어 갈 권리를 가진다. 청소년은 스스로 생각하고 선택하며 활동하는 삶의 주체로서 자율과 참여의 기회를 누린다. 청소년은 생명의 가치를 존중하며 정의로운 공동체의 성원으로 책임 있는 삶을 살아간다. 가정 · 학교 · 사회 그리고 국가는 위의 정신에 따라 청소년의 인간다운 삶을 보장하고 청소년 스스로 행복을 가꾸며 살아갈 수 있도록 여건과 환경을 조성한다.

◎ 청소년의 권리

1. 청소년은 생존에 필요한 기본적인 영양, 주거, 의료, 교육 등을 보장받아 정신적 · 신체적으로 균형 있게 성장할 권리를 가진다.
1. 청소년은 출신, 성별, 종교, 학력, 연령, 지역 등의 차이와 신체적 · 정신적 장애 등을 이유로 차별받지 않을 권리를 가진다.
1. 청소년은 물리적 폭력뿐만 아니라 공포와 억압을 포함하는 정신적인 폭력으로부터 보호받을 권리를 가진다.
1. 청소년은 사적인 삶의 영역을 침해받지 않을 권리를 가진다.
1. 청소년은 자신의 생각과 느낌을 자유롭게 펼칠 권리를 가진다.
1. 청소년은 자유로운 의사에 따라 건전한 모임을 만들고 올바른 신념에 따라 활동할 권리를 가진다.
1. 청소년은 배움을 통해 진리를 추구하고 자아를 실현해 갈 권리를 가진다.
1. 청소년은 일할 권리와 직업을 선택할 권리를 가진다.
1. 청소년은 여가를 누릴 권리를 가진다.
1. 청소년은 건전하고 다양한 문화 · 예술 활동에 자유롭게 참여할 권리를 가진다.
1. 청소년은 다양한 매체를 통하여 자신의 삶에 필요한 정보에 접근할 권리를 가진다.
1. 청소년은 자신의 삶과 관련된 정책 결정 과정에 민주적 절차에 따라 참여할 권리를 가진다.

◎ 청소년의 책임

1. 청소년은 자신의 삶을 소중히 여기며 자신이 선택한 삶에 책임을 가진다.
1. 청소년은 앞 세대가 물려준 지혜를 시대에 맞게 되살려 다음 세대에 물려줄 책임이 있다.
1. 청소년은 가정 · 학교 · 사회 · 국가 · 인류공동체의 성원으로서 자기와 다른 삶의 방식도 존중할 줄 알아야 한다.
1. 청소년은 삶의 터전인 자연을 소중히 여기고 모든 생명들과 더불어 살아간다.
1. 청소년은 통일 시대의 주역으로서 평화롭게 공존하는 방법을 익힌다.
1. 청소년은 남녀평등의 가치를 배우고 이를 모든 생활에서 실천한다.
1. 청소년은 가정에서 책임을 다하며 조화롭게 평등한 가족문화를 만들어간다.
1. 청소년은 서로에게 정신적 · 신체적 폭력을 행사하지 않는다.
1. 청소년은 장애인을 비롯한 소외받기 쉬운 사람들과 더불어 산다.

1998년 10월 25일

(3) 청소년복지권

청소년복지는 청소년복지권의 보장이라는 차원에서 전개되고 있다. 여기에서 청소년복지권이란 청소년이 인간으로서 존중되고 생활할 수 있는 최소한의 권리를 말한다. 즉, 청소년이 독립된 인간으로서 최소한의 기본적인 생활을 영위할 수 있을 뿐만 아니라, 나아가 인간다운 생활을 영위할 권리가 있는 존재로 파악되는 것을 말한다. 이를 위해 사회와 국가는 이러한 권리를 보장해 주어야 할 의무가 있다.

우리나라의 청소년복지권은 국가의 통치체제에 관한 근본 원칙을 정한 기본법인 「헌법」, 청소년의 권리 · 책임과 가정 · 사회 · 국가 · 지방자치단체의 청소년에 대한 책임을 정하고 청소년육성정책에 관한 기본적인 사항을 규정한 「청소년 기본법」, 청소년복지 증진에 관한 사항을 규정한 「청소년복지 지원법」, 청소년의 건전한 가치관을 정립하고 청소년의 건전육성을 위한 범국민적 공감대를 형성하기 위해 제정된 '청소년헌장' 그리고 '아동권리선언' 및 아동의 권리에 관한 국제협약 등에 명시되어 있다.

2) 청소년의 학생인권

역사적으로 청소년 인권에 대한 강조는 16세기 이후부터 18세기에 걸쳐 나타나기 시작했다. 그러나 이 시기 청소년 인권은 청소년의 경제적 효용가치와 부모의 노후생활 보장의 기여에 대한 반대급부에 지나지 않았고, 19세기에 들어서면서 청소년의 건강과 복지를 강조하기 시작하였다. 하지만 이러한 제한된 권리 소유자로서 청소년을 바라보아 왔던 관점에서 벗어나 청소년도 자신의 삶을 스스로 선택하고 책임지는 권리 주체로 인정해야 한다는 논의는 20세기 후반에 와서야 비로소 시작되었다(한국청소년개발원, 2003). 이러한 역사적 발전에도 불구하고 청소년 인권은 더욱 관심을 가지고 발전시켜 나가야 한다. 청소년의 학교 붕괴 현상이 심화되면서 중 · 고교생은 '학교'가 자신의 권리를 가장 심각하게 침해하는 곳이라고 생각하고 있다. 또한, 학교에서 정신적 · 물리적 폭력을 행사하면서 가학적 쾌감을 얻는 학교 내 집단따돌림(왕따) 현상과 학교폭력의 심화 현상은 학교가 얼마나 폭력적이고 반인권적인 공간인지를 잘 드러내 준다. 그리하여 학교에 적응하지 못하는 학생들은 거리로 나오게 되고, 이러한 학생들은 유흥업소 등으로 몰리는 등의 부작용을 낳고 있다. 뿐만 아니라, 교육행정정보시스템(NEIS)이 학생인권의 화두가 되고, 교육감 선거에서의 비리 등을 통해 교육자의 권위에 대한 신뢰가 무너지고 있다. 따라서 학생인권 보장을 위한 대책 마련이 필요하다.

첫째, 국제적인 규약으로 아동을 위한 권리조약이 시행되고 있으며, 그 연령상 청소년을 포함하고 있지만 청소년과 아동은 욕구와 문제특성에서 다소 차이가 있다. 따라서 현재 시행되고 있는 청소년관련법에 청소년 인권보장을 위한 내용을 구체적으로 명시함이 필요하다.

둘째, 사회가 요구하는 청소년상은 무엇인가? 학생들의 자발적 참여와 교사의 전문적 자율권 확대가 필요하다. 그러나 오늘날 우리나라의 과열 경쟁 등의 대학입시문화로 인해 교사뿐만 아니라 학원 강사들에게도 학생인권이 유린당하고 있지만 학생들은 자신의 인권보장을 촉구할 시간마저 공부에 빼앗기고 있다. 이는 청소년의 최대 관심사가 공부라는 조사결과에서도 잘 알 수 있다. 이러한 면에서 학생의 인권신장을 위해서는 대학입시제도가 개선되고, 일류대학만을 선호하는 사회풍토가 변화되어야 하는 사회구조적인 변화가 선행되어야 한다.

셋째, 학생들의 인권침해의 한 양상으로 학교폭력과 왕따 현상에서 '희생자'뿐만 아니라 '가해자'인 학생들도 인권 침해의 경험으로 인해 그들의 삶이 망가질 수 있다. 즉, 학생들은 단순히 인권침해의 희생자뿐만 아니라 가학적인 폭력행위로 인해 가해자로 전환되기도 한다. 이러한 문제를 해결하기 위해서는 학교의 구조와 문화를 인권의 관점에서 살펴보고, 이 결과를 바탕으로 학교를 다시 구성해야 한다. 또한, 사회가 부정하고 학교가 억압하며 학생 스스로도 잃어버린 자신의 권리를 되찾을 수 있도록 하기 위해 권리를 행사할 수 있는 경험을 제공해 줌으로써 권리행사 능력을 기를 수 있도록 지원하는 것이 필요하다. 「헌법」과 「유엔 아동권리협약」이 보장하고 있는 제반 권리를 지닌 자율적인 '주체'임을 인식시켜 줄 수 있는 인권교육의 기회를 학생에게 제공해 주고, 학생이 권리를 행사하고 자율적인 인격체로 존중받을 수 있는 사회적 관계와 문화를 창출하는 것이 필요하다. 또한, 학교사회사업의 제도화를 통해 학생의 인권신장 및 권리구제 방법 등을 널리 홍보하여 이를 활용할 수 있도록 해야 한다.

생각해 볼 문제

1. 청소년의 개념을 정의할 때 법적으로 서로 연령대가 다르게 정의되는 이유와 그것이 의미하는 바가 무엇인지 생각해 봅시다.
2. 청소년의 환경과 발달 특성을 이해하는 것은 청소년복지정책과 어떤 관련이 있는지에 대해 생각해 봅시다.
3. 청소년의 기본권에서 권리와 책임은 서로 어떤 의미인지 그리고 청소년권리선언이 청소년에게 어떻게 영향을 미치는지 생각해 봅시다.

Chapter 2

청소년복지의 발달과정

우리나라는 1960년대 초부터 청소년복지에 관심을 갖기 시작하였는데, 전반적으로 사후대책적이고 응급적인 차원의 청소년복지정책을 펼쳐 왔다. 이러한 성격에서 전환을 모색한 것은 1981년 「아동복지법」 제정 이후라고 볼 수 있다. 그리고 청소년은 '미성년자'라는 인식에서 성인 또는 보호자의 보호를 받아야 한다는 점이 강조되면서 청소년정책을 낳게 하는 요인이 되었다. 우리나라 청소년복지의 역사적 변화는 청소년복지의 발아기(1961년 이전~청소년복지 전 단계), 도입기(1962~1987년), 전개기(1988~2004년), 확대기(2005년~현재)로 나누고 있으며, 「청소년 기본법」을 필두로 「청소년복지 지원법」, 「청소년활동 진흥법」, 「학교 밖 청소년 지원에 관한 법률」 등을 통해 확대되고 있다. 또한, 2005년부터 국가청소년위원회에서 일원화된 청소년 업무를 관장하게 된 것은 청소년복지발달에 매우 중요한 성과라 할 수 있다. 그러나 청소년 업무는 2008년 정부 부처의 통폐합정책에 따라 국가청소년위원회가 폐지되고 현재는 여성가족부의 청소년가족정책실에서 청소년과 가족의 통합적 정책이 논의되고 있다(여성가족부, 2021).

따라서 본 장에서는 우리나라 청소년복지의 발달을 청소년복지 개념 형성 이전과 이후로 나누어 살펴보고, 외국 청소년복지의 발달에 대해서도 살펴보고자 한다.

1. 우리나라 청소년복지의 발달

1) 청소년복지 개념 형성 이전의 발달

청소년에 대한 사회적 관심은 시대적 상황과 환경에 따라 다르게 나타나고 있으며, 우리나라에서는 「미성년자보호법」(1961) 제정과 중앙청소년보호대책위원회의 설치(1964)로 1960년대 초부터 관심을 가지기 시작하였다. 그에 따라 우리나라의 청소년복지는 외국과 같이 처음에는 보호를 필요로 하는 청소년을 중심으로 한 치료적 대책 차원에서 이루어져 왔는데, 조직적이며 점진적인 발전은 보이지 못했고 통치자에 따라 일시적인 응급조치에 머물렀던 경향이 짙다.

우리나라에서 청소년복지라는 단어가 사용되기 시작한 것은 1991년 12월 31일 「청소년 기본법」의 제정(1993. 1. 1. 시행) 이후로 보는 것이 일반적이다. 그 이전에는 '청소년'이라는 용어조차 생소한 때이므로 본 절에서는 청소년복지 개념 형성 이전에 청소년을 역사적으로 어떤 관점에서 바라보고, 보호하였는지에 대해 아동의 한 범주 안에서 살펴보고자 한다.

(1) 전통사회의 청소년보호

전통사회에서 이루어졌던 청소년보호사업은 우리나라에서 발현된 고유의 사업도 있었으나, 중국의 사상이나 제도도 상당 부분 영향을 미쳤다. 조선시대에는 고려시대보다 진일보하여 고아와 기아 및 빈곤아동을 보호할 수 있는 법령을 제정하였다. 그러나 전체적으로 볼 때, 조선시대는 엄격한 신분사회일 뿐만 아니라 유교사상이 지배적이었기 때문에 청소년을 신분 및 성에 따라 차별대우하였다. 즉, 신분이 높은 가정의 청소년, 특히 아들은 가문의 계승자 및 조상의 제사를 담당할 사람으로 간주하여 우선적으로 교육을 받았는데 이로 인한 남아선호사상은 일찍이 양자제도를 발달시킨 중요한 요인이 되기도 하였다. 그러나 신분이 낮은 가정의 청소년은 종속적인 인간으로 취급되어 노동력을 착취당하는 경우가 많았으며, 직업의 선택 및 과거시험제도 등의 국가시험 응시에서도 차별을 많이 받았다.

① 청소년보호의 출발

우리나라에서의 청소년보호는 삼국시대부터 실시되었음을 알 수 있다. 즉, 『삼국사기(三國史記)』에 기록된 바를 보면, 신라 유리왕 5년(A.D. 28)에는 관가에서 병든 사람, 자활하지 못하는 사람과 함께 고아들에게 식량을 지급하였고, 백제 온조왕 33년(A.D. 15), 고구려 태조왕 56년(A.D. 108)에는 재해를 당한 사람들에게 아동을 포함하여 관곡을 배급하였다는 기록이 있다.

삼국시대의 아동보호 특징은 전통사회의 생산 및 사회구조와 관련이 깊다. 즉, 전통사회는 농경사회로서 그해에 흉년이 들거나 전쟁이 일어나면 대부분의 백성은 가난에 시달렸다. 특히, 그중에서도 사궁구휼(四窮救恤)이라 하여 생활능력이 부족한 홀아비, 홀어미, 노인과 아동은 더욱 생활이 어려웠다. 따라서 아동은 이 범주에서 최소한의 생존권을 보호받았다. 또한, 삼국시대는 재난에 대한 구제책의 일환으로 관가에서 식량을 배급하되 생활은 자신의 거처에서 하는 것이 상례였던 것으로 보인다. 이러한 형태는 오늘날의 거택보호에 해당한다고 볼 수 있으며, 보호의 수준이나 동기는 달라도 근본적인 대책의 방향은 오늘날과 비슷하다고 볼 수 있다.

② 수용보호의 전개 및 제도화

천재지변이나 질병 등으로 부모를 잃은 아동은 관가에서 지급하는 식량이나 의복만으로는 제대로 자라기 어렵게 되었는데, 이들을 관(官)이나 사찰에서 수용하여 보호하기 시작하였다. 고려 성종 13년(A.D. 994)에는 돌봐 줄 친족이 없는 나이 어린 고아는 왕명에 의해 10세까지는 관에서 수용하되, 10세가 지나면 본인의 희망에 따라 거주하도록 하였다. 이것이 우리나라에 있어 고아를 대상으로 한 수용보호사업의 시초라고 할 수 있다. 이와 같이 수용보호는 일반적으로 어느 시대나 사회에서 우선적으로 실시되었던 아동보호의 한 형태라고 할 수 있다. 또한, 사찰에서도 고아를 수용하여 사역을 시키거나 승려가 되도록 하였다. 사찰에서의 보호는 불교의 자비정신에 입각한 것이었으나 어린 아동에게 중노동을 시키는 폐단도 없지 않았다.

③ 민간에 의한 수용보호시설 및 제도화

사찰을 중심으로 고려시대부터 실시되어 왔던 수용보호는 조선시대에 들어서도 계속되었다. 즉, 관에서 수용 보호해야 할 아동이 증가하자 수양을 원하는 사람이 있으면 수양할 수 있도록 조치하였다. 조선 현종 2년(A.D. 1660)에는 한성부(지금의 서울에 해당)에서 민간수용을 허용하였으며, 조선 숙종 22년(A.D. 1696)에는 수양임시사목을 제정하여 흉년에 한하여 일시보호의 한 수단으로 민간수용을 허가하였다.

(2) 해방 전후의 청소년복지

현대사회의 청소년복지는 전통사회에 비해 청소년의 복지에 대한 사회 및 국가의 책임이 보다 확고해짐과 동시에 비교적 조직적이고 체계적으로 실시되고 있다. 해방 이후부터 1960년까지는 절대빈곤과 시설보호 중심의 응급적 청소년구호의 시기라 할 수 있으며, 1961년부터 1979년까지는 잔여적 청소년복지의 시기라 할 수 있다.

미군정 시기의 보건후생국은 일본의 미군정과 달리 적극적인 지원을 하지 않았는데 이것은 오늘날의 사회복지 수준의 차이와도 무관하지 않다. 그 당시에는 주로 각서 형식으로 구호행정이 이루어졌는데, 일제의 '조선구호령'을 보완하는 차원에서만 이루어졌다.

청소년에 관한 사업이 제도적으로나 실제적으로 더욱 강화되고 확충되기 시작한 것은 1960년대를 시점으로 급격하게 이루어진 산업화에 의해 야기된 각종 청소년 및 가족문제를 해결하기 위해서였다. 다시 말해, 1960년대에서 1980년대 후반에 이르는 시기는 정치적으로 권위주의적 군사정부체계가 유지되었으므로 본원적 민주주의사상이 잠재된 시기였다고 할 수 있다. 특히, 북한과의 냉전체제에서 이른바 '레드 콤플렉스(red complex)'가 하나의 이데올로기적인 역할을 하였다. 그러나 이 시기는 경제적 · 자본적 성장으로 인한 경제적 복지의 기반이 구축된 시기라고 평가할 수 있으며, 아울러 산업화에서 일탈된 소외계층들의 복지욕구가 잠재된 '폭풍전야'와도 같은 요인이 동시에 존재하고 있었다. 그에 따라 1960~1970년대의 제 3 · 4공화국은 사회복지관련 입법을 대거 제정하였다. 이때 공공부조법으로는 1961년 12월 30일의 「생활보호법」이 있고, 사회보험법으로는 1963년의 「의료보험법」, 1973년의 「국민복지연금법」 등이 있다. 사회복지서비스법으로는 1961년 최초의 청소년복지관련법인 「아동복리법」이 제정되었으며, 1967년 「고아입양특례법」, 1970년 「사회복지사업법」 등이 제정되었다.

이 시기의 청소년복지는 사후대책적이고 응급적인 차원이었다. 이러한 성격의 전환을 모색한 것은 1981년의 「아동복지법」 제정 이후라고 볼 수 있다. 「아동복지법」은 청소년에게도 중복 적용되어 청소년복지의 일조를 담당하게 되었다. 해방 전후 청소년복지 관련 사업별 내용과 특징을 살펴보면 다음과 같다.

① 시설보호사업

고아원(현재의 「아동복지법」에 의한 영아시설과 육아시설)을 중심으로 한 시설보호사업은 우리나라 아동복지의 주요 사업으로 발달하였다. 그것은 한국전쟁에 의해 발생한 수많은 고아를 보호하기 위해서였으며, 시설운영에 필요한 재원은 대부분 외국의 원조에 의존하였다. 그러나 갑작스러운 시설 증가에 따라 여러 가지 폐단도 많았다. 그중 외원기관의 원조를 받기 위해 보호시설을 설립하는 경우가 많아 아동이 불필요하게 가정을 떠나는 경우가 많았다는 점은 주목할 만하다.

이러한 상황을 개선하기 위해 시설보호사업을 개선하는 제도적 조치가 「후생시설 운영요령」(1952), 「아동복리법」(1961), 「아동복지법」(1981) 등에 의해 계속 이루어졌는데, 주로 보호아동의 특성을 고려하여 시설을 분류하고, 설립 및 그 운영지침을 규정하는 것이었다. 초기에는 보호를 요하는 아동을 위한 시설을 세분하거나 개설하는 데 치중하였으나, 점차 모든 아동을 위한 시설도 설립되었다.

② 비행청소년 보호제도

비행청소년에 대한 보호는 비교적 일찍 시작되었으며, 시설보호가 중심이었다. 우리나라 최초의 비행청소년 보호시설은 1923년에 설립된 영흥학원이었으며, 그 후 1938년 목포학원이 설립되었다. 시설설립에 이어 비행청소년의 법적 처리를 위한 법제정과 행정지원을 위한 조직이 갖추어지기 시작하였다. 그리하여 「소년령」(1942), 「소년법」(1958)이 제정되었으며, 경성소년재판소(1942)라는 소년법원이 설치되었다. 그러나 소년법원은 법원조직법의 개정(1949) 및 「소년법」 개정(1963)에 따라 단독 법원의 위치에서 소년부지원으로 감축되었다. 그리고 수용 위주의 시설보호를 탈피하여 사회 내에서 선도하려는 움직임에 따라 「보호관찰법」(1988)이 제정되어 사회 내에서 이들을 선도하고 있다.

③ 근로청소년의 복지

해방을 전후하여 사회적으로나 경제적으로 어렵고 혼란한 상황에서 청소년이 심한 노동으로 혹사당하는 경우가 늘어나자 미군정 체제 하에서 「아동노동법규」(1946)가 제정 · 공포되었는데, 이는 아동노동보호 측면에 기여한 바가 크다. 즉, 1946년의 법령 제112호로 제정 · 공포된 「아동노동법규」를 노동부에서 주관하도록 하였고, 1947년 5월에는 미군정 법령으로 제정된 이 법률을 과도정부 법령 제4호로 「미성년자노동보호법」으로 제정 · 공포하였다. 이 법은 「아동노동법규」를 더욱 발전시켰는데, 최저 근로연령을 12세 미만으로 하향 조정하였으며, 근로시간도 아무리 가난하여도 14세 미만 아동과 학교 수업 시간에는 근로할 수 없도록 하였다. 이외에 청소년이 근로할 수 있는 직업의 유형을 제한함으로써 근로청소년을 보호하였다. 이 법은 1953년 8월에 제정된 「근로기준법」에 흡수되었으나 그때까지 아동복지에 기여한 바가 크다. 또한, 1960년대 이후의 산업화 과정에서 급증한 근로청소년의 권익을 보호하는 데 기여하였다.

초기 우리나라의 근로청소년보호의 출발은 서구를 중심으로 한 외국과 차이가 있다. 즉, 우리나라는 해방과 한국전쟁을 전후한 정치적 · 사회적 혼란의 와중에서 기본적인 생존을 유지하기 위해 무차별적으로 청소년의 노동력을 사용하였지만, 서구에서는 산업화 과정에서 부족한 노동력을 충당하기 위해 청소년을 착취했다.

2) 우리나라 청소년복지 개념 형성 이후의 발달

청소년정책 수립의 필요성은 '사회적 문제'로서의 청소년문제에 대한 대책을 마련해야 한다는 점에서 가장 크게 요청된다. 청소년은 '미성년자'라는 인식에서 성인 또는 보호자의 보호를 받아야 한다는 점과 현대사회의 본질적 특성과 가정과 사회의 변동에 따른 청소년 성장 기능의 약화로 인해 청소년정책이 필요하게 됨에 따라 국가와 사회의 정책적 개입 필요성이 논의되기도 한다. 또한, 학교교육의 연장과 역기능에 따른 문제점을 해결하는 방안으로서도 청소년정책의 필요성이 제기된다. 이에 따라 우리나라 청소년정책은 시대별 환경 특성에 따라 정책 요구들에 대한 행정체계의 확보, 법제화, 정책 사업의 전개 및 종합적인 정책계획의 수립 등을 통해 발전되어 왔다. 그리하여 한국 청소년정책 발전 과정에서 이러한 여러 가지 정책적 필요성이 작용하였으며, 특히 청소년의 가치관 혼란, 청소년문제에 대한 대응과 학교교육의 한계성, 가정의 교육적 기능 약화 등이 비교적 중요한 요인으로 작용하였다. 이러한 것에 기초한 우리나라 청소년복지 관련 정책은 관련법을 통해 제도적 기반을 마련하고 있으며, 청소년복지관련법의 연혁은 〈표 2-1〉과 같다.

〈표 2-1〉 청소년복지관련법의 연혁

연도	청소년복지관련법
1946	「아동노동법규」 제정
1958	「소년원법」 제정(2007년 「보호소년 등의 처우에 관한 법률」로 법명 변경)
1961	「미성년자보호법」(1999년 폐지), 「아동복리법」 제정
1967	「스카우트활동 등 육성에 관한 법률」 제정
1981	「아동복지법」, 「한국청소년연맹육성에 관한 법률」 제정
1984	「사회교육법」, 「한국해양소년단연맹육성에 관한 법률」 제정
1987	「청소년육성법」 제정(1991년 폐지)
1989	「모자복지법」 제정(2002년 「모 · 부자복지법」으로 법명 변경, 2007년 「한부모가족지원법」으로 법명 변경)
1991	「청소년 기본법」 제정
1994	「성폭력범죄의 처벌 및 피해자 보호 등에 관한 법률」 제정

연도	청소년복지관련법
1995	「보호관찰 등에 관한 법률」, 「윤락행위방지 등에 관한 법률」 제정
1997	「청소년 보호법」 제정
2000	「청소년의 성보호에 관한 법률」 제정, 「아동복지법」 전부개정
2004	「청소년복지 지원법」 제정
2004	「청소년 기본법」 전부개정, 「청소년활동 진흥법」 제정(2014년 「청소년활동 진흥법」으로 법명 변경), 「학교폭력예방 및 대책에 관한 법률」 제정, 「성매매방지 및 피해자보호 등에 관한 법률」 제정(2005년 「성매매방지 및 피해자보호 등에 관한 법률」로 법명 변경)
2005	「청소년활동 진흥법」 제정
2007	「청소년의 성보호에 관한 법률」 전부개정(2009년 「아동 · 청소년의 성보호에 관한 법률」로 법명 변경 전부개정)
2008	「학교폭력예방 및 대책에 관한 법률」 전부개정
2012	「아동 · 청소년의 성보호에 관한 법률」 전부개정, 「청소년복지 지원법」 전부개정
2014	「학교밖 청소년 지원에 관한 법률」 제정
2015, 16, 18, 20	「아동 · 청소년의 성보호에 관한 법률」 일부개정

주: 2004년 「청소년 기본법」 이후부터는 법이 '전면개정'될 시 '전부개정'이라는 용어로 표현하고 있음. 또한, 통상적으로 법명칭은 띄어쓰기를 하지 않으나 최근에는 법명을 변경할 때 띄어쓰기를 함에 따라 이전의 법명들도 띄어쓰기를 하여 제시하였음.

우리나라 청소년복지의 역사적 변화에 대해 이용교(1997)는 청소년복지의 발아기(1961년 이전, 청소년복지 전 단계), 도입기(1962~1987년, 청소년복지의 태동기), 전개기(1988년~현재)의 3단계로, 도미향(2007)은 1988~2004년까지를 전개기, 「청소년복지 지원법」이 시행되고 청소년업무 담당부서가 청소년위원회로 일원화된 2005년부터 현재까지를 확대기로 나누었다. 이러한 관점에서 청소년복지의 발달은 4단계로 나누어 살펴볼 수 있다(도미향, 2004 추가 재정리; 이용교, 1995).

(1) 청소년복지의 발아기(해방 이후~1961년)

해방 후부터 「아동복리법」과 「미성년자보호법」이 제정된 1961년까지는 청소년복지가 「조선구호령」(1944)과 몇 개의 미군정 법령에 따라 실시되었다. 이 시기는 청소년복지가 아동복지영역과 구분되지 않아 청소년복지와 아동복지가 미분화되었으며, 복지서비스도 긴급구호의 수준에서 이루어졌다. 그러나 보호를 요하는 아동의 보호, 비행소년의 보호에서 청소년복지의 싹을 찾아볼 수 있다.

① 13세 이하 보호를 요하는 아동의 보호

이 시기의 공공구호 대상은 65세 이상의 무의탁 노인, 6세 이하의 아동을 부양하는 여자(모), 13세 이하의 아동, 불치의 병으로 신음하는 사람, 보호를 요하는 임산부, 심신장애자 등이었다. 따라서 긴급구호의 대상은 보호를 요하는 아동, 여성, 노인, 장애인으로서 청소년은 배제되어 있었다. 물론, 일부 나이 어린 청소년은 포함되었지만 대체로 청소년은 아동의 연장선상에서 보호되었다.

② 아동시설의 인가제와 유형

이 시기에 정부(사회부)는 「후생시설 설치기준」(1950)을 공포하여 아동보호시설을 '인가시설'로 하고, 사회복지시설을 대상별로 구분함으로써 아동보호시설이 정체성을 갖게 되고 정부의 지원과 감독이 강화되었다. 이 기준은 한국전쟁으로 발생한 수많은 전쟁고아를 수용 보호하는 근거가 되었으며, 이후 「후생시설 운영요령」으로 강화되었다. 이 운영요령은 아동시설을 영아원, 육아원, 감화원 등으로 구분하고, 이밖에도 후생시설을 모자원, 정신치료감화원, 불구자수용원, 맹아원, 직업보도원, 양로원 등으로 구분하였다.

③ 18세 미만 아동 노동의 보호

이 시기에 청소년을 보호의 대상으로 인식한 것은 「아동노동법규」에서 찾아볼 수 있다. 미군정은 「아동노동법규」(1947)에서 아동의 노동을 보호하기 위하여 상공업체 고용금지(14세 미만), 중공업체 또는 유해업체 종사금지(16세 미만), 위험직종 또는 유해직종 종사금지(18세 미만), 그리고 일일 노동시간의 제한(16세 미만 8시간 이내)을 규정하였다. 비록 '아동'이라는 용어를 사용하고 있지만 18세 미만 '근로청소년'을 보호하기 위한 최초의 규정이란 점에서 의의가 있고, 이러한 정신은 「미성년자노동보호법」(1947)과 「근로기준법」(1953)에 계승되었다.

④ 20세 미만 비행소년의 보호

비행아동에 대한 시설보호는 일제강점기에서부터 성인과 별도로 이루어졌고 이에 대한 법으로 「소년령」(1942)이 제정되었다. 또한, 반사회적 성향을 가진 20세 미만 소년의 생활환경조정과 품행교정을 위해 보호처분을 행하고, 형사처분에 있어 특별조치를 하기 위한 「소년법」(1958)이 제정되었다.

이 시기의 보호대상은 일차적으로 보호를 요하는 청소년이었지만 그 대상에 따라 연령에 약간씩 차이가 있었다. 즉, 시설보호대상은 13세 이하로 제한하였지만, 근로아동은 18세 미만, 비행소년은 20세 미만으로 확대되었다(2007년 「소년법」 개정으로 19세 미만으로 변경됨). 생계욕구에 대한 복지서비스는 '아동'에 한정시켰지만, 노동과 인권옹호에서는 그 대상을 '소년'까지 확장시킨 것이다. 그러나 당시의 보호 수준은 매우 열악하였고, 서비스의 질에 대한 국가 책임의 한계도 명확하지 않았다.

(2) 청소년복지의 도입기(1962~1987년)

우리나라에 청소년복지가 도입되기 시작한 것은 「미성년자보호법」과 「아동복리법」(1961)의 제정에서 비롯되었다고 볼 수 있다. 「아동복리법」의 제정 이전에도 「보호시설에 있는 고아의 후견직무에 관한 법률」(1961), 「고아입양특례법」(1961)이 제정되었지만 그 이름에서 알 수 있는 바와 같이 아동의 극히 일부인 '고아'에 대한 보호가 입법 목적이었다. 그러나 청소년복지적 측면에서 「미성년자보호법」(1961)의 제정으로 청소년의 보호와 선도를 위한 법적 장치가 마련되었다고 볼 수 있다.

아동복리법이 전면개정되어 「아동복지법」(1981)으로 제정되면서 보호를 요하는 아동에서 전체 아동으로 보호대상이 크게 바뀌었다. 이는 아동복지의 대상을 부분에서 전체로 확장했다는 점에서 큰 변화를 이루었다. 새롭게 제정된 「아동복지법」에서도 '아동'이라는 용어를 사용하고 있지만 18세 미만의 아동에는 사회통념상 '청소년'이 포함되어 있다고 볼 수 있다.

도입기의 청소년정책의 목표는 보호 · 선도 · 교화에 두었고, 청소년을 보는 시각도 '미래의 주인공'에 중점을 둠으로써 청소년의 현재의 삶을 유보시킴으로써 청소년문제와 청소년의 삶의 질을 근본적으로 해결하기에는 어려움이 있었다. 따라서 청소년정책도 비행을 예방하거나 비행청소년을 보호·선도하고, 보호자가 없거나 보호자가 있어도 보호할 능력이 없는 요보호 청소년을 사회가 보호하는 데 일차적인 관심을 가졌으며, 근로청소년의 복지와 장애청소년의 복지에 초점을 두었다. 일반청소년의 복지도 포괄적인 욕구의 충족과 문제의 해결보다는 선도와 보호에 한정되었다.

이 시기에 청소년문제를 해결하기 위하여 정부의 여러 부처는 각 부처의 성격에 부합하는 정책을 각각 수립하여 시행하였다. 각 부처에서 수행하는 청소년업무를 보다 종합적으로 수행하기 위해 정부 차원에서 종합적으로 청소년대책을 협의·조정하는 기구의 필요성이 논의됨에 따라 1964년 내무부에 청소년보호대책위원회가 설치되었다.

① 18세 미만의 보호를 요하는 아동의 보호

「아동복지법」은 '보호를 요하는 아동'에 대한 정의를 명확히 하면서 보호를 요하는 아동의 연령을 기존의 13세 이하에서 '18세 미만'으로 상향시키고, 아동복지에 대한 국가의 책임을 명시했다는 점에서 그 의의가 크다. 보호대상을 18세 미만의 아동으로 확장시킨 것은 비록 '아동'이라는 용어를 사용하고 있지만 '청소년'까지 포함한 것이라고 볼 수 있다. 「아동복지법」에서 보호를 요하는 아동은 그 보호자로부터 유실, 유기 또는 이탈되었을 경우, 아동의 건전한 출생을 기할 수 없는 경우, 그리고 기타의 경우로 한정하면서 아동이 건전하고 행복하게 성장할 수 있도록 명시하였다.

② 아동복리시설의 세분화

「아동복리법」은 아동복리시설로 아동상담소, 보육시설, 조산시설, 정신박약아시설, 맹아양호시설, 농아양호시설, 신체허약아보호시설, 아동휴양시설, 교호시설, 부랑아보호시설, 소년직업보도시설, 지체부자유아보호시설, 모자보호시설 등 13개 종류로 규정하였다. 이를 후생시설 운영요령의 시설유형과 비교해 볼 때, 시설의 종류가 세분화되었고, 특별히 장애아동을 위한 시설을 성인시설과 구분하였다. 청소년을 위한 전문화된 복지서비스는 아동복지와 별도로 인식되지 않고 아동복지의 연장선에서 다루어졌다.

이 시기에 설치된 아동복리(지)시설 중 '아동상담소'는 기존의 아동복리시설과 다른 기능을 수행하였다. 이전 시기의 시설들은 보호를 요하는 아동을 긴급 구호하는 차원에서 수용보호하는 것을 핵심으로 하여 아동의 연령과 장애 유무로 분리 수용하는 정도였다. 그러나 아동상담소는 가정에서 보호자로부터 유실, 유기 또는 이탈된 아동을 상담하고 귀가 조치하거나 수용시설로 이송하는 기능을 수행하였다. 따라서 아동상담소는 가정과 수용시설의 중간지점에 있으면서 보호를 요하는 아동을 보호하였는데, 특히 가출 · 부랑아동과 학대받은 아동을 상담하는 기능을 수행하였다. 또한, 아동복리시설에 아동휴양시설을 포함시킨 것도 의의 있는 일이었다. 전통적인 아동복리시설은 수용시설만 취급하였는데, 이 법에서 아동이용시설까지 포함시킴으로써 장차 「청소년육성법」에서 '청소년이용시설'을 포함시킬 수 있는 선례를 남겼다.

③ 장애청소년에 대한 복지사업

장애청소년에 대한 복지는 장애아동 혹은 전체 장애인에 대한 복지와 분화되지 않은 상태에서 이루어졌지만, 이 시기에 뚜렷한 진전이 있었다. 그러나 본격적인 특수청소년복지사업은 1970년대에 들어 정책적 조치가 이루어지기 시작하면서부터라고 볼 수 있다. 즉, 특수교사양성을 위한 대학과정의 설치(1971)와 「특수교육진흥법」의 제정(1977)과 개정(1987, 1997), 「심신장애자복지법」의 제정(1981)과 「장애인복지법」으로의 법명 변경(1989), 「장애인고용촉진 등에 관한 법률」의 제정(1990) 등이 그것이다. 이외에 장애청소년을 포함한 장애자에 대한 가족수당이 지급되었으며, 각종 복지시설도 활발하게 설치되었다.

1977년에 제정된 「특수교육진흥법」은 장애인에 대한 특수교육을 증진하여 그들에게 필요한 생활지식과 기능을 전수해 줌으로써 장애인으로 하여금 일반 사회생활에 참여하게 함을 목적으로 하였다. 장애인에는 시각, 청각, 정신박약, 정서장애, 언어장애, 기타 심신장애자 등이 포함되었다. 장애인은 국공립특수교육기관에 취학하거나 사립교육기관 중 의무교육과정에 취학할 경우 무상교육을 받을 수 있도록 하였으며, 일차적인 수혜자는 장애아동과 청소년이었다. 장애인복지에 대한 관심은 1981년 '세계장애자의 해'를 계기로 증대되어 「심신장애자복지법」이 제정되고 보건사회부에 전담부서로서 재활과가 설치되었다. 이 법은 장애인복지에 대한 국가와 지방자치단체에 대한 책임이 미약하고 장애발생의 예방과 장애인의 고용촉진에 한계가 있다는 비판도 받았지만 「장애인복지법」(1989)으로 법명이 변경되면서 전문개정될 때까지 장애인복지사업의 근거법이 되었다.

④ 미성년자의 보호와 선도

청소년에 대한 복지는 생계, 보건, 교육, 주거 등 인간의 기본적인 욕구에서 아동과 차별화한 것이 아니라 풍속이나 여가에서 구분하는 데 그쳤다. 이 시기에 청소년을 대상으로 한 대표적인 법인 「미성년자보호법」은 미성년자(만 20세 미만)의 흡연, 음주, 기타 선량한 풍속을 해치는 행위를 금지하고, 미성년자의 보호에 필요한 사항을 규정함으로써 미성년자의 건강보호와 선도를 도모하고자 하였다. 미성년자에게 규제하는 행위는 대부분의 성인이 아무런 죄의식 없이 행하는 행위임에도 불구하고 미성년자라는 지위 때문에 비행으로 규정하였다.

⑤ 근로청소년을 위한 복지사업

정부가 청소년에게 구체적으로 복지서비스를 제공해 준 것은 근로청소년에 대한 교육과 여가사업에서 찾을 수 있다. 일반학교에 부설한 야간특별학급과 산업체 부설학교의 개설(1977)은 중 · 고등학교에 취학할 기회를 박탈당한 근로청소년에게 중등교육기회를 제공하였다. 이 사업은 산업체에게는 고용안정을 주고, 근로청소년에게는 일하면서 공부할 수 있는 기회를 준 이중적인 목적을 이룸으로써 배움을 갈망하는 근로청소년에게 매우 의의 있는 사업이었다. 비록 근로청소년의 학력과 연령이 높아지면서 이 사업은 점차 축소되었지만 아동이 아닌 청소년에게 직접 혜택을 주는 사업이었다. 또한, 근로청소년의 건전한 여가생활을 도모하기 위하여 주요 공단 지역에 근로청소년회관을 건립하기 시작하였고, 청소년근로자의 주거욕구를 충족시키기 위해 근로청소년 임대아파트를 건립하기 시작하였다.

⑥ 청소년보호대책의 실천

이 시기에 정부가 명시적으로 청소년을 정책대상으로 설정한 것은 중앙청소년보호대책위원회(1964)의 설치부터였다. 위원회의 설치와 운영으로 청소년이 보호대상으로 인식되었는데, 국가의 책임은 행정적인 대책을 세우는 것이며, 그 책임은 위원회로 분산되었다. 따라서 매년 청소년보호대책위원회가 열렸지만 청소년복지의 제도화 등 획기적인 정책은 수립되지 않았다. 위원회는 후에 청소년대책위원회(1977)로 개칭되고, 위원장의 위상이 내무부장관에서 국무총리로 바뀌었지만 그 역할은 크게 달라지지 않았다. 청소년정책의 기본이 되는 법을 제정하고, 이에 대한 행정체계를 갖춘 것은 「청소년육성법」이 제정되면서 비롯되었다.

(3) 청소년복지의 전개기(1988~2004년)

우리나라에서 청소년복지가 아동복지와 구분될 수 있었던 것은 「청소년육성법」(1987)의 제정에서 비롯되었다고 볼 수 있다. 그러나 이 법의 어느 조항에도 '청소년복지' 혹은 '복지'라는 낱말은 제시되어 있지 않다. 다만, 「청소년육성법」 제1조에 "청소년의 인격형성을 도모하고, 청소년의 보호, 육성, 선도 및 지원에 관한 사업을 효율적으로 추진함으로써 청소년이 국가, 사회발전에 이바지할 수 있는 건실하고 유능한 국민으로 성장하도록 함을 목적으로 한다."라고 명시되어 있는 것에 비추어 볼 때, 청소년복지의 수행을 위한 근거법으로 볼 수 있다. 이후 「청소년육성법」의 대체 입법으로 「청소년 기본법」(1991)이 제정되었는데, 동법 제3조에 "청소년복지라 함은 청소년이 정상적인 삶을 영위할 수 있는 기본적인 여건을 조성하고 조화롭게 성장 · 발달할 수 있도록 제공되는 사회적 · 경제적 지원을 말한다."라고 규정하였다. 이에 따라 「청소년 기본법」이 제정된 후 청소년복지 관련 정책이 획기적인 발전을 가져왔다. 그러나 청소년정책이 청소년육성정책과 청소년보호정책으로 양분되어 실시됨으로써 당초 계획보다 미흡하게 실시되었다. 이후 청소년을 보는 시각에 큰 변화를 가져온 것은 1998년 7월 28일 정부가 청소년육성위원회(위원장 국무총리)의 심의 · 의결을 거쳐 1998년부터 2002년까지 청소년육성 5개년 계획을 확정하면서부터라고 할 수 있다.

① 청소년정책의 영역 설정

「청소년육성법」의 제정이 청소년복지에 미친 영향은 청소년정책의 영역을 설정하고 이를 담당할 수 있는 행정체계가 확립되었다는 점에서 그 의의를 찾을 수 있다. 정부는 체육청소년부에 청소년국을 설치(1988)하고, 시 · 도에 가정복지국 청소년과를 설치하였으며, 매년 건전한 청소년육성을 위한 가정 · 학교 · 사회의 각 영역에 걸친 종합계획을 수립 · 시행하도록 하였다.

종합계획의 주요 내용은 청소년 건전활동지원, 가정의 교육기능 강화, 학교의 선도기능 강화, 청소년 유해사회환경 정비, 위약계층 청소년 보호선도, 청소년육성 추진기반 조성 등이었으며, 청소년복지는 위약계층 청소년 보호선도에서 이루어졌다. 그런데 위약계층 청소년 보호선도의 내용은 근로청소년, 농어촌청소년, 무직미진학 청소년, 보호를 요하는 청소년, 비행청소년 등 대상별로 추진사업을 열거하는 데 그치는 정도에 불과하였다. 그리하여 사업이 청소년의 욕구와 문제를 얼마나 충족시켜 주고 있는지, 국제적인 기준에서 사업의 수준은 어느 정도인지 등에 대한 구체적인 정보를 제시해 주지 못하였다.

② 교육보호의 제도화

청소년복지의 전개기에 빈곤청소년에게 가장 도움을 준 것은 「생활보호법」의 개정과 그 후속 조치라고 볼 수 있다. 「생활보호법」의 개정(1982)으로 보호의 종류를 기존의 4가지 보호(생계보호, 의료보호, 해산보호, 장제보호)에 교육보호와 자활보호를 추가한 것은 청소년복지에 획기적인 영향을 미쳤다. 특히, 교육보호는 그 보호대상자가 중 · 고등학생이기 때문에 생활보호를 받는 빈곤청소년이 실질적인 혜택을 받았다. 1987년에 처음 실시될 때는 보호대상자가 생활보호대상자의 일부로 제한되었지만, 점차 저소득층 자녀를 포함하여 중학교와 고등학교의 입학금과 수업료가 면제되었다. 청소년기의 가장 큰 욕구가 교육욕구라고 할 때 교육보호는 빈곤청소년을 위한 가장 필요한 복지사업이었다고 할 수 있다.

③ 청소년시설의 제도화

「청소년육성법」은 청소년단체의 지원과 청소년시설의 설치 · 운영을 핵심적인 내용으로 담고 있으면서 청소년시설을 '청소년 전용시설'과 '청소년 이용시설'로 구분하였다. 이후 「청소년 기본법」에서 청소년시설은 '청소년수련시설'로 바뀌면서 '생활권수련시설, 자연권수련시설, 유스호스텔'로 정리되었고, 수련시설이 아닌 전용시설과 이용시설은 법적 지원과 감독의 대상에서 제외되었다. 이처럼 「청소년육성법」에서 청소년시설은 '학교시설 외에 청소년의 심신단련과 정서계발을 목적으로 설치된 시설'(제2조)로 정의하여 모든 시설을 포괄하였으나, 「청소년 기본법」에서는 수련시설로 하여 '학교시설 외에 수련활동을 실시할 목적으로 설치된 시설'(제3조)로 수련활동을 한정함으로써 체육청소년부가 관장할 수 있는 시설만을 수련시설로 분류하였다.

「청소년육성법」과 「청소년 기본법」 모두 청소년복지시설은 매우 소홀히 다루어졌고, 특히 보호를 요하는 청소년을 일시적 · 장기적으로 수용보호하고 치료하는 청소년쉼터, 가출청소년보호시설, 학대받는 아동일시보호시설, 약물오남용치료시설, 청소년 중간의 집 등의 설치 · 운영 그리고 이러한 복지시설에 대한 정부 지원 등에 관한 규정이 없었다.

④ 청소년상담사업의 확대

정부는 전체 청소년의 건전한 육성과 특히 보호를 요하는 계층의 청소년에 대한 고민상담, 취업과 진로, 여가문제 등을 지원할 수 있는 청소년종합지원센터를 1990년에 대구와 광주에 설치하여 1년 동안 시범 운영하였다. 그 결과, 전문적인 청소년상담사업을 전개하기 위하여 1991년부터 시 · 도 청소년상담실이란 이름으로 사업을 실시하고 다른 시 · 도에도 확대하였다(최현 외, 1991).

시 · 도 청소년상담실은 일반청소년을 위한 복지기관이 거의 없는 상태에서 청소년의 고민을 상담할 수 있는 통로가 되었고, 중앙정부와 시 · 도가 공동으로 운영비를 분담하는 재원조달 방식을 제시하였다. 또한, 청소년상담실은 기존의 근로청소년회관과 달리 행정공무원이 운영하지 않고 청소년단체 등 청소년 관련 기관이 시 · 도로부터 위탁받아 운영하면서 사회복지사 등 전문가를 채용하였다는 점에서 청소년복지사업의 전문성을 제고하였다. 시 · 도 청소년상담실과 별도로 시 · 군 ·

구 단위에도 청소년상담실이 설치되기 시작하였다. 그러나 시 · 군 지역에서는 청소년상담에 대한 욕구가 낮고, 운영비를 전액 지방비(시 · 도와 시 · 군이 분담)로 충당하였기 때문에 그 액수가 적어 전문인력의 확보와 사업의 활성화에 어려움을 겪었다.

⑤ 사회복지사업과 낮은 연계

청소년복지사업의 가장 큰 문제는 사회복지사업과 연계성 없이 이루어졌다는 점이다. 「청소년 기본법」은 사회복지사업의 수행에 기본이 되는 「사회복지사업법」과 연계가 없는 상태에서 제정되어 시행되었다. 때문에 청소년복지의 수행을 위해 불가피하게 필요한 사회복지법인의 등록, 사회복지사의 채용, 사회복지시설에 대한 국가의 책임 등이 모두 배제되었다. 청소년사업의 하나로 청소년복지가 논의되고 있지만, 이와 같은 점으로 인해 현재 우리나라 청소년복지사업은 사회복지사업체계에서 누락되어 있어 대부분의 청소년복지시설이 법적 · 행정적 지원을 제대로 받지 못하고 있다.

(4) 청소년복지의 확대기(2005년~현재)

청소년복지에 있어 획기적 발전이라 할 수 있는 일은 그동안 여러 부처에서 관장하던 청소년업무를 국가위원회로 일원화한 것과 「청소년 기본법」을 지원하기 위한 「청소년복지 지원법」을 제정한 것이다. 행정부서의 통합과 「청소년복지 지원법」의 제정으로 청소년복지는 확대기를 맞았다고 할 수 있다.

참여정부가 들어서면서 2004년 12월 17일 정부혁신 · 지방분권위원회는 문화관광부 청소년국과 국무총리 소속 청소년보호위원회로 분리되었던 청소년행정조직을 국무총리 소속의 국가청소년위원회로 일원화하였다. 정부혁신 · 지방분권위원회가 청소년육성과 청소년보호의 이원화된 청소년행정조직을 통합하기로 결정하고, 새로운 청소년정책 환경변화에 역량을 집중함으로써 정부 공공정책으로서의 기능을 강화하게 되었다. 따라서 새로 출범한 청소년위원회는 국가인적자원 개발의 한 축으로 시대적 변화와 다양한 사회적 요구를 반영하여 새로운 청소년복지정책을 펼쳐나갈 제도적 기반을 마련하였다. 또한, 「청소년육성법」(1987)과 「청소년 기본법」(1991) 이후에 이를 보다 확대시킨 「청소년복지 지원법」의 제정(2004)을 통해 법적 기반을 마련하였다.

국가청소년위원회는 사회적 필요성을 반영하기 위하여 2005년부터 위기청소년을 위한 안전망구축을 위해 지역사회청소년통합지원체계를 구축하고(Community Youth Safety-Net: CYS-Net), 세분화와 전문화를 통한 청소년쉼터의 증설과 방과후 지도에 정책의 강조점을 두었다.

①「청소년복지 지원법」

「청소년복지 지원법」은 「청소년 기본법」, 「청소년 보호법」, 「청소년활동 진흥법」과 함께 우리나라 청소년의 복지증진을 위한 핵심적인 법률이다. 2004년에 제정되어 2005년 2월부터 시행된 「청소년복지 지원법」은 "청소년 기본법 제49조 제4항에 따라 청소년복지 증진에 관한 사항을 정함을 목적으로 한다(제1조)."라고 함으로써 형식은 독립된 법률이지만 그 내용은 「청소년 기본법」을 보완하려는 것이었다. 청소년복지 향상에 관한 「헌법」 제34조 제4항의 "국가는 노인과 청소년의 복지향상을 위한 정책을 실시할 의무를 진다."라는 취지를 구현하여 청소년의 권리를 보장하기 위함이기도 하였다.

「청소년복지 지원법」은 시행 이후 청소년복지 향상에 상당 부분 기여하였지만, 개정의 필요성이 꾸준히 제기되었다. 그리하여 2005년에는 일부개정을 하였으며, 특별한 보호가 필요한 청소년에게 보호 · 자립할 수 있는 복지서비스 제공을 제도화하고, 모든 청소년에 대한 인권보장, 청소년복지시설의 체계화 등에 대한 사회 및 국가의 책임과 의무를 정하고 이를 실천하기 위한 기본적인 사항을 청소년 안전망 구축으로 구체화하였다.

다시 2012년에는 「청소년복지 지원법」을 전부개정하였으며, 개정 취지는 청소년복지에 대한 다양한 수요에 대응하고 청소년을 효율적이고 체계적으로 지원하기 위하여 지역사회 청소년통합지원체계를 구축 · 운영하도록 하는 것이다. 또한, 위기청소년의 유형별로 다양한 지원 방안을 마련하는 등 위기청소년에 대한 보호 및 지원을 강화하며, 청소년복지지원기관 및 청소년복지시설의 설치 · 운영에 관한 내용을 체계적으로 정비하고 이주배경청소년지원센터의 설치 · 운영 근거를 마련하였다(국가법령정보센터, 2021). 그 이후에도 한국청소년상담복지개발원에의 출연 근거 마련(2014), 청소년자립지원관의 지원기능 확대 및 소년법에 의해 처분을 받은 청소년을 위해 청소년회복지원시설을 청소년복지시설로 일부개정하였다(2016). 2019년 일부개정에서는 의식 · 태도 · 생활 등에 대한 실태조사를 실시하는 근거규정을 마련하고, 청소년의 '교육적 선도'를 '예방적 · 회복적 보호지원'으로 그 명칭을 변경하고, 보호지원의 목적 및 내용을 구체적으로 규정하였다(법제처, 2021).

② 청소년의 참여권

우리나라는 청소년 보호와 육성 등 고유 업무 중심 체제로 인하여 청소년과 국민의 주요 관심사인 청소년과 교육, 고용, 복지, 보건 등의 과제를 포괄하지 못함으로써 청소년정책에 대한 국민적 공감대와 지지가 미흡하고 국가 청소년정책으로서의 포괄적이고 통합적인 정책이 결여되어 있다(한국청소년개발원, 2003, p. 35). 즉, 청소년복지정책은 정부 주도로 추진되어 왔고, 정책의 대상자인 청소년을 배제시키고 기성세대의 시각에서 정책이 수립되어 추진됨으로써 청소년의 참여와 호응을 얻지 못함으로써 그 효율성이 낮다. 유엔의 '세계청소년행동계획'의 15개 영역 중 하나가 '참여'인데 우리나라에서는 최근에야 비로소 청소년이 자신을 대상으로 하는 청소년정책에 참여하게 되었다. 즉, 제2차 청소년육성 5개년 계획의 일환으로 청소년참여가 부각되기 시작했고, 2005년부터 실시된 청소년특별회의는 우리 사회의 청소년 참여에 한 획을 긋는 계기를 마련하였다.

③ 특별 청소년지원

「청소년복지 지원법」의 핵심내용인 특별지원청소년에 관해 동법 제2조에서 "특별지원청소년이라 함은 청소년의 조화로운 성장과 정상적인 생활에 필요한 기초적인 여건이 미비하여 사회적 · 경제적 지원이 필요한 청소년을 말한다. 다만, 국민기초생활 보장법 등 다른 법률의 적용을 받는 청소년을 제외한다."라고 규정하고 있다. 그러므로 「청소년복지 지원법」이 지원하고자 하는 특별지원청소년은 실질적인 보호자의 보호를 받지 못하거나 학업을 중단하였거나 비행의 위험이 있어 청소년의 조화로운 성장에 어려움이 있거나 어려움이 예상되는 청소년을 사회 · 국가적으로 지원하고자 한다는 것을 알 수 있다. 특별 청소년지원은 2012년(개정 2012. 2. 1., 시행 2012. 8. 2.) '위기청소년'으로 변경되어 가정문제가 있거나 학업 수행 또는 사회적응에 어려움을 겪는 등 조화롭고 건강한 성장과 생활에 필요한 여건을 갖추지 못한 청소년을 의미한다.

④ 저출산 대책

정부는 저출산고령사회위원회를 통해 발표한 사업으로 건전한 미래세대 육성을 위한 아동 · 청소년지원시스템을 구축하고, 취약지역 아동에 대한 맞춤형 통합서비스를 제공하는 희망스타트 사업을 확대하며, 지역아동센터, 방과후 아카데미, 청소년 공부방 등을 확충하여 운영하려는 계획에 대해 발표하였다. 이는 저출산대책의 한 방안으로도 청소년복지사업이 더욱 확대되어야 할 필요성이 있음을 알 수 있다.

이상 청소년확대기 이후 15여 년이 흐른 현시점에서 청소년복지증진을 위하여 다양한 사업이 이루어지고 있는데 그 내용은 다음과 같다(여성가족부, 2021).

- 지역사회청소년통합지원체계(CYS-Net: Community Youth Safety Net)사업: 지역사회 내 청소년 관련 자원을 연계하여 학업중단, 가출, 인터넷중독 등 위기청소년에 대한 상담 · 보호 · 교육 · 자립 등 맞춤형 서비스를 제공하는 서비스
- 청소년전화 1388: 청소년의 일상적인 고민상담부터 가출, 학업중단, 인터넷중독 등 위기에 이르기까지 전화로 상담을 제공하는 서비스
- 청소년쉼터: 다양한 원인으로 인해 가정의 도움을 받지 못하고 있는 가출청소년들을 위한 생활보호시설로 의식주 제공 등 대체가정의 역할부터 필요로 하는 서비스를 맞춤형으로 제공하는 가출청소년 특화시설
- 학교 밖 청소년지원사업: 청소년지원센터-꿈드림'은 학교 밖 청소년에게 상담, 교육, 직업 체험 및 취업, 자립지원 등의 다양한 지원을 제공함

- 이주배경청소년지원사업: 「청소년복지 지원법」 제18조에 따라 다문화가족의 청소년과 그 밖에 국내로 이주하여 사회적응 및 학업 수행에 어려움을 겪는 청소년을 지원해 주는 사업으로 입국초기 지원교육, 맞춤형 정보서비스, 진로지원 프로그램, 통합상담 및 가족연계프로그램, 역량강화 프로그램, 상담 및 심리치유 프로젝트 등

2. 외국 청소년복지의 발달

외국의 청소년복지는 산업화 이전과 산업화 이후의 시기로 나눌 수 있다. 산업화 이전, 즉 봉건사회가 붕괴되고 산업혁명이 일어나기 이전에는 청소년복지에 대한 책임이 거의 부모에게 있었으며, 재해나 빈곤 때문에 발생한 보호를 요하는 청소년은 뜻있는 개인이나 종교단체 등에 의해 보호되었다. 그러나 산업화가 진행되면서부터 생산구조가 제1차 산업에서 제2차, 제3차 산업으로 발전하게 됨에 따라 사회구조 및 가치관이 크게 변화되기 시작하였다. 이에 따라 가정에서 부모나 친척의 힘만으로 자녀를 건전하고 건강하게 키우기가 어려워지자 사회 및 국가에서 청소년복지를 보장하기 위해 여러 가지 대책을 강구하여 실시하게 되었다. 우리나라와 비교해 볼 때, 일찍 산업화된 나라들의 청소년복지는 비교적 체계적이고 점진적인 발달을 하였다고 볼 수 있으며, 이는 저개발 및 개발도상국가들에게 본보기가 되고 있다(이소희 외, 2005).

1) 산업화 이전의 청소년보호

산업화 이전의 청소년보호는 고대사회와 중세사회를 중심으로 이루어진 청소년복지의 활동 역사라고 볼 수 있다. 고대사회에서는 청소년복지 활동을 거의 찾아보기 어렵고, 오히려 청소년복지를 저해한 일들이 많이 발생하였다. 고대사회에서는 청소년을 부모나 부족의 소유물로 보았고, 청소년의 가치는 가문이나 부족의 번영

에 얼마나 이바지할 수 있는가의 여부로 보는 경향이 매우 강했다. 따라서 허약하거나 고질병이 있거나 장애청소년은 생존권을 박탈당했으며, 유기되거나 살해되는 경우가 빈번하게 발생하였다.

중세사회는 고대사회와 달리 교회를 중심으로 한 종교단체에서 신분이 낮거나 열악한 환경에 처해 있는 청소년을 보호하였다. 중세사회는 주종 관계가 엄격한 신분사회로서 청소년은 그의 부모가 속한 신분에 따라 취급되었기 때문에 신분계급이 낮은 청소년은 경제적 · 군사적인 면에서 노동력 착취를 당하는 경우가 많았다. 심한 경우에는 생명을 잃는 현상이 발생하기도 하였으므로 종교적 차원에서 이러한 청소년과 의지할 곳 없는 청소년을 도왔다. 그러나 이러한 교회의 도움은 종교적 차원의 동정과 연민에서 비롯된 것이었지 청소년의 욕구나 권리 사상에 입각하여 제공되는 서비스는 아니었다. 그렇지만 종교단체의 활동을 통해 청소년복지활동이 전개되기 시작하였다는 점에서는 그 의의가 크다.

2) 산업화 이후의 청소년보호

산업화 이후의 청소년복지는 중세의 봉건제도가 붕괴되고 근대 산업혁명이 도래되면서 시작되었다고 볼 수 있다. 산업화가 시작되면서부터 청소년복지를 포함한 사회복지의 발달에 나타난 두드러진 변화는 사회문제의 발생 원인 및 그 책임 소재에 대한 인식이 변화되었다는 점이다. 즉, 사회복지를 저해하는 각종 사회문제는 개인적인 원인과 함께 사회적인 원인에 의해서도 발생한다는 새로운 인식이 생겨났다. 그에 따라 청소년이 행복하게 성장하기 어려운 이유가 청소년 본인이나 부모에게만 문제가 있는 것이 아니라 사회에도 문제의 원인이 있다는 것을 인식하게 되었다. 이러한 인식의 변화는 제1차, 제2차 세계대전을 거치면서 더욱 확산되었고 산업사회가 진행될수록 가속화되었다. 왜냐하면, 전쟁은 무수한 고아와 장애청소년을 발생시켰을 뿐만 아니라 각종 자원의 파괴로 인해 비참한 생활을 초래했으며, 산업화로 인한 각종 안전사고로 결손가정을 발생시켰기 때문이다. 따라서 고도 산업사회인 오늘날 청소년에 대한 사회 및 국가의 책임은 더욱 강조되고 있다.

산업화 이후의 청소년복지는 산업혁명을 가장 일찍 태동시킨 영국과 영국의 영향을 많이 받았던 서구 여러 나라를 중심으로 발달해 왔다. 그것은 산업혁명이 인간생활의 풍요로움과 편리함을 가져다주기도 하였지만 산업화의 영향으로 청소년을 포함한 가정의 복지를 저해하는 점도 많았기 때문이다. 그럼에도 불구하고 청소년복지에 대한 인식은 상당히 느리게 발전하여 유엔은 1985년을 '세계청소년의 해'로 정하고, 10년 후인 1995년에는 10개 분야(교육, 고용, 기아와 빈곤, 건강, 환경, 약물남용, 청소년 일탈, 여가시간 활용, 소녀와 젊은 여성, 의사결정과 사회생활에서 청소년의 완전하고 효과적인 참여)의 세계청소년행동계획(World Programme of Action on Youth)을 제시하였다. 또한, 2005년 유엔 총회에서는 세계청소년 보고서를 통해 청소년 분야 5개 권고사항(세계화, 정보통신기술, 에이즈, 청소년과 분쟁, 세대차이)을 결의하였다(http://cafe.daum.net/uicommunity/3SYS/497에서 21. 1. 6. 인출). 청소년에 대한 이러한 관심은 전 세계가 과거 어느 때보다 청소년에 대한 관심과 애정을 더 크게 보이고 있음을 나타내 주는 것이라 할 수 있다. 그러나 다른 한편으로는 지금까지 청소년에 관한 관심이 부족했다고 할 수도 있어 앞으로 지속적인 관심과 정책이 필요하다.

(1) 청소년에 대한 국가적 책임 인식의 태동

봉건제도의 붕괴로 말미암아 영주는 자기 영민의 복지에 대해 책임을 질 수 없게 되었고, 교회의 도움으로도 이를 해결하기가 어렵게 되자 국가는 국민의 복지에 대한 책임을 규정한 법을 제정하여 이들을 돕기 시작하였다. 이의 가장 대표적인 법으로 1601년 영국이 제정한 '구빈법(The Elizabethan Poor Law)'을 들 수 있다. 구빈법은 보호를 요하는 성인뿐만 아니라 고아, 기아, 빈곤가정의 청소년을 포함시켜 이러한 청소년을 양육할 의사가 있는 사람에게 무료 또는 유료로 위탁시킬 수 있는 조치를 마련하였으며, 일을 할 수 있을 정도의 청소년은 도제(apprentice)로 보내어 주인으로부터 기술을 연마하든지 가사를 돕게 하였다.

'구빈법'은 청소년의 보호에 대한 국가적 책임을 최초로 규정하였고, 빈곤가정의 청소년을 위한 위탁보호제도와 도제제도를 마련하였다는 점에서 의의가 있다. 특히, 위탁보호는 시설수용청소년을 감소시켰을 뿐만 아니라 가정적 분위기에서 비교적 안정되게 생활할 수 있도록 해 주었고, 도제제도는 빈곤아동과 청소년을 위해 단지 의식주 등의 생활상의 어려움을 해결해 주는 것에 그치지 않고, 직업적 능력을 길러 줌으로써 사회적으로 자립할 수 있는 기반을 조성해 주는 데 기여하였다. 그렇지만 이러한 보호형태에서 청소년의 인권을 무시하고 청소년의 노동력을 착취하는 등의 문제점도 없지 않았다.

'구빈법'의 제정은 서구 여러 나라에 영향을 미쳐 각 나라의 차원에서 아동과 청소년복지를 증진시키는 데 중요한 계기가 되었다. 스웨덴에서는 개정된 '구빈법'(1853)에서 15세 이하의 아동과 청소년을 구빈대상에 포함시켰다. 또한, 미국에서는 루스벨트 대통령 집권 당시에 '아동을 위한 백악관 회의(White House Conference)'(1909)를 개최하여 날로 심각해지는 아동문제에 대한 국가 책임의 필요성을 논한 바 있으며, 그 결과 정부기구 내에 1912년 아동국(The Children's Bureau)을 신설하였다.

(2) 시설보호사업의 변화

'구빈법'의 제정에 따라 기아, 미아, 빈곤청소년 등은 위탁이나 도제제도의 보호를 받았으나, 이러한 보호가 어려운 많은 청소년은 노동력을 거의 상실한 성인, 장애인 및 노인 등과 함께 시설에 수용, 보호되었다. 이러한 보호형태는 봉건제도의 붕괴와 함께 산업사회로 일찍 진입한 서구 여러 나라에서 실시되었다. 당시의 보호를 요하는 성인과의 혼합수용에 따라 일상생활의 유지와 건강 및 교육 측면에서 여러 가지 문제점이 빈번하게 발생하자 시설보호사업은 변화되기 시작하였다. 우선 청소년을 보호를 요하는 성인으로부터 분리시켜 보호하기 시작하였으며, 이후에 청소년의 특성에 따라 분류하여 보호하였는데, 일반청소년과 장애청소년과의 분류가 그것이다. 이러한 조치는 청소년의 문제를 청소년의 입장에서 보고, 또 해결하는 계기를 마련해 주었다는 점에서 의의가 있다.

(3) 근로청소년의 보호제도의 발달

산업화와 함께 청소년의 복지를 위협했던 중요한 문제 중의 하나가 청소년의 노동력을 착취하는 것이었다. 도제 형식으로 위탁된 상당수의 청소년이 유해한 작업장과 장시간의 노동으로 인해 건강이나 교육적 측면에서 매우 위태로운 상황에 놓이는 경우가 많아 근로청소년을 보호하기 위한 법을 제정하였다.

근로청소년을 보호하기 위한 제도적 조치를 가장 먼저 강구한 나라는 산업혁명을 가장 먼저 태동시켰고 그로 인해 일찍이 근로청소년의 복지를 위협했던 영국이었다. 영국은 1819년에 '공장법(The Factory Act)'을 제정함으로써 근로할 수 있는 최저 연령과 하루 및 일주일간의 근로시간 등을 규정하여 근로청소년을 보호하였다. '공장법'은 세계 최초의 근로청소년을 위한 법으로 이웃 여러 나라로 파급되어 근로청소년의 복지를 증진시켰다는 점에서 의의가 크다. 프랑스에서는 1841년, 스웨덴에서는 1881년, 미국에서는 1895년에 '근로청소년을 위한 관계법'이 제정되었다. '근로청소년을 위한 관계법'은 여러 차례의 개정을 통해 최저 근로연령을 상향조정하고, 근로를 제한하는 직업의 종류를 규정하는 등 점진적인 발전을 이루었다. 이 법의 제정은 이들의 복지를 위해서도 필요했지만, 부족한 노동력을 계속 확보하여 산업을 발전시키는 데도 필요한 조치였다.

(4) 특수청소년복지의 증진

중세사회에서 기독교를 중심으로 한 종교계에서 장애청소년을 위한 일련의 보호가 이루어졌으나 고대사회와 같이 장애청소년에 대한 편견은 여전히 잔재하여 이들을 소홀히 취급한 경우가 많았다. 16, 17, 18세기에 들어서 차츰 인본주의 철학에 따라 운명론적 입장에서 탈피하여 합리적인 관점에서 장애를 수용하게 되면서 이들에 대한 보조조치가 이루어지기 시작하였다. 맹아학교가 설립되고, 우수청소년에 대한 교육조치도 이루어졌다. 그러나 장애자에 대한 현저한 발달을 보이기 시작한 것은 19세기와 20세기에 들어서면서부터라고 볼 수 있다. 즉, 심리학, 의학 등의 학문적 발달과 함께 제1차, 제2차 세계대전을 거치면서 장애와 재활에 대한 새로운 인식이 싹트기 시작하면서부터 장애청소년의 복지는 사회적 책임이며, 장애청소년은 생존권과 인간다운 생활을 보장받을 수 있는 권리주체임을 인정하게 되었다. 이러한 인식의 변화에 따라 각 국은 장애청소년을 체계적으로 연구하기 시작하였으며, 동시에 특수청소년의 복지를 위한 법적 조치를 취하였다.

한편, 국제적인 움직임도 활발하여 유엔에서는 정신박약아권리선언(1971), 장애자권리선언(1975) 및 장애자의 해(1981) 등을 선포하였으며, 입법조치와 시설의 확충 및 장애자에 대한 인식을 새롭게 함으로써 전 세계의 장애청소년을 위한 복지증진에 기여하였다.

생각해 볼 문제

1. 우리나라 청소년복지의 발달에서 청소년복지 개념 형성 이전과 이후의 차이점에 대해 생각해 봅시다.
2. 우리나라 청소년복지 발달 확대기에서 가장 중요한 법의 의미를 생각해 보고, 그와 관련해서 저출산 고령사회의 청소년복지 발달을 위한 정책방향은 어떠해야 하는지에 대해 생각해 봅시다.

Chapter
3

청소년복지의 접근방법

청소년이 정신적 · 신체적 · 정서적으로 최상의 경지에 도달하기 위하여 국가나 지방자치단체 등 공공기관을 통해 청소년에게 직접적으로 또는 가정이나 사회를 통해 간접적으로 제공되는 모든 활동 및 제도를 청소년복지 서비스라고 한다. 이러한 청소년복지를 위한 실천의 기법은 청소년복지 현장에서 어떻게 적용할 수 있는가에 따라 가정이나 사회를 통해 간접적으로 제공되는 간접 개입과 국가 정책을 통한 지방자치단체 또는 공공기관 등의 직접 개입으로 나눌 수 있다. 본 장에서는 국가, 지방자치단체 또는 공공기관이나 위탁기관 등에서 이루어지고 있는 직접 개입 형태의 서비스에 대해 다루고자 한다.

직접 개입에 의한 서비스는 지역사회 청소년통합체제 구축과 방과후 아카데미 사업, 학교 밖 청소년 지원사업, 청소년 인터넷 · 스마트폰 과의존 예방 · 해소사업, 청소년상담, 청소년활동, 지역사회 청소년참여 등 주로 청소년의 문제상황에 직접 개입하는 실천방법을 다루고 있다. 본 장에서는 청소년복지를 청소년을 위해 일방적으로 베풀어 주는 관 주도적인 복지뿐만 아니라 청소년 스스로에 의한 주도적인 복지까지 포함시키고자 하였다. 따라서 본 장에서는 청소년복지의 실천방법으로 정책적 접근과 전문적 접근, 통합적 접근 그리고 청소년참여의 방법으로 나누어 살펴보고자 한다.

1. 정책적 접근방법

정책적 접근방법은 실행주체가 국가 또는 공공기관이며, 특히 행정기관을 통하여 구체화시킨다는 것을 전제로 한다. 청소년복지는 청소년이 성장하는 과정에서 보다 절실한 사회적 욕구인 교육, 보건, 직업에 관한 욕구 등을 충족시키면서 일탈, 불평등, 사회해체와 같은 사회문제를 극복하도록 돕는 사회적 서비스이어야 한다. 이와 같은 문제는 개인보다는 국가나 사회 전체의 책임이므로 다양한 형태의 청소년정책을 통하여 해결할 수 있을 것이다. 청소년복지정책은 청소년의 건강한 성장을 위한 예방적 관점에서 사회의 구조적인 문제에 대하여 제도적 · 환경적 · 거시적으로 접근해야 한다. 그러므로 청소년복지정책은 정부가 청소년을 위해 시행하는 모든 정책활동을 의미한다.

청소년복지정책을 수립하기 위해서는 청소년을 포함하여 일반 국민들이 관심을 가질만한 청소년에 관한 화두가 있어야 한다. 사회적 주목을 받은 정책의제는 주로 전문가집단, 관계공무원, 그리고 정부출연연구기관의 연구원 등 보다 전문성을 가진 집단에 의해 다듬어지고, 행정부처 등을 통해 정책대안으로 채택된다. 논의된 정책의제 중에서 일부만 정책대안으로 채택되는데, 이는 정책의제를 제안하는 집단의 역량과 그 의제를 정책으로 채택할 때 필요한 자원 등에 의해서 결정될 수 있다.

본 장에서는 청소년복지의 정책적 접근방법을 이해함에 있어 먼저 청소년정책환경의 변화를 살펴보고, 직접적 실천방법으로 지역사회청소년 통합지원체계와 방과후 아카데미, 학교 밖 청소년지원사업, 청소년 인터넷 · 스마트폰 과의존 예방 · 해소사업, 청소년활동 등으로 나누어 살펴보고자 한다.

1) 청소년정책과 복지환경의 변화

(1) 청소년 인구 및 가족구조의 변화

우리나라의 9세에서 24세 사이 청소년 인구는 1970년에 1,133만 명, 1982년에 1,420만 명으로 최고점에 도달한 이후 지속적으로 감소하고 있다. 이러한 감소 추세는 2020년에 이르러서는 852만 명으로 낮아졌으며, 2030년 690만 명, 2050년에는 596만 명으로 더욱 낮아질 것으로 예상하고 있다(조선일보, 2018. 4. 27.). 반면에 고령인구의 비율은 계속 증가할 것으로 전망되므로 청소년인구 감소와 고령인구 증가에 대비한 장기적인 차원에서의 청소년정책이 필요하다.

한편, 최근 한부모가정이 증가하고 있고, 1인 가구의 지속적 증대와 함께 비혼 · 한부모 · 사실혼 · 생활공동체 등 가족의 형태도 다양하게 변화하고 있어 전통적인 4인 가족 중심의 정책과 법 · 제도의 전환이 요구되고 있다. 즉, 다변화하는 가족구조의 틀에 대응하기 위해 모든 가족을 포용할 수 있는 사회기반과 생활여건을 조성하고, 가족의 다양성에 대응하는 돌봄체계를 강화하여 가족구성원 모두가 차별 없이 행복해질 수 있는 바탕에서 청소년복지정책도 함께 모색되어야 할 것이다.

특히, 포스트 코로나 시대에는 가족의 개인화가 촉진되고 가족 간 계층 격차가 심화할 수 있으므로 가족, 지역, 국가가 함께 새로운 가족 형태를 포용하기 위한 사회문화를 조성해야 하고, 이를 위한 관련 부처의 유기적 협업 및 제도 개선과 함께 청소년정책의 확장도 이루어져야 할 것이다. 또한, 이주노동자, 결혼이민자도 증가하면서 외국인, 혼혈인 등이 사회구성원이 되는 다민족 · 다문화사회로 진입하고 있다. 그러나 그동안 단일민족으로서의 자부심과 사회 인식은 다문화가족 자녀의 사회적응에 문제를 야기함에 따라 사회 전반에서 다문화 이해교육을 강화하는 정책방안에 대한 관심이 급증하고 있다. 따라서 향후 글로벌 · 다문화 사회 가속화에 따른 청소년의 다양성 수용 능력을 강화하는 다문화사회 적응역량을 제고해야 한다.

(2) 교육환경의 변화

그동안 정부의 지속적인 교육경쟁력 강화전략으로 스위스 IMD(국제경영개발원)가 조사한 교육경쟁력이 2005년 40위, 2006년 42위였던 것이 2007년 29위로 크게 상승하였고, 그 후 30위권에서 등락을 거듭하다가 2018년 25위에서 2019년 다시 30위로 나타났다. 그러나 2016년부터 제기된 제4차 산업혁명시대에 따른 교육 변화의 필요성에 대한 우려의 목소리가 높아지고 있다. 더욱이 2020년 COVID-19로 인해 공교육을 비롯한 사교육 시장에 불어닥친 변화에 대한 욕구는 그 어느 때보다 절실하다.

세계경제포럼의 창립자인 Schwab(2016)은 제1차 산업혁명은 증기기관의 발명과 함께 제조업에서의 기계화로 생산성이 획기적으로 향상된 변화이며, 제2차 산업혁명은 전기를 산업에 활용하면서 본격적인 대량생산이 촉발된 변화를 가리키고, 제3차 산업혁명은 전자기술과 정보기술을 바탕으로 디지털화가 이룩한 변화라고 하였다. 그리고 이제 앞으로 다가올 제4차 산업혁명은 지능 정보화 시대가 될 것이라고 예상하였다. 지능 정보화란 인공지능, 지능로봇, 사물인터넷, 자율주행자동차, 나노기술 등 기계가 스스로 모든 것을 판단하고 처리하는 능력을 갖추는 것을 의미한다(에듀인 뉴스, 2017. 7. 10.).

제4차 산업혁명시대에서의 학습은 교실이나 교과서에만 있는 것이 아니다. 우리는 언제 어디서나 원하는 지식이나 정보를 단지 핸드폰을 통해 마음대로 찾을 수 있다. 이제는 더 이상 지식이나 정보를 암기할 필요가 없게 되었다. 지식이 부족하거나 몰라서가 아니라, 넘쳐나는 지식을 어떻게 자기에게 맞도록 관리하고 활용하는가 하는 것이 중요하다. 더구나 지능 정보화로 특징지어지는 제4차 산업혁명 사회에서는 지식과 정보의 저장은 물론 어려운 문제의 해결과 풀이까지도 인공지능이 더 잘 처리해 줄 것이기 때문에 이제는 주어진 문제를 해결하는 수준의 문제풀이 능력도 필요가 없게 되었다. 주어진 문제에 대한 답을 찾기보다는 오히려 무엇이 문제인지를 찾아내고 스스로 문제를 만들어 낼 줄 아는 문제제기능력 또는 문제창출능력이 필요한 시대가 되었다.

그러나 계층 간 소득격차와 지역 간 불균형 발전으로 인한 교육기회의 격차로 학습자본의 상위계층, 수도권·대도시 집중이 해소되지 않고 있어 소득격차와 교육격차의 악순환 구조를 지속시키고 있다. 따라서 청소년의 균형 있는 역량 개발과 대안교육 및 학교 교육과정의 다양성을 위한 공공부문과 민간부문, 중앙정부와 지방자치단체의 교육정책과 청소년정책 간의 연계 등 유연하고 다양한 교육 및 활동 지원을 위한 인프라 구축이 필요하다.

(3) 직업 · 진로환경의 변화

2010년 이후 청소년(15~24세) 실업률은 10%대를 유지하고 있다. 취업 불확실성의 확대로 직업/취업에 대한 청소년의 관심이 크게 증가하면서 우리나라 청소년의 평균 경제활동참가율은 15~19세의 경우 7~8%이며, 20~24세인 경우에는 2016년 46.1%까지 상승하였으나 2018년 및 2019년에는 43.5%에 달하고 있다. 또 사회 전반의 실업률 증가로 청소년의 진로교육 및 직업훈련 등의 필요성이 증가하고 있으나 여전히 학교교육과 학교 밖에서의 진로교육은 크게 미흡한 상황이다. 특히, 직업체험활동은 청소년의 진로개발역량을 촉진할 수 있는 중요한 수단이지만 활성화되지 못한 실정이다. 이를 위해 고용노동부에서는 청년실업 및 인력수급 불균형 완화를 위한 장기대책으로 어린이 · 청소년의 미래지향적 직업관 형성과 직업선택 진로설계를 지원하는 종합직업체험관인 한국잡월드를 2004년 설립계획을 수립하여 2012년 5월 개관하였다. 한국고용정보원에서는 청소년과 청년을 위한 취업진로길라잡이를 통해 진학과 진로를 위한 정보를 제공하며, 청년워크넷을 운영하고 있지만 아직은 중장년 및 여성의 고용정보를 위한 일반적인 저변확대단계에 머무르고 있다. 따라서 원활한 직업이행 지원체제를 구축하여 다양한 취업 및 진로지원정책을 연계하는 등의 청소년진로 관련 정책이 제고되어야 한다.

(4) 복지환경의 변화

① 청소년 건강

청소년건강은 미래 성장동력 확충을 위한 가장 기본적인 조건임에도 불구하고 우리 사회에는 청소년 건강을 위협하는 요인이 산재해 있다. 향후 우리 사회의 고령화와 생산가능인구의 감소 추세는 미래의 질 높은 인적 자원을 확보하기 위해 청소년건강 부문에 대한 투자가 매우 필요하다. 하지만 청소년은 입시와 학업부담 등으로 인해 높은 스트레스와 불안, 우울증에 시달리고 있고, 심지어는 자해행위와 자살기도 등으로 연계되어 청소년건강에 적신호를 나타내고 있다. 청소년기는 감정과 생각의 변화를 많이 겪고 신체의 변화 등으로 인해 혼란기를 경험하는데,

결국 그로 인한 스트레스와 미래에 대한 불확실성, 압박 등으로 인해 자살만이 문제의 유일한 해결책이라고 생각하는 것이다. 한국청소년정책연구원의 '청소년 자살예방 정책 연구'(김기헌, 2013)에 따르면, 청소년 자살 실태와 관련하여 2012년 청소년자살사망률(인구 10만 명당)은 8.3명이며, 후기 청소년(19~24세)의 자살사망률은 14.9명으로 나타났다. OECD 34개 국가를 비교해 본 결과 OECD 전체적으로 자살사망률은 1990년 7.9명에서 2010년 6.3명으로 낮아진 데 반해서 우리나라는 같은 기간 5.9명에서 9.4명으로 증가해 대조적인 모습을 보여 주었다. 자살은 2011년 이후 대한민국 어린이 및 청소년(9~24세)의 사망 원인 1위이기도 하다. 특히, 2019년 시작된 COVID-19가 장기화되면서 청소년의 전반적 정신건강과 우울 · 불안 · 비행 등 심리사회적 적응은 과거에 비해 더 나빠지고 있다.

청소년기의 건강위험 수준도 악화되어 성인에 근접하고 있는 상황으로 조사되었다. 여성가족부와 통계청의 2019 청소년 통계에 따르면 2018년 기준 비만군(비만 · 과체중) 학생의 비율은 25.0%이다. 과체중 10.6%, 비만 14.4%로 전년 23.9%(과체중 10.3%, 비만 13.6%)보다 1.1%p 늘었다. 학교급별로 비만군 비율은 고등 남학생(29.1%)이 가장 높고, 초등 남학생(26.8%), 중등 남학생(26.7%), 고등 여학생(25.1%) 순으로 나타났다. 학생들의 비만율이 꾸준히 늘어나는 건 패스트푸드, 탄산음료 및 단맛 음료 섭취율 증가와 관련이 있을 것으로 추정된다. 주 3회 이상 패스트푸드를 섭취하는 비율은 2016년 16.7%에서 2019년 21.4%로 늘었다. 주 3회 이상 탄산음료 섭취율은 27.1%(2016년) → 34.7%(2018년), 주 3회 이상 단맛 음료 섭취율은 41.4%(2016년) → 50.3(2018년)으로 3년 새 크게 늘었다(중앙일보, 2019. 5. 1.). 이밖에도 청소년비만의 원인으로 게임 · TV시청 · 스마트폰 이용시간 등이 비만 위험을 높이는 것으로 조사되고 있어 청소년의 비만 관련 요인에 대한 다층모형 분석과 함께 지역 · 개인 · 가족요인 등에 관한 복합적인 대책이 마련되어야 한다.

② 소득양극화와 빈곤·위기청소년의 증가

사회의 소득양극화 심화현상은 사회불안과 갈등의 확산, 소비의 양극화, 보건과 의료서비스의 양극화, 교육기회의 불균형 심화를 초래하고 있다. 특히, 소득양극화 현상은 저소득계층 청소년의 경우에 상대적 박탈감을 심화시킬 뿐만 아니라 미래 자기발전을 위한 기회를 제한하여 일탈과 빈곤의 굴레를 벗어나지 못하게 하는 악순환을 초래하게 할 수 있다. 또한, 지나친 양극화 현상으로 빈곤계층 및 저소득층 청소년은 자신의 미래를 희망적으로 보지 않는 상황으로 유도하게 되어 종국에는 사회불안을 초래하게 될 수도 있다.

이와 같이 복합 · 심화되고 있는 위기청소년 문제에 효과적으로 대응하기 위해 여성가족부에서는 지역사회 내 위기청소년 발굴 · 지원 · 관리를 위한 지자체 중심의 공적 운영체계를 구축하는 방안을 마련 · 발표('19. 5. 17., 사회관계장관회의)하였으며, 2019년부터 위기청소년 발굴 · 지원 · 사후관리를 전담할 시 · 군 · 구 청소년안전망팀을 설치하는 시범사업을 시작하였다. 지역사회 청소년안전망은 위기청소년과 관련된 다양한 지원기관, 서비스, 정보 등을 총괄 · 관리하여 위기청소년에게 상담 · 보호 · 자립 등 맞춤형 서비스를 제공하는 사회서비스 추진체계이다. 향후 사각지대 없이 고위기청소년 발굴에 경찰 · 법원 등과 정보를 연계하고, 지원서비스 단절 방지를 위한 학교 · 경찰 · 아동복지기관 등과의 서비스 연계를 제도화하여 지원할 수 있도록 관리되어야 할 것이다.

③ 청소년 인권

청소년 인권은 생존권, 보호권, 발달권, 참여권의 다양한 영역에서 논의되고 있으며, 이에 대한 국제사회의 요구도 점차 증대되고 있다. 우리나라는 1991년에 국제아동권리협약에 가입한 후 2017년 국가보고서를 제출하고 심의를 받았으며, 이 과정에서 인권상황 모니터링 활동을 강화할 것을 권고받은 바 있다.

대한민국이 비준한 '아동 · 청소년 권리에 관한 국제협약'이 강조하는 기본원칙은 아동 · 청소년 최선의 이익의 최우선 고려이다. 아동권리협약 제3조는 "공공 또는 민간 사회복지기관, 법원, 행정당국, 또는 입법기관 등에 의하여 실시되는 아동에 관한 모든 활동에 있어서 아동의 최선의 이익이 최우선적으로 고려되어야 한다."라고 밝히고 있다. 그러나 우리 사회에서 만 18세 미만 아동 · 청소년의 목소리는 가장 최후에 고려되는 소외된 집단인 것이 현실이다. 청소년 인권에 대한 국내외적인 요구에 비해 우리나라의 가정, 학교, 사회에서의 청소년 인권 상황은 크게 개선되지 않고 있으며, 청소년의 경우에는 자신의 중요한 문제에 대해 의견을 표명하거나 개선하기 위한 참여기회도 제대로 갖지 못하고 있는 실정이다.

(5) 문화환경의 변화

① 정보화의 일상화

우리나라 청소년의 인터넷 이용률은 세계 최고 수준이다. 현대사회에서 인터넷과 모바일은 단순한 매체가 아니라 청소년의 생활공간으로 자리 잡고 있으며, 인터넷과 모바일의 빠른 발전 속도로 인해 청소년이 새로운 문화산업의 생산 · 소비 주체이자 사회 참여의 동력으로 부상하고 있다. 그러나 매체가 빠르게 변화하고 새로운 매체가 계속 개발됨에 따라 청소년에게 부정적 영향을 미치는 불법 · 유해정보도 빠른 속도로 유입되고 있다. 특히, 모바일과 인터넷의 UCC(user creative contents)를 통해 청소년이 음란동영상에 노출되는 경우가 증가하고 있다. 뿐만 아니라, 청소년의 인터넷 · 게임중독현상이 심화되고, 사이버공간에서의 청소년활동과 사이버 네트워크의 청소년에 대한 영향력도 더욱 증가하고 있으나 국가 차원의 이에 대한 법적 규제에는 한계가 있고 교육적 접근도 활발하지 않다.

② 글로벌화 · 다문화 사회로 이행

90년 초반부터 시작된 외국인노동자의 유입과 해외 이주여성과의 결혼, 탈북자들의 국내 영입, 그리고 한류열풍에 힘입은 해외유학생들의 대거 진입 등 이제 우리 사회의 곳곳에서 외국인을 쉽게 만날 수 있으며, 특히 농어촌과 산업단지 주변은 외국인으로 가득 찬 실정이다. 이제 다문화 사회로의 원활한 이행은 국가적 · 사회적으로 중요한 현안 이슈가 된 지 오래다. 따라서 현재 우리나라는 세계화, 국제화에 대비하여 다른 민족, 다른 국가의 언어와 문화를 이해하고 수용하는 자세가 매우 필요하다. 우리나라가 진정한 선진국으로 도약하기 위해서는 세계를 향해 보다 더 '열린사회'가 되어야 하며, 그에 걸맞는 의식의 선진화, 즉 '열린 의식'이 꼭 필요하다. 사회구성원 각자가 인종이나 문화의 차이를 뛰어넘어 상호 다양성을 존중하고 수용함으로써 사회통합을 이루어 낼 때 우리나라는 세계 속에서 사회·문화시스템을 갖춘 진정한 선진국가가 될 것이다. 그러므로 다문화청소년을 위한 정책과 환경조성을 통해 우리나라의 미래를 위한 투자를 보다 적극적으로 시행해야 할 것이다. 특히, 최근 들어 급증하고 있는 중도입국청소년에 대한 우리 사회의 배려가 절실히 필요한 상황이다.

③ 여가시간 부족 및 다양한 활동경험 부족

사회 전반의 입시 위주 교육에 따른 과도한 학습시간과 사교육 증가는 청소년의 여가시간 부족을 초래하고 있다. 따라서 균형 있는 청소년 여가 활용을 위한 다양한 활동 참여를 위한 기반 확충이 필요하다. 또 각급 학교의 주5일제 수업으로 청소년들의 여가 및 문화체험활동 등의 필요성이 증가하고 있으나 여전히 학교교육과 학교 밖에서의 기반시설과 프로그램 실시는 매우 미흡하다.

④ 유해환경의 증가

청소년 유해환경 중에서 매체환경의 영향력이 증가하면서 청소년 유해업소의 경우도 인터넷 매체와 결합한 신종업소가 새롭게 생겨나고 있다. 게다가 최근 변종 성매매업소가 주택가나 학교환경위생정화구역 내에서 성행하고 있다는 기사도 자주 매스컴에 등장하곤 한다. 또한, 사회 전반적으로 청소년에게 술과 담배의 노출빈도가 높을 뿐만 아니라 지역사회 내에서도 청소년의 접근이 매우 용이하다.

성범죄 환경도 증가하고 있는데 「성매매특별법」의 제정으로 집창촌을 통한 성매매는 급감했으나 대신 인터넷을 통한 성매매가 증가하고 있어 청소년이 인터넷상에서의 성매매 제의에 무방비상태로 노출되어 있으며, 특히 위기청소년의 보호를 위한 적극적인 대책이 미흡하다. 청소년에 의한 성범죄도 사회적 문제로 인식되고 있고, 학교 내에서 집단성폭행이 발생해 학교도 더 이상 안전지대로 볼 수 없게 되었다. 그러나 한편으로는 최근에 「아동·청소년의 성보호에 관한 법률」이 개정됨에 따라 청소년 대상 성범죄자의 신상정보 등록기간이 5년에서 10년으로 연장되고, 등록대상 및 등록정보, 열람권자 등이 대폭 확대되어 청소년 대상의 성범죄에 대한 예방효과가 있을 것으로 기대된다.

2) 지역사회청소년 통합지원체계(CommunityYouth Safety-Net: CYS-Net)

「청소년복지 지원법」에는 “국가 및 지방자치단체는 청소년의 건강증진 및 체력향상을 위한 질병예방, 건강교육 등의 필요한 시책을 수립해야 하며, 보호자는 양육하는 청소년의 건강증진 및 체력향상에 노력해야 한다.”라고 명시하고 있다(「청소년복지 지원법」 제5조). 또 '지방자치단체의 장은 관할구역의 위기청소년을 조기에 발견하여 보호하고, 청소년복지 및 청소년보호를 효율적으로 수행하기 위해 지방자치단체, 공공기관, 청소년단체 등이 협력하여 업무를 수행하는 지역사회 청소년 통합지원체계를 구축 · 운영”해야 하며(「청소년복지 지원법」 제9조), “여성가족부장관 또는 지방자치단체의 장은 청소년의 가출을 예방하고 가출한 청소년의 가정 · 사회 복귀를 돕기 위하여 상담, 청소년쉼터의 설치 · 운영과 청소년쉼터 퇴소 청소년에 대한 사후지원 등 필요한 지원을 해야 한다.”(「청소년복지 지원법」 제16조) 등의 조항이 있다.

이에 따라 2021년 현재 전국 230여 개에 달하는 청소년상담복지센터는 지역사회 청소년 통합지원체계(청소년안전망)의 허브(HUB) 기관으로 청소년문제를 진단 · 평가하고 필요한 서비스를 제공하고 있다. 한국청소년상담복지개발원이 총괄하고 있는 청소년안전망 운영사업은 지역주민과 기관, 단체 등 지역 내 활용 가능한 자원의 연계를 통해 지역사회청소년 통합지원체계(청소년안전망)를 구축하여 위기상황에 처한 청소년을 발견하고 통합적인 상담복지 서비스를 제공하는 사업이다. 예컨대, 학업중단이나 가출, 인터넷 중독 청소년을 위하여 상담, 보호, 자립 등 맞춤형 서비스를 제공하는 것이다. 이와 같이 지역사회 내에서 청소년에게 도움을 줄 수 있는 다양한 자원, 즉 경찰청, 교육청, 학교, 쉼터 및 복지시설 등과 연계하는 청소년안전망은 고민상담에서부터 긴급한 위기문제 해결까지 종합적인 서비스를 받을 수 있는 청소년전화 1388과 청소년동반자(Youth Companion) 프로그램도 운영 · 지원한다(한국청소년상담복지개발원, https://www.kyci.or.kr/에서 21. 1. 6. 인출).

(1) 지역사회청소년 통합지원체계(청소년안전망)의 의미

지역사회청소년 통합지원체계(CYS-Net)는 청소년을 위한 사회안전망을 지역사회의 활용 가능한 인적 · 물적 자원과 연계하여 위기청소년을 효과적으로 지원하기 위한 통합지원 네트워크이다. CYS-Net은 그동안 정부 각 부처가 상호 연계성 없이 비효율적으로 산발적으로 실시하던 다양한 위기청소년지원정책을 지역사회의 다양한 자원과 연계하여 협력함으로써 튼튼한 네트워크를 형성하고 정책의 효율성을 제고하고자 마련된 것이다. 그리하여 CYS-Net은 지역사회 청소년 관련 기관이나 시설이 늘어나는 위기청소년의 어려움을 보다 효과적으로 지원할 수 있도록 지역사회의 지원 절차를 개선하여 위기청소년에게 최선의 지원서비스를 제공해 주기 위한 것이다.

CYS-Net은 전국의 청소년상담지원센터가 허브 역할을 담당하고, 위기청소년이 발견되면 상담을 통해 문제를 평가한 뒤 위기청소년에게 필요하고 적합한 각종 서비스를 지역사회의 다양한 기관과의 연계협력 속에서 원스톱으로 전달하려는 것이다. 이러한 사업은 많은 청소년에게 연계 지원서비스 네트워크를 통해 위기청소년이 성장과정에서 겪는 어려움을 순조롭게 극복함과 동시에 역량을 강화시킴으로써 건강한 사회인으로 성장할 수 있도록 지원할 수 있다.

따라서 CYS-Net은 위기청소년에 대한 통합지원이 이루어져 미래에 발생할 수 있는 사회적 비용을 절감할 수 있다. 위기청소년이 전문적인 서비스지원을 받지 못하면 현재 직면하고 있는 어려운 문제상황이 더욱 악화될 수 있다. CYS-Net은 단순한 위기청소년의 긴급구조기능에 그치지 않고, 지속적인 상담을 통한 심리 · 정서적 안정을 도모하고, 나아가 자립과 자활을 도와줄 수 있다.

CYS-Net은 통합성, 즉시성, 편리성, 지속성 및 전문성의 특성으로 요약할 수 있다. 위기청소년의 특성에 따라 의료 · 법률 · 교육 · 취업 · 여가문화 등 다양한 서비스를 통합적으로 제공할 수 있도록 추진하고, 필요한 서비스를 즉각적으로 제공할 수 있도록 하며, 필요한 서비스를 언제 어디서나 편리하게 이용할 수 있도록 하고, 또한 지속적으로 제공하며, 전문적이고 질 높은 서비스를 제공하는 것이다.

(2) 지역사회청소년 통합지원체계 주요 내용

지역사회청소년 통합지원체계는 우선 청소년상담복지센터, 청소년쉼터, 청소년 자립지원관, 청소년센터 등을 중심으로 1차 연계망을 형성하고, 교육청, 학교, 경찰청, 사회복지관, 그룹홈, 보건소, 노동관서, 직업훈련기관 등으로 이어지는 지역사회 다른 공공기관 중심으로 2차 연계망을 구축하며, 더 나아가 시민단체, 종교단체 등 민간자원을 포괄하는 광역의 3차 연계망으로 확대해 나가는 것이다. 이와 같이 참여하는 기관들을 단계적으로 확대하여 가출, 학업중단, 폭력 등 위기상황에 따라 전문분야별로 보다 체계적인 네트워크를 구축함으로써 위기청소년에게 실질적인 도움을 줄 수 있도록 추진하고 있다. 일례로 학업중단 청소년을 지원하는 네트워크의 경우에 청소년상담복지센터가 학교와 교육청으로부터 학업중단 청소년의 명단을 제공받거나 학업중단 청소년 본인의 요청을 받아 적절한 상담, 진로지도 서비스를 제공해 주고, 대안학교나 직업훈련학교에 연계시켜 주는 역할을 한다. 또한, 가출청소년을 지원하는 가출청소년 지원네트워크의 경우에도 청소년상담복지센터와 청소년쉼터, 대안학교와 직업훈련기관 간의 연계를 통해 가출청소년에게 실질적인 도움을 제공해 주고 있다. 이외에도 폭력, 비행, 정신보건 등 여러 분야에서 전문적인 연계 네트워크를 형성할 수 있다.

시 · 군 · 구에서는 시 · 도 단위에서 구축된 연계망을 활용해 위기청소년에게 직접적인 서비스를 제공하도록 하지만 청소년 욕구 및 지역사회의 특성을 고려하여 학업중단, 가출, 폭력 등 전문분야별로 특성화된 연계망을 구축하도록 함으로써 보다 전문적이고 집중적인 지원서비스가 이루어지도록 추진하고 있다.

① 청소년전화 1388

365일 24시간 청소년과 관련된 고민상담에서부터 긴급한 위기문제 해결까지 종합적인 서비스를 받을 수 있는 청소년전화 1388을 운영한다. 예를 들어, 학업중단 청소년에 대한 교육 · 진로 · 직업훈련 등을 지원하며, 가출청소년에 대해서는 청소년쉼터와 연계하여 숙식제공과 사회적응훈련을 지원하고, 인터넷 중독 · 성폭력 · 학교폭력 등 피해 및 가해청소년을 전문적으로 상담 · 지원하고 있다. 청소년전화

1388이 CYS-Net으로 연결될 수 있는 관문으로서 역할을 할 수 있도록 고속도로변 홍보탑 설치 · 지하철 광고 등 홍보활동도 강화하고 있다. 일반전화나 이동전화에서 '1388'을 누르면 CYS-Net의 허브기관인 청소년상담복지센터로 연결되어, 일차적으로 상담을 하고, 필요시 쉼터 · 의료기관 · 직업훈련기관 등 지역사회 유관기관과 연계하여 청소년이 필요로 하는 맞춤형서비스를 제공해 준다. 청소년전화 1388 이용률을 제고하기 위해 문자상담도 실시하며, 24시간 전문 상담원이 응답하고 필요시 긴급구조를 시행한다.

② 청소년동반자(Youth Companion)

청소년동반자(Youth Companion) 프로그램은 도움이 필요한 위기청소년을 직접 찾아가 정서적 지지, 심리상담, 지역자원 및 기관연계 등 필요한 서비스를 제공하는 사업이다. 즉, 위기청소년과 심리 · 정서적 교류를 통해 필요한 서비스를 제공해 주고, 사후관리를 통해 정상적인 생활로 복귀할 수 있도록 지원한다. 청소년동반자는 청소년상담복지센터를 근거로 위기청소년의 집, 학교, 지역사회 등 현장을 움직이며 활동하며, 위기청소년을 지속적으로 모니터링하고 심리상담 · 정서적 지지 · 자활기관 연계 · 진로지도 · 문화체험 등 필요에 맞는 지원을 제공해 준다.

③ 1388청소년지원단

1388청소년지원단은 위기청소년을 조기에 발견하고 지원하는 역할을 수행하기 위한 민간의 자발적 참여조직이다. 전국의 청소년상담복지센터에 소속되어 '발견 · 구조', '의료 · 법률', '복지지원', '상담 · 멘토' 등의 다양한 활동을 수행하는 1388 긴급구조지원단은 지역사회 내 약국, 병원, PC방, 노래방, 택시회사, 학원, 자원봉사자, 변호사, 교사 등이 참여하여 위기청소년에 대한 맞춤형 서비스를 제공하고 있다(www.kyci.or.kr/).

3) 학교 밖 청소년 지원사업

매년 6~7만 명의 청소년이 다양한 이유로 학교를 그만두고 있고, 소재가 파악되지 않는 누적 인원이 2020년에는 35만 명에 달하였다. 이에 2015년 5월 시행된 「학교 밖 청소년 지원에 관한 법률」에 따라 전국에 '청소년지원센터 꿈드림' 214개소가 설치되었고, 한국청소년상담복지개발원이 꿈드림센터의 중앙지원기관으로서 컨트롤타워 역할을 수행하고 있다.

학교 밖 청소년 지원사업은 기존의 두드림 · 해밀 사업이 학교 밖 청소년지원사업인 '꿈드림'사업으로 확대 · 변경된 것이다. 꿈드림은 '꿈=드림(Dream)', '꿈을 드림'('드리다'의 명사형)이라는 중의적인 표현으로 학교 밖 청소년에게 새로운 꿈과 희망을 드리겠다는 의미이다(한국청소년상담복지개발원, https://www.kyci.or.kr/에서 21. 1. 6. 인출).

청소년지원센터 꿈드림은 학교 밖 청소년의 개인적 특성과 상황을 고려한 상담지원과 교육지원, 직업체험 및 취업지원, 자립지원 등의 프로그램을 통해 학교 밖 청소년이 꿈을 가지고 자신의 미래를 스스로 준비하여 공평한 기회를 얻을 수 있도록 지원한다. 학업복귀를 원할 경우, 복교, 검정고시, 상급학교 진학, 대안학교 입학 등을 지원하고, 사회진입을 원할 경우, 직업훈련, 자격증 취득, 취업, 자기계발 등을 지원함으로써 궁극적으로는 학교 밖 청소년이 건강한 사회구성원으로 성장할 수 있도록 한다. 대상연령은 9~24세의 학교 밖 청소년으로서, 초 · 중학교 3개월 이상 결석, 취학의무를 유예한 청소년이나 고등학교 제적 · 퇴학 처분을 받거나 자퇴한 청소년, 고등학교 미진학 청소년, 그리고 학업중단 숙려 대상 등 잠재적 학교 밖 청소년을 포함한다. 현재 학교밖청소년지원센터 꿈드림은 전국에 총 214개 지역(광역 16개소, 기초 198개소)에서 운영하고 있고, 9개 시도센터에서 직업역량강화 프로그램 사업을 실시하고 있다(꿈드림 홈페이지 www.kdream.or.kr/).

학교 밖 청소년 중앙지원기관인 한국청소년상담복지개발원에서는 청소년지원센터 꿈드림의 종사자 역량강화를 위한 사업컨설팅 및 전문가 양성교육을 실시하고, 학교 밖 청소년을 위한 프로그램 개발은 물론, 외부자원 발굴 · 연계 등을 통해 학교 밖 청소년이 꿈을 가지고 건강한 사회구성원으로 성장할 수 있도록 지원하고 있다. 이밖에도 학교 밖 청소년의 꿈과 끼를 펼칠 수 있는 자유공간의 설치를 지원하고 악기, 공예, 연주, 연극, 애니메이션 등 중장기적인 문화예술사업과 스포츠, 창업, 숲체험 등의 특성화 캠프, 그리고 검정고시 합격자를 대상으로 하는 대입설명회 등의 서비스도 지원하고 있다(www.kdream.or.kr/).

〈표 3-1〉 꿈드림의 주요 서비스 내용

서비스	세부 지원 내용
상담지원	• 청소년 심리, 진로, 가족관계, 친구관계 등
교육지원	• 학업동기 강화 및 학업능력 증진 프로그램 진행 • 검정고시를 통한 학력취득 지원 • 대학입시 지원 • 학업중단 숙려상담, 취학관리 전담기구 사례관리 • 복교지원
직업체험 및 직업교육훈련 지원	• 직업탐색 · 체험 프로그램 제공 • 직업역량강화 프로그램 제공 • 취업훈련 연계지원(내일이룸학교, 취업성공패키지, 비즈쿨 등)
자립지원	• 자기계발 프로그램 지원 • 청소년 근로권익 보호 • 경제적으로 어려운 학교 밖 청소년 지원 • 기초 소양교육 제공
건강검진	• 10대 특성에 맞춘 건강검진 서비스 제공(본인부담 없음) • 건강생활 관리 지원 • 체력관리 지원
기타	• 지역특성화 프로그램 등

출처: 꿈드림 홈페이지(www.kdream.or.kr/에서 21. 1. 6. 인출).

4) 청소년 인터넷 · 스마트폰 과의존 예방 · 해소사업

체계적인 대상자 발굴과 맞춤형 서비스 제공을 통하여 해마다 증가하는 청소년의 인터넷 · 스마트폰 과의존을 예방하고 치유하기 위한 사업으로 개별상담과 인터넷 치유캠프, 가족치유캠프 등 특화 프로그램을 운영하고 있다. 또한, 급변하는 미디어 환경에 선제적으로 대응하기 위하여 청소년 인터넷 · 스마트폰 과의존 개입을 위한 프로그램 개발 및 인터넷 · 스마트폰 과의존 대응 상담전문인력도 양성하고 있다.

서비스 대상은 인터넷 · 스마트폰 과의존 위험군 청소년 및 가족이며, 인터넷 · 스마트폰 과의존 위험군 청소년 조기발굴을 위해 초4 · 중1 · 고1 대상 진단조사를 하고 있다. 상담 · 치유서비스로는 인터넷 · 스마트폰 이용습관 위험군 청소년에게는 개인상담 서비스를 제공하고 주의군 이상의 청소년을 대상으로는 학교로 찾아가는 집단상담 서비스를 제공하고 있다. 또한, 청소년동반자 연계를 통한 지속적인 사후관리를 하며, 주의군 이상 청소년의 올바른 미디어 사용습관 형성을 위한 부모교육을 제공하고 치료지원종합심리검사 및 지원치료협력병원 연계, 치료비 지원 등을 제공한다.

한편, 인터넷 · 스마트폰 과의존 청소년의 연령에 따라 인터넷 · 스마트폰 치유캠프와 가족치유캠프도 운영하고 있다. 청소년 인터넷 · 스마트폰 기숙치유 프로그램은 과의존 위험군 청소년을 대상으로 인터넷과 단절된 환경에서 11박 12일 동안 상담과 다양한 체험 및 대안활동을 통해 인터넷 · 스마트폰 과의존을 극복하도록 지원하는 프로그램이다. 이밖에도 인터넷 · 스마트폰 과의존으로 인해 부모 · 자녀 간 갈등이나 학교부적응 등 어려움을 겪는 청소년과 보호자를 대상으로 2박 3일 동안 부모교육 및 의사소통 기술훈련 등을 통해 가족관계 개선을 지원하는 가족치유캠프도 운영한다.

5) 방과후 아카데미 사업

「청소년 기본법」 제48조의2(청소년 방과 후 활동의 지원)에 따라 운영되는 방과후 아카데미 사업은 공적 서비스를 담당하는 청소년 수련시설(청소년수련관, 청소년문화의집 등), 지방자치단체의 공공시설, 민간운영시설 등을 기반으로 청소년의 건강한 방과후 생활과 삶의 질 향상을 위해 가정이나 학교에서 체험하지 못했던 다양한 청소년활동 프로그램 및 청소년 생활관리 등 청소년을 위한 종합 돌봄 서비스를 지원하는 국가정책지원 사업이다.

방과후 아카데미는 맞벌이 · 한부모가정 등 돌봄이 필요한 가정에 교육 · 복지 지원을 통해 청소년의 건강한 성장 기반을 마련하고 지역사회 네트워크를 통한 다양한 인적 자원을 활용하여 지역사회에서의 청소년활동 · 복지 · 보호체계 역할을 수행하고 있다.

가정의 사교육비 부담과 빈곤 저소득층을 위한 방과후 아카데미 사업은 오늘날 우리 사회에 심각한 문제로 부상되고 있는 저소득층 청소년은 물론 다문화가족의 자녀를 위해서도 필요한 정책이다. 특히, 다문화청소년을 위한 방과후 아카데미는 또 다른 분리를 가져오지 않도록 일반청소년과 함께 통합형으로 운영되어야 한다. 각종 방과후 프로그램은 청소년의 문제를 해결해 주고 안전한 돌봄을 통한 보호환경 조성이 가능하며, 청소년의 비행 유입의 가능성과 범죄를 감소시킬 수 있다. 또한, 또래 청소년과의 자연스러운 교류를 통해 사회적응과 심리적 안정감, 부진한 학업능력을 향상시킬 수 있는 제도이다. 이와 같은 지원 정책은 부모가 안심하고 일할 수 있는 사회환경을 마련해 주고 방과후의 공적 서비스와 연계하여 저소득층 가정 부모의 사교육비 부담을 줄여 주는 효율적인 복지정책이라고 할 수 있다.

6) 청소년활동

「청소년 기본법」 제3조에는 "청소년활동이라 함은 청소년의 균형 있는 성장을 위하여 필요한 활동과 이러한 활동을 소재로 하는 수련활동 · 교류활동 · 문화활동 등 다양한 형태의 활동을 말한다."라고 규정되어 있다. 또한, 「청소년활동 진흥법」 제5조(청소년활동의 지원)에는 다음과 같이 명기되어 있다. ① 청소년은 다양한 청소년활동에 주체적이고 자발적으로 참여하여 자신의 꿈과 희망을 실현할 충분한 기회와 지원을 받아야 한다. ② 국가 및 지방자치단체는 청소년활동을 활성화하는 데 필요한 청소년활동시설, 청소년활동 프로그램, 청소년지도자 등을 위한 시책을 수립 · 시행하여야 한다. ③ 국가 및 지방자치단체는 개인 · 법인 또는 단체가 청소년활동을 지원하려는 경우에는 그에 필요한 행정적 · 재정적 지원을 할 수 있다.

「청소년활동 진흥법」 제2조(정의)에는 청소년활동이 수련활동, 문화활동, 교류활동으로 분류하고 "청소년수련활동이라 함은 청소년이 청소년활동에 자발적으로 참여하여 청소년 시기에 필요한 기량과 품성을 함양하는 교육적 활동으로서 청소년지도자와 함께 청소년수련거리에 참여하여 배움을 실천하는 체험활동이다."라고 규정되어 있다. 또한, 청소년문화활동이란 청소년이 예술활동, 스포츠활동, 동아리활동, 봉사활동 등을 통하여 문화적 감성과 더불어 살아가는 능력을 함양하는 체험활동을 말한다고 되어 있고, 청소년교류활동은 청소년이 지역 간, 남북 간, 국가 간의 다양한 교류를 통하여 공동체의식 등을 함양하는 체험활동을 말한다. 따라서 새로운 사회와 제도적 환경의 변화에 대응하여 미래의 주역이 될 청소년이 수련활동뿐만 아니라 문화활동, 교류활동 등의 다양한 청소년활동을 통해 자신의 기량과 품성을 함양하고 꿈과 희망을 마음껏 펼칠 수 있는 제도적인 기반을 마련하였다. 또한, 「청소년활동 진흥법」에 따라 기존의 청소년시설 관련 업무 중 상당 부분이 시 · 도에서 시 · 군 · 구로 업무를 이양하여 확대, 실시하도록 변화되고 있다. 「청소년활동 진흥법」에서는 생활공간 주변에서 손쉽게 청소년활동을 할 수 있도록 주택단지 안에 청소년시설을 설치하는 것을 의무화하고 있다.

청소년활동은 청소년의 건강한 성장과 발달을 위한 다양한 청소년활동 중 근거법령(「청소년활동 진흥법」 제35조, 제38조)에 의해 활동의 공공성과 신뢰성, 그리고 적합성을 사회적으로 인준 받아 청소년활동의 핵심적 활동이자 기본적 활동이라 할 수 있는 청소년수련활동으로 인증하는 청소년수련활동인증제를 통해 체계적인 관리를 하고 있다. 이와 같은 인증제의 목적은 청소년 및 수요자 일반에게 자발적인 선택과 참여가 가능한 창의적인 양질의 활동기회 및 프로그램을 안정적으로 제공하고, 일정한 인증절차와 기준에 의해 청소년활동프로그램의 질적 수준을 검증하면서 청소년이 안심하고 활동에 참여할 수 있는 활동 기회와 장면을 제공하는 것이다. 또한, 청소년과 수요자 일반이 안심하고 선택할 수 있는 다양한 수련활동정보를 제공하는 활동정보인프라의 구축으로 청소년의 참여를 활성화하여 현재 다양한 시설 및 기관에서 시행하는 청소년활동프로그램에 대한 접근 및 수련활동정보가 구축됨으로써 수요자에 대한 상시적인 정보제공을 가능하게 해 줄 수 있다.

2. 전문적 접근방법

전문적 접근방법은 청소년문제를 하나의 전문적 영역에서 다루고자 하는 것이다. 특히, 지원과 지도를 받아야 할 청소년은 각기 나름대로의 욕구를 가지고 있으므로 이들의 실태를 올바르게 파악하여 확실한 대책에 따른 청소년복지서비스가 이루어질 수 있도록 해야 한다.

청소년복지서비스는 청소년복지의 실천적 수단이자 기술로서, 청소년의 권리를 보장하기 위한 지도방향의 설정과 방법, 기구, 시설, 실제 행동을 포함한 지원 및 지도력을 말한다. 따라서 청소년복지서비스나 프로그램을 계획하고 실천하는 주체는 청소년이므로 청소년이 욕구불만이나 부적응 또는 문제상황에 처할 수 있다는 사실에 주목하여 청소년의 제반환경을 개선함으로써 청소년이 학교나 사회에 잘 적응할 수 있도록 정신적 혹은 심리적으로 변화시키는 구체적인 기술을 포함한다. 이러한 전문적 접근방법에는 개별사회사업, 집단사회사업, 지역사회조직 등이 있다.

1) 개별사회사업

개별사회사업은 개인과 일대일로 실시하는 실천방법이다. 청소년복지의 개별사회사업은 전문적인 대인관계의 기반 위에서 청소년이 직면하고 있는 문제상황을 분석하고 검토하여 모든 사회적 자원을 활용하면서 청소년의 욕구를 충족시켜 나가는 전문적인 방법이다.

청소년복지의 개별사회사업을 실천하기 위해서는 청소년을 위한 개별상담에서 가장 많이 활용되고 있는 개별화, 의도적 감정표현, 통제된 정서적 관여, 수용, 비심판적 태도, 자기결정 및 비밀보장 등의 전문적 기술과 방법이 필요하다. 즉, 모든 청소년을 독특한 존재로 인정하고, 청소년이 긍정적 감정과 함께 부정적 감정도 표현할 수 있도록 도와주며, 청소년의 감정에 민감하게 대처하고 적절히 반응하며, 청소년을 있는 그대로 받아들이고, 청소년에게 책임이나 죄를 따지지 않고, 청소년의 선택과 결정을 존중하며, 청소년의 사생활과 비밀을 보장해야 한다.

2) 집단사회사업

청소년복지 분야에서 집단사회사업은 가장 광범위하게 활용되고 있는 방법이다. 개별사회사업이 주로 상담을 통해서 이루어진다면, 집단사회사업은 상담실에서 집단상담의 형태나 청소년시설에서의 다양한 수련활동 등의 형태로 이루어진다. 청소년은 발달단계에 따라 발달과업을 수행하는 과정에서 다양한 욕구와 문제에 직면하게 된다. 이때 청소년의 고민을 개별상담을 통하여 해결하기보다는 집단상담을 통해 접근하는 것이 훨씬 더 효율적이고 효과적인 경우가 많다. 그러므로 집단사회사업은 집단구성원이 서로 영향을 주고받는 과정에서 생기는 집단역동에 의해 그 효과를 더욱 배가시킬 수 있다.

집단발달은 대체로 상담자나 청소년지도사가 집단에 맞춘 개인의 목적을 결정하고 집단성원들과 집단사회사업의 내용과 회합의 빈도, 시간과 장소, 기타 사용 가능한 자원 등 집단유형에 관계되는 기본적 요소를 결정하는 단계에서부터 시작한다. 그 후 집단적 방법의 취지와 방법을 설명하고 집단의 결속력을 돕는 오리엔테이션을 실시한다. 이때 청소년지도자나 상담자가 집단의 응집력을 유지하면서 목적 수립과 달성을 위해 청소년을 돕는 역할을 함으로써 집단구성원들 간의 상호 의존성과 집단의 응집력을 높여 형성된 집단의 결속력과 목표에 대한 문제해결이 이루어지게 되면 집단이 해체되는 과정으로 이루어지게 된다.

집단사회사업이 효과적으로 이루어지기 위해서는 집단, 집단구성원, 집단지도자가 필요하다. 여기에서 집단은 단순히 개인들의 집합체가 아닌 집단구성원 간의 상호 역동이 이루어지는 유기체이다. 청소년지도자는 집단구성원을 전체로 보는 것이 아니라 구성원 각자에게 초점을 두어 개별화해서 접근할 수 있는 대면집단이어야 한다. 지도자는 집단의 상황과 집단구성원의 욕구를 파악하고, 집단활동의 장을 설정하여 집단이 갖는 목적에 따라 적절한 프로그램을 전개함으로써 집단지도자는 상담자, 변화매개자, 중재자, 대변자 등 다양한 역할을 수행한다.

3) 지역사회조직

지역사회는 지리적 · 사회적 · 문화적 · 환경적 유대가 집중된 동적단위로서 청소년에게 인격형성의 장이면서 집단활동과 조직활동에 참가하는 기회를 제공하고, 가족과의 유대가 약화되는 상황에서 청소년에게 새로운 지위를 부여하며, 교육적 기능을 수행한다. 청소년을 위한 지역사회조직에 대한 복지지원은 청소년에게 영향을 미치는 각종 문제에 대해 지역사회의 내 · 외적인 자원을 동원하여 조직함으로써 문제해결을 시도하는 방법이다. 따라서 청소년복지를 위해 지역사회조직은 지역사회의 인적 · 물적 자원을 개발함으로써 바람직한 청소년의 성장을 위해 좋은 자발적이고 의도적으로 지역사회환경을 조성하는 데 의의가 있다.

지역사회조직방법을 도입한 대표적인 프로그램이 청소년유해환경감시단(Youth Patrol: YP) 활동인데 이는 청소년이 직접 참여하여 유해환경에 대한 모니터링과 정화활동을 수행하는 프로그램이다. 즉, 청소년이 자기 생활세계의 주인으로서 자신에게 유해한 매체나 행위, 시설, 물질 등으로부터 스스로를 보호하기 위한 활동이다. 이러한 지역사회조직방법을 통해 청소년이 지역사회 내에서 청소년유해환경에 대한 학교나 시민, 학부모, 청소년의 협동적인 활동을 확산시키고, 보다 적극적으로 참여할 수 있는 시민의식과 태도를 형성하도록 도모한다.

청소년이 지역사회조직에 참여하는 것을 확대하기 위해서는 지역사회에서 청소년 자신에 의한 청소년운동이 활성화되어야 하며, 학교교육영역과 연계되어야 한다. 나아가 지역사회 청소년정책에 대한 모니터링, 평가, 감시역할을 수행해야 한다.

3. 통합적 접근방법

통합적 접근방법은 개인, 집단, 지역사회에 활용할 수 있는 공통된 하나의 원리나 개념을 제공할 수 있는 방법을 통합시키는 것을 말한다. 청소년복지에서 통합적 접근방법은 포괄적인 준거 틀을 구성하여 중요한 개념들과 관련된 지식과 이론을 조직화하고, 개인의 직관과 경험, 기술보다는 실천을 뒷받침해 줄 수 있는 지식과 개념을 강조한다는 데 의의가 있다.

통합적 접근방법을 발전시키는 데 기여한 이론은 체계이론이다. 일반 체계이론은 모든 유기적 조직체는 체계, 즉 상부체계와 이의 부분들인 하부체계로 구성되어 있다는 생물학적 이론으로서 물질적 또는 정신적 에너지가 교환되는 경계를 가진 체계는 투입, 전환, 결과, 그리고 환류라는 일련의 과정으로 이루어진다.

통합적 접근방법을 실시하기 위한 본격적인 활동에 앞서 가장 먼저 중요한 정보를 바탕으로 개입을 준비하는 계획단계가 필요하다. 이 단계에서는 청소년의 상황을 이해하고, 자신의 개입활동에 필요한 자원을 파악하여 활동계획을 세운다. 이때 청소년에게 접촉하는 방법은 청소년 자신이 직접 기관으로 찾아오는 경우도 있고, 가족이나 학교로부터 위탁되는 경우도 있다. 이와는 반대로 위기에 처해 있는 청소년을 찾아가거나 위기상황에 빠지기 전에 미리 청소년문제를 해결해 줄 수 있도록 청소년 관련 기관에서 전문가가 직접 청소년을 찾아 나서는 프로그램도 있다. 이 과정에서는 면접, 조사, 사정, 계획 등의 기술이 필요하다. 면접은 문제해결을 돕는 상담면접보다는 조사면접의 성격을 띤다. 조사는 주로 면접, 현장답사, 문헌조사, 자문 등을 통해서 이루어진다.

계획단계가 끝나면 청소년의 문제해결을 위해 구체적인 방향을 설정하는 탐색단계가 필요하다. 이 단계에서는 좋은 관계를 형성하는 것과 청소년의 욕구 혹은 문제를 해결하기 위한 구체적인 전문방법을 탐색하는 일에 초점을 둔다. 또한, 친밀감을 형성함으로써 청소년에게 활동의 목적과 일정에 대해 상세히 설명하여 문제상황을 구체적으로 이해시키면서 개입계획을 보완하여 문제해결방안을 결정한 후

행동체계를 구성해야 한다.

탐색단계에서 결정한 문제해결방안을 토대로 대상 청소년의 특성에 따라 개인의 대처능력을 향상시키고 개인환경을 변화시키며, 지역사회주민의 의식을 변화시키거나 환경 자체를 변화시켜야 한다. 이 단계에서는 청소년의 욕구 혹은 문제를 해결하기 위하여 활용 가능한 자원을 총동원한다. 이와 같은 단계를 거쳐 참여자들이 함께 평가하고 종결을 위한 프로그램을 진행함으로써 사례활동이 끝난다. 평가는 대체로 목표달성 여부를 확인하고, 그 과정이 적법하고 적절하였는지를 확인한다. 종결은 계획된 기간을 마치거나 목표를 성취한 때로서 계획 중간에 중단되는 경우도 있다.

4. 청소년참여

청소년참여는 청소년의 욕구를 충족시키는 서비스이고, 청소년문제에 대한 대책이며, 복지수단이다. 청소년의 참여는 청소년 자신을 이롭게 할 뿐만 아니라 보다 나은 사업, 프로그램, 정책 그리고 사회로 향하는 길을 제공해 준다. 따라서 청소년이 무엇을 바라는지를 확인하여 적절한 서비스를 제공하는 수준에서 더 나아가 청소년이 참여하여 복지정책을 개발하고 집행하도록 해야 한다.

청소년은 커뮤니티를 변화시킬 수 있는 능력 있는 시민(competent citizens)임에도 불구하고, 대중매체에서는 종종 문제청소년과 그들이 필요로 하는 서비스만을 강조하여 부정적 이미지를 만들어 왔다. 이러한 지배적 관념은 청소년을 사회적으로 결핍되거나 상처받기 쉬운 구성원으로 간주하는 경향으로 흐르게 하였다. 따라서 청소년참여는 이러한 오해에서 벗어나 청소년이 자신의 삶에 다양한 방식으로 영향을 미치는 메커니즘 등에 참여할 수 있는 권리를 가진 능력 있는 시민이라는 차원에서 접근해야 한다.

1) 청소년참여의 의의

(1) 청소년정책의 정확한 수요확보

청소년이 정책을 결정하고 청소년을 위한 복지를 실시하는 과정에서 가장 많은 의견이 개진되어야 할 사항은 물론 청소년의 의견이다. 청소년이 사회에 참여함으로써 청소년이 무엇을 원하는지에 대해 더욱 정확하게 알 수 있다.

(2) 청소년의 미래 사회참여 향상

청소년이 자라 성인이 되면 한국이라는 민주주의 사회의 한 구성원으로서 당연히 제반 사회정책이나 활동에 참여하게 된다. 그러나 청소년이 사회구성원으로의 참여를 위한 지식, 기술 등을 전혀 학습하지 않은 채 성인이 되어 갑자기 성숙한 책임의식을 갖기는 쉽지 않다. 청소년이 참여에 대한 교육을 받지 못하여 기술을 습득하지 못하고 경험하지 못한 채 성인이 되면 제대로 된 참여가 이루어지지 않게 되는 것이다.

(3) 국가적 역량 강화

청소년의 사회참여를 촉진하고 이들에게 책임과 권한을 부여하는 것은 청소년 개인의 성장뿐만 아니라 사회국가적인 역량을 강화하는 것으로써 이는 국제사회의 보편적인 인식이다. 이는 청소년이 과거 수동적 대상에서 능동적으로 사회에 참여하는 사회구성원의 일원이라는 생각으로 전환된 것을 의미한다. 청소년은 사회 속에서 단순히 보호의 대상이 아닌 사회의 한 구성원으로서 역할을 할 수 있어야 한다.

(4) 사회적 소속감 형성

청소년은 사회에 참여함으로써 스스로 단체, 학교, 국가에 소속된 한 명의 훌륭한 자원이라는 생각을 할 수 있다. 어느 단체에서든 스스로 하는 일이 있고 스스로 활동에 관여한다면 그 단체가 자신의 것이라는 생각을 하게 되어 그 속에서 소속감을 느끼게 된다.

2) 청소년참여의 원리

청소년참여는 자신이 참여하고 있다는 사실을 알고, 논의하고, 이상적으로는 의사결정하고 관리할 수 있어야 한다. 청소년참여는 개입된 청소년이 정확한 정보를 제공받아 의견을 제공하며, 의사결정과 운영에 공헌하도록 격려될 때만이 이루어질 수 있다.

일반적으로 청소년참여는 성인이 청소년을 '이용하는 단계'에서부터 성인이 청소년을 명목상으로 참여시키는 '비참여 단계' 그리고 성인이 지시하지만, 정보는 청소년으로부터 제공받는 '참여단계'로 분류할 수 있다.

(1) 1단계: 성인이 이용하는 단계

1단계는 청소년사업이 성인에 의해 주도되고 운영된다. 청소년은 프로그램이나 활동과 행사의 이슈에 대한 이해가 전혀 없이 단순하게 프로그램에 수동적으로 참여하는 사람이 된다. 프로그램을 주도하는 성인도 청소년을 이용하는 데 그치고 청소년을 이해관계자로 인정하지 않는다.

(2) 2단계: 장식처럼 동원되는 단계

2단계도 성인에 의해 사업이 주도되고 운영되며, 청소년은 행사나 프로그램의 활동에 대해 제한적으로 이해하지만 이를 조직하는 과정에 참여하지는 않는다.

(3) 3단계: 명목상으로 참여하는 단계

3단계도 사업은 성인에 의해 주도되고 운영되며, 청소년은 자문할 수는 있으나 의제(agenda)를 형성하거나 환류(feedback)할 수 있는 기회는 없다. 성인은 청소년을 형식적인 이해관계자로 여긴다.

(4) 4단계: 성인이 주도하지만 정보는 제공받는 단계

4단계는 청소년의 참여가 시작되는 단계이다. 사업은 성인이 주도하고 운영하지만, 청소년이 그 의도를 이해하며, 누가, 왜, 어떤 결정을 내렸는지 알고 있으며, 사업을 이해한 후에는 사업에서 의미 있는 역할을 담당하면서 사업에 참여한다.

(5) 5단계: 성인이 정보를 제공하고 협의하는 단계

5단계는 성인이 사업을 고안하고 운영하지만, 청소년이 제시한 의견이 진지하게 다루어지며, 청소년은 사업의 진행 과정을 이해하고 자문을 한다.

(6) 6단계: 성인 주도로 청소년과 의사결정을 공유하는 단계

6단계는 성인이 사업을 주도하지만, 청소년과 의사결정을 동등하게 공유하는 진정한 참여가 시작되는 단계이다. 청소년은 사업의 핵심관계자로 간주되며, 성인이 청소년 참여에 대한 유능성이나 확신을 갖지 못하면 다음 단계로 넘어가기 어렵다.

(7) 7단계: 청소년이 주도하고 감독하는 단계

7단계는 성인의 참여 없이 청소년이 단독으로 사업을 시작하고 운영하는 단계이다. 성인은 관찰자로서 존재하면서 청소년의 활동을 인식하고 있지만 통제는 하지 않는다.

(8) 8단계: 청소년 주도로 성인과 의사결정을 공유하는 단계

8단계는 청소년이 사업을 주도적으로 관리하고 성인과 의사결정을 공유하며, 관련 기술에 대해 성인을 지도자와 코치로 활용하는 단계이다.

3) 청소년참여 정책의 현황

한국의 청소년참여는 1998년 제2차 청소년육성 5개년 계획이 수립되면서 정책의 중요한 부분이 되었다. 그 후 제3차 청소년육성 5개년계획부터는 계획수립 단계에서부터 지방청소년육성정책 및 청소년시설에서의 청소년참여를 보장하면서 청소년참여는 정부 청소년정책의 기본이념으로 자리 잡았다.

(1) 청소년특별회의

청소년특별회의는 청소년전문가가 청소년과 함께 참여하여 범정부적 차원의 청소년정책을 설정하고 추진하며 점검하는 기구이다. 즉, 청소년이 토론과 활동을 통하여 청소년의 시각에서 청소년이 바라는 정책과제를 정부에 제안하는 정책참여기구이다. 청소년특별회의는 "국가는 범정부적 차원의 청소년정책과제의 설정 · 추진 및 점검을 위하여 청소년 분야의 전문가와 청소년이 참여하는 청소년특별회의를 해마다 개최하여야 한다."라는 「청소년 기본법」 제12조에 따라 청소년정책의 중요성에 대한 사회적 공감대 확산과 함께 청소년의 권익과 복지, 역량강화와 사회발전동력의 정책을 모색하기 위한 목적으로 설립되었다. 청소년특별회의는 청소년의 정책참여 확대에 대한 유엔 등 국제기구의 권고와 2002년 월드컵 등을 계기로 청소년의 사회참여가 확대됨에 따라 2003년 「청소년 기본법」 제12조 및 「청소년 기본법 시행령」 제12~15조에 법적 근거를 마련하여 2004년 시범사업 후 매년 개최되어 오고 있다.

청소년특별회의는 3명의 의장단과 70명 내외의 중앙선발직, 그리고 430명 내외의 지역회의 당연직 청소년위원과 전문가 자문집단으로 구성된다. 각 구성원의 역할과 기능은 다음과 같다.

〈표 3-2〉 청소년특별회의 구성 및 기능

구분		구성인원	기능 및 역할
청소년 위원	의장단 (3명)	의장(1명), 부의장(2명)	• 청소년특별회의 주재 및 대표로서 활동 • 정책제안, 행사 기획 · 진행 총괄 등
	선발직 (중앙선발, 70명 내외)	정책기획팀 (30명)	• 정부에 제안할 정책제안과제 발굴 및 제안 – 온라인 정책과제, 사회적 이슈 발굴 등 • 정책제안과제 실천활동 • 전년도 정책과제 모니터링 · 평가 • 청소년 여론 동향 파악, 이슈 발굴 및 이슈화
		온라인소통팀 (40명)	• 특별회의 홍보 활동(청소년 에디터 활동) – 홍보 콘텐츠 제작 및 SNS(유튜브 운영 등) • 온라인 정책제안 창구 운영(홍보) • 청소년특별회의 주요행사(원탁회의 등) 기획 · 운영 • 전국 공통 실천활동 지원
	당연직 (지역회의, 430명 내외)	17개 시 · 도 참여위원회 전원 위촉	• 지역사회를 기반으로 정책과제 발굴 활동 • 청소년포럼 · 토론회, 캠페인, 워크숍 등 개최 및 참여 • 공통 실천활동 전개 및 대외 홍보 추진 · 운영
전문가 자문단			• 참여 청소년 역량 강화 교육 및 특별회의 운영 지원 등 – 정책과제 분석 · 구체화 · 발굴 지원 – 청소년, 홍보 관련 데이터 수집, 콘텐츠 제작 지원 • 퍼실리테이터(정책과제 발굴 지원 및 의결조율 등) 운영

출처: 한국청소년활동진흥원 홈페이지(www.kywa.or.kr에서 21. 1. 6. 인출).

청소년특별회의는 청소년위원(17개 지역회의 및 선발직) 및 전문가의 토론과 활동을 통해, 청소년의 시각에서 그들이 바라는 정책과제를 정부에 제안한다. 청소년특별회의는 범정부적 차원의 청소년정책과제를 마련하여 추진하고 점검함으로써 청소년정책이 국가 주요 정책과제로 인식되는 계기를 마련하고, 청소년과 청소년전문가의 의견을 효율적으로 수렴하여 청소년정책에 반영함으로써 청소년의 참여 보장 및 권익 증진을 제도화하는 정책이다. 특별회의는 청소년이 민주주의 체험과 지역 및 국가 공동체 문제에 대한 인식 제고 등을 통해 실질적인 민주시민학습을 할 수 있게 하고 범사회적 청소년에 대한 관심과 함께 정부와 청소년기관 · 단체, 학교, 언론, 기업 등이 지원할 수 있는 사회 분위기를 조성하는 데 일조하고 있다.

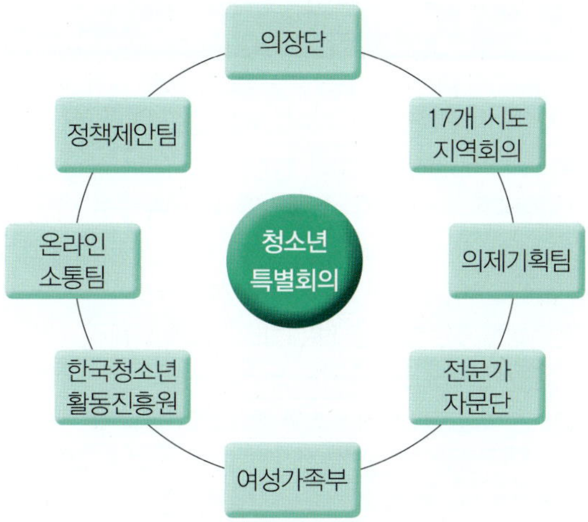

[그림 3-1] 청소년특별회의 추진체계

출처: 청소년참여포탈(http://www.youth.go.kr/ywith에서 21. 1. 6. 인출).

그동안 추진되었던 청소년특별회의의 연도별 정책의제 및 정책과제 현황은 다음과 같다.

〈표 3-3〉 청소년특별회의의 연도별 정책의제 및 정책과제 현황

년도	정책의제
2004년(시범)	• 청소년 인권 · 참여 – 시범사업:청소년특별회의 연1회 개최 정례화
2005년(제1회)	• 청소년참여기반 확대(20개 과제) – 청소년정책에 청소년참여 등 6개 영역 18과제 수용
2006년(제2회)	• 청소년 성장의 사회지원망 조성(37개 과제) – 위기청소년을 위한 지역사회 안전망 확대 등 33개 수용
2007년(제3회)	• '제4차 청소년정책기본계획' 제안(18개 과제) – 선거연령 하향 등 15개 수용
2008년(제4회)	• 청소년의 복지와 권익이 보장되는 사회(35개 과제) – 리틀맘에 대한 정책 마련 등 29개 수용
2009년(제5회)	• 청소년, 자신의 꿈을 찾을 수 있는 사회 만들기(20개 과제) – 청소년 직업체험 프로그램 활성화 등 14개 수용

년도	정책의제
2010년(제6회)	• 자기주도적 역량개발, 존중받는 청소년(53개 과제) – 체험활동을 통한 자기주도적 역량개발 인프라 확대 등 49개 수용
2011년(제7회)	• 우리 사회의 건전한 성문화, 건강하게 성장하는 청소년(41개 과제) – 유해매체로부터의 청소년 성보호 등 36개 수용
2012년(제8회)	• 자유로운 주말, 스스로 만들어 가는 청소년활동(89개 과제) – 청소년 체험활동 여건조성 등 81개 수용
2013년(제9회)	• 꿈을 향한 두드림, 끼를 찾는 청소년(29개 과제) – 진로체험활동 인프라 확대 등 28개 수용
2014년(제10회)	• 안전한 미래, 청소년의 권리와 참여로(31개 과제) – (가칭)'국립중앙청소년안전기구' 설치 · 운영 등 28개 수용
2015년(제11회)	• 청소년의 역사 이해, 미래를 향한 발걸음(23개 과제) – 역사 이해를 위한 청소년 국제교류 프로그램 확대 등 20개 수용
2016년(제12회)	• 틀림이 아닌 다름, 소수를 사수하라(29개 과제) – 학교 밖 청소년 대상 프로그램 다양화 및 활성화 등 28개 수용
2017년(제13회)	• 청소년, 진로라는 미로에서 꿈의 날개를 펼치다(30개 과제) – 진로체험 프로그램 지역사회 연계 활성화 등 24개 수용
2018년(제14회)	• 참여하는 청소년, 변화의 울림이 되다(22개 과제) – 청소년정책 의사결정과정에 청소년 참여 확대 등 20개 수용
2019년(제15회)	• 청소년 경제활동, 안전, 양성평등, 인권, 학교 밖 청소년지원 총 5개 정책영역과 특별과제 1건 포함 총 28개 과제 제안, 25개 수용
2020년(제16회)	• 스스로 서는 청소년, 세상의 중심에서 미래를 외치다(33개 과제) – 청소년 근로 부정적 인식 개선, 청소년수당 등 32개 수용

출처: 한국청소년활동진흥원 홈페이지(www.kywa.or.kr에서 21. 1. 6. 인출).

실례로 2020년 청소년특별회의에서 제안한 정책과제는 총 5개 분야의 33개 정책과제가 제안되었는데 그 수용률은 96.9%(수용 32, 불수용 1)였다.

〈표 3-4〉 2020년 정책제안 과제 및 수용 현황

분야	정책과제	소관부처	수용
1. 취업	1) 맞춤형 멘토(기관) · 멘티(청소년) 프로그램 지원	여성가족부 등	부분수용
	2) 후기청소년 인턴 및 실습 지원	여성가족부 등	부분수용
	3) 시 · 도 청소년활동진흥센터 주관 취 · 창업 동아리 네트워크 구축	여성가족부	수용
	4) 지자체 및 시 · 도 교육청 공동 취 · 창업 동아리 공모사업 활성화	시 · 도 교육청	부분수용
	5) 청소년 직업윤리 교육 확대	여성가족부 등	부분수용
	6) 청소년 근로 관련 부정적 인식 개선(광고, 교육)	여성가족부, 고용노동부	부분수용
2. 정보	7) 교육지원청 주관 직업(진로)체험 확대	교육부, 시 · 도 교육청	부분수용
	8) 직업체험 업무협약을 통한 진로프로그램 제공	교육부, 시 · 도 교육청	부분수용
	9) 학교 교육과정에 자립교육 의무화	교육부	부분수용
	10) 청소년 자립 필수정보 파악 및 교육 프로그램 조성	교육부 등	수용
	11) 청소년 자립지원 정보제공 포털 구축	고용노동부	부분수용
	12) 청소년 자립지원 홍보물 제작	여성가족부, 고용노동부	부분수용
	13) 근로계약서 작성 의무화에 대한 홍보	고용노동부, 여성가족부	수용
3. 보호	14) 사용자 대상 청소년 노동권 교육 실시	여성가족부, 고용노동부	부분수용
	15) 현장 실습 지원 고등학교 대상 안전 관리 강화	교육부	부분수용
	16) 특성화고 현장실습 환경 개선	교육부	부분수용
	17) 근로청소년 피해 지원 확대	여성가족부, 고용노동부	부분수용
	18) 근로청소년 정신 건강 증진	여성가족부 등	부분수용
	19) 지역사회 청소년시설(꿈드림 등)과 학교 밖 청소년 연계 시스템 구축	여성가족부	수용
	20) 보호종료청소년 자립지원 확대	보건복지부	수용
	21) 보호시설 퇴소연령 상향	보건복지부	부분수용

분야	정책과제	소관부처	수용
4. 경제	22) 후기청소년 전 · 월세 대출 기준 완화 및 확대지원	금융위원회	부분수용
	23) 청년 주거복지 정책자료 확대보급	국토교통부	부분수용
	24)'(가칭) 청소년키움통장' 개설	보건복지부	불수용
	25) 청소년 수당 지급	여성가족부	부분수용
	26) 정규 교육과정 내 '금융(실물경제)' 개설 및 의무교육 실시	교육부	부분수용
	27) 학교 밖 청소년 대상 금융교육	여성가족부	수용
	28) 대학생 금융교육 및 금융교육 선순환 제도 마련	금융위원회	부분수용
5. 특별 과제	29) 한국형 police diversion(경찰선도프로그램) 도입	경찰청	부분수용
	30) 중재 협의 및 민간 투자형 선도 프로그램 도입	경찰청	부분수용
	31) 스토킹 방지법 개정을 통한 피해자 보호 조치 강화	법무부	부분수용
	32) 학교폭력 내 스토킹 처벌 강화 및 교육 실시	교육부	부분수용
	33) SNS 내 디지털성범죄피해자지원센터 여성긴급전화 1366 등 보호체계 확대	여성가족부	부분수용

출처: 한국청소년활동진흥원 홈페이지(www.kywa.or.kr에서 21. 1. 6. 인출).

이러한 기여점에도 불구하고 청소년특별회의는 몇 가지 문제점을 드러내고 있다. 첫째, 아직은 청소년특별회의와 다른 청소년 참여기구 간의 위상 및 관계가 불분명하다. 둘째, 현 청소년특별회의의 기능 및 체계로 우리나라 청소년정책을 대표하며, 의제를 사회화시키면서 범사회적 관심을 이끌어 내기에는 한계가 있다. 셋째, 주로 공모를 통해 참여자를 선발함으로써(일부는 직능) 대표성이 부족하여 광범위하게 청소년이 공감하고, 포괄하는 문제나 의제를 선정하는 것이 미흡하다. 넷째, 선발연령의 범위가 넓어 효율적인 운영이 어렵다. 다섯째, 정책의제 발굴 및 연구, 광범위한 의견수렴, 이슈화 등을 고려할 때 해마다 개최되는 것은 집행하여 파급시키는 효과 면에서의 약화를 초래할 수 있다. 그리하여 의제 발굴 및 연구일정이 촉박하여 청소년특별회의가 명실공히 정책의제 형성의 장이 아닌 행사성이나 이벤트성으로 흐를 수 있다는 지적도 있다. 여섯째, 청소년특별회의 일정이 법률상 정례화 되어 있지 않아 중요정책결정자 등이 참석하지 못함으로 인해 국가정책으로 채택되어 추진하는 데 한계가 있다. 마지막으로 청소년특별회의의 '지역회의'의 경우에는 예산 등의 지원기능이 활발하지 못하여 의제가 형성된 안건에 대해 실질적인 토론의 장이 아닌 형식적인 안건 통과를 위한 행사에 그치는 한계를 드러내고 있다.

(2) 청소년참여위원회

청소년참여위원회는 「청소년복지 지원법」 제4조에 근거한 것으로서 청소년정책 대상자인 청소년이 정부 정책결정과정에 주체적으로 참여하도록 하여 청소년정책의 현실성 · 효율성 제고 및 청소년 권익증진 도모를 위해 만들어진 청소년참여기구이다. 즉, 정부 및 지방자치단체의 청소년정책을 만들고 추진해 가는 과정에 주체적으로 참여할 수 있도록 마련된 제도적 기구이다.

청소년참여위원회의 법적 근거는 「청소년 기본법」 제5조의2(청소년의 자치권 확대) 3~5항에서 명기하고 있는 "국가 및 지방자치단체는 청소년과 관련된 정책 수립 절차에 청소년의 참여 또는 의견 수렴을 보장하는 조치를 하여야 한다."와 "국가 및 지방자치단체는 청소년 관련 정책의 수립과 시행과정에 청소년의 의견을 수렴하고 참여를 촉진하기 위하여 청소년으로 구성되는 청소년참여위원회를 운영하여야 한다." 그리고 "국가 및 지방자치단체는 제4항에 따른 청소년참여위원회에서 제안된 내용이 청소년 관련 정책의 수립 및 시행과정에 반영될 수 있도록 적극 노력하여야 한다."라는 규정에 근거한다.

청소년참여위원회의 시작은 '제2차 청소년육성 5개년계획'에서 '청소년의 정책참여 기획 확대'를 분야별 사업으로 제시되었고, 이를 계기로 1998년 11월 문화관광부에 '청소년위원회'를 설치하고, 1999년 4월 제주시, 2000년 6월 경기도 등을 시작으로 전국으로 '청소년참여위원회' 설치를 확대하였다. 현재는 시 · 도 청소년참여위원회는 당연직(시 · 군 · 구 청소년참여위원회 대표)과 위촉직(기관추천, 청소년 선거 등)으로 위원이 구성되며, 대표성 있는 청소년참여기구 운영을 위해 17개 시 · 도 청소년참여위원회 위원을 청소년특별회의 위원으로 위촉하고 있다. 시 · 군 · 구 청소년참여위원회의 구성은 청소년 선거, 기관추천, 공개모집 및 심사 등 대표성을 제고할 수 있는 방식으로 위원을 구성하고 있다.

(3) 청소년운영위원회

청소년운영위원회는 생활권 청소년수련시설의 운영 관련 자문평가를 통해 청소년이 주인이 되는 시설이 되도록 마련된 제도적 기구이다. 청소년운영위원회는 공공 청소년수련시설에 청소년으로 구성된 운영위원회를 구성함으로써 청소년이 주체가 되어 운영하도록 유도함과 동시에 청소년수련시설 운영위원회의 운영현황을 평가하여 인센티브를 부여함으로써 실질적인 청소년 참여를 유도하고, 청소년으로 구성된 운영평가위원회의 활성화를 통하여 청소년 중심의 평가 · 자문체계를 마련한다는 목적을 가지고 만들어졌다. 즉, 생활권 청소년시설의 운영 및 프로그램 등을 청소년이 직접 자문 · 평가토록 함으로써 청소년의 수요와 의견을 반영하는 청소년이 주인이 되는 시설이 되도록 하기 위한 것이다.

청소년운영위원회는 지역사회의 청소년시설을 기반으로 지역 내 청소년을 참여시키고, 시설의 사업 및 시설 전반의 내용을 파악하여 청소년이 원하는 진정한 청소년시설로 발돋움할 수 있도록 하는 중추적인 역할을 수행하는 청소년 참여기구이다.

청소년운영위원회는 10인 이상 20인 이하의 청소년으로 구성하여 월 1회 이상 정기회의 및 필요시 임시회의를 개최하여 청소년시설의 기능 유지를 위한 모니터링, 시설운영 및 프로그램에 대한 자문 및 평가 등을 하여 그 결과를 운영대표자에게 제출하고 운영대표자는 이를 반영하고 있다.

청소년운영위원회의 법적 근거는 「청소년활동 진흥법」 제4조(청소년운영위원회) 1항의 "청소년수련시설을 설치 · 운영하는 개인 · 법인 · 단체 및 위탁운영단체는 청소년활동을 활성화하고 청소년의 참여를 보장하기 위하여 청소년으로 구성되는 청소년운영위원회를 운영하여야 한다."라는 규정에 따른 것이다. 청소년운영위원회의 시작은 1999년부터 서울중랑청소년수련관, 노원청소년수련관 등에서 청소년운영위원회를 구성하여 활동을 전개하던 것이 2003년 「청소년활동 진흥법」상 법적 근거가 마련되고, 운영비가 지원되면서 전국으로 확산되어, 2019년 전국에 305개의 청소년수련시설에 설치 · 운영되고 있다.

청소년운영위원회의 주요 기능은 청소년의 청소년시설 및 프로그램 운영에 대한 참여와 모니터링 활동, 지역사회 문제해결을 위한 참여 및 의견 반영, 그리고 시설 및 청소년활동의 활성화를 위한 주체적인 책임 역할을 수행하는 것이다. 청소년운영위원회는 청소년시설과 연계된 지역 내 청소년으로 구성하여 시설의 운영방향, 사업계획심의평가 등 시설운영 전반에 참여한다. 또한, 청소년 전용시설로서의 목적에 부합하도록 이용 청소년뿐만 아니라 지역 청소년의 욕구와 의견을 반영하여 시설이 운영될 수 있도록 모니터링하고 지역 청소년의 자치활동을 활성화시키는 것을 유도하는 역할을 하며, 나아가서는 수련시설에서의 청소년활동참여를 활성화시키기 위해 다양한 청소년활동을 기획·운영하는 역할도 하고 있다. 그러나 참여기구 간 차별성과 정체성이 불분명하고, 청소년 친화적인 시설운영에 있어 뚜렷한 성과를 보이지 못하고 있으며, 일부 시설은 실질적 참여로 나아가지 못하고 있다는 문제도 있다.

(4) 청소년의회

대한민국 청소년의회는 2003년 출범하고 2010년 비영리법인(비영리민간단체)으로 등록된 단체로서, 2003년 유니세프한국위원회, 민주화운동기념사업회, 전국사회교과모임, 정의교육시민연합, 흥사단 교육운동본부가 주관단체로서 연합하여 출범하였다. 하지만 2010년 2월 제12회 임시회의 시점부터 의원들이 자체적으로 사무처를 구성하여 주관단체에서 독립된 하나의 법인단체로 활동하고 있다.

청소년의회의 목적은 사회적 의사결정구조의 사각지대에 있는 선거권이 없는 19세 이하 청소년이 자신의 존재를 상기시키고, 이들의 목소리가 사회에 전파될 수 있도록 하는 것이다. 청소년의 의견이 주장에 그치지 않고 정책에 반영될 수 있도록 다양한 활동들을 전개함으로써 청소년의 삶의 질을 제고하고 전자민주주의(e-democracy)의 실현으로 디지털 시대에 맞는 청소년의 민주적 참여의식을 고양시키는 데 있다.

의회 활동으로는 대한민국 청소년의 인권 보호 및 권익 증진을 위한 입법청원과 캠페인, 온라인 회의, 의원총회 등을 통해 전국 청소년들과 교류하는 프로그램 의장단과 정치법제, 외교통상, 교육과학기술, 학생권익, 통합위원회로 구성되는 청소년국회의원 활동이 있다. 또한, 청소년국회캠프와 찬반 대립이나 승패를 위한 토론에서 벗어나, 사회문제에 대한 대안을 찾는 토의 형태의 토론대회가 있다(대한민국청소년의회, https://youthassembly.or.kr 에서 21. 1. 6. 인출).

생각해 볼 문제

1. 청소년 개개인에게 맞는 복지서비스를 제공하기 위한 접근방법에 대해 생각해 봅시다.
2. 청소년의 바람직한 성장을 위한 정책적 · 행정적 · 교육적 · 법적인 지원방법을 모색해 봅시다.
3. 청소년복지정책의 수단으로서의 청소년 참여기구 활성화 방안에 대하여 논의해 봅시다.

PART 2

청소년복지관계법과 서비스 전달체계

Chapter 4

청소년복지관계법

「헌법」 제34조 제4항은 청소년의 복지향상권을 별도로 규정하고 있다. 「헌법」상의 청소년복지권은 청소년이 국가 등으로부터 불필요한 간섭을 받지 않을 자유가 주요 내용이지만 법률이 정하는 일정한 범위 안에서 적정한 복지서비스에 대한 지원을 요청할 수 있는 권리가 내포되어 있기도 하다. 그동안 우리나라는 「헌법」에 명시되어 있는 청소년복지권을 구현하기 위하여 1961년에 제정된 「아동복리법」을 비롯하여 「청소년 기본법」, 「청소년활동 진흥법」, 「청소년복지 지원법」, 「청소년 보호법」, 「한부모가족지원법」, 「근로기준법」 등 다양한 법령을 제정 · 시행하여 왔다. 그러나 우리나라 청소년은 여전히 청소년복지의 사각지대에 놓여 있고, 확산되어 가는 각종 유해환경에 노출되어 조화롭고 균형 있는 성장이 어려운 상황에 처해 있다. 따라서 본 장에서는 「청소년복지 지원법」, 「아동복지법」, 「한부모가족지원법」, 「근로기준법」 등의 입법 배경 및 제정 의의, 그리고 청소년에 대한 직 · 간접적 복지서비스의 주요 내용을 살펴보고자 한다.

1. 「청소년복지 지원법」

1) 「청소년복지 지원법」의 제정 의의

청소년복지는 가정이나 사회로부터 소외되었거나 적응하지 못하는 청소년뿐만 아니라, 모든 청소년의 삶의 질 향상과 최적의 성장과 발달에 목적을 두어야 한다. 이에 따라 「청소년복지 지원법」은 「헌법」 제34조 제4항의 "국가는 노인과 청소년의 복지 향상을 위한 정책을 실시할 의무를 진다."에 근거하여 2003년 12월 30일에 제정되었다.

과거 청소년복지는 아동복지의 연장선상이나 단순히 청소년문제의 해결이라는 소극적이고 보완적인 개념에서 다루어졌다. 현행 「아동복지법」은 18세 미만의 아동을 대상으로 하고, 그 내용은 주로 아동의 생존 · 보호 · 발달에 초점을 두고 있다. 18세 미만 아동 중에서도 특히 아동양육시설에 거주하고 있는 아동의 양육보호 및 절차에 관한 내용이 주를 이루었다. 그에 따라 청소년기에 필요한 자립 · 자활능력의 기회가 제대로 제공되지 못하고 있다. 따라서 청소년 개개인이 인간적으로 존중되고 사회의 한 구성원으로서 생활할 수 있는 복지향상권을 인정하면서 국가 전체의 제도적 관점에서 청소년복지에 대한 필요성이 대두되었다. 이에 「청소년복지 지원법」은 가출 · 학업중퇴 · 비행 · 저소득계층 청소년 등 특별한 보호가 필요한 청소년에 대하여 현행 「아동복지법」에서 제공하지 못하는 복지서비스에 대한 내용을 중심으로 제정되었다. 나아가 이 법은 국가 및 지방자치단체가 모든 일반청소년에 대한 건강 · 안전의 보장, 그리고 위기청소년에 대한 지원 등을 의무화하였다.

2) 「청소년복지 지원법」의 내용

(1) 구성

「청소년복지 지원법」은 본문 36개 조항과 보칙 7개 조항, 그리고 벌칙 3개 조항으로 구성되어 있다. 본문은 총칙, 청소년 우대, 청소년의 건강보장, 지역사회 청소년통합지원체계, 위기청소년 지원, 예방적 · 회복적 보호지원, 청소년복지기관, 청소년복지시설 등 8개의 장으로 구성되어 있고, 보칙은 비밀누설의 금지, 예산의 보조 등에 관한 내용을 담고 있다. 「청소년복지 지원법」의 주요 구성 내용을 살펴보면 〈표 4-1〉과 같다.

〈표 4-1〉「청소년복지 지원법」의 구성

장	제목	조문내용
제1장	총칙	목적, 정의
제2장	청소년의 우대 등	청소년의 우대, 청소년증
제3장	청소년의 건강보장	건강한 성장지원, 체력검사와 건강진단, 진단결과의 분석, 공개금지
제4장	지역사회 청소년통합지원체계 등	지역사회 청소년통합지원체계 구축 · 운영, 운영위원회, 주민의 지원활동 지원, 상담과 전화 설치 등
제5장	위기청소년 지원	상담 및 교육, 위기청소년 특별지원, 청소년가출 예방 및 보호 · 지원, 이주배경청소년에 대한 지원
제6장	예방적 · 회복적 보호지원	예방적 · 회복적 보호지원 실시, 시설의 설치 · 운영 등, 보호선도후견인
제7장	청소년복지지원기관	한국청소년상담복지개발원, 청소년상담복지센터, 이주배경청소년지원센터
제8장	청소년복지시설	청소년복지시설의 종류 및 설치, 청소년복지시설의 종사자, 시설개선 · 사업정지 · 폐쇄 등
제9장	보칙	비밀누설의 금지, 동일 명칭의 사용 금지, 감독 등
제10장	벌칙	벌칙(건강진단 결과 공개금지 의무 위반), 양벌규정, 과태료(청소년증)

출처: 여성가족부(2019). 「청소년복지 지원법」.

(2) 목적

「청소년복지 지원법」은 「청소년 기본법」 제49조 제4항의 규정에 따라 청소년복지 증진에 관한 사항을 정함을 목적으로 하고 있다(동법 제1조). 「청소년 기본법」 제49조에 나타난 청소년복지 향상을 위한 기본 이념을 살펴보면 다음과 같다.

■ 제49조(청소년복지의 향상)

① 국가는 청소년들의 의식 · 태도 · 생활 등에 관한 사항을 정기적으로 조사하고, 이를 개선하기 위하여 청소년의 복지향상정책을 수립 · 시행하여야 한다.

② 국가 및 지방자치단체는 기초생활 보장, 직업재활훈련, 청소년활동지원 등의 시책을 추진할 때에는 정신적 · 신체적 · 경제적 · 사회적으로 특별한 지원이 필요한 청소년을 우선적으로 배려하여야 한다.

③ 국가 및 지방자치단체는 청소년의 삶의 질을 향상하기 위하여 구체적인 시책을 마련하여야 한다.

④ 제1항 내지 제3항의 규정에 관하여는 따로 법률로 정한다.

동시에 「청소년 기본법」 제3조 4호에서는 청소년복지를 "청소년이 정상적인 삶을 누릴 수 있는 기본적인 여건을 조성하고 조화롭게 성장 · 발달할 수 있도록 제공되는 사회적 · 경제적 지원"으로 정의하고 있다. 이러한 법률적 정의는 청소년복지의 대상이 취약 · 위기청소년뿐만 아니라 일반청소년까지 포함한다는 것을 시사한다. 또한, 복지에 있어서 청소년의 주체성을 강조한 것으로 청소년의 기본적 요구의 충족과 건강한 성장 · 발달을 촉진함은 물론, 청소년이 현재 사회구성원의 한 사람으로서 주체적인 삶을 영위하도록 지원해야 한다는 것을 의미한다. 더 나아가 청소년을 둘러싼 환경이 청소년의 성장을 돕기 위해 최적의 기능을 발휘할 수 있도록 청소년과 가정, 사회에 직 · 간접적으로 제공되는 모든 사회정책과 관련 제도 및 전문적 활동까지도 포함된다는 것을 의미한다.

(3) 주요 내용

① 청소년의 우대 및 청소년증

「청소년복지 지원법」은 청소년에 대하여 국가나 지방자치단체가 운영하는 수송시설, 문화시설, 여가시설 등의 이용료를 면제 또는 할인할 수 있도록 규정함으로써 청소년을 우대하고 있다(동법 제3조 제1항). 또한, 시장 · 군수 · 구청장은 9세 이상 18세 이하의 청소년에 대하여 청소년증을 발급할 수 있도록 규정하고 있다(동법 제4조).

■ 제3조(청소년의 우대)

① 국가 또는 지방자치단체는 그가 운영하는 수송시설, 문화시설, 여가시설 등을 청소년이 이용하는 경우 그 이용료를 면제하거나 할인할 수 있다.

② 국가 또는 지방자치단체는 다음 각호의 어느 하나에 해당하는 자가 청소년이 이용하는 시설을 운영하는 경우 청소년에게 그 시설의 이용료를 할인하여 주도록 권고할 수 있다.

1. 국가 또는 지방자치단체의 재정적 보조를 받는 자
2. 관계 법령에 따라 세제상의 혜택을 받는 자
3. 국가 또는 지방자치단체로부터 위탁을 받아 업무를 수행하는 자

③ 제1항 또는 제2항에 따라 이용료를 면제받거나 할인받으려는 청소년은 시설의 관리자에게 주민등록증, 학생증, 제4조에 따른 청소년증 등 나이를 확인할 수 있는 증표 또는 자료를 제시하여야 한다.

④ 제1항 또는 제2항에 따라 이용료를 면제받거나 할인받을 수 있는 시설의 종류 및 청소년의 나이 기준 등은 대통령령으로 정한다.

■ 제4조(청소년증)

① 특별자치도지사 또는 시장 · 군수 · 구청장(자치구의 구청장을 말한다. 이하 같다)은 9세 이상 18세 이하의 청소년에게 청소년증을 발급할 수 있다.

② 제1항에 따른 청소년증은 다른 사람에게 양도하거나 빌려주어서는 아니 된다.

③ 누구든지 제1항에 따른 청소년증 외에 청소년증과 동일한 명칭 또는 표시의 증표를 제작 · 사용하여서는 아니 된다.

④ 제1항에 따른 청소년증의 발급에 필요한 사항은 여성가족부령으로 정한다.

현행 청소년증 발급은 주소지와 관계없이 청소년이 특별자치시장 · 특별자치도지사 또는 시 · 군 · 구청에 소정의 양식을 갖추어 발급 신청을 하면 발급받을 수 있으나, 향후 온라인 신청도 가능하도록 하는 방안을 검토해야 한다. 동시에 청소년증은 프랑스 등 유럽 국가들은 국적에 상관없이 26세 이하의 모든 청소년이 신청하면 발급하고, 3만여 종의 생활용품과 서비스를 할인하여 구입할 수 있는 청소년카드제와 크게 대조되므로 이의 발급, 사용범위를 확대할 필요가 있다(한승희, 1990, p. 205).

② 청소년의 건강 보장

「청소년복지 지원법」은 국가 및 지방자치단체는 성별 특성을 고려하여 청소년의 건강증진과 체력 향상을 위해 최선의 노력을 기울여야 한다는 것을 명시하고 있다(동법 제5조 제1항). 또한, 국가 및 지방자치단체는 관련 기관과 협의하여 성별 특성을 반영한 청소년의 건강 · 체력 기준을 설정하여 보급할 수 있다고 규정하고 있다(동법 제5조 제2항).

■ 제5조(건강한 성장지원)

① 국가 및 지방자치단체는 성별 특성을 고려하여 청소년의 건강 증진 및 체력 향상을 위한 질병 예방, 건강 교육 등의 필요한 시책을 수립하여야 하며, 보호자는 양육하는 청소년의 건강 증진 및 체력 향상에 노력하여야 한다.

② 국가 및 지방자치단체는 관련 기관과 협의하여 성별 특성을 반영한 청소년의 건강 · 체력 기준을 설정하여 보급할 수 있다.

③ 국가 및 지방자치단체는 여성청소년의 건강한 성장을 위하여 여성청소년에게 보건위생에 필수적인 물품을 지원할 수 있다.

④ 제1항에 따른 시책의 마련, 제2항에 따른 건강 · 체력 기준의 설정 · 보급 및 제3항에 따른 물품 지원의 기준 · 범위 등에 필요한 사항은 대통령령으로 정한다.

■ 제6조(체력검사와 건강진단)

① 국가 및 지방자치단체는 청소년의 체력검사와 건강진단을 실시할 수 있다.

② 국가 및 지방자치단체는 제1항에 따른 체력검사 및 건강진단의 결과를 청소년 본인에게 알려주어야 한다.

③ 국가 및 지방자치단체는 제1항 및 제2항에 따른 체력검사·건강진단의 실시와 그 결과 통보를 전문기관 또는 단체에 위탁할 수 있다.

④ 제1항 및 제2항에 따른 체력검사·건강진단의 실시와 그 결과 통보에 필요한 사항은 여성가족부령으로 정한다.

한편, 동법 제6조와 제7조는 국가와 지방자치단체가 청소년의 체력검사와 건강진단을 실시하고, 그 결과를 청소년 본인에게 통보하며, 필요한 시책을 수립·시행하는 것만을 명시했을 뿐, 청소년에게 질병과 심각한 장애가 있는 경우에 사후조치를 해야 한다는 내용이 누락되어 있다. 청소년의 건강은 그 자신과 가족의 관심사일 뿐만 아니라, 건강한 국민을 육성하기 위한 국가의 관심사이다. 현재 우리나라는 청소년의 건강을 위하여 '체력검사와 건강진단'에 그치고 있다.

청소년의 건강보장에 대한 법적 사항은 「노인복지법」에 의한 노인건강검진사업과 크게 비교된다. 노인건강검진은 1차로 치매 외 11항목을 검사하고, 2차로 안검사 외 29항목을 검사한다. 검사 결과에 따라 치매노인은 '치매상담센터에 등록하여 관리하고, 무료 안검진과 개안 수술비를 지원하고 있다. 청소년에 대한 건강진단이 실효를 거두기 위해서는 단순히 건강상태를 검사하는 데 그치지 말고 청소년건강에 대한 사후관리를 제도적으로 강구해야 한다. 예컨대, 희귀병, 난치병을 앓고 있는 청소년, 약물 오·남용 청소년, 비만청소년에 대한 관리와 상담 그리고 치료비 지원 등이 반드시 필요하다(이용교, 2004, pp. 196-197).

③ 지역사회 청소년통합지원체계

지방자치단체의 장은 관할구역의 위기청소년을 조기에 발견하여 보호하고, 그 업무를 효율적으로 수행하기 위하여 지방자치단체, 공공기관, 청소년단체 등이 협

력하여 업무를 수행하는 지역사회 청소년통합지원체계의 구축 · 운영을 명시하고 있다(동법 제9조),

■ 제9조(지역사회 청소년통합지원체계의 구축 · 운영)

① 지방자치단체의 장은 관할구역의 위기청소년을 조기에 발견하여 보호하고, 청소년복지 및 「청소년 기본법」 제3조 제5호에 따른 청소년보호를 효율적으로 수행하기 위하여 지방자치단체, 공공기관, 「청소년 기본법」 제3조 제8호에 따른 청소년단체 등이 협력하여 업무를 수행하는 지역사회 청소년통합지원체계(이하 "통합지원체계"라 한다)를 구축 · 운영하여야 한다.

② 국가는 통합지원체계의 구축 · 운영을 지원하여야 한다.

③ 통합지원체계에 반드시 포함되어야 하는 기관 또는 단체 등 통합지원체계의 구성 등에 필요한 사항은 대통령령으로 정한다.

또한, 모든 청소년이 필요한 사항에 관하여 전문가의 상담을 받을 수 있도록 하기 위하여 1388 상담 전화를 24시간 운영하고 있다(동법 제12조).

④ 위기청소년 지원

「청소년복지 지원법」 제2조 4호는 "위기청소년이란 가정 문제가 있거나 학업 수행 또는 사회적응에 어려움을 겪는 등 조화롭고 건강한 성장과 생활에 필요한 여건을 갖추지 못한 청소년을 말한다."라고 정의하고 있다. 동법은 위기청소년에게 효율적이고 적합한 지원을 하기 위하여 위기청소년의 가족 및 보호자에 대한 상담 및 교육을 실시하고(동법 제13조), 이들에게 생활지원, 학업지원, 의료지원, 직업훈련지원, 청소년활동지원 등을 제공할 수 있다고 명시하고 있다(동법 제14조). 대표적 위기청소년인 가출청소년을 위해서는 청소년쉼터를 설치 · 운영하고, 국가 및 지방자치단체는 청소년쉼터의 설치, 운영 및 활동에 소요되는 경비의 전부 또는 일부를 지원하고 있다(동법 제16조).

■ 제13조(상담 및 교육)

① 국가 및 지방자치단체는 위기청소년에게 효율적이고 적합한 지원을 하기 위하여 위기청소년의 가족 및 보호자에 대한 상담 및 교육을 실시할 수 있다.

② 위기청소년의 가족 및 보호자는 국가 및 지방자치단체가 상담 및 교육을 권고하는 경우에는 이에 협조하여 성실히 상담 및 교육을 받아야 한다.

③ 국가 및 지방자치단체는 여성가족부령으로 정하는 일정 소득 이하의 가족 및 보호자가 제1항의 상담 및 교육을 받은 경우에는 예산의 범위에서 여비 등 실비(實費)를 지급할 수 있다.

■ 제14조(위기청소년 특별지원)

① 국가 및 지방자치단체는 대통령령으로 정하는 바에 따라 위기청소년에게 필요한 사회적 · 경제적 지원(이하 "특별지원"이라 한다)을 할 수 있다.

② 특별지원은 생활지원, 학업지원, 의료지원, 직업훈련지원, 청소년활동지원 등 대통령령으로 정하는 내용에 따라 물품 또는 서비스의 형태로 제공한다. 다만, 위기청소년의 지원에 반드시 필요하다고 인정되는 경우에는 금전의 형태로 제공할 수 있다.

③ 특별지원 대상 청소년의 선정 기준, 범위 및 기간과 그 밖에 필요한 사항은 대통령령으로 정한다.

■ 제16조(청소년가출 예방 및 보호 · 지원)

① 여성가족부장관 또는 지방자치단체의 장은 청소년의 가출을 예방하고 가출한 청소년의 가정 · 사회 복귀를 돕기 위하여 상담, 제31조 제1호에 따른 청소년쉼터의 설치 · 운영, 청소년쉼터 퇴소 청소년에 대한 사후지원 등 필요한 지원을 하여야 한다.

② 보호자는 청소년의 가출을 예방하기 위하여 노력하여야 하며, 가출한 청소년의 가정 · 사회 복귀를 위한 국가 및 지방자치단체 등의 노력에 적극 협조하여야 한다.

③ 여성가족부장관 또는 지방자치단체의 장은 제1항에 따른 청소년가출 예방 및 보호 · 지원에 관한 업무를 「청소년 기본법」 제3조 제8호에 따른 청소년단체(이하 "청소년단체"라 한다)에 위탁할 수 있다.

특별지원 대상 청소년은 ㉠ 보호지원 대상자 중 비행 · 일탈 예방을 위하여 지원이 필요한 청소년, ㉡ 학교 밖 청소년, ㉢ 보호자가 없거나 실질적으로 보호자의 보호를 받지 못하는 청소년 중에서 선정한다(동법 시행규칙 제8조).

그리고 동법은 다문화가족의 청소년, 그 밖에 국내로 이주하여 사회적응 및 학업 수행에 어려움을 겪는 청소년을 '이주배경청소년'으로 정의하고, 사회적응 및 학습 능력 향상을 위하여 상담 및 교육 등 필요한 시책을 마련하고 시행하여야 함을 정하고 있다(동법 제18조).

⑤ 예방적 · 회복적 보호지원

일시적 · 충동적 비행을 저지른 청소년 중에서 12세 미만은 소년범으로도 다스릴 수 없어 법의 사각지대에 놓여 있고, 14세 미만의 자는 형사 처벌을 받지 않고 부절적한 조치를 받는 경우가 있어 형사 처벌을 받은 후에도 방치되는 사례가 발견된다. 이러한 문제를 해결하기 위해 「청소년복지 지원법」은 예방적 · 회복적 보호지원과 관련된 내용을 명시하고 있다.

「청소년복지 지원법」은 국가 및 지방자치단체가 청소년 본인 또는 보호자나 학교장의 신청에 의하여 해당 청소년에 대해 보호지원을 실시할 수 있다는 것을 규정하고 있다. 보호지원이 필요한 청소년은 ㉠ 비행 · 일탈을 저지른 청소년, ㉡ 일상생활에 적응하지 못하여 가정 또는 학교 외부의 교육적 도움이 필요한 청소년이다. 보호지원 기간은 6개월 이내가 원칙이나, 특별자치도지사 또는 시장 · 군수 · 구청장이 선도의 결과를 검토하여 보호지원 연장이 필요하다고 인정하는 경우 청소년 본인의 동의를 받아 6개월의 범위에서 한 번 연장할 수 있다(동법 제19조). 그리고 국가 및 지방자치단체 또는 보호지원 사무를 위탁받은 단체는 청소년의 효율적인 보호지원을 위하여 청소년지도자 또는 청소년지도위원을 보호지원후견인으로 지정하여 운영할 수 있다(동법 제21조).

⑥ 청소년복지지원기관

국가는 청소년 상담 및 복지와 관련된 정책의 연구, 청소년 상담 · 복지 사업의 개발 및 운영 · 지원, 청소년 상담기법의 개발 및 상담자료의 제작 · 보급, 청소년 상담 · 복지 인력의 양성 및 교육 등을 위하여 한국청소년상담복지개발원을 설치 · 운영하고 있다(동법 제22조). 그리고 시 · 도 및 시 · 군 · 구에는 청소년에 대한 상담 · 긴급구조 · 자활 · 의료지원 등의 업무를 수행하기 위하여 청소년상담복지센터를 설치 · 운영하고 있다(동법 제29조).

또한, 국가는 다문화가정의 청소년과 그 밖에 국내로 이주하여 사회적응 및 학업 수행에 어려움을 겪는 청소년을 지원하기 위하여 '이주배경청소년지원센터'를 설치 · 운영하고 있다(동법 제30조).

⑦ 청소년복지시설

「청소년복지 지원법」 제31조(청소년복지시설의 종류)는 청소년복지시설의 종류와 그 기능을 다음과 같이 정하고 있다.

㉠ 청소년쉼터: 가출청소년에 대하여 가정 · 학교 · 사회로 복귀하여 생활할 수 있도록 일정 기간 보호하면서 상담 · 주거 · 학업 · 자립 등을 지원하는 시설

㉡ 청소년자립지원관: 일정 기간 청소년쉼터의 지원을 받았는데도 가정 · 학교 · 사회로 복귀하여 생활할 수 없는 청소년에게 자립하여 생활할 수 있는 능력과 여건을 갖추도록 지원하는 시설

㉢ 청소년치료재활센터: 학습 · 정서 · 행동상의 장애를 가진 청소년을 대상으로 정상적인 성장과 생활을 할 수 있도록 해당 청소년에게 적합한 치료 · 교육 및 재활을 종합적으로 지원하는 거주형 시설

㉣ 청소년회복지원시설: 「소년법」 제32조 제1항 제1호에 따른 감호 위탁 처분을 받은 청소년에 대하여 보호자를 대신하여 그 청소년을 보호할 수 있는 자가 상담 · 주거 · 학업 · 자립 등 서비스를 제공하는 시설

이상의 내용에 기초할 때, 「청소년복지 지원법」은 청소년을 아동과 구분하여 차별화된 다양한 지원 내용을 명시하였다는 점에서 법 제정 의의가 있다. 특히, 복지 수준이 기존의 요보호청소년에 대한 보호라는 소극적 복지정책에서 벗어나 전체 청소년의 삶의 질 개선이라는 진일보된 복지에 초점을 두고 있다. 그러나 청소년복지의 중요 사업 중의 하나인 청소년의 자립지원에 대한 내용이 누락되어 있는 점은 아쉬운 부분이다. 향후 「청소년복지 지원법」을 개정할 때 청소년의 직업능력훈련과 노동시장 진입을 돕기 위한 제도적 장치가 마련되어야 한다.

2. 청소년복지관계법

1) 「아동복지법」

(1) 「아동복지법」의 제정 의의

「아동복지법」은 1961년 12월 30일 「아동복리법」으로 제정되어 1981년 4월 13일 「아동복지법」으로 그 명칭과 내용이 개정되었다. 이후 2000년에 그 내용이 전부개정되었으며, 2020년에 일부가 재개정되었다. 1961년 제정된 「아동복리법」은 아동복지에 관한 우리나라 최초의 법률로서 그 이전에는 1923년 9월에 제정된 「조선감화령」과 1944년에 제정된 「조선구호령」에 의하여 아동복지 문제가 다루어졌다. 「조선감화령」 제1조에 나타난 바와 같이 "불량행위를 행하거나 할 우려가 있는 아동, 친권을 행할 자가 없는 아동" 등에 대한 대책으로서 복지라기보다는 사회질서 내지 치안적 의미를 지닌 법이라고 할 수 있다(「조선감화령」 제1조). 이 법은 해방과 함께 3년간 계속된 미군정하에서도 사회복지 분야의 법령으로서 그 효력을 지니고 있었다.

1961년 제정된 「아동복리법」은 당초 법안에 있었던 모든 아동의 건전육성이라는 규정이 국가재정의 어려움을 이유로 제외되면서 주요 대상이 요보호아동으로만 제한되었다. 「아동복리법」은 요보호아동의 연령을 기존의 '13세 이하'에서 '18세 미만'으로 상향 조정하고, '요보호아동'에 대한 정의를 명확히 하였으며, 아동복지에 대한 국가의 책임을 명시했다는 점에서 그 의의가 크다. 특히, 보호대상을 18세 미만의 아동으로 확대시킨 것은 비록 '아동'이라는 용어를 사용하고 있지만, 「청소년기본법」에서 명시한 9세 이상 24세 이하의 청소년 연령 일부를 포함하고 있는 것으로 해석할 수 있다(조선화 · 강명숙 · 김혜진 외, 2005, p. 14).

최근 개정된 「아동복지법」은 아동학대와 관련된 내용을 강화하였다. 먼저, 아동학대로 인한 중상해, 사망 등 심각한 아동학대 사건이 지속적으로 발생 · 증가하고 있으나, 그동안 아동학대 조사 업무는 비영리법인인 아동보호전문기관이 담당함에 따라 조사 거부와 조사자 위협이 빈번하게 발생하는 등 효과적인 조사업무 수행에 한계가 있었다. 이에 시 · 도지사 또는 시장 · 군수 · 구청장이 아동학대전담공무원을 두고 아동학대 조사업무 등을 수행하게 하며, 조사 후에는 피해아동보호계획을 수립하도록 하는 등 아동학대 조사체계를 공공 중심으로 개편하여 조사의 내실을 기하는 내용으로 동법이 개정되었다. 동시에 아동학대 관련 범죄로 형 또는 치료감호를 선고받은 자의 취업제한 대상기관을 추가하고, 아동학대 예방 등을 위한 홍보영상 송출 범위를 확대하는 등 현행 제도의 운영상 나타난 일부 미비점을 개선 · 보완하는 내용으로 법령이 개정되었다.

(2) 주요 내용

① 책임 주체

「아동복지법」은 아동의 복지증진 및 보호책임의 주체를 국가와 지방자치단체, 아동의 보호자, 국민 등으로 분류하여 각각의 책임을 밝히고 있다. 이에 따라 국가와 지방자치단체는 아동의 건강과 복지증진에 노력하고(동법 제4조 제1항), 장애아동의 권익을 보호하기 위하여 필요한 시책을 강구하여야 한다(동법 제4조 제4항). 더불어 국가 및 지방자치단체는 아동이 자신 또는 부모의 성별, 연령, 종교, 사회적 신분, 재산, 장애 유무, 출생지역 또는 인종 등에 따른 어떠한 종류의 차별도 받지 아니하도록 필요한 시책을 강구하여야 한다(동법 제4조 제5항).

② 아동복지전담공무원

「아동복지법」은 아동복지에 관한 업무를 담당하기 위하여 특별시 · 광역시 · 도 · 특별자치도 및 시 · 군 · 구에 각각 아동복지전담공무원을 배치하도록 하고 있다. 전담공무원은 「사회복지사업법」 제11조에 따른 사회복지사의 자격을 가진 사람으로 하고 그 임용 등에 필요한 사항은 해당 시 · 도 및 시 · 군 · 구의 조례로 정하고 있다. 그리고 전담공무원은 아동에 대한 상담 및 보호조치, 가정환경에 대한 조사, 아동복지시설에 대한 지도 · 감독, 아동범죄 예방을 위한 현장 확인 및 지도 · 감독 등 지역 단위에서 아동의 복지증진을 위한 업무를 수행하도록 하고 있다.

③ 아동보호서비스

시 · 도지사 또는 시장 · 군수 · 구청장은 그 관할구역에서 보호대상 아동을 발견하거나 보호자의 의뢰를 받은 때에는 아동에게 최상의 이익이 보장되도록 보호조치를 하여야 한다(동법 제15조 1항), 보호조치를 함에 있어서는 해당 보호대상 아동의 의사를 존중하여야 하며, 보호자가 있을 때에는 그 의견을 들어야 한다. 다만, 아동의 보호자가 관련법에 의한 아동학대 행위자인 경우에는 그 의견을 듣지 않아도 된다(동법 제15조 4항). 또한, 도지사 또는 시장 · 군수 · 구청장은 그 관할구역에서 약물 및 알코올 중독, 정서 · 행동 · 발달 장애 등의 문제를 일으킬 가능성이 있는 아동의 가정에 대하여 예방 차원에서 적절한 조치를 강구하여야 한다(동법 제15조 6항).

동시에 「아동복지법」은 아동의 건전한 보호를 위하여 다음과 같이 금지행위를 규정하고 있다(동법 제17조).

- 아동을 매매하는 행위
- 아동에게 음란한 행위를 시키거나 이를 매개하는 행위 또는 아동에게 성적 수치심을 주는 성희롱 등의 성적 학대행위
- 아동의 신체에 손상을 주거나 신체의 건강 및 발달을 해치는 신체적 학대행위
- 아동의 정신건강 및 발달에 해를 끼치는 정서적 학대행위

- 자신의 보호 · 감독을 받는 아동을 유기하거나 의식주를 포함한 기본적 보호 · 양육 · 치료 및 교육을 소홀히 하는 방임행위
- 장애를 가진 아동을 공중에 관람시키는 행위
- 아동에게 구걸을 시키거나 아동을 이용하여 구걸하는 행위
- 공중의 오락 또는 흥행을 목적으로 아동의 건강 또는 안전에 유해한 곡예를 시키는 행위 또는 이를 위하여 아동을 제3자에게 인도하는 행위
- 정당한 권한을 가진 알선기관 외의 자가 아동의 양육을 알선하고 금품을 취득하거나 금품을 요구 또는 약속하는 행위
- 아동을 위하여 증여 또는 급여된 금품을 그 목적 외의 용도로 사용하는 행위

한편, 시 · 도지사, 시장 · 군수 · 구청장 또는 검사는 아동의 친권자가 그 친권을 남용하거나 현저한 비행이나 아동학대, 그 밖에 친권을 행사할 수 없는 중대한 사유가 있는 것을 발견한 경우 아동의 복지를 위하여 필요하다고 인정할 때에는 법원에 친권행사의 제한 또는 친권상실의 선고를 청구하여야 한다(동법 제18조). 더불어 동법은 아동복지 관련 자료 또는 정보의 효율적 처리 및 통합관리를 위하여 '아동통합정보시스템'을 구축 · 운영하도록 하고 있다(동법 제15조의 2).

④ 아동학대의 예방 및 방지

국가와 지방자치단체는 아동학대의 예방과 방지를 위하여 노력하여야 하며, 아동학대를 예방하고 수시로 신고를 받을 수 있도록 긴급전화를 설치하여야 한다(동법 제22조). 그리고 국가와 지방자치단체는 「유아교육법」에 따른 유치원의 유아 및 「초 · 중등교육법」에 따른 학교의 학생에 대한 아동학대의 조기 발견 체계 및 아동보호전문기관 등 관련 기관과의 연계 체계를 구축하고, 학대피해 학생 등이 유치원 또는 학교에 안정적으로 적응할 수 있도록 지원하여야 한다(동법 제22조의 2). 또한, 교육부장관 또는 교육감은 아동학대의 조기 발견과 신속한 보호조치를 위하여 대통령령으로 정하는 바에 따라 장기결석 학생 등의 정보 등을 보건복지부장관과 공유하여야 하고, 보건복지부장관과 지방자치단체의 장은 아동학대의 조기 발견과 신속한 보호조치를 위하여 대통령령으로 정하는 바에 따라 학대피해 우려가 있는

아동에 대한 정보를 교육부장관 또는 교육감과 공유하여야 한다(동법 제22조의 2)

더불어 피해아동 등에 대한 신분조회 등 조치를 위하여 보장원의 장 및 아동보호전문기관의 장은 피해아동의 보호, 치료 등을 수행함에 있어서 피해아동, 그 보호자 또는 아동학대행위자에 대한 다음 아래의 조치를 관계 중앙행정기관의 장, 시·도지사 또는 시장·군수·구청장에게 협조 요청할 수 있으며, 요청을 받은 관계 중앙행정기관의 장, 시·도지사 또는 시장·군수·구청장은 정당한 사유가 없으면 이에 따라야 한다(동법 제22조의 3).

- 「출입국관리법」에 따른 외국인등록 사실증명의 열람 및 발급
- 「가족관계의 등록 등에 관한 법률」에 따른 증명서의 발급
- 「주민등록법」에 따른 주민등록표 등본·초본의 열람 및 발급
- 「국민기초생활 보장법」에 따른 수급자 여부의 확인
- 「장애인복지법」에 따른 장애인등록증의 열람 및 발급

아동보호전문기관의 장은 아동의 안전 확보와 재학대 방지, 건전한 가정기능의 유지 등을 위하여 피해아동 및 보호자를 포함한 피해아동의 가족에게 상담, 교육 및 의료적·심리적 치료 등의 필요한 지원을 제공하여야 한다(동법 제 29조 제1항) 또한, 아동학대 관련 범죄로 형 또는 치료감호를 선고받아 확정된 사람은 그 확정된 때부터 형 또는 치료감호의 전부 또는 일부의 집행이 종료(종료된 것으로 보는 경우를 포함한다)되거나 집행을 받지 아니하기로 확정된 후 10년까지의 기간 동안 아동 관련 기관을 운영하거나 취업 또는 노무를 제공할 수 없다(동법 제29조의3 제1항).

⑤ 아동 안전

아동복지시설의 장, 어린이집의 원장, 유치원의 원장 및 학교의 장은 교육대상 아동의 연령을 고려하여 교육계획을 수립하여 교육을 실시하여야 한다(동법 제31조 제1항).

또한, 국가와 지방자치단체는 유괴 등 범죄의 위험으로부터 아동을 보호하기 위

하여 필요하다고 인정하는 경우에는 다음의 어느 하나에 해당되는 시설의 주변 구역을 아동보호구역으로 지정하여 범죄의 예방을 위한 순찰 및 아동지도 업무 등 필요한 조치를 할 수 있다(동법 제32조 제1항).

- 도시공원
- 어린이집, 육아종합지원센터, 시간제보육서비스지정기관
- 초등학교 및 특수학교
- 유치원

⑥ 아동복지시설의 설치와 운영

아동복지시설은 가정을 대신하여 아동을 보호 · 양육하는 사회복지시설로서 국가나 지방자치단체, 또는 관할 시 · 군 · 구청에 신고하여 설치할 수 있다(동법 제50조). 동법이 규정하고 있는 아동복지시설의 종류 및 내용은 〈표 4-2〉와 같다(동법 제52조).

〈표 4-2〉 아동복지시설의 종류 및 내용

구분	정의
아동양육시설	보호를 필요로 하는 아동을 입소시켜 보호 · 양육하는 것을 목적으로 하는 시설
아동일시보호시설	보호를 필요로 하는 아동을 일시 보호하고 아동에 대한 향후의 양육대책수립 및 보호조치를 행하는 것을 목적으로 하는 시설
아동보호치료시설	불량행위를 하거나 불량행위를 할 우려가 있는 아동으로서 보호자가 없거나 친권자나 후견인이 입소를 신청한 아동 또는 가정법원, 지방법원소년부지원에서 보호 · 위탁된 아동을 입소시켜 그들을 선도하여 건전한 사회인으로 육성하는 것을 목적으로 하는 시설
자립지원시설	아동복지시설에서 퇴소한 자에게 취업준비기간 또는 취업 후 일정 기간 보호함으로써 자립을 지원하는 것을 목적으로 하는 시설
아동상담소	아동과 그 가족의 문제에 관한 상담, 치료, 예방 및 연구 등을 목적으로 하는 시설
아동전용시설	어린이공원, 어린이놀이터, 아동회관, 체육, 연극, 영화, 과학실험전시시설, 아동휴게숙박시설, 야영장 등 아동에게 건전한 놀이 · 오락 기타 각종 편의를 제공하여 심신의 건강유지와 복지증진에 필요한 서비스를 제공하는 것을 목적으로 하는 시설

구분	정의
공동생활가정	보호를 필요로 하는 아동에게 가정과 같은 주거여건과 보호를 제공하는 것을 목적으로 하는 시설
지역아동센터	지역사회 아동의 보호 · 교육, 건전한 놀이와 오락의 제공, 보호자와 지역사회의 연계 등 아동의 건전육성을 위하여 종합적인 아동복지서비스를 제공하는 시설

출처: 보건복지부(2020). 「아동복지법」 제52조.

이 외에도 아동복지시설은 각 시설 고유의 목적 사업을 해치지 않고 각 시설별 설치기준 및 운영기준을 충족하는 경우 다음의 사업을 추가로 실시할 수 있다(동법 제52조 제3항).

1. 아동가정지원사업: 지역사회아동의 건전한 발달을 위하여 아동, 가정, 지역주민에게 상담, 조언 및 정보를 제공하여 주는 사업
2. 아동주간보호사업: 부득이한 사유로 가정에서 낮 동안 보호를 받을 수 없는 아동을 대상으로 개별적인 보호와 교육을 통하여 아동의 건전한 성장을 도모하는 사업
3. 아동전문상담사업: 학교부적응아동 등을 대상으로 올바른 인격형성을 위한 상담, 치료 및 학교폭력예방을 실시하는 사업
4. 학대아동보호사업: 학대아동의 발견, 보호, 치료 및 아동학대의 예방 등을 전문적으로 실시하는 사업
5. 공동생활가정사업: 보호대상아동에게 가정과 같은 주거여건과 보호를 제공하는 것을 목적으로 하는 사업
6. 방과 후 아동지도사업: 저소득층 아동을 대상으로 방과 후 개별적인 보호와 교육을 통하여 건전한 인격형성을 목적으로 하는 사업

2) 「한부모가족지원법」

(1) 「한부모가족지원법」의 제정 의의

「한부모가족지원법」은 최근 증가 추세에 있는 한부모가정에 대한 국가적인 지원의 필요성이 제기됨에 따라 제정되었다. 배우자와의 사별, 이혼, 유기, 별거, 기타 여러 가지 사유로 인하여 발생하는 한부모가정은 부부가 함께 살아가는 가족에 비해 여러 가지 문제에 노출되기 쉽다. 한부모가정 중 모자가정은 부자가정에 비해 경제적으로 더 어려운 형편에 처할 가능성이 크다. 1989년 4월 1일 모자가정의 경제적 · 사회적 지원을 위해 「모자복지법」이 제정 · 공포되었으나, 사회의 급격한 변화와 더불어 부자가정이 확산되면서 이들에 대한 보호가 절실하게 되었다. 이에 정부는 같은 조건의 남성이 세대주인 부자가정도 지원하기 위하여 2002년 12월 18일 「모 · 부자복지법」으로 명칭과 전문을 개정하였고(한국청소년개발원 편, 2005, p. 368), 이후 2007년에 「한부모가족지원법」으로 법명을 변경하였다. 따라서 「한부모가족지원법」은 한부모가정이 건강하고 문화적인 생활을 영위할 수 있도록 한부모가정의 생활안정과 복지증진에 기여함을 목적으로 한다(동법 제1조).

(2) 「한부모가족지원법」의 주요 내용

① 한부모가족의 정의

「한부모가족지원법」은 모 또는 부가 세대주(세대주가 아니더라도 세대원을 사실상 부양하는 자를 포함)인 가정으로서 동법에서의 "아동은 모 또는 부가 양육하는 18세 미만(취학 중인 때는 22세 미만인 자)의 자녀이고, '모 또는 부란 다음의 자를 말한다. ㉠ 배우자와 사별 또는 이혼하거나 배우자로부터 유기(遺棄)된 자, ㉡ 정신이나 신체의 장애로 장기간 노동능력을 상실한 배우자를 가진 자, ㉢ 교정시설 · 치료감호시설에 입소한 배우자 또는 병역복무 중인 배우자를 가진 사람, ㉣ 미혼자(사실혼(事實婚) 관계에 있는 자는 제외) 등"이다(동법 제4조 1).

이러한 자들을 위해 설립된 기관이나 단체를 '한부모가족복지단체'라 하고, 이 법에 의해 보호를 행하는 국가나 지방자치단체를 '보호기관'이라 한다. 그리고 동법은 최근 청소년 한부모가정이 증가하고 있는 현실을 고려하여 "청소년 한부모란 24세 이하의 모 또는 부를 말한다."라고 정의하고 이들에 대한 복지 급여도 명시하고 있다(동법 제 4조 1의2).

② 복지 급여의 내용

국가나 지방자치단체는 한부모가족 지원대상자의 복지 급여 신청이 있으면 복지 급여를 실시하여야 한다. 다만, 지원대상자가 「국민기초생활 보장법」 등 다른 법령에 따라 지원을 받고 있는 경우에는 급여를 하지 않는다. 복지 급여의 내용은 다음과 같다(동법, 제12조 제1항).

- 생계비
- 아동교육지원비
- 아동양육비
- 그 밖에 대통령령령으로 정하는 비용

또한, 국가나 지방자치단체는 아동양육비를 지급할 때에 미혼모나 미혼부가 5세 이하의 아동을 양육하거나 청소년 한부모가 아동을 양육하면 예산의 범위에서 추가적인 복지 급여를 실시하여야 한다. 이 경우 모 또는 부의 직계존속이 5세 이하의 아동을 양육하는 경우에도 복지 급여를 지급해야 한다. 그리고 지원대상자가 직업훈련 기간에 있을 경우 직업훈련비와 훈련기간 중 생계비를 추가적으로 지급할 수 있다(동법 제12조 제2항, 제3항, 제4항). 이 외에도 국가나 지방자치단체가 운영하는 공공시설의 장은 그 공공시설에 각종 매점 및 시설의 설치를 허가하는 경우 이를 한부모가족 또는 한부모가족복지단체에 우선적으로 허가할 수 있다(동법 제15조).

③ 청소년 한부모에 대한 교육 지원

국가나 지방자치단체는 청소년 한부모가 학업을 할 수 있도록 청소년 한부모의 선택에 따라 다음의 어느 하나에 해당하는 지원을 할 수 있다(동법 제17조의2).

- 「초 · 중등교육법」에 따른 학교에서의 학적 유지를 위한 지원 및 교육비 지원 또는 검정고시 지원
- 「평생교육법」에 따른 학력인정 평생교육시설에 대한 교육비 지원
- 「초 · 중등교육법」에 따른 교육 지원
- 그 밖에 청소년 한부모의 교육 지원을 위하여 여성가족부령으로 정하는 사항

이 외에도 국가나 지방자치단체는 청소년 한부모가 주거마련 등 자립에 필요한 자산을 형성할 수 있도록 재정적인 지원을 할 수 있다(동법 제17조의4).

④ 한부모가족복지시설

한부모가족지원법에 의한 한부모가족복지시설의 종류는 다음과 같다.

〈표 4-3〉 한부모가족복지시설의 종류 및 내용

구분	내용
모자가족 복지시설	• 기본생활지원: 생계가 어려운 모자가족에게 일정 기간 동안 주거와 생계를 지원 • 공동생활지원: 독립적인 생활이 어려운 모자가족에게 일정 기간 동안 공동생활을 통하여 자립을 준비할 수 있도록 주거 등을 지원 • 자립생활지원: 자립욕구가 강한 모자가족에게 일정 기간 동안 주거를 지원
부자가족 복지시설	• 기본생활지원: 생계가 어려운 부자가족에게 일정 기간 동안 주거와 생계를 지원 • 공동생활지원: 독립적인 생활이 어려운 부자가족에게 일정 기간 동안 공동생활을 통하여 자립을 준비할 수 있도록 주거 등을 지원 • 자립생활지원: 자립욕구가 강한 부자가족에게 일정 기간 동안 주거를 지원
미혼모자가족 복지시설	• 기본생활지원: 미혼 여성의 임신 · 출산 시 안전 분만 및 심신의 건강 회복과 출산 후의 아동의 양육지원을 위하여 일정 기간 동안 주거와 생계를 지원 • 공동생활지원: 출산 후 해당 아동을 양육하지 아니하는 미혼모 또는 미혼모와 그 출산 아동으로 구성된 미혼모자가족에게 일정 기간 동안 공동생활을 통하여 자립을 준비할 수 있도록 주거 등을 지원
일시지원 복지시설	• 배우자(사실혼 관계에 있는 사람을 포함한다)가 있으나 배우자의 물리적 · 정신적 학대로 아동의 건전한 양육이나 모의 건강에 지장을 초래할 우려가 있을 경우 일시적 또는 일정 기간 동안 모와 아동 또는 모에게 주거와 생계를 지원하는 시설
한부모가족 복지상담소	• 한부모가족에 대한 위기 · 자립 상담 또는 문제해결 지원 등을 목적으로 하는 시설

출처: 보건복지부(2020). 「한부모가족지원법」 제19조.

3)「근로기준법」

(1)「근로기준법」의 제정 의의

「근로기준법」은 근로조건의 기준을 정하여 근로자에 대한 저임금 및 비인간적인 처우들의 문제에 효과적으로 대응하고, 근로자의 기본적 생활을 보장 · 향상시켜 균형 있는 국민경제의 발전을 도모할 목적으로 제정되었다(동법 제1조). 동법은 1953년 5월 10일 제정되어 현재에 이르고 있다.

(2)「근로기준법」의 주요 내용

① 근로연령 및 근로시간

「근로기준법」에 명시되어 있는 청소년의 근로가능 연령은 15세 이상 18세 미만인 자이다. 그러나 13세 이상 15세 미만인 자 또는「초중등교육법」에 의한 중학교에 재학 중인 18세 미만인 자는 고용노동부장관이 발급하는 취직인허증을 소지할 경우 근로가능하다. 취직인허증은 원칙적으로 본인의 신청에 따라 의무교육에 지장이 없는 경우에 한해 직종을 지정해 발행받을 수 있다(동법 제64조 제1항, 제2항). 다만, 예술 공연 참가를 위한 경우에는 13세 미만인 자도 받을 수 있도록 예외 규정을 두고 있다(동법 시행령 제35조 제1항). 거짓이나 그 밖의 부정한 방법으로 취직인허증을 발급받았을 경우에는 취소된다(동법 제64조 제3항).

근로시간은 휴게시간을 제외한 순수 근로시간만을 의미하는 것으로, 15세 이상 18세 미만인 자는 1일에 7시간, 1주일에 35시간을 초과할 수 없다. 다만, 당사자(고용주와 청소년) 사이의 합의에 따라 1일에 1시간, 1주일에 5시간을 한도로 연장할 수 있다(동법 제69조). 또한, 사용자는 임산부와 18세 미만자를 오후 10시부터 오전 6시까지의 시간 및 휴일에 근로시키지 못한다. 단, 다음의 어느 하나에 해당하는 경우로서 고용노동부장관의 인가를 받으면 근로가능하다(동법 제70조 제2항).

- 18세 미만자의 동의가 있는 경우
- 산후 1년이 지나지 아니한 여성의 동의가 있는 경우
- 임신 중의 여성이 명시적으로 청구하는 경우

② 연소자 증명서 및 근로계약

사용자는 18세 미만인 자에 대하여는 그 연령을 증명하는 가족관계기록사항에 관한 증명서와 친권자 또는 후견인의 동의서를 사업장에 갖추어 두어야 한다(동법 제66조). 친권자나 후견인은 미성년자의 근로계약을 대리할 수 없으며 친권자, 후견인 또는 고용노동부장관은 근로계약이 미성년자에게 불리하다고 인정하는 경우에는 이를 해지할 수 있다(동법 제67조). 그리고 미성년자는 독자적으로 임금을 청구할 수 있다(동법 제68조).

③ 18세 미만 사용금지 업종

「근로기준법」은 18세 미만자의 갱내근로를 금지하고 있다(동법 제72조). 단, 18세 미만인 자일지라도 다음에 대해서는 일시적으로 갱내근로를 시킬 수 있다(동법시행령 제42조).

- 보건, 의료 또는 복지 업무
- 신문 · 출판 · 방송프로그램 제작 등을 위한 보도 · 취재업무
- 학술연구를 위한 조사 업무
- 관리 · 감독 업무
- 제1호부터 제4호까지의 규정의 업무와 관련된 분야에서 하는 실습 업무

생각해 볼 문제

1. 「청소년복지 지원법」의 제정 의의와 문제점, 그리고 개선 방향에 대하여 생각해 봅시다.
2. 「청소년복지 지원법」이 명시하고 있는 위기청소년의 특성을 기초생활수급권자, 요보호청소년 등과 비교하여 생각해 봅시다.
3. 현행의 청소년 아르바이트 실태를 고려하여 「근로기준법」에 명시되어 있는 연소자(18세 미만의 청소년) 대상 근로 규정의 문제점 및 개선 방향에 대해 생각해 봅시다.
4. 청소년복지관계법(「청소년복지 지원법」, 「아동복지법」, 「근로기준법」 등)이 규정하고 있는 다양한 청소년 연령을 확인하고, 이에 따른 문제점에 대해 생각해 봅시다.

Chapter 5

청소년복지행정 및 서비스 전달체계

현대사회의 산업화 · 도시화 · 핵가족화의 특징은 여러 유형의 청소년문제를 발생시키고 있다는 점이다. 이에 국가는 청소년의 복지 욕구를 충족시키고 그들이 직면한 어려움을 해결하기 위하여 다양한 유형의 청소년복지기관을 설치하여 운영하고 있다. 그러나 청소년복지기관에서 제공하는 복지서비스는 관련 기관에서의 행정이 어떻게 이루어지느냐에 따라 그 효과성에 차이가 있다. 즉, 청소년복지기관에서 제공하는 복지서비스가 청소년에게 효과적 · 효율적으로 전달되기 위해서는 서비스의 생산과 전환, 전달과 관련된 제반 활동이 체계적으로 이루어져야 한다. 따라서 이 장에서는 청소년복지행정의 개념, 이념을 비롯하여 주요 청소년복지행정 전달체계인 정책기구와 행정기관 및 청소년복지 관련 전문인력 등에 대해 살펴본다.

1. 청소년복지행정의 이해

1) 청소년복지행정의 개념

청소년복지행정은 사회복지행정(social welfare administration)의 하위체계라고 볼 수 있다. 사회복지행정은 시기별 · 지역별 · 연구자별로 다양하게 정의하고 있으나, 일반적으로 협의적 개념과 광의적 개념으로 정의한다(장동일, 2006).

협의적 개념의 사회복지행정은 사회사업기관이나 시설이 서비스 대상자에게 복지서비스를 제공하기 위해 필요한 정책의 결정, 기록의 보고 및 정리, 회계 등을 의미한다. 즉, 사회복지행정은 사회복지정책을 사회복지서비스로 전환하는 과정으로서 사회복지서비스를 효과적으로 공급하고 전달하는 것을 용이하게 하는 제반 방법이다. 연구자에 따라서는 사회복지행정을 사회사업행정(social work administration)으로 이해하기도 하는데, 이는 사회복지행정을 사회사업 방법의 하나로 보는 견해이다. 여기서 사회사업 방법이란 서비스 대상에 대한 계획적인 개입을 통하여 변화를 초래하는 활동과정으로서 여기에는 개별사회사업(casework), 집단사회사업(group work), 지역사회조직사업(community organization) 등이 있다.

광의적 개념은 사회복지행정의 협의적 개념에 더하여 사회복지행정 조직 전 구성원의 활동까지를 포함하는 개념이다. 즉, 사회복지정책을 사회복지서비스로 전환하는 데 필요한 사회복지조직의 정책 형성을 포함하여 정책을 수행하기 위한 총체적인 활동과 관리자 및 구성원들의 제반 활동 등을 의미한다.

이러한 개념에 기초할 때 청소년복지행정이란, 청소년복지정책을 청소년복지서비스로 전환하여 청소년에게 전달하는 데 필요한 청소년복지 관련 조직에서의 총체적인 활동이라고 정의할 수 있다. 즉, 청소년복지행정은 청소년복지정책이 정하고 있는 내용을 보다 구체적인 복지서비스로 전환시키고, 인적 · 물적 자원을 효율적으로 동원하고 활용하여 청소년에게 복지서비스를 전달하는 수단적인 성격을 갖는다(한국청소년개발원 편, 2005, p. 393).

2) 청소년복지행정의 이념

일반 행정학에서 제시하고 있는 행정의 보편적 이념은 합법성, 효율성, 효과성, 형평성이다. 청소년복지행정 또한 행정학적 접근을 취한다(장동일, 2006; 황성철 · 정무성 · 강철희 · 최재성, 2005).

(1) 합법성

청소년복지행정 과정은 관련 법률 및 제도 등에 의거하여 추진되어야 하며, 관련 법률들의 이념이나 취지를 적극적으로 실현해야 한다. 그러므로 청소년복지행정은 하나의 전문화된 활동으로서 사회의 규범적 가치를 실현하는 과정이며, 합목적성과 담당자의 자율적 재량권 등이 강조된다.

(2) 효율성

19세기 후반부터 경영 및 행정활동에 과학적 관리론이 대두되면서 효율성 이념이 강조되었다. 효율이란 최소의 비용으로 최대의 효과를 거두려는 것으로서 투입 대비 산출의 성과를 극대화시킨다는 의미이다. 제한된 자원을 가지고 행정 목표를 최대한 성취하고자 하는 경제적인 개념이다. 그에 따라 청소년복지행정에서는 효율성의 의미를 생산성을 높이는 데 필요한 비용, 시간, 인력 등 자원을 최소화하는 의미로 받아들여 효율성이라는 이념을 추구하기 힘든 것으로 인식하는 경향이 있다. 그러나 효율성은 기계론적 효율성뿐만 아니라 사회적 효율성의 의미도 동시에 지니고 있다. 오히려 청소년복지행정에서는 사회적인 효율성에 대한 것이 더 중요시되고 있다. 사회적인 효율성은 첫째, 인간의 만족도를 먼저 고려한 후에 효율성을 강조하는 것이며, 둘째, 투입과 산출의 비율로 효율성을 평가하지만, 그 평가를 상대적인 것으로 받아들이고, 셋째, 단기적인 측면보다는 장기적인 측면에서 효율성을 더 강조한다. 결국, 청소년복지행정 활동이 제한된 자원으로 가장 필요한 복지대상자에게 최적의 서비스를 제공해야 한다는 원칙을 고려한다면, 청소년복지행정에서 효율성의 이념은 중요할 수밖에 없다.

(3) 효과성

효과성은 목적과 수단에 따라 산출된 결과가 원래 목적했던 것을 어느 정도 달성했는가에 대한 성취도를 의미하는 사회학적 개념이다. 앞서 언급한 효율성과 효과성은 서로 병행하기도 하지만 항상 일치하는 것은 아니다. 특히, 효과성은 청소년복지기관의 목표가 명확하게 설정되어 있을 때, 그 달성 여부를 파악할 수 있는 척도이다.

(4) 형평성

형평성은 적극적인 분배의 평등관을 함축하는 이념으로서 최근 일반 행정학의 영역에서 강조되고 있다. 특히, 청소년복지행정은 사회적 · 경제적 환경이 열악한 계층에게 보다 양질의 풍부한 행정서비스를 제공하는 것으로 형평성은 다른 이념들에 비해 청소년복지행정에서 상대적으로 더 강조되는 이념이다. 오늘날 사회적 이슈로 등장하고 있는 빈곤, 질병, 실업 등과 같은 문제를 해결하는 과정에서 청소년계층과 같이 소수집단의 이익을 고려하여 복지행정서비스를 실행하는 것이 형평성의 이념을 구현하는 한 사례가 될 수 있다.

3) 청소년복지행정의 원칙과 행정가의 자세

(1) 청소년복지행정의 원칙

청소년복지행정은 역동적 성격을 가지고 복지서비스의 주체인 청소년 개인의 행동뿐만 아니라 청소년집단과 나아가 청소년을 둘러싼 지역사회 및 환경을 변화시키는 데 목적을 둔다. 따라서 청소년복지행정가는 중앙정부나 지방자치단체를 비롯한 각종의 청소년 관련 복지기관은 청소년에게 적절한 복지서비스를 제공하기 위해 다양한 업무와 기능을 수행한다. 이때 고려해야 할 몇 가지 원칙을 살펴보면 다음과 같다(황성철 · 정무성 · 강철희 · 최재성, 2005).

첫째, 청소년복지기관의 목적에 기반한 임무를 명확하게 이해해야 한다.

둘째, 윤리적 기준에 따라 활동을 수행해야 한다.

셋째, 상황에 따라 탄력적으로 리더십을 발휘할 수 있어야 한다.

넷째, 효과성과 효율성을 모두 고려해야 한다.

다섯째, 청소년의 복지 욕구와 필요를 확인하고 분석할 수 있는 전문능력을 갖추어야 한다.

(2) 청소년복지행정가의 자세

청소년복지행정가는 청소년복지에 관한 전문적 지식과 기술을 가지고 다양한 역할과 관리활동을 수행한다. 이를 위해 청소년복지행정가는 수용적이고 관심 있는 태도, 창의적이고 민주적인 태도, 신뢰하고 인정해 주는 태도 등이 필요하다. 청소년복지행정가에게 요구되는 태도를 구체적으로 살펴보면 다음과 같다(신복기 · 박경일 · 장중탁 · 이명현, 2005; 장동일, 2006; 황성철 외, 2005).

첫째, 수용적이고 관심 있는 태도를 지녀야 한다. 청소년복지행정가는 기관의 구성원과 클라이언트뿐만 아니라, 자신의 직무와 관련한 지역사회의 타 전문직 종사자를 있는 그대로 수용할 수 있는 태도를 가져야 한다. 즉, 직원을 대함에 있어 각기 장 · 단점을 가진 개별화된 개인으로서, 그리고 자신의 성장과 발전을 위해 노력하는 개인으로서 존중하고 수용해야 한다. 또한, 청소년복지행정가는 직원의 성장과 발전에 관심을 갖고 다양한 방법으로 지원해야 할 뿐만 아니라, 직원들이 소속기관 및 동료들에게 친밀감과 소속감을 가질 수 있도록 지원해야 한다. 이러한 청소년복지행정가의 관심은 언어뿐만 아니라 행동이나 태도로도 표출된다.

둘째, 창의적이고 민주적인 자세를 지녀야 한다. 청소년복지행정가는 복지기관의 서비스 질을 향상시키고 직원들 간의 긍정적 관계를 향상시킬 수 있도록 창의적인 정책, 방법, 절차를 주도적으로 제안하도록 지원해야 한다. 또한, 청소년복지행정가는 기관의 운영과정에 모든 직원이 민주적인 절차에 따라 참여할 수 있는 합리적인 의사결정 시스템을 마련해야 한다. 이를 위해 청소년복지행정가는 집단과

정을 존중하고 협동하는 민주적 과정이 정착될 수 있도록 최선의 노력을 기울여야 한다.

셋째, 직원을 신뢰하고 인정해 주어야 한다. 청소년복지행정가가 직원을 신뢰할 때 직원은 직무에 더 몰입하고 보다 많은 성과를 낼 수 있다. 따라서 청소년복지행정가는 직원이 제시하는 의견과 자료가 부족하더라도 즉각적인 비판을 삼가는 것이 바람직하다. 또한, 청소년복지행정가는 직원이나 클라이언트를 포함하여 복지서비스 과정에 참여하는 모든 사람이 타인으로부터 인정받고 보상받기를 원한다는 점을 인지하여 이 점을 행정활동에 적극 반영할 필요가 있다. 일반적으로 권위적인 청소년복지행정가는 칭찬과 보상에 인색하다. 반면, 유능한 청소년복지행정가는 적절한 보상과 인정이 직원의 사기를 향상시켜 기관의 목적 달성에 도움이 된다는 사실을 알고 이를 적극 활용한다. 그러나 인정과 보상은 진실로 받을 가치가 있을 때 적절하게 주어져야 하며, 지나치면 오히려 효과가 감소할 수 있다는 점을 고려해야 한다.

2. 청소년복지행정의 전달체계

우리나라의 청소년복지행정 전달체계는 청소년복지 관련 정책을 협의 · 조정 · 심의하는 정책기구와 이의 시행을 담당하는 기관, 그리고 현장에서 복지서비스를 전달하는 전문인력 등으로 분류할 수 있다.

1) 청소년복지 정책기구

우리나라 최초의 청소년복지정책 담당기구는 1964년 9월 11일 대통령령 제1932호에 의거하여 내무부장관을 위원장으로 한 청소년보호대책위원회이다. 청소년보호대책위원회는 청소년 시책에 필요한 제반 사항을 협의하고 관계기관 및 단체 간에 필요한 연락과 조정업무를 수행하였다. 그러나 각 부처별로 추진하는 여러 청소년복지정책을 종합적으로 조정 · 통제하기에는 미흡한 점이 많았다. 더욱이 청소년 문제가 점차 사회적인 핵심과제로 등장하고 청소년복지정책을 더욱 효율적으로 해결하고 추진해야 할 필요성이 대두됨에 따라 1977년 8월 27일 국무총리를 위원장으로 하는 청소년대책위원회가 새롭게 설치되었다. 이 위원회는 이후 「청소년육성법」의 제정으로 해체되고, 청소년정책의 종합계획 심의와 정부의 주요 청소년복지정책을 협의하기 위해 1988년 8월 19일 청소년육성위원회로 변경되었다(한국청소년개발원 편, 2003, pp. 190-193). 청소년육성위원회는 청소년복지정책의 주요한 사항을 심의하는 기능을 수행하였다. 그 예로 1990년에 청소년헌장을 심의 · 통과시켰고, 1992년부터 10년간 추진된 한국청소년기본계획을 심의 · 확정하였다. 이후 이 위원회는 2005년 3월 24일 「청소년 기본법」이 일부개정(법률 제7421호)되면서 청소년정책 관계기관 협의회로, 다시 2015년 2월 동법이 개정되면서 청소년정책위원회로 변경되었다.

현재 주요한 청소년복지정책 담당기구로는 「청소년 기본법」에 명시되어 있는 청소년정책위원회와 지방청소년육성위원회, 그리고 「아동복지법」에 규정되어 있는 아동정책조정위원회 등이 있다.

(1) 청소년정책위원회

국가는 청소년정책에 관한 주요 사항을 심의 · 조정하기 위하여 여성가족부에 청소년정책위원회를 설치 · 운영하고 있다(「청소년 기본법」 제10조 제1항). 위원회의 주요 기능으로는 ㉠ 청소년육성에 관한 기본계획의 수립에 관한 사항, ㉡ 청소년정책의 분야별 주요 시책에 관한 사항, ㉢ 청소년정책의 제도 개선에 관한 사항, ㉣ 청소년정책의 분석 · 평가에 관한 사항, ㉤ 둘 이상의 행정기관에 관련되는 청소년정책의 조정에 관한 사항, ㉥ 그 밖에 청소년정책의 수립 · 시행에 필요한 사항으로서 대통령령으로 정하는 사항 등을 심의 · 조정하는 것이다(「청소년 기본법」 제10조 제2항).

청소년정책위원회는 위원장 1명을 포함하여 30명 이내의 위원으로 구성되며, 위원장은 여성가족부장관이 되고(「청소년 기본법」 제10조 제3항), 위원은 청소년 업무와 관련이 있는 부처의 차관 또는 청소년정책에 관하여 학식과 경험이 풍부한 사람 중에서 여성가족부장관이 위촉하는 사람으로 구성된다. 복수 차관이 있는 기관은 해당 기관의 장이 지명하는 차관으로 한다(「청소년 기본법」 제10조 제4항).

이 외에 청소년정책위원회에서 심의 · 조정할 사항을 미리 검토하거나 위임된 사항을 처리하는 등 청소년정책위원회의 운영을 지원하기 위하여 청소년정책위원회에 청소년정책실무위원회를 두고 있다(「청소년 기본법」 제10조 제6항).

(2) 지방청소년육성위원회

청소년육성에 관한 지방자치단체의 주요시책을 심의하기 위하여 특별시장 · 광역시장 · 도지사 및 시장 · 군수 · 구청장의 소속하에 지방청소년육성위원회(이하 '위원회')를 두고 있다. 위원회의 구성 · 조직과 그 밖의 운영에 관해 필요한 사항은 지방자치단체의 조례로 정하여 운영한다(「청소년 기본법」 제11조).

(3) 아동정책조정위원회

국가는 아동의 권리증진과 건강한 출생 및 성장을 위하여 종합적인 아동정책을 수립하고 관계 부처의 의견을 조정하며, 그 정책의 이행을 감독하고 평가하기 위하여 국무총리 소속으로 아동정책조정위원회를 두고 있다(「아동복지법」 제10조 제1항). 위원회는 다음의 사항을 심의 · 조정한다(「아동복지법」 제10조 제2항).

- 기본계획의 수립에 관한 사항
- 아동의 권익 및 복지 증진을 위한 기본방향에 관한 사항
- 아동정책의 개선과 예산지원에 관한 사항
- 아동 관련 국제조약의 이행 및 평가 · 조정에 관한 사항
- 아동정책에 관한 관련 부처 간 협조에 관한 사항
- 그 밖에 위원장이 부의하는 사항

위원회는 위원장을 포함한 25명 이내의 위원으로 구성하되, 위원장은 국무총리가 되고 위원은 아동 업무와 관련이 있는 정부 부처의 장관과 아동 관련 단체의 장이나 아동에 대한 학식과 경험이 풍부한 사람 중 위원장이 위촉하는 15명 이내의 위원으로 구성된다(「아동복지법」 제10조 제3항).

또한, 위원회는 아동의 권리보장 및 복지증진과 관련한 국제조약의 이행확인을 위하여 필요한 업무를 관계 전문기관 또는 단체에 위탁할 수 있으며, 필요하다고 인정하는 때에는 관계 행정기관에 대하여 그 소속 직원의 출석 · 설명과 자료의 제출을 요구할 수 있다(「아동복지법」 제10조 제4항, 제5항).

2) 청소년복지행정기관

청소년복지행정을 담당하는 기관은 중앙과 지방자치단체로 구분된다. 중앙 단위의 청소년복지행정기관으로는 우선 여성가족부의 청소년가족정책실을 들 수 있다. 여성가족부 외에도 교육부, 고용노동부, 보건복지부, 통일부, 외교부, 경찰청 등도 청소년복지행정을 일부 담당하고 있으나, 여성가족부에 비해 상대적으로 그 정책의 양과 우선순위가 떨어지므로 여기서는 여성가족부의 청소년가족정책실에 초점을 두고 살펴본다. 청소년가족정책실은 2010년 「정부조직법」이 개정되어 보건복지가족부의 아동청소년정책실이 여성가족부로 일부 이관됨에 따라 새롭게 탄생한 청소년복지행정기관이다.

그리고 여성가족부로부터 청소년활동정책을 위임받아 다양한 관련 정책을 총괄 지원하는 한국청소년활동진흥원과 청소년상담복지정책을 담당하는 한국청소년상담복지개발원의 운영 실태도 살펴본다. 지방자치단체는 광역자치단체와 기초자치단체의 청소년복지행정체계로 구분하여 살펴본다.

(1) 중앙 청소년복지행정체계

① 여성가족부 청소년가족정책실

청소년가족정책실은 6개 과 1지원단으로 구성되어 있다. 6개 과로는 청소년정책과, 청소년활동진흥과, 청소년활동안전과, 청소년자립지원과, 학교밖청소년지원과, 청소년보호환경과가 있으며, 지원단은 2023세계잼버리 지원단이다. 2023세계잼버리 지원단은 2023년 8월에 새만금 일원에서 개최되는 제25회 세계잼버리 대회를 지원하기 위하여 조직된 한시적 기구이므로 여기서는 제외하고 설명한다.

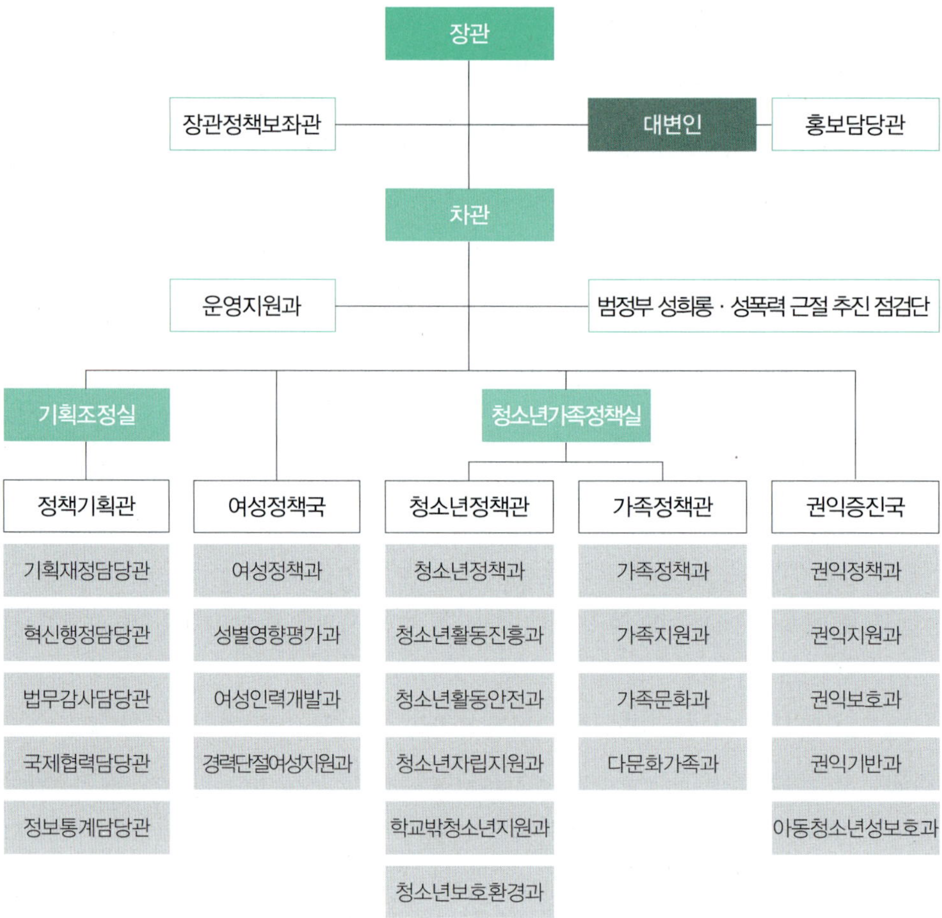

[그림 5-1] 여성가족부 기구표

출처: 여성가족부(http://www.mogef.go.kr/index.jsp에서 21. 1. 4. 인출).

청소년국의 6개 과가 수행하는 업무를 구체적으로 살펴보면 다음과 같다(http://www.mogef.go.kr/index.jsp에서 21. 1. 4. 인출).

■ 청소년정책과

- 청소년정책에 관한 중장기 기본계획의 수립 및 조정
- 중앙부처 및 지방자치단체 청소년정책의 협의 · 조정 총괄
- 청소년정책 관련 법령의 관리 · 운영
- 청소년정책관계기관협의회의 운영
- 청소년정책 전담 기구 · 공무원 등 전달체계에 관한 사항
- 관계 기관 청소년정책의 평가 및 지원에 관한 사항
- 청소년의 달 등 청소년 관련 행사 및 포상에 관한 사항
- 청소년정책 관련 조사 · 연구 및 제도 개선
- 청소년 관련 통계의 유지 및 백서 등의 발간
- 청소년 관련 산하기관 및 법인 관리 총괄
- 청소년 관련 기관 · 단체 종사자의 교육 · 훈련
- 청소년지도자 자질 향상에 관한 사항
- 청소년 인권 보호 등 청소년 권리증진에 관한 사항
- 청소년 특별회의 및 참여위원회 등 청소년 정책참여기구 구성 · 운영 지원
- 청소년 정책참여 활성화 프로그램의 개발 · 보급
- 청소년 우대정책의 수립 및 교육 · 홍보
- 청소년증의 발급 및 운영에 관한 사항
- 그 밖에 실내 다른 과의 주관에 속하지 아니하는 사항

■ 청소년활동진흥과

- 청소년 활동진흥, 역량개발 및 국제교류에 관한 계획의 수립 · 시행
- 한국청소년활동진흥원의 지도 및 감독
- 지방청소년활동진흥센터의 설치 · 운영 지원
- 청소년 프로그램 · 사업의 개발 · 보급 및 평가

- 청소년의 수련활동 및 문화 · 예술체험 활성화에 관한 사항
- 청소년 축제, 동아리, 자원봉사 활성화에 관한 사항
- 청소년 활동정보 제공 · 지원
- 청소년지도사의 자격검정 · 연수 및 활동 지원
- 청소년 방과 후 아카데미 등 방과 후 활동프로그램의 개발 · 지원
- 청소년의 국제교류를 위한 프로그램 개발 및 운영 지원
- 청소년 관련 국제행사 개최 및 국제교류에 관한 사항

■ 청소년활동안전과

- 청소년수련활동 안전에 관한 정책의 총괄 및 계획의 수립 · 시행
- 숙박형 청소년수련활동 및 비숙박형 청소년수련활동 계획의 신고업무관리, 온라인 종합정보제공 시스템 구축 · 운영
- 청소년수련활동 인증제도의 운영 · 관리에 관한 사항
- 청소년수련활동 이행 실태 점검 및 안전관리에 관한 사항
- 청소년수련시설 운영관리, 지도 · 감독 및 제도 개선에 관한 사항
- 청소년수련시설 종합 안전점검 및 종합평가 실시 · 공개에 관한 사항
- 국 · 공립 청소년수련시설 확충계획 수립 및 건립에 관한 사항
- 한국청소년수련시설협회 지도 · 관리 및 감독에 관한 사항

■ 청소년자립지원과

- 청소년복지에 관한 정책의 총괄 및 계획의 수립 · 시행
- 청소년복지 관련 법령의 관리 · 운영
- 청소년복지서비스의 조사 · 연구 및 통계에 관한 사항
- 청소년복지시설의 운영 · 지원 및 청소년복지 · 지원업무 종사자의 교육 · 훈련
- 한국청소년상담복지개발원의 지도 · 감독
- 청소년상담사의 자격검정 · 연수 등에 관한 사항
- 취약계층 청소년의 보호 · 상담 · 자립 등에 대한 계획의 수립 · 조정 및 시행

- 가출 등 청소년에 대한 보호 및 자립지원에 관한 사항
- 청소년 비행 · 폭력 등의 예방 및 선도에 관한 사항
- 폭력, 학대 등에 노출된 청소년의 상담, 치료 및 법률 서비스 지원
- 위기청소년을 위한 사회안전망 구축을 위한 종합대책의 수립 · 조정
- 청소년상담복지센터 등 청소년상담 · 구조 관련 기관 · 단체에 대한 지도 · 지원
- 청소년전화 · 청소년모바일 상담 및 청소년동반자 프로그램의 운영
- 청소년의 사회진출 및 취업 · 창업 지원에 관한 사항

■ 학교밖청소년지원과

- 학교 밖 청소년에 관한 정책의 총괄 및 계획의 수립 · 시행
- 학교 밖 청소년 관련 법령의 관리 · 운영 및 제도개선에 관한 사항
- 학교 밖 청소년에 대한 사회적 편견과 차별 예방 및 사회적 인식 개선에 관한 사항
- 학교 밖 청소년 지원 프로그램의 개발 및 지원에 관한 사항
- 학교 밖 청소년 지원을 위한 관련 기관 간 협력체계 및 지역사회 중심의 지원체계 구축 · 운영에 관한 사항
- 학교 밖 청소년 지원을 위한 실태조사 및 결과 공표에 관한 사항
- 학교 밖 청소년 지원 위원회 운영에 관한 사항
- 학교 밖 청소년 지원을 위한 상담 및 교육지원에 관한 사항
- 학교 밖 청소년의 취업 및 자립지원에 관한 사항
- 학교 밖 청소년의 지원센터의 설치 · 운영에 관한 사항
- 「청소년복지 지원법」 제18조에 따른 이주배경청소년의 사회적응 및 학습능력 향상을 위한 지원에 관한 사항
- 특별지원 대상 청소년에 대한 지원계획의 수립 및 시행

■ 청소년보호환경과

- 청소년보호에 관한 계획의 수립 · 시행

- 청소년보호위원회 운영에 관한 사항
- 매체물 · 업소 · 약물 · 물건 등의 청소년 유해성 심의 · 결정 등에 관한 사항
- 청소년 유해환경에 대한 점검, 단속, 규제 및 개선 활동 지원에 관한 사항
- 인터넷 중독 등 매체의 역기능 피해의 예방 · 치료 및 재활 지원
- 청소년의 건전한 매체활용능력 증진 및 건전한 매체문화 조성 등에 관한 사항
- 청소년 대상 인터넷게임 제공시간 제한제도 등의 운영 및 평가에 관한 사항
- 청소년치료재활센터의 운영에 관한 사항

② 한국청소년활동진흥원(https://www.kywa.or.kr/)

한국청소년활동진흥원은 「청소년활동 진흥법」 제6조에 의해 청소년활동 현장과 정책을 총괄 지원하여 청소년육성을 지원하고자 설립된 공공기관이다. 한국청소년활동진흥원이 수행하고 있는 주요 정책지원사업으로는 청소년활동프로그램을 인증하고 그 기록을 유지 · 관리 · 제공하는 '청소년수련활동인증제', 청소년자원봉사활동의 지원과 기록 관리를 위한 '청소년자원봉사포털사이트(docol.youth.go.kr)', 청소년이 신체단련 · 자기개발 · 자원봉사 · 탐험활동을 고르게 지속적으로 수행하여 꿈과 끼를 개발할 수 있도록 하는 '국제청소년성취포상제', 그리고 국내외 청소년 및 청소년지도자의 글로벌 역량 강화를 위한 교류 활동의 진흥 및 지원사업 등이 있다. 이와 함께 청소년활동 활성화의 근간이 되는 국립청소년활동 시설의 운영과 청소년지도자 양성 및 전문성 제고를 주된 기능으로 하고 있다.

한국청소년활동진흥원은 국가가 설치하는 수련시설에 대한 유지 · 관리 및 운영을 담당하여 국립중앙청소년수련원, 국립평창청소년수련원, 국립청소년우주센터, 국립청소년농생명센터, 국립청소년해양센터 등 총 5개소의 국립청소년활동 시설을 각 원별 특성을 살려 운영하고 있다.

청소년지도자 양성과 관련하여 국가자격인 청소년지도사 1급, 2급, 3급 자격부여를 위한 자격 연수와 함께, 2013년부터 법제화된 현직 청소년지도사에 대한 보수교육을 운영하고 있다. 이와 함께 다양한 전문연수를 개설하고 운영함으로써 청소

년지도 전문인력 양성 및 전문성 함양을 목표로 한 전문연수기관으로서의 기능도 수행하고 있다.

③ 한국청소년상담복지개발원(https://www.kyci.or.kr/userSite/index.asp)

한국청소년상담복지개발원은 「청소년복지 지원법」이 전면개정되면서 2012년 8월 기존 한국청소년상담원에서 한국청소년상담복지개발원으로 명칭이 변경되었다. 한국청소년상담복지개발원의 주요 기능으로는 사회 이슈가 되는 청소년문제를 분석 · 연구함으로써 문제 해결과 예방에 도움을 주고 있다. 이를 위해 청소년상담 · 복지정책에 대한 중장기적 연구를 수행하는 등 청소년상담 · 복지 관련 정책의 연구 개발의 중추적 역할을 수행하고 있다. 또한, 다양하고 심각해진 청소년문제를 해결하고 예방하기 위한 맞춤형 프로그램을 개발하고 있으며, 이를 전국 청소년 관련 기관에 보급 · 운영하는 등 청소년 상담기법의 연구 및 상담 자료의 제작 · 보급에 주력하고 있다.

청소년상담의 전문화와 상담자들의 자질 향상을 위해 「청소년 기본법」에 근거하여 청소년상담사 국가자격 제도를 위탁 운영하는 등 청소년상담사 자격검정 및 연수 업무도 담당하고 있다.

그리고 지역 청소년 상담 · 복지 관련 종사자들의 전문성 강화를 위해 직무 연수를 실시하고 있으며, 자녀 지도를 위한 부모교육, 친구의 문제를 같은 눈높이에서 공감하고 조언하는 또래 상담자 양성교육, 건강한 청소년육성에 목적을 둔 품성교육 등을 실시한다. 또한, 위기청소년을 신속하고 효과적으로 지원하기 위해 지역 내 경찰, 학교, 청소년 관련 시설들과 연계하여 원스톱으로 서비스를 지원하고 있는 지역사회청소년통합지원체계(CYS-Net)를 운영 · 지원하고, 전국 청소년상담복지센터와의 효과적 연계를 위하여 컨설팅 지원, 관계자 회의 등 다양한 지원 활동을 실시하고 있다. 추가적으로 청소년이 쉽게 접근하고 이용할 수 있는 온라인 사이버상담센터 운영, 개인상담 · 집단상담 · 심리검사 등의 전문 상담 사업을 운영함으로써 청소년의 건강한 성장을 돕고 있다.

(2) 지방 청소년복지행정체계

지방 청소년복지행정체계는 여성가족부의 청소년가족정책실에 의해 복지 계획이 설계되어 행정자치부 산하의 시 · 도에서 시 · 군 · 구를 거쳐 읍 · 면 · 동을 통해 청소년이나 그 가족에게 전달되는 구조이다. 그러나 지방으로 갈수록 청소년복지 행정체계의 구분은 사실상 모호해진다. 즉, 중앙 행정부처 중 어떤 부가 청소년복지정책을 기획했을지라도 시 · 도에서는 행정자치부의 감독을 받는 사회복지국이나 가족여성정책국으로, 시 · 군 · 구의 경우에는 사회복지과나 가족여성과로, 읍 · 면 · 동에서는 사회복지담당공무원으로 일원화된다.

광역자치단체의 시 · 도 사회복지국은 지방청소년육성위원회의 운영에 관한 업무를 담당하면서 지방 청소년업무의 총괄 · 조정기능을 수행함으로써 중앙과 지방의 청소년복지업무 연계 체계를 구축하고 있다. 기초자치단체의 시 · 군 · 구 가족여성과는 청소년을 대상으로 직접적인 서비스를 제공하는 역할과 청소년 관련 시설에 대한 지원업무를 병행하여 수행한다(김경준 외, 2005 참조).

그러나 지방 청소년복지행정체계는 청소년정책을 전담하는 부서 및 담당공무원의 잦은 변경과 인사이동으로 정책 수립 및 수행의 일관성 · 연속성이 결여되어 있다. 또한, 청소년복지행정업무의 전문인력이 부족할 뿐만 아니라 전문인력 양성체계도 미흡하여 업무의 효율성이 떨어지고, 청소년복지행정에 배정되는 지방자치단체의 예산이 부족하여 다양한 복지사업의 개발이 제한되는 문제점이 있다.

3) 청소년복지 관련 전문인력

(1) 청소년지도사

급격한 사회변화에 따라 심각해지고 있는 청소년문제를 적극적으로 해결하고 체계적인 청소년활동을 지원하기 위해서는 청소년활동에 대한 전문지식과 지도기법 및 자질을 갖춘 청소년지도자 양성이 필요하다. 청소년지도자의 체계적이고 전문적인 양성을 위해 「청소년 기본법」에서는 청소년지도사 양성 및 배치에 관한 내용을 규정하여 1993년부터 국가공인 청소년지도사를 양성해 오고 있다. 청소년지도사는 1, 2, 3급으로 구분되며, 1993년을 시작으로 2018년까지 1급 1,730명, 2급 35,425명, 3급 12,691명 등 총 49,846명이 양성되었다(여성가족부, 2018, p. 530).

그리고 「청소년 기본법」 제24조는 청소년지도사의 보수교육을 의무화하고 있는데, 2017년 1월 「청소년 기본법 시행규칙」(제10조의2)의 개정으로 보수교육 시간이 20시간 이상에서 15시간 이상으로 완화되었으며, 청소년정책 및 권리교육, 양성평등교육, 아동학대 신고 의무자 교육, 청소년활동과 안전, 직업윤리 등이 필수과목으로 운영되고 있다.

청소년지도사가 청소년에게 직접적인 복지서비스를 제공하기 위한 청소년활동시설은 1991년 '한국청소년기본계획'의 수립과 1993년 「청소년 기본법」 제정 등 정부 주도로 확장되어 왔다. 그 결과 2018년까지 청소년활동시설은 800개소로 급격히 증가하였다(여성가족부, 2018, p. 521). 그러나 이러한 시설 중 일부는 경영의 전문성 부족, 활동 부대 시설 및 기자재의 부족, 프로그램의 미비, 지도사의 열악한 근무조건 등 많은 문제점을 지니고 있다. 청소년지도사를 둘러싼 열악한 근무환경과 활동시설의 영세성 및 재정적 취약성 등은 청소년복지서비스의 질적 저하뿐만 아니라, 지도사의 사기와 지도 역량 감소로 이어져 청소년복지서비스의 활성화에 부정적인 영향을 미치기도 한다. 청소년복지서비스를 제고하기 위해서는 청소년활동시설의 안정적 운영과 청소년지도사의 근로조건 개선이 필요하다. 청소년지도사는 교육에서 교사의 역할처럼 청소년복지서비스의 질적 수준을 결정하는 중요한 매개체로 이들의 헌신적인 노력이 청소년복지 환경의 발전에 절대적으로 기한다. 또한, 청소년활동시설이 불안정하고 청소년지도사가 자신의 직무와 조직에 몰입할 수 없다면 전문직으로서의 청소년지도사의 위상은 낮게 평가될 것이다(길은배 · 이미리 · 문성호, 2005, pp. 3-4).

(2) 청소년상담사

1991년에 「청소년 기본법」이 제정됨에 따라 국가적 차원에서의 청소년상담사 양성과 자격검정의 기본적인 틀이 마련되었다. 이후 2001년에 「청소년 기본법」이 개정됨에 따라 청소년상담사 자격제도가 신설되어 2003년 4월 27일 청소년상담사 자격검정이 처음 실시되었다. 청소년상담사 자격은 청소년상담 관련 분야를 전공하고 상담실무 경력과 기타 자격을 갖춘 자로서 자격검정에 합격하고 소정의 연수(100시간)를 마친 자에게 여성가족부장관이 부여한다(「청소년 기본법」 제22조).

청소년상담사는 1, 2, 3급으로 구분되며, 2018년까지 1급 619명, 2급 5,965명, 3급 13,014명으로 총 19,598명의 청소년상담사가 양성되었다(여성가족부, 2018, p. 540). 「청소년 기본법」 제24조의2에 따라 청소년시설, 청소년단체 및 학교 등에서 청소년 상담업무에 종사하는 청소년상담사는 자질 향상을 위하여 정기적으로 보수교육을 받아야 한다.

4) 청소년복지행정의 문제점 및 개선 방향

우리나라 공공 청소년복지행정의 문제점과 개선 방향을 살펴보면 다음과 같다(이소희 · 도미향 · 정익중 · 김민정 · 변미희, 2005, pp. 134-135).

첫째, 중앙단위 청소년조직이 자주 변경됨으로써 조직이 불안정하다. 우리나라의 청소년복지정책을 전담하는 부서는 잦은 이동과 변경이 있어 정책을 수립하고 집행하는 데 일관성이 결여되어 있다.

둘째, 청소년복지행정은 여러 관련 기관의 협력이 필수적이어서 관련 기관의 자발적인 협조와 지원이 필요하지만 현실적으로는 그렇지 못하다. 특히, 학교와 지역사회의 공공기관 · 청소년 기관 간의 상호 협력은 매우 중요한데, 지역사회 내의 각종 청소년 관련 기관 간의 상호 유기적인 협력이 제대로 이루어지지 못하고 있다.

셋째, 청소년복지행정에 대한 재정 지원이 부족하다. 청소년복지행정의 목적을 달성하기 위해서는 정책이 예산으로 구체화되어야 한다. 일반인은 예산을 통해 정부가 어떠한 복지사업을 실제로 수행하는지에 대해 알 수 있기 때문이다. 그러나 일반적으로 청소년복지행정 예산은 타 업무와 함께 통합적으로 편성 · 집행되어 예산의 정확한 규모를 파악하기가 쉽지 않다.

넷째, 청소년복지행정의 업무영역이 매우 다양하고 이질적인 업무로 구성되어 있음에도 불구하고 전문인력이 부족하다. 청소년복지의 영역 속에는 청소년활동, 상담, 보호 등의 매우 다양한 업무와 이에 따른 관련 전문종사자가 필요하지만 이들의 양성체계가 미약하여 질 높은 서비스를 제공할 수 있는 전문인력이 부족하다.

이러한 문제점을 극복하고 청소년복지 행정의 시너지 효과를 극대화하기 위해서는 무엇보다 중앙의 각 부처별로 분산되어 있는 청소년복지업무를 실질적으로 총괄 · 조정 · 협의할 수 있는 통합운영 시스템이 구축되어야 한다. 더불어 시 · 도 및 시 · 군 · 구 단위의 지방 청소년복지 행정체계가 정비되어 지역 중심의 청소년복지 서비스가 효과적으로 청소년에게 전달될 수 있는 기반이 마련되어야 한다.

생각해 볼 문제

1. 각 부처별로 나누어져 있는 청소년복지행정을 효과적으로 총괄 · 조정 · 협의할 수 있는 방안에 대해 생각해 봅시다.
2. 지방자치단체별로 각기 다르게 구성되어 있는 청소년복지전달체계의 문제점과 개선 방향에 대해 생각해 봅시다.
3. 청소년복지 담당 인력의 전문화 방안에 대해 생각해 봅시다.

PART 3

청소년복지의 실제

Chapter 6

청소년과 중독

중독은 술이나 마약 따위를 지나치게 복용한 결과, 그것 없이는 견디지 못하는 병적 상태, 혹은 어떤 사상이나 사물에 젖어 버려 정상적으로 사물을 판단할 수 없는 상태(표준국어대사전, https://stdict.korean.go.kr/search/searchView.do에서 2021. 1. 5. 인출)로서 어떤 활동에 지나치게 몰두하는 경향이다. 그 결과, 중독된 사람은 정상적인 생활이 제공해 주지 못하는 과도한 쾌락을 추구함으로써 쾌락을 제공하는 어떤 요인이나 물질에 지나치게 의존하는 경향을 나타낸다. 중독은 특정 물질, 관계 또는 행동에 몰두하고, 특정 물질의 남용 또는 행동유형에 대한 통제력을 상실하게 할 뿐만 아니라 중독자로 하여금 특정 물질을 이용하거나 관련 행동을 지속하게 한다. 이러한 중독은 알코올, 마약, 약물 등과 같이 자극과 흥분을 조장하는 물질이 외부로부터 인체 속으로 주입되어 몸속에서 일정한 흥분을 야기하게 되는 물질중독과 인터넷, 도박, 일, 쇼핑, 관계 등 특정 행위나 상황 속에서 엔도르핀, 아드레날린 등과 같은 흥분조장물질이 인체 내에서 자체 생성되어 작용하는 과정중독이 있다(이미리 · 조성연 · 길은배 · 김민, 2019, pp. 161-162). 따라서 본 장에서는 청소년기의 빈번한 중독문제로 최근 사회문제가 되는 물질중독인 약물중독과 과정중독인 인터넷 · 스마트폰 과의존을 중심으로 이의 개념, 발생 요인 및 현황, 청소년에게 미치는 영향과 복지서비스 등에 대해 살펴보고자 한다.

1. 약물중독과 청소년

약물은 담배와 술, 가스와 본드와 같은 흡입제, 마약류 등으로 매우 다양한데 단순한 호기심으로 사용하기 시작하여 내성이 생기고 약물을 사용하지 않으면 금단현상을 일으키는 중독현상을 유발한다. 여성가족부가 제시하고 있는 청소년유해약물은 「청소년 보호법」 제4조제4호 및 동법 시행령 제4조에 따라 「주세법」에 따른 주류, 「담배사업법」에 따른 담배, 「마약류 관리에 관한 법률」에 따른 마약류, 「화학물질관리법」에 따른 환각물질(톨루엔, 초산에틸, 메틸알코올, 아산화질소 등)과 그 밖의 기타 중추신경계에 작용하여 습관성, 중독성, 내성 등을 유발하여 인체에 유해하게 작용할 수 있는 약물 등 청소년의 사용을 제한하지 않으면 청소년의 심신을 심각하게 손상시킬 우려가 있는 약물로서, 대통령령이 정하는 기준에 따라 관계 기관의 의견을 들어 청소년보호위원회가 결정하고 여성가족부장관이 고시한 것이다. 이러한 약물은 중독성이 있어서 성장하는 청소년에게 상당한 위해를 미친다. 그리하여 약물중독은 호기심 등으로 약물을 처음 접하고 배우는 '실험단계'를 거쳐 필요시 약물을 찾는 '약물 필요단계'로, 이후 자주는 아니지만 정기적으로 약물을 사용해야 하는 '약물 의존단계'로, 약물을 매일 사용하고, 한 시간이라도 약물이 없으면 불안한 '약물 중독단계'로 발전한다. 일반적으로 청소년은 성인에 비해 빠른 시간 내에 여러 종류의 약물을 사용하며, 새로운 감정상 경험이나 쾌감을 보장하는 약물이라면 성인에 비해 기꺼이 시도해 보는 경향이 있다(한상철 외, 2008, pp. 215-217; 이미리 외, 2019, p. 165 재인용).

1) 약물중독 관련 개념

약물중독(drug addiction)은 고의나 실수로 위험한 영향을 미칠 수 있는 물질을 먹는 것(서울대학교병원 의학백과사전, http://www.snuh.org/health/encyclo/view/5/3/1.do에서 2021. 1. 5. 인출)으로서 약물사용에 대한 강박적 집착상태나 일단 사용하기 시작하면 끝을 보고야 마는 조절불능상태, 혹은 해로운 결과가 있으리라는 것을 알면서도 계속해서 약물을 사용하는 약물에 대한 심한 심리적 · 육체적 의존상태(한상철 외, 2008, p. 193)다. 이와 관련한 개념으로는 약물사용, 약물남용, 약물오용, 약물의존, 내성 등이 있다(이소희 외, 2005, pp. 450-451).

(1) 약물중독

약물중독은 약물사용에 대한 강박적 집착, 자신의 의지에 의한 자기조절 불능, 해로운 결과가 있을 것을 알면서도 강박적으로 사용하는 상태를 말하며, 매우 심한 심리적 · 신체적 의존상태다. 즉, 약물중독은 지속적인 약물사용에 대한 강한 갈망과 통제 불가능성이 특징적으로 나타나는 강박적인 약물사용 상태다. 약물중독은 내성, 금단증상, 습관화의 세 가지 차원을 갖는다. 내성은 해당 약물의 복용량을 증가하고 싶어 하는 신체적 욕구이고, 금단증상은 약물사용을 못 할 때 나타나는 신체적 반응이며, 습관화는 특정 약물에 대한 심리적 욕구다(대한임상건강증진학회 홈페이지, https://www.healthpro.or.kr/health/viewC.php?cat=6&number=54dptj에서 2021. 1. 5. 인출).

(2) 약물사용

약물사용은 의사의 처방 여부에 관계없이 치료효과가 있고 위험 수준이 낮은 약물을 사용하는 것이다. 이는 약물 본래의 효과 이외에 다른 효과가 작고 그 효과가 개인이나 사회에 위험을 주지 않는 것이다(홍봉선 · 남미애, 2007, p. 466).

(3) 약물남용

약물남용은 일정 기간 동안 의사 처방 없이 자신의 정신적 쾌락을 추구하기 위해 약물을 사용하는 것이다(대한임상건강증진학회 홈페이지, https://www.healthpro.or.kr/health/viewC.php?cat=6&number=54에서 2021. 1. 5. 인출). 이는 의학적 상식, 법규, 사회적 관습에서 벗어나 쾌락이나 사용자의 기분을 전환할 목적이라든가 주변의 상황이나 자신에 대한 인식을 바꾸기 위해 또는 새로운 경험을 얻고 사회적 · 개인적 · 성적으로 어떠한 능력을 발휘하기 위해 의료적 목적과 관계없이 약물이나 어떤 화학물질을 한 번 이상 사용하는 것이다(이종복 외, 1998, pp. 202-204). 일반적으로 청소년의 경우, 초기 약물남용자는 호기심과 또래집단의 압력 혹은 쾌락을 위해 실험적으로 사용하다가 이후 점차 상황에 따라 강박적 또는 실험적으로 사용하기도 하며, 심하면 습관적이고 강박적으로 약물을 사용한다(최재윤, 2017).

(4) 약물오용

약물오용은 약물의 비의도적이거나 부적절한 사용으로 약물이 필요할 때 사용하지 않고 필요하지 않을 때 사용하는 행위다(홍세화 · 유광수, 2016). 그리하여 약물오용은 약물의 치료효과보다는 다른 이유로 더 많이 사용하는 것인데 이는 도덕성이나 합법성과는 상관이 없다.

(5) 약물의존

약물의존은 마약류 및 약물을 지속적 · 주기적으로 사용함으로써 정신적 · 신체적 변화를 일으켜 사용자가 마약류와 약물을 중단하거나 조절하는 것을 어려워하는 상태다. 최근에는 약물의존이 약물남용이나 약물중독이라는 용어 대신 더 많이 사용되고 있다(대한임상건강증진학회 홈페이지, https://www.healthpro.or.kr/health/viewC.php?cat=6&number=54에서 2021. 1. 5. 인출). 약물의존은 약물의 비의학적 사용으로 인하여 내성이 생기거나 약물공급의 중단 시 금단 증상을 나타낸다.

2) 청소년의 약물중독 요인

청소년의 약물중독 원인은 매우 다양하다. 즉, 청소년은 약물에 대한 호기심으로, 친구와 어울리기 위해, 자신의 위치를 한번 평가해 보고 싶어서, 약물의 세계가 어떤가를 경험해 보기 위해, 주변 압력이나 개인적인 문제로, 감각적 만족의 추구와 자아나 가치판단력이 결핍되어, 부모나 유명 연예인 등 약물사용자의 역할모델에 대한 과도한 노출과 모방으로, 부모와의 불안정한 관계나 주변 상황(전통, 가치, 문화, 권위 등)에 저항하는 수단으로, 허무와 권태로부터 향락을 추구하고 싶어서, 또래집단의 압력으로, 과중한 입시 스트레스에서 벗어나거나 불안감을 해소하고자, 위험을 감수한 무모한 행동과 충동적 행위나 약물사용에 대한 잘못된 인지와 태도 등을 이유로 약물을 사용한다. 건전하고 정상적인 사고를 지닌 사람은 대부분 몇 번의 경험을 거친 후 그와 같은 행위가 의학적 · 법적 · 사회적으로 허용되지 않는다는 것을 인식하기 때문에 약물의 남용이나 오용을 중단한다. 그러나 현실도피나 환각을 목적으로 약물을 남용하는 청소년은 이를 중단하기 힘들다(이소희 외, 2005, pp. 458-459).

일반적으로 약물중독에 빠진 청소년은 우울증이나 낮은 자아존중감과 같은 부정적인 정서적 문제를 지니고 있거나 대인관계에 어려움이 있고, 소외를 경험하고 정당한 자기주장이나 자기표현을 잘하지 못하거나 이전에 다른 중독 경험이 있는 경우 등이 있다(메디컬투데이, 2012. 8. 1.). 청소년이 약물중독에 빠지는 것은 개인요인, 가족요인, 사회환경요인 등의 다양한 요인이 서로 밀접하게 연계되어 있다.

(1) 개인요인

약물중독에 대한 개인요인으로는 생물학적 혹은 생리학적 요인, 성격이나 인성결함 등을 들 수 있다. 육체는 물질로 구성되어 있어 특정 물질을 선호하는 경향이 있기 때문에 물질이 불균형하거나 어떤 물질이 많다면 감정과 행위에 영향을 줄 수 있다. 따라서 약물중독으로 발전할 개연성은 부분적으로 생물학적 요소에 의해 결정되는데 이는 유전적 · 신경학적 · 특이한 생리학적 요인 등을 포함한다.

약물중독은 약물사용을 강하게 충동하는 뇌의 변화에 의해서도 발생할 수 있는데, 이는 신경학적이고 생리학적인 측면에서 이루어질 수 있고(이미리 외, 2014, p. 239) 성격에 의해서도 비롯될 수 있다. 예를 들면, 자아존중감이 낮은 청소년은 자아존중감이 높은 청소년에 비해 긴장감이나 우울감이 높은 편인데, 이를 벗어나기 위해 약물을 이용하는 경향이 있고, 일상생활에서의 고민이나 불만이 많거나 스트레스 수준이 높은 청소년인 경우에도 약물사용이 많다(김희영 외, 2004).

약물중독을 경험하는 청소년은 인성결함을 지닐 확률이 높아 삶에 대해 비합리적이거나 자기 파괴적인 생각을 갖기도 한다. 인성결함이 발생하는 원인은 역기능적인 가족관계, 건전한 역할모델의 결핍, 모순적인 부모의 기대, 애정 결핍 등과 같이 매우 다양하다. 이러한 인성결함을 지닌 청소년은 성장하면서 자신의 욕구를 조절하는 능력을 충분히 발달시키지 못하여 충동적으로 약물을 사용할 수도 있는데 약물을 사용함으로써 자신이 가지고 있는 욕구가 어느 정도 충족되었다고 판단되면 이를 지속적으로 사용하여 약물에 중독될 수 있다.

(2) 가족요인

약물남용이나 중독 성향을 보이는 청소년은 경제적으로 어렵거나 안정적이지 못한 가정환경에서 성장하는 경향이 있다. 또한, 부모의 양육태도가 처벌적이거나 방임적인 경우, 가족구성원 중 약물중독자가 있는 경우, 부모의 알코올 중독이나 흡연, 외도, 도박 등 부모가 건전하지 못한 생활태도를 지닌 경우, 부모와의 불안정한 관계 등도 자녀의 약물중독에 영향을 미쳐 청소년이 약물에 쉽게 노출되어 약물에 중독되는 경향이 있다. 뿐만 아니라, 부모의 일방적인 지시나 명령, 훈계나 설교, 비난과 윽박지르기 등 부모-자녀 간의 역기능적 의사소통, 가족구성원 간의 불안정한 애착, 부모와의 낮은 정서적 친밀감, 낮은 가족관계 만족도, 부모의 이혼 등으로 인한 가족해체, 부부간 혹은 부모-자녀 간의 지속적 갈등 등도 청소년의 약물중독에 영향을 미칠 수 있다(김희영 외, 2004). 결국, 가족구성원 간의 관계가 바람직하지 않은 청소년은 더 많은 시간을 집 밖에서 보내게 되고 불건전한 외부환경 자극에 더 많이 노출됨으로써 약물에 접근하기 용이한 환경이 되어 더 쉽게 약물중독에 빠지게 된다.

(3) 사회환경요인

부적절한 또래집단이나 교사와의 부정적 관계, 청소년의 약물사용이나 남용에 대한 허용적인 사회환경 등은 청소년으로 하여금 더 쉽게 약물중독에 빠지게 하는 사회환경요인이 될 수 있다. 청소년은 집단생활을 경험하면서 또래와의 관계를 통해 사회적 행동을 배우고 상황에 대처하는 방법을 배운다. 그러므로 약물사용에 대한 동료집단의 압력은 청소년의 약물사용에 강한 영향을 미칠 수 있다. 뿐만 아니라, 약물중독이 보편화된 환경에서 생활하는 청소년은 약물사용이 여러 나쁜 행동 중의 하나에 불과하고, 더 쉽게 약물을 구입하면서 약물사용을 보편적인 행동으로 인식함에 따라 약물남용이나 중독에 대한 죄의식 수준이 낮다(홍봉선 · 남미애, 2007, p. 480).

한편, 청소년의 낮은 학교생활 만족도, 학교부적응, 과중한 입시 스트레스, 약물사용이 용이한 또래집단 등의 요인도 약물중독과 밀접한 관련이 있다. 즉, 학교생활 만족도가 낮은 청소년은 학업성적이 낮아 열등의식을 갖거나 학교생활에 대한 적응도 어려워 약물사용에 대한 또래집단의 압력과 호의적인 태도 등으로 약물남용이나 중독문제를 심화시키기도 한다(김경희 외, 2004; 김선영, 2001; 신윤정, 2004; 이소희 외, 2005).

3) 약물중독이 청소년에게 미치는 영향

청소년의 약물사용은 단순히 약물을 경험해 보는 것에서부터 약물이 없으면 생활할 수 없는 상황인 약물중독에 이르기까지 그 범위가 넓다. 특히, 청소년은 호기심이 많고, 신체발달 속도도 빠르기 때문에 한 번 약물을 접하게 되면 악화되기 쉽다. 청소년이 성인의 약물남용 진단기준을 충족시키는 수준이 되면 이미 약물중독 상태에 빠져 있는 경우가 많다. 따라서 청소년의 약물중독은 아직 약물중독까지 진행되지는 않았더라도 불법 약물을 한 번 이상 사용한 청소년부터 완전히 중독에 이른 청소년까지 그 범위를 넓혀 이해할 필요가 있다(김선영, 2001).

첫째, 청소년기는 신체적 · 정신적으로 중요한 발달과제를 성취해야 하는 시기로서 이 시기에 인체에 해로운 물질을 사용하게 되면 신체적 · 정신적 발달에 부정적인 영향을 미치게 된다. 향정신성 물질은 뇌의 발달과 활동에 치명적인 영향을 미치며, 호흡기 · 소화기 · 신경계 장애를 초래한다. 약물중독으로 인해 청소년은 건강한 인격과 자아정체감을 형성할 시기에 정체감 혼란을 초래할 수 있으며, 반사회적 성격, 수치심과 죄의식, 의존심 확대와 자립감 박탈 등으로 낮은 자아존중감을 형성할 수도 있다.

둘째, 청소년이 약물남용을 하게 되면 어울리는 친구들이 바뀌고, 집에만 있거나 독립된 공간을 원하기도 하며, 이해할 수 없는 장기간의 가출, 거짓말, 도적질, 범법행위 등을 하며, 가족구성원과의 불화, 잦은 학교 결석, 학교 활동의 감소, 지나치게 잠을 많이 자고, 이해할 수 없는 행동을 하는 등 전반적인 행동과 태도가 변한다(이미리 외, 2014, p. 240).

셋째, 청소년이 약물중독에 빠지게 되는 원인 중의 하나가 성인 흉내를 내면서 자신을 성인과 동일시하려고 하는 것이다. 그래서 청소년은 자신에게 가하는 성인의 제재를 거부하며, 그것에서 벗어나려는 반항심이나 반발심을 갖게 된다. 청소년은 성인 흉내를 내고 금지된 행위를 함으로써 심리적 만족감을 느껴 이러한 행위를 지속한다.

넷째, 약물중독 청소년은 술, 담배와 같은 비교적 가벼운 물질을 경험하는 지위비행에서 시작하여 시간이 지남에 따라 본드, 부탄가스와 같은 흡입제, 필로폰 등과 같은 마약류 등으로 발전하는 경향이 있다. 청소년이 약물을 사용하기 시작하면 약물을 구입하기 위한 비용을 마련하기 위해 거짓말, 절도, 강도 등의 범죄행위를 저지르기도 하고, 약물에 취한 상태에서 단독으로 범죄행위를 하기도 한다. 특히, 청소년기는 또래집단을 중요하게 생각하기 때문에 청소년이 비행 또래집단과 관계를 맺게 되면 이들과의 지속적인 관계를 통해 건전한 인격발달과 사회성발달에 부정적 영향을 받게 된다. 대부분의 청소년 비행은 또래집단 내에서 전파되어 지속되는 경향이 있는데 약물중독도 예외 없이 청소년에게 부정적인 영향을 미친다(손경애, 1992; 이소희 외, 2005, pp. 464-465, 재인용).

4) 약물중독 청소년 현황

청소년 약물중독은 대부분 음성적으로 이루어지기 때문에 이를 파악하는 것이 쉽지 않을 뿐만 아니라, 현실적으로 전수조사도 어려워 실제 약물중독 청소년 실태와 공식적인 통계 수치 사이에는 차이가 있을 수 있다. 가장 대표적인 약물로 흡연과 음주는 성인에게는 문제시되지 않지만 청소년이 하면 법적으로 문제가 되는 지위비행으로서 처음에는 호기심으로 시작하지만 시간이 지남에 따라 습관적으로 지속하는 경향이 있다(이미리 외, 2019, p. 166).

청소년의 약물사용과 관련하여 '청소년유해약물 생애 사용 · 경험률'이란 지금까지 살아오면서 단 한 번이라도 유해약물을 사용 · 경험한 것을 의미한다. [그림 6-1]에서 보는 바와 같이 청소년(중 · 고등학생)의 유해약물 사용경험률 중 음주와 흡연은 2011년 이후 지속적으로 감소하고 있으며, 환각물질은 2012년 잠시 증가한 후 이후 다시 감소하는 경향을 보이고 있다. 이러한 긍정적 결과는 「청소년 보호법」에 따라 유해약물 판매자 또는 청소년에게 대리구매하여 제공한 자에 대한 처벌과 단속이 강화됨에 따른 사회적 인식이 개선된 결과라고 할 수 있다.

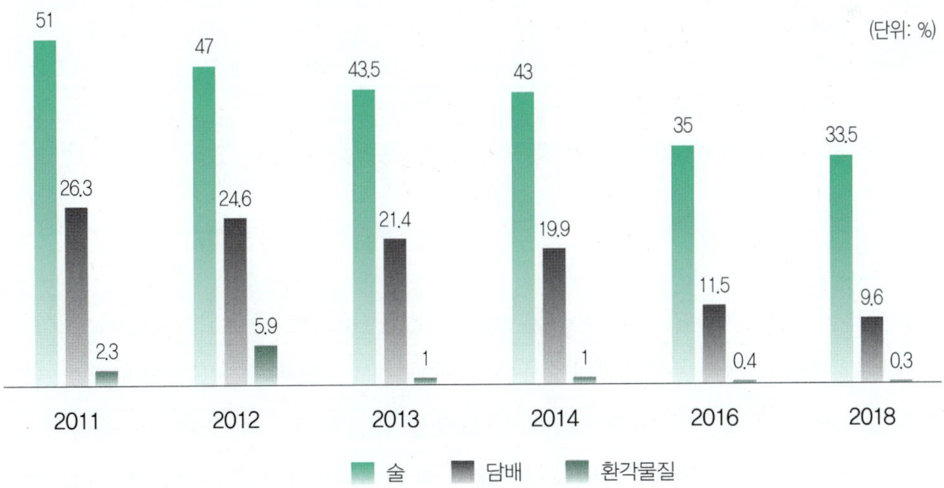

[그림 6-1] 청소년 유해약물 사용 경험

출처: e-나라지표 청소년 유해매체 및 약물경험 실태(https://www.index.go.kr/potal/main/EachDtlPageDetail.do?idx_cd=2776에서 2021. 1. 12. 인출).

청소년의 유해약물 사용 경험을 성별로 나누어 살펴본 결과, 〈표 6-1〉에 제시된 바와 같이 술은 2008년 이후 남녀 청소년 모두 감소하고 있고, 남학생이 여학생에 비해 더 많이 마셨다. 그러나 담배는 남녀 청소년 모두 2009년 이후 2011년까지 증가하다가 이후 감소하는 경향을 보이고 있다. 환각물질은 남자 청소년의 경우, 2008년에서 2009년까지 감소하다가 이후 2012년까지 지속적으로 증가한 후 2013년부터 2018년 현재까지 감소하고 있고, 여자 청소년은 2008~2010년과 2011~2012년은 감소와 증가를 반복하다가 2013년 이후 지속적으로 감소하고 있다.

〈표 6-1〉 청소년의 성별 유해약물 사용 경험(2008~2018년)

(단위: %)

		2008	2009	2010	2011	2012	2013	2014	2016	2018
술	계	63.3	55.8	51.9	51.0	47.0	43.5	43.0	35.0	33.5
	남자	63.2	56.1	53.6	53.8	51.0	48.0	48.4	38.5	35.5
	여자	63.4	55.5	50.0	47.9	42.6	38.5	37.0	31.2	31.4
담배	계	19.1	17.1	18.7	26.3	24.6	21.4	19.9	11.5	9.6
	남자	25.0	23.0	25.4	34.3	32.5	29.7	28.4	17.5	14.1
	여자	12.3	10.7	11.2	17.3	15.8	12.3	10.6	4.8	4.7
환각물질	계	2.4	1.6	2.7	2.3	5.9	1.0	1.0	0.4	0.3
	남자	2.8	2.1	3.0	3.0	6.2	1.2	1.2	0.5	0.5
	여자	2.0	1.1	2.2	1.3	5.4	0.8	0.8	0.3	0.2

출처: e-나라지표 청소년 유해매체 및 약물경험 실태(https://www.index.go.kr/potal/main/EachDtlPageDetail.do?idx_cd=2776에서 2021. 1. 12. 인출).

(1) 흡연

교육부·보건복지부와 질병관리본부(2019)가 공동으로 중·고등학생을 대상으로 제15차(2019) 청소년건강행태조사를 실시한 결과, 현재흡연율은 남학생 9.3%, 여학생 3.8%이었고(그림 6-2 참조), 고등학생(남 14.2%, 여 5.2%)이 중학생(남 4.0%, 여 2.3%)에 비해 더 높았으며, 남녀 학생 모두 학년이 올라갈수록 높았다(그림 6-3 참조). 남학생의 경우에는 큰 변화가 없으나 여학생은 최근 3년간 증가 경향을 보였다(그림 6-2 참조).

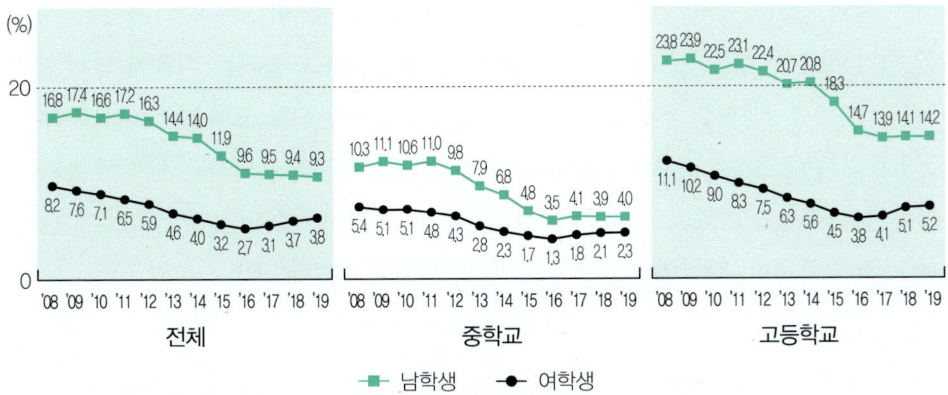

※ 현재흡연율: 최근 30일 동안 1일 이상 흡연한 사람의 분율

[그림 6-2] 청소년의 연도별 흡연율

출처: 교육부 · 보건복지부 · 질병관리본부(2019b). 제15차(2019년) 청소년건강행태조사 통계(칼라), p. 17.

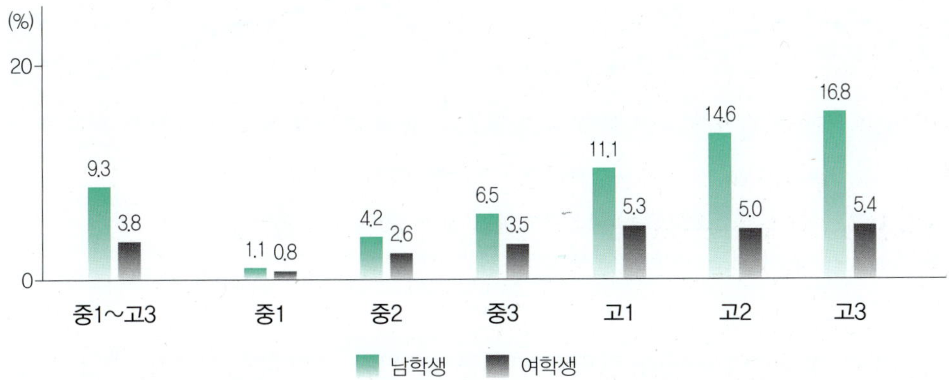

[그림 6-3] 청소년의 성별, 학교급별 현재흡연율 추이

출처: 교육부 · 보건복지부 · 질병관리본부(2019a). 제15차(2019년) 청소년건강행태조사 결과발표회, p. 12.

청소년의 흡연과 관련한 변곡점은 2016년으로서 이 해를 기점으로 전체 여학생은 2.7%에서 3.1%, 3.7%로 증가하였다. 전년 대비 현재흡연율 증감 비율을 살펴본 결과, 2017~2019년 동안 남학생은 감소했으나 여학생은 증가하였다. 이러한 증가 경향에 대해 주 1일 이상 가정 내 간접흡연에 노출되는 비율이 남녀 모두 2018~2019년 사이에 증가하는 경향을 나타냈기 때문이다(교육부 · 보건복지부 · 질병관리본부, 2019, p. 47)(그림 6-3 참조). 한편, 매일의 흡연율은 남학생 4.8%로 여학생 1.4%보다 높았고, 고등학생(남 8.0%, 여 2.2%)이 중학생(남 1.3%, 여 0.6%)에 비해 높았으며, 학년이 올라갈수록 증가 경향을 보였다(그림 6-4 참조).

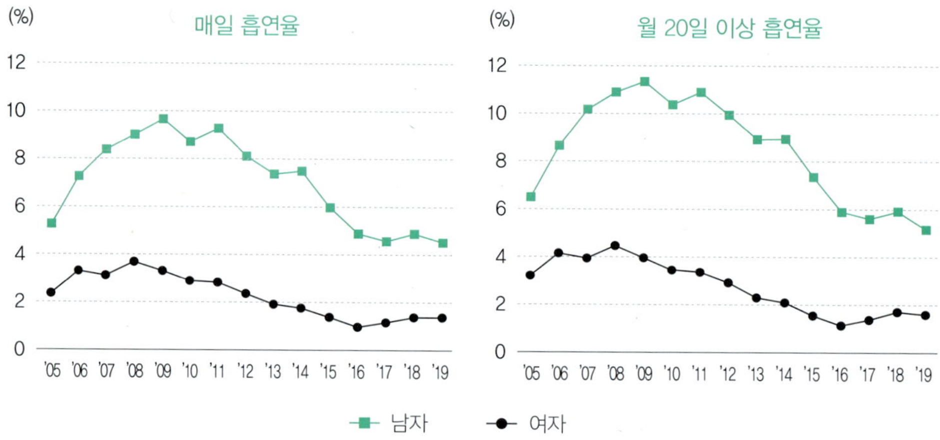

[그림 6-4] 청소년의 매일 및 월 20일 이상 흡연율

출처: 교육부 · 보건복지부 · 질병관리본부(2019a). 제15차(2019) 청소년건강행태조사 결과발표회, p. 44.

이처럼 청소년의 흡연과 관련하여 최근 1개월간 흡연 경험이 있는 청소년 중 34.4%가 담배를 직접 구매한 경험이 있었고, 고등학생은 40.6%로 더 높았다(여성가족부, 2018, p. 154). 이들이 담배를 구입한 장소로 중학생은 식당과 음식점(10.2%)에서, 고등학생은 PC방과 노래방(14.3%)이 가장 많았다(표 6-2 참조).

〈표 6-2〉 담배를 직접 구입한 장소[1](복수응답)

(단위: %)

구분			편의점, 가게, 슈퍼마켓		대형마트		PC방, 노래방		인터넷/ 모바일 주문 (직거래 등)		식당, 음식점		배달음식 주문하면서		실내체육시설 (스크린야구장, 락볼링장 등)[4]	
			2016	2018	2016	2018	2016	2018	2016	2018	2016	2018	2016	2018	2016	2018
최근 1개월 담배 구입 경험자[2]	전체		99.2	95.7	39.7	37.6	13.2	13.5	8.0	6.4	11.1	10.7	9.8	8.1	-	6.3
	성별	남자	99.6	96.0	41.7	38.3	15.0	14.3	9.5	6.1	12.4	12.8	9.9	9.6	-	7.4
		여자	97.0	94.2	29.5	34.3	4.2	10.0	0.0	7.9	5.0	1.4	9.6	1.4	-	1.4
	학교급	중학교	97.8	97.1	26.0	36.3	20.4	7.9	14.9	5.0	15.5	10.2	13.2	10.2	-	5.0
		고등학교	99.4	95.5	42.2	37.8	11.9	14.3	6.7	6.6	10.4	10.8	9.2	7.8	-	6.5
전체 응답자[3]	전체		2.4	1.8	1.0	0.7	0.3	0.3	0.2	0.1	0.3	0.2	0.2	0.1	-	0.1
	성별	남자	3.9	2.9	1.6	1.1	0.6	0.4	0.4	0.2	0.5	0.4	0.4	0.3	-	0.2
		여자	0.8	0.7	0.2	0.2	0.0	0.1	0.0	0.1	0.0	0.0	0.1	0.0	-	0.0
	학교급	중학교	0.8	0.5	0.2	0.2	0.2	0.0	0.1	0.0	0.1	0.1	0.1	0.1	-	0.0
		고등학교	3.9	2.9	1.6	1.1	0.5	0.4	0.3	0.2	0.4	0.3	0.4	0.2	-	0.2

주: 1) 무응답을 제외하고 분석한 결과임.
2) 최근 1개월 동안 담배를 직접 구입한 적이 있다고 답한 응답자에 한함.
3) 전체 응답자를 기준으로 재산출한 결과임.
4) 실내체육시설(스크린야구장, 락볼링장 등)은 2018년도에 추가된 항목임.

출처: 여성가족부(2018). 2018년 청소년 매체이용 및 유해환경 실태조사, p. 155.

또한, 담배 구입 시 성인인증을 위한 나이와 본인 확인 여부는 확인하지 않은 경우가 많았다. 특히, 식당과 음식점(81.5%)은 제대로 확인하지 않았다(표 6-3 참조).

〈표 6-3〉 담배 구입 시 성인인증을 위한 나이와 본인 확인 여부(2018년) (단위: 명, %)

구분	사례수	확인했음	확인하는 곳도 있었고 확인하지 않는 곳도 있었음	확인하지 않았음
편의점, 가게, 슈퍼마켓	195	20.5	49.6	29.9
대형마트	76	30.6	46.8	22.7
PC방, 노래방	26	20.1	46.8	33.1
식당, 음식점	21	18.5	37.0	44.5
배달음식 주문하면서	16	35.1	24.9	40.0
실내체육시설 (스크린야구장, 락볼링장 등)	13	37.8	28.7	33.4

주: 1) 최근 1개월 동안 담배를 직접 구입한 경험이 있다고 답한 응답자에 한함.
2) 무응답을 제외하고 분석한 결과임.

출처: 여성가족부(2018). 2018년 청소년 매체이용 및 유해환경 실태조사, p. 156.

흡연과 관련하여 청소년의 금연 시도율은 2019년 남녀 모두 감소하였다(그림 6-5 참조). 이를 전년과 대비하여 살펴본 바에 의하면, 2017~2018년에는 남학생의 경우 금연 시도율이 증가하였으나 2018~2019년에 다시 감소하였고, 여학생의 경우에는 2017~2018년, 2018~2019년 모두 감소하였다(그림 6-6 참조). 이는 전자담배 등 신종담배가 생겨나면서 이에 대한 제품 광고를 흔히 접할 수 있고, 구매가 용이하기 때문에 비롯된 것이라고 볼 수 있으므로 이에 대한 대응책 마련이 필요하다.

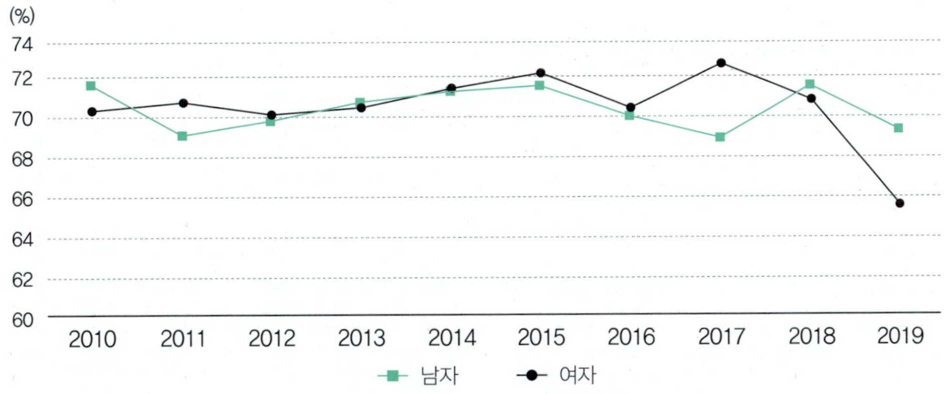

[그림 6-5] 현재 흡연 청소년의 금연 시도율

출처: 교육부 · 보건복지부 · 질병관리본부(2019a). 제15차(2019) 청소년건강행태조사 결과발표회, p. 45.

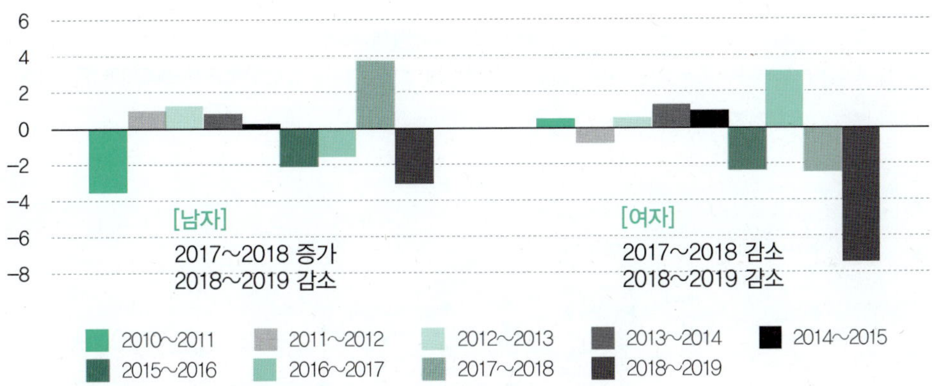

[그림 6-6] 청소년의 전년 대비 금연 시도

출처: 교육부 · 보건복지부 · 질병관리본부(2019a). 제15차(2019) 청소년건강행태조사 결과발표회, p. 45.

(2) 음주

평생 동안 1잔 이상 술을 마셔 본 적이 있는 청소년의 분율인 평생음주율은 2019년 현재 39.4%이다. 이는 해마다 감소하였으나 2017년 약간 증가한 이후 다시 감소하는 경향을 보이고 있다. 학년별로 살펴본 바에 의하면 학교급별로 학년이 높아질수록 음주율이 높아지는 경향을 보였고, 고등학생이 중학생에 비해 더 높은 음주 경험률을 나타냈다(그림 6-7, 그림 6-8 참조).

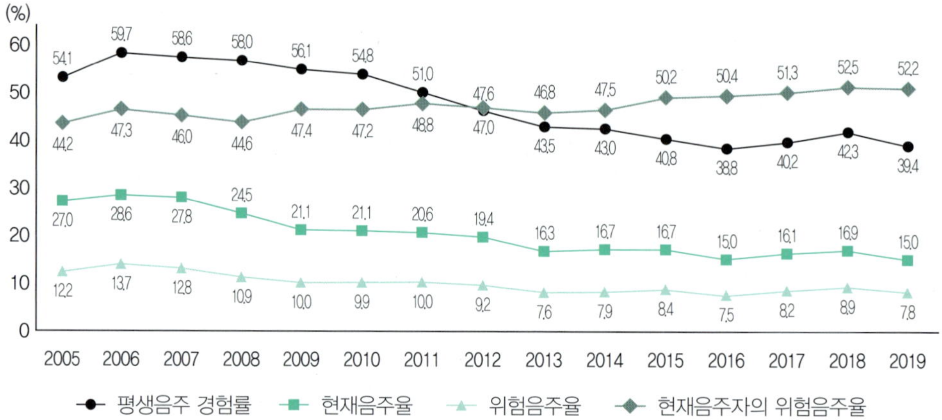

* 평생음주 경험률: 평생 동안 1잔 이상 술을 마셔 본 적이 있는 사람의 분율
* 현재음주율: 최근 30일 동안 1잔 이상 술을 마신 적이 있는 사람의 분율
* 위험음주율: 최근 30일 동안 1회 평균 음주량이 중등도 이상(남자: 소주 5잔 이상, 여자: 소주 3잔 이상)인 사람의 분율

[그림 6-7] 청소년의 평생음주율

출처: 교육부 · 보건복지부 · 질병관리본부(2019a). 제15차(2019) 청소년건강행태조사 결과발표회, p. 55.

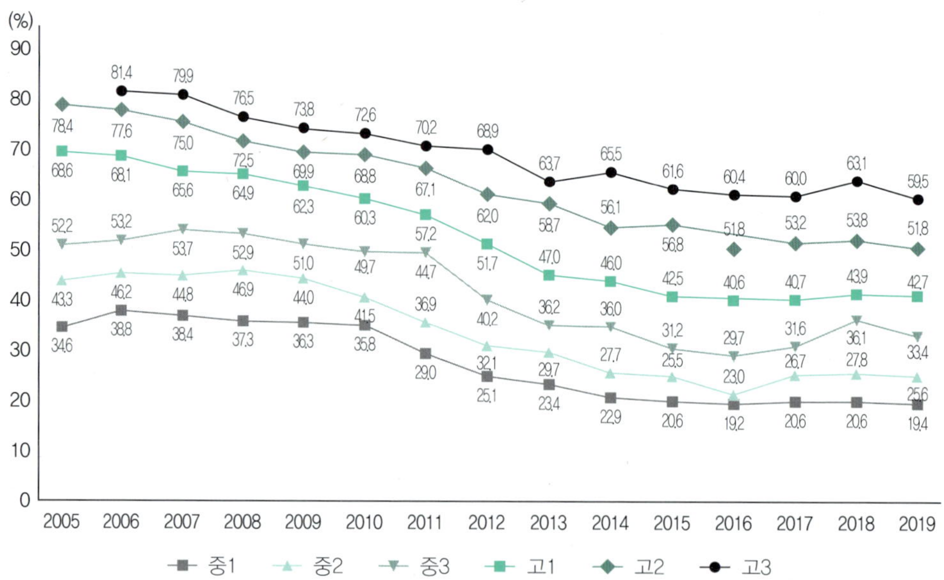

[그림 6-8] 청소년의 학년별 평생음주율

출처: 교육부 · 보건복지부 · 질병관리본부(2019a). 제15차(2019) 청소년건강행태조사 결과발표회, p. 56.

청소년이 처음 음주를 경험한 연령은 2019년 현재 남학생은 12.9세, 여학생은 13.5세였다. [그림 6-9]에서 알 수 있듯이 남학생의 변화는 적은 데 반해, 여학생은 상향 추세를 나타냈다. 또한, 중학교에 입학하기 이전에 1잔 이상의 술을 마셔 본 학생은 2019년 현재 남학생 19.3%로 여학생 12.5%보다 높았고, 남녀 학생 모두 음주 경험률이 감소하였다(그림 6-10 참조).

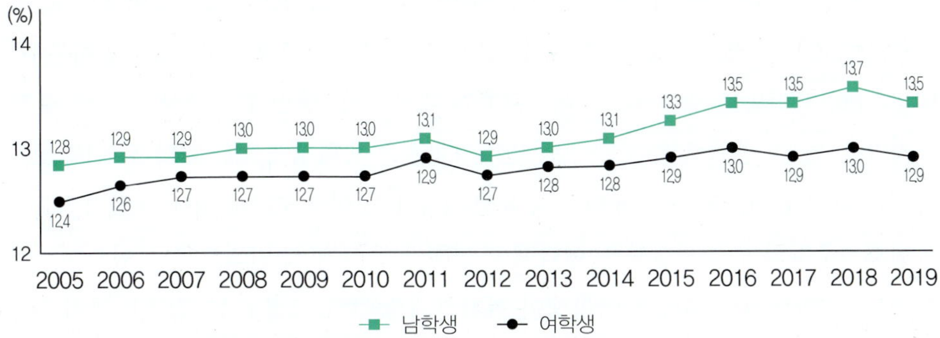

* 처음 음주 경험 연령: 평생음주 경험자 중에서 처음으로 1잔 이상 술을 마신 연령의 평균

[그림 6-9] 청소년의 처음 음주 경험 연령

출처: 교육부 · 보건복지부 · 질병관리본부(2019a). 제15차(2019) 청소년건강행태조사 결과발표회, p. 63.

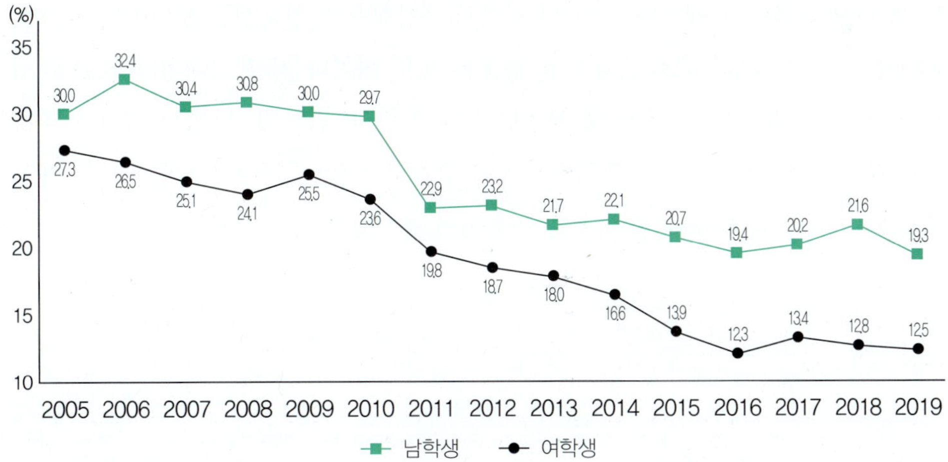

* 중1 학생의 입학 전 음주 경험률: 중학교 1학년 학생 중에서 중학교 입학하기 이전에 1잔 이상 술을 마셔 본 적이 있는 사람의 분율

[그림 6-10] 청소년의 중학교 입학 전 음주 경험률

출처: 교육부 · 보건복지부 · 질병관리본부(2019a). 제15차(2019) 청소년건강행태조사 결과발표회, p. 62.

최근 30일 동안 1잔 이상 술을 마신 적이 있는 청소년의 분율인 현재음주율은 15.0%(남 16.9%, 여 13.0%)이다. 청소년의 현재음주율은 고등학생(남 25.0%, 여 18.4%)이 중학생(남 8.0%, 여 7.1%)에 비해 높았고, 남녀 학생 모두 학년이 올라갈수록 증가하는 경향을 나타내었다(그림 6-11 참조). 또한, 최근 30일 동안 1회 평균 음주량이 중등도 이상(남자 소주 5잔 이상, 여자 소주 3잔 이상)인 청소년의 분율인 위험음주율은 7.8%(남 8.2%, 여 7.5%)이고, 고등학생(남 13.6%, 여 11.4%)이 중학생(남 2.1%, 여 3.2%)에 비해 더 높았다(교육부 · 보건복지부 · 질병관리본부, 2019b, pp. 18-19, 그림 6-12 참조). 더욱이 최근 30일 동안 1일 이상 정신을 잃거나 기억을 못 할 정도로 술을 마셨던 만취경험률은 남학생 2.3%, 여학생 2.1%였으며, 고등학생(남 3.5%, 여 2.8%)이 중학생(남 1.1%, 여 1.3%)에 비해 높았다. 그러나 현재음주자의 만취경험률은 여학생이 남학생에 비해 전반적으로 높았으며, 특히 중학교 2학년의 경우에는 여학생이 현저하게 높았다(그림 6-13 참조). 그리하여 [그림 6-14]에 제시된 바와 같이 현재음주자인 청소년의 위험음주율은 52.2%에 달하면서 전체적으로 남학생보다 여학생의 경우가 더 높았다. 이러한 결과에서 남학생은 중학교 3학년에서 고등학교 1학년으로 올라갈 때, 여학생은 중학교 1학년에서 2학년으로 올라갈 때 급증하여 이 시기의 예방교육의 필요성을 시사하였다(그림 6-15 참조). 청소년이 주로 음주하는 장소는 모두 집이나 친구 집이었다(그림 6-16 참조). 이러한 결과를 통해 볼 때 청소년은 집에 관리, 감독할 수 있는 성인이 부재한 상황에서 음주하기 쉽고, 맞벌이가족이 증가하고 있는 시대적 상황에서도 가정 내 부모 부재로 인해 부담 없이 집을 이용하여 음주를 할 수 있다.

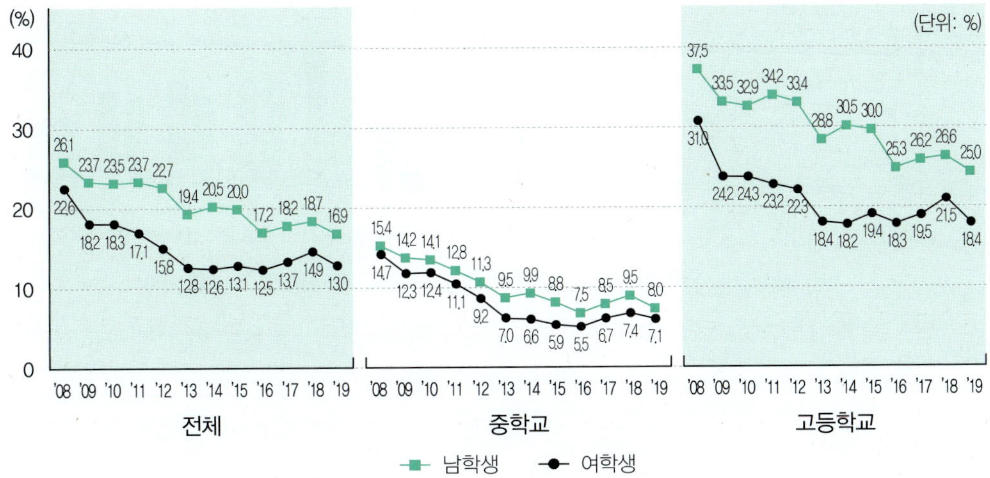

[그림 6-11] 청소년의 학교급별 현재음주율 추이

출처: 교육부 · 보건복지부 · 질병관리본부(2019b). 제15차(2019년) 청소년건강행태조사 통계(칼라), p. 19.

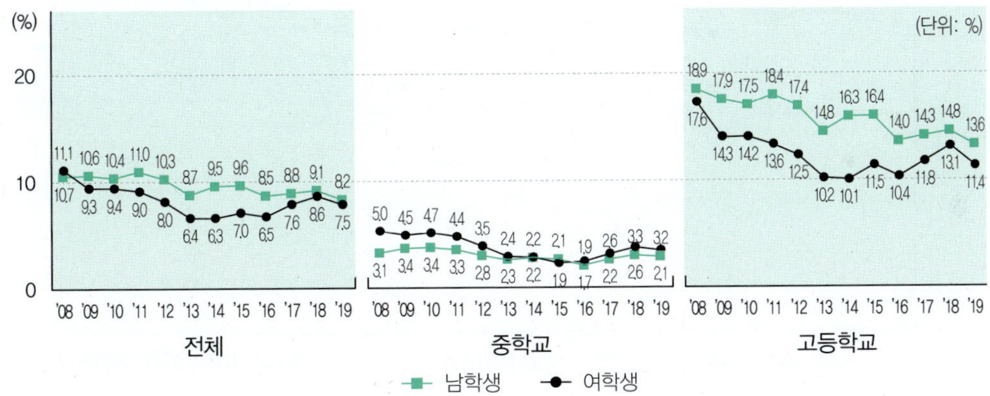

* 현재음주율: 최근 30일 동안 1잔 이상 술을 마신 적이 있는 사람의 분율
* 위험음주율: 최근 30일 동안 1회 평균 음주량이 중등도 이상(남자: 소주 5잔 이상, 여자: 소주 3잔 이상)인 사람의 분율

[그림 6-12] 청소년의 위험음주율 추이

출처: 교육부 · 보건복지부 · 질병관리본부(2019b). 제15차(2019년) 청소년건강행태조사 통계(칼라), p. 19.

* 만취경험률: 최근 30일 동안 1일 이상 정신을 잃거나 기억을 못할 정도로 술을 마신 적이 있는 사람의 분율

[그림 6-13] 음주 청소년의 만취경험률(좌)과 현재음주자의 만취경험률(우)(2019)

출처: 교육부 · 보건복지부 · 질병관리본부(2019a). 제15차(2019) 청소년건강행태조사 결과발표회, p. 57.

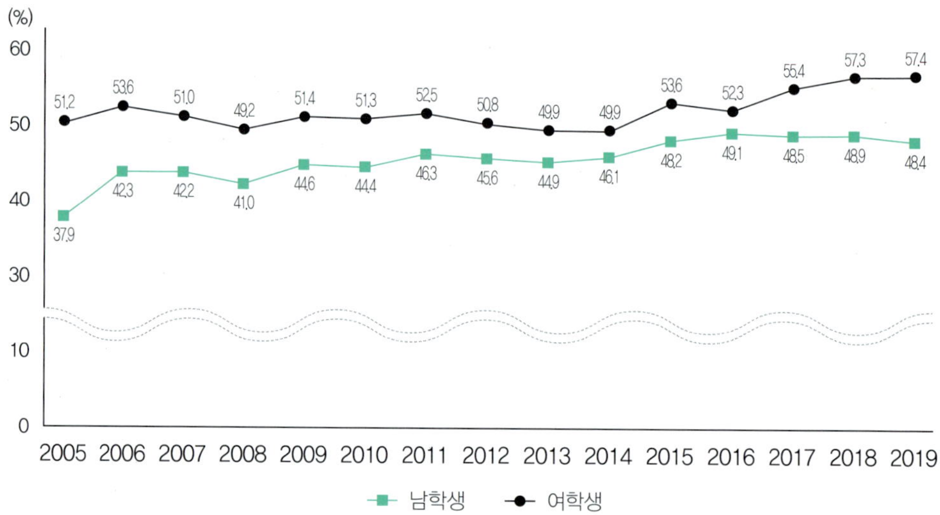

[그림 6-14] 청소년의 현재음주자의 위험음주율

출처: 교육부 · 보건복지부 · 질병관리본부(2019a). 제15차(2019) 청소년건강행태조사 결과발표회, p. 56.

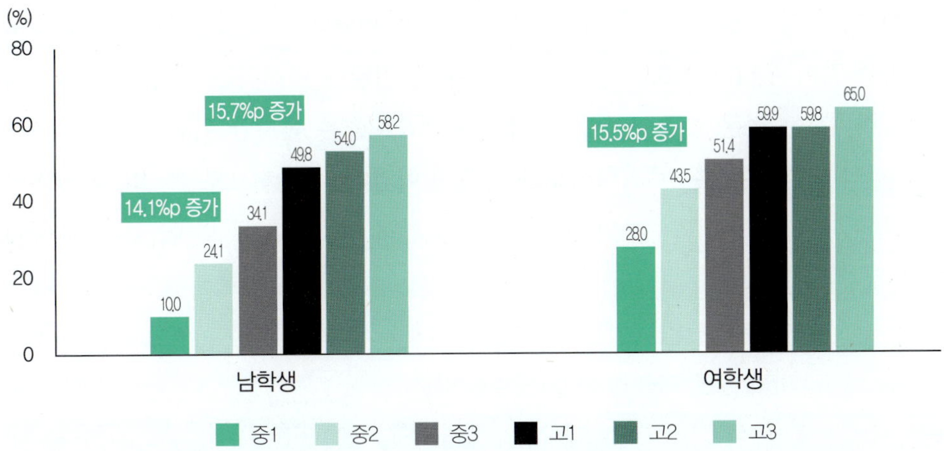

[그림 6-15] 청소년의 현재음주자의 위험음주율(2019년)

출처: 교육부 · 보건복지부 · 질병관리본부(2019a). 제15차(2019) 청소년건강행태조사 결과발표회, p. 56.

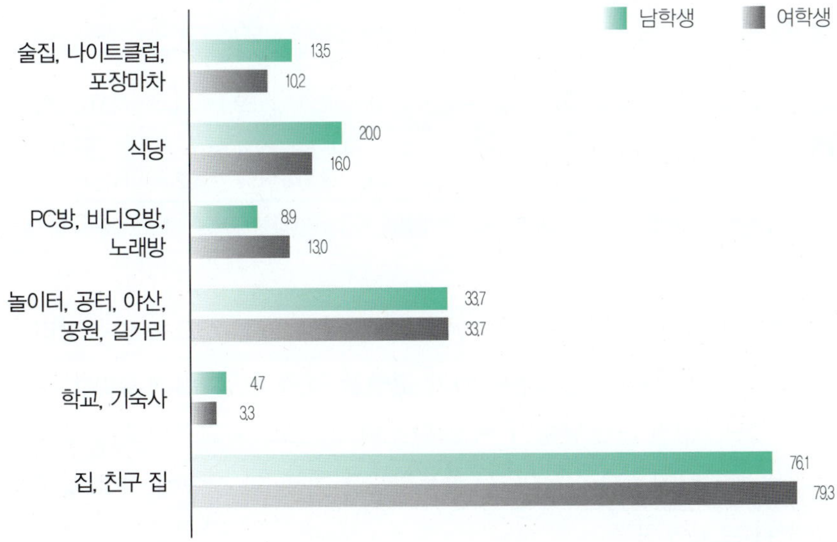

* 현재음주자의 최근 30일 동안 술을 마신 장소

[그림 6-16] 청소년의 음주 장소

출처: 교육부 · 보건복지부 · 질병관리본부(2019). 제15차(2019) 청소년건강행태조사 결과발표회, p. 66.

우리나라 청소년의 음주를 미국, 일본, 태국과 비교해 본 결과, 〈표 6-4〉에서 보는 바와 같이 우리나라 청소년의 현재음주율은 미국에 비해서는 낮지만 일본과 태국에 비해서는 높은 수준이었다. 미국은 현재음주율은 높지만 위험음주율과 현재음주자의 위험음주율은 우리나라보다 낮은 편이었다. 전반적으로 우리나라 청소년의 위험음주율과 현재음주자의 위험음주율이 남녀 청소년 모두 미국, 일본, 태국에 비해 높은 수준이다.

〈표 6-4〉 한국, 미국, 일본, 태국 청소년의 음주율 비교

(단위: %)

구분	현재음주율		위험음주율		현재음주자의 위험음주율	
	남	여	남	여	남	여
한국	64.0 (55.0~72.2)	35.8 (27.7~44.9)	45.4 (40.4~49.7)	12.3 (9.6~15.3)	70.9 (63.1~77.7)	34.4 (26.8~42.8)
미국	73.1 (69.8~76.1)	46.0 (42.1~50.1)	43.9 (40.5~47.2)	11.2 (9.7~12.9)	60.0 (55.4~64.5)	24.4 (21~28)
일본	59.1 (49.8~67.7)	31.2 (23.8~39.7)	39.7 (34.9~43.9)	9.5 (7.4~12)	67.2 (59.1~74.4)	30.5 (23.6~38.3)
태국	38.1 (34.3~42.2)	16.2 (14.1~18.6)	22.0 (20.1~23.9)	3.7 (3.1~4.3)	57.7 (52.7~62.6)	22.6 (19.3~26.4)

출처: 교육부 · 보건복지부 · 질병관리본부(2019). 제15차(2019) 청소년건강행태조사 결과발표회, p. 62.

생애 음주 경험이 있는 청소년 중 성인이 음주를 권유 또는 강요하거나 말리지 않아 술을 마신 경험이 가족(45.3%)으로 인한 경우가 가족 외 성인(24.6%)에 의한 경우보다 더 많았다. 성별로는 남성이 여성보다 더 많았고, 학교급별로는 중학생은 가족에 의한 경험률(50.4%)이 높았고, 고등학생은 가족 외 성인에 의한 경험률(25.5%)이 높았다(표 6-5 참조).

〈표 6-5〉 성인의 권유, 강요 등에 따른 음주 경험 (단위: 명, %)

구분		가족			가족 이외의 성인		
		사례수	경험 있음	경험 없음	사례수	경험 있음	경험 없음
전체		3,626	45.3	54.7	3,595	24.6	75.4
성별	남자	1,993	48.3	51.7	1,983	27.3	72.7
	여자	1,633	41.7	58.3	1,612	21.2	78.8
학교급	중학교	998	50.4	49.6	997	22.3	77.7
	고등학교	2,628	43.4	56.6	2,618	25.5	74.5

주: 1) 제시된 질문은 '술을 판매하는 일반음식점에서 함께 간 성인이 여러분에게 술 마실 것을 권유한다거나 마시라고 강요한다거나 또는 여러분이 술 마시는 것을 말리지 않은 적이 있습니까? (※ 성인이란 19세 이상의 선배, 생일이 빠른 친구, 아는 사람 등임).

2) 생애 음주 경험이 있다고 응답한 응답자에 한함.

출처: 여성가족부(2018). 2018년 청소년 매체이용 및 유해환경 실태조사, p. 143.

음주를 경험한 청소년 중 16.6%는 직접 술을 구매했으며, 이 중 92.4%는 편의점, 가게, 슈퍼마켓에서 구입하였고, 다른 사람을 통한 대리 구매율은 2016년과 비교하여 2.6% 증가하였다(여성가족부, 2018, p. 145). 또한, 이들은 식당과 음식점, 배달음식 주문, PC방, 노래방, 실내체육시설 등에서도 구입하여 이러한 곳이 청소년의 새로운 주류 구입 경로로 확인되었다(표 6-6 참조). 새로운 주류 구입 경로에서는 주류 구입 시 나이와 본인 여부를 확인하지 않는 경우가 많은데, 특히 배달음식 주문은 이를 확인하지 않는 경우가 많았다. 심지어 청소년이 주류를 가장 많이 구매하는 장소인 편의점, 가게, 슈퍼마켓에서조차 나이와 본인을 확인했다는 응답이 19.3%에 불과하였다(여성가족부, 2018, pp. 145-147).

〈표 6-6〉 주류 구입 시 성인인증을 위한 나이와 본인 확인 여부 (단위: 명, %)

구분	사례수	확인했음	확인하는 곳도 있었고 확인하지 않는 곳도 있었음	확인하지 않았음
편의점, 가게, 슈퍼마켓	240	19.3	49.8	30.9
대형마트	93	24.8	50.0	25.2
PC방, 노래방	45	21.0	50.5	28.5
식당, 음식점	115	21.2	40.4	38.4
배달음식 주문하면서	82	10.4	21.5	68.2
실내체육시설 (스크린야구장, 락볼링장 등)	27	22.8	33.9	43.3

주: 1) 최근 1개월 동안 술을 직접 구입한 경험이 있다고 답한 응답자에 한함.
2) 무응답을 제외하고 분석한 결과임.

출처: 여성가족부(2018). 2018년 청소년 매체이용 및 유해환경 실태조사, p. 147.

(3) 환각성 물질

흡연과 음주와 달리 환각성 물질은 중독성이 더 강한데 우리나라 청소년의 환각성 물질사용도 중요한 사회적 문제가 되고 있다. 최근 1년간 환각성 물질을 이용해 본 적이 있는 청소년 비율은 0.3%로 파악되는데 이들이 환각성 물질을 획득하는 주된 경로는 집(34.5%), 친구나 선배(18.3%)의 순이었다(여성가족부, 2018, p. 167, 표 6-7 참조).

〈표 6-7〉 최근 1년 동안 환각성 물질 이용 여부와 획득 경로(복수응답) (단위: 명, %)

구분			사례수	획득 경로(복수응답)									
				이용한 적 있음	집에 있어서	친구/선배	성인에게 얻어서	타인에게 대신 사달라고 부탁해서	편의점, 가게 직접 구입	대형마트 직접 구입	PC방, 노래방 직접 구입	인터넷/모바일 직접 구입	기타
전체		2016	11,161	0.4	39.9	22.4	9.0	3.0	14.7	11.4	5.1	13.8	17.6
		2018	10,908	0.3	34.5	18.3	18.6	0.0	16.3	10.8	0.0	3.3	11.5
성별	남자	2016	5,825	0.5	32.3	22.9	8.5	4.5	17.3	13.1	7.6	20.7	21.7
		2018	5,682	0.5	23.9	21.2	21.7	0.0	14.9	13.7	0.0	4.8	11.5
	여자	2016	5,336	0.3	54.9	21.6	10.1	0.0	9.6	8.0	0.0	0.0	9.6
		2018	5,226	0.2	57.0	12.0	12.0	0.0	19.3	4.8	0.0	0.0	11.4
학교급	중학교	2016	5,247	0.4	58.9	8.7	6.4	0.0	11.4	0.0	3.9	3.8	15.6
		2018	4,942	0.4	53.5	19.6	6.6	0.0	10.6	9.9	0.0	0.0	13.0
	고등학교	2016	5,914	0.4	18.9	37.6	11.8	6.3	18.4	24.0	6.3	24.8	19.8
		2018	5,966	0.3	14.1	16.9	31.5	0.0	22.4	11.8	0.0	6.8	9.9

주: 1) 획득 경로는 최근 1년 동안 환각성 물질을 이용해 본 적이 있다고 답한 응답자에 한함.
2) 무응답을 제외하고 분석한 결과임.

출처: 여성가족부(2018). 2018년 청소년 매체이용 및 유해환경 실태조사, p. 167.

청소년의 환각물질과 관련하여 평생 동안 기분의 변화나 환각 등의 경험, 과도한 살 빼기 등을 목적으로 부탄가스, 본드를 비롯하여 각성제, 필로폰, 암페타민, 마약, 많은 양의 기침가래약, 신경안정제 등을 먹거나 마신 적이 있는 청소년 비율을 분석한 결과, 2011년 0.7%에서 2014년에 0.4%로 다소 감소하는 추세를 보였으나 2014년 이후 2017년까지 다시 증가하는 추세를 보였다(여성가족부, 2018, p. 168, 그림 6-17 참조).

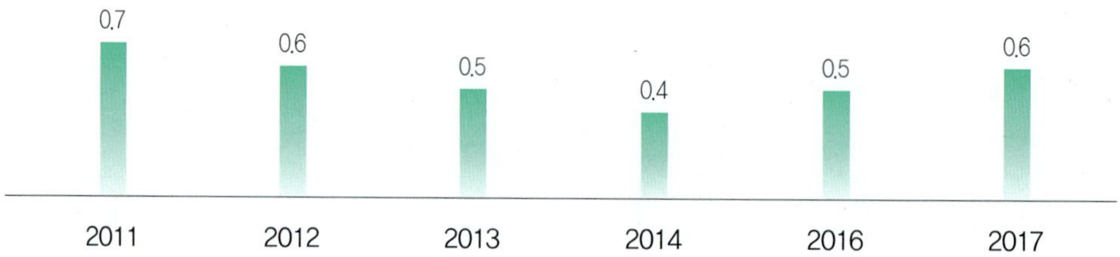

출처: 제12차(2016년) 청소년건강행태온라인조사 통계
주: 2015년에는 조사가 실시되지 않았음.

[그림 6-17] 약물 생애경험률 (단위: %)

출처: 여성가족부(2018). 2018년 청소년 매체이용 및 유해환경 실태조사, p. 168.

5) 약물중독 청소년을 위한 복지서비스와 과제

(1) 약물중독 청소년관계법

우리나라의 약물과 관련된 법규로는 「형법」, 「국민건강증진법」, 「청소년 보호법」, 「정신건강증진 및 정신질환자 복지서비스 지원에 관한 법률(약칭: 정신건강복지법」, 「특정범죄신고자 등 보호법(약칭: 범죄신고자법)」, 「마약류 관리에 관한 법률(약칭: 마약류관리법)」, 「화학물질관리법」, 「주세법」, 「담배사업법」 등이 있다.

「청소년 보호법」은 19세 미만을 청소년으로 규정하고 청소년에게 유해한 매체물과 약물 등이 청소년에게 유통되는 것과 청소년이 유해한 업소에 출입하는 것 등을 규제하고 청소년을 유해한 환경으로부터 보호하고 구제하는 것을 목적으로 한다. 또한, 「정신건강복지법」은 미성년자인 정신질환자에 대해 특별히 치료와 보호 및 필요한 교육을 받을 권리를 보장해 주고 있다. 이 법에서 정신질환자는 망상, 환각, 사고(思考)나 기분의 장애 등으로 인하여 독립적으로 일상생활을 영위하는 데 중대한 제약이 있는 사람으로 규정한다. 미성년자는 「민법」에서 19세에 이른 자를 성년으로 규정하고 있으므로 「청소년 보호법」과 동일하게 19세 미만의 자를 의미한다. 「마약류관리법」에서는 미성년자가 마약류취급자의 허가를 받을 수 없도록 규정하고 있다. 「정신건강복지법」에서는 흡연과 음주 등으로 인한 피해를 줄이기 위해 각종 광고를 규제하고, 담배와 주류용기에 경고문을 표기하며, 각종 예방교육을 의무화하는 등 일련의 정책을 실시하기 위한 내용을 담고 있다. 그러나 이러한 법률에 의한 정책은 주로 간접적인 형태로 실시됨에 따라 청소년을 완전하게 규제하지 못한다. 이러한 이유로 현재 흡연을 하거나 음주를 하는 청소년이 손쉽게 담배나 술을 구입할 수 있어 청소년의 음주나 흡연 등은 여전히 우리 사회의 문제점으로 지적되고 있다.

(2) 약물중독 청소년을 위한 복지실천과 과제

청소년의 음주행위는 학교와 같은 공공장소에서 표면적으로 나타나지 않아 그 심각성이 드러나지 않을 수 있지만, 청소년기에 시작되는 음주는 청소년의 신체적 · 심리적 · 사회적 발달과정 전반에 영향을 미친다(윤명숙 · 조혜정 · 이희정, 2009). 성인과 달리 청소년은 신체 · 정서 · 인지 등 다양한 측면에서 급격한 변화를 경험하기 때문에 청소년의 흡연과 음주 및 약물사용은 심각한 문제를 초래할 수 있다. 특히, 각종 중독은 뇌손상을 가져와 기억력장애와 학습장애뿐만 아니라 각종 내장 기관의 장애와 성장장애를 유발할 수 있다. Best, Manning, Gossop, Gross와 Strang(2006)과 Schilling, Aseltine, Glanovsky, James과 Jacobs(2009)의 연구결과, 비음주 청소년에 비해 음주 청소년은 신체화, 강박증, 대인예민성, 우울, 불안, 적대감, 공포불안, 편집증, 정신증, 자살생각, 대인관계의 어려움 등의 다양한 정신건강 문제가 동반될 가능성이 더 컸다(봉은주 · 김은아, 2015, 재인용).

청소년의 약물중독을 억제하기 위해서는 약물의 공급과 수요 측면에서의 복지실천 방향을 고려할 수 있다. 공급 측면에서의 복지 실천은 유해약물 생산 자체를 억제하거나 생산약물의 유통을 차단하는 방법으로써 생산이나 유통과 관련된 사람을 처벌하여 약물중독을 억제하는 것이다. 반면, 수요 측면에서의 복지 실천은 청소년을 대상으로 학교나 지역사회, 혹은 공공기관 등에서 아직 약물에 노출되기 전에 약물에 관한 예방프로그램을 실시하여 이를 방지하기 위한 노력을 기울이거나 이미 약물에 노출된 청소년이 만성중독자가 되는 것을 방지하는 상담이나 치료프로그램을 실시함으로써 약물중독을 억제하는 것이다(오정근, 2005). 대부분의 국가에서 약물중독 발생 초기에는 약물의 공급원을 차단하고 공급자나 약물 중독자를 처벌하는 법적 규제를 통해 약물중독 문제를 해결해 왔다. 그러나 이러한 방법은 문제가 발생한 후 개입하여 이미 발생한 중독자를 사후처리하게 되고, 초기 약물사용자나 남용자를 법적으로 처벌하게 됨으로써 생기는 부작용을 유발할 뿐만 아니라 약물중독으로부터 회복할 시기도 놓치는 결과를 초래할 수 있다.

일반적으로 약물중독 청소년에 대한 처벌은 일정 기간 일반청소년과 격리하여 약물사용을 자제하고 중단하도록 하는 것이다. 이러한 처벌이 긍정적 효과도 있지만 동일한 문제를 지닌 청소년과 같은 수용시설에서 생활하면서 생길 수 있는 부작용도 있으므로 약물에 관한 청소년의 법적 처벌은 사회시설을 통한 예방프로그램뿐만 아니라, 상담, 교육, 치료 등의 다양한 방법을 적용할 필요가 있다(오정근, 2005).

한편, 정부 차원에서도 흡연과 음주 예방을 위해 각종 법규를 제정하고 있으나 관련된 규제 내용이 분산되어 있다. 즉, 청소년 흡연규제는 「담배사업법」과 「정신건강복지법」에, 음주는 「주세법」, 약물은 「마약류 관리에 관한 법률」, 「화학물질관리법」에 규정되어 있다. 이에 여성가족부에서는 주류와 담배 및 마약류나 환각물질의 청소년 대리구매 및 무상제공 행위를 금지하고, 술과 담배 등 청소년 유해약물 피해 청소년 치료 · 재활 지원근거를 마련하는 내용의 「청소년 보호법」을 2012년 개정하여 시행하고 있다. 또한, 2014년에 여성가족부는 청소년유해약물 예방교육사이트 구축과 QR코드 제작을 통해 홍보를 강화하고 교육의 접근성을 확대하였다(여성가족부, 2014a, p. 237).

약물중독 청소년문제를 효과적으로 해결하기 위한 최선의 방법은 약물중독 청소년의 발생을 예방하는 것이다. 청소년의 약물중독을 예방하기 위해 다각적인 차원에서 약물중독 예방교육과 계몽활동을 할 수 있으나 대다수의 청소년이 학생임을 감안할 때 학교 교육과정에 별도의 교육내용을 추가하여 행하는 것이 가장 실효성이 높다. 한국마약퇴치운동본부(2010, p. 10)의 마약류 심각성에 대한 청소년 인식도 조사 결과에서도 약물남용의 폐해와 위험성의 인지 경로가 주로 방송매체와 학교교육으로 드러난바, 학교에서의 교육이 무엇보다 중요하다. 이러한 측면을 고려하여 청소년의 약물중독을 예방하기 위한 몇 가지 실천방법과 과제를 생각해 볼 수 있다.

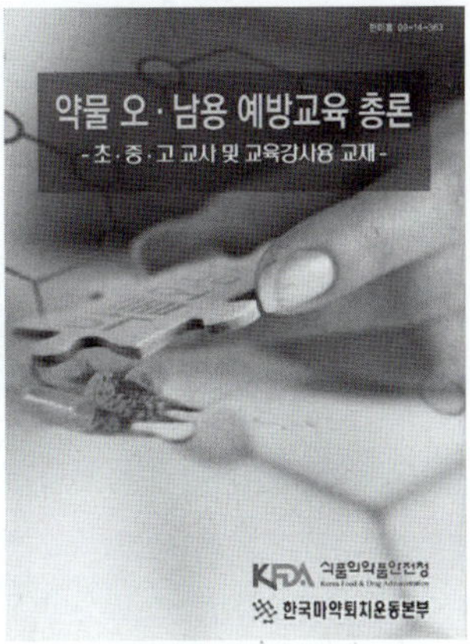

[그림 6-18] 약물 오·남용 예방 교육 총론 교재

첫째, 약물중독 시작 연령이 초등학생으로 점차 저연령화되는 추세를 고려하여 초등학교 시기부터 보다 적극적인 약물중독예방프로그램을 실시해야 한다. 이를 위해 식품의약품안전처, 한국마약퇴치운동본부 등에서는 실질적 차원의 다양한 예방교육용 교재를 개발하고 이를 실시할 수 있는 전문교사를 배출하고 있다. 그러나 소수 교사 교육을 통한 표면적인 예방정책보다는 보다 실질적으로 학교 내에서의 약물중독 문제를 전담할 수 있는 전문교사의 배치가 우선되어야 한다. 약물중독은 예방이 최우선이므로 조기 발견하는 것이 가장 중요하다. 그러므로 약물에 중독된 청소년을 발견하면 학교에서는 적절한 진료센터에서 치료를 받을 수 있도록 조치를 취할 수 있는 연계 기관과의 네트워킹이 필요하다. 또한, 또래집단(주로 일탈집단)의 접촉이나 압력으로, 혹은 또래집단의 인정을 받고자 약물을 남용하는 청소년을 대상으로 학교에서는 올바른 친구관계 형성 프로그램, 또래집단 상호 간의 이해를 촉진하고 협력적인 행동 강화를 위한 프로그램 등을 통해 청소년이 약물남용에 빠지지 않도록 또래가 실질적인 지지자가 될 수 있는 프로그램의 활성화가 필요하다(김미진, 2006). 뿐만 아니라, 왕따나 심리적 위축 등의 문제를 가지고 있는 청소년은 더 쉽게 약물중독에 빠질 수 있으므로 이들을 위한 프로그램 개발도 필요하다. 그러므로 청소년의 약물중독을 예방·중단·치료하기 위한 프로그램은 친구를 포함한 주변 사람과의 긍정적인 사회적 관계망 형성 방법, 또래집단의 압력에 대처하는 방법, 또래집단의 인정을 위해 약물 이외의 긍정적 대안을 사용하는 방법 등에 초점을 두어야 한다. 이와 함께 청소년 약물중독을 예방하고 효과적인 치료와 재활을 위해 국가 차원에서 청소년 약물중독에 영향을 미치는 위험·보호요인에 개입할 수 있는 체계적인 프로그램의 개발과 운영을 확대해 나가야 한다(김미진, 2006).

둘째, 청소년이 약물에 관한 지식을 습득하고 약물사용에 대한 바람직한 태도를 형성할 수 있도록 현실적 차원의 약물중독 예방활동을 전개해 나가야 한다. 이를

참고

〈표 6-8〉 관계부처의 청소년 흡연예방 정책 주요 내용

관계부처	추진과제
여성가족부	• 청소년 대상 담배 불법판매 모니터링 강화 및 유통업자 종사자 교육 • 유통업체, 시 · 군 · 구 청소년유해환경감시단과 협력하여 신분증 확인 캠페인 전개 • 청소년 대상 흡연예방 교육 및 다양한 홍보 실시(방학, 수능 전 · 후 등 계기별) • '제1차 청소년보호종합대책(2013~2015)' 추진 • '제2차 청소년보호종합대책(2016~2018)' 추진 • '제3차 청소년보호종합대책(2019~2021)' 추진
보건복지부	• 「국민건강증진법」 제정 · 운영 • 보건소 금연상담 및 금연치료프로그램(금연교실, 금연지도자 교육, 보건소 금연클리닉, 금연상담 등) 제공 • 매스미디어 홍보(언론매체, 인터넷, 금연월간지, 스티커 등)
교육부	• 흡연 실태에 대한 주기적 파악 • 전국 초 · 중 · 고등학교 대상 흡연 · 음주예방 교육 실시(금연학교 운영) • 학생건강정보센터를 통한 유해약물에 대한 정보 제공
문화체육관광부	• 청소년 관람가 영화 속의 흡연 장면 노출 문제 개선(영상물등급분류소위원회 운영규정 보완)
기획재정부	• 「담배사업법」 제정 · 운영
과학기술정보통신부	• 인터넷상의 청소년 유해약물 유통 규제 방안(인터넷상의 청소년 유해약물 유통 심의 강화 및 기준 보완)
경찰청	• 백화점, 대형마트, 편의점, 슈퍼 등 단속 강화
방송통신위원회	• TV방송 3사(KBS, MBC, SBS)의 드라마 흡연 장면 노출 문제 개선
지방자치단체	• 담배판매 업소 특별계도 및 단속

자료: 1) 여성가족부(2019).
2) 한국청소년정책연구원(2012). 청소년 흡연 · 음주 실태와 정책적 대응방안.

출처: 여성가족부(2019). 2019 청소년백서, pp.301-302.

참고

〈표 6-9〉 관계부처의 청소년 음주예방 정책 주요 내용

관계부처	추진과제
여성가족부	• 유통업체, 시 · 군 · 구 청소년유해환경감시단과 협력하여 신분증 확인 캠페인 전개 • 청소년 대상 음주예방 교육 및 다양한 홍보 실시(방학, 수능 전 · 후 등 계기별) • '제1차 청소년보호종합대책(2013~2015)' 추진 • '제2차 청소년보호종합대책(2016~2018)' 추진 • '제3차 청소년보호종합대책(2019~2021)' 추진
보건복지부	• 음주폐해 감소 및 예방을 위한 국민의식 제고 • 생애집단별 교육 및 홍보(학생과 비행청소년, 또래 지도자와 교사, 주류 판매업자 대상 교육) • 정신건강검진사업을 통한 조기발견과 음주폐해 예방(학교와 연계해 방과 후 예방 프로그램 개발과 보급, 중학생과 초등학생까지 적용) • 주류 판매자의 자정노력 강화(클린판매점 선정 및 운영) • 절주 상담실 운영 • 알코올상담센터를 통한 지역협력체계 구축
교육부	• 학생의 음주율 증가 및 저연령화 문제 관련 – 학교 학생의 체계적 음주예방 교육(정규수업, 학교장 재량시간 활용) – 학생 음주예방 교육을 위한 지도능력 배양과 인식 제고 – 전문지도자 과정 운영
법무부	• 위기청소년(소년원)의 음주율 증가 문제 관련: 갱생프로그램에 최소한의 음주예방 교육 반영
문화체육관광부	• 청소년 관람가 영화 속의 음주 장면 노출 문제 개선: 영상물등급분류소위원회 운영규정 보완
과학기술정보통신부	• 인터넷상의 청소년 유해주류 유통물 규제 방안: 인터넷상의 주류 유통물 심의 강화 및 기준 보완
대검찰청	• 청소년 관련 범죄 수사 시 '피의자 원표'에 음주 여부 조사항목 신설
경찰청	• 백화점, 대형마트, 편의점, 슈퍼 등 단속 강화
방송통신위원회	• TV방송 3사(KBS, MBC, SBS)의 드라마 음주 장면 노출 문제 개선
지방자치단체	• 주류판매 업소 특별계도 및 단속

자료: 1) 여성가족부(2019).
2) 한국청소년정책연구원(2012). 청소년 흡연 · 음주 실태와 정책적 대응방안.

출처: 여성가족부(2019). 2019 청소년백서, pp.302-303.

위해 청소년 스스로 이성적 판단을 통해 약물을 통제할 수 있도록 유해약물의 유해성에 대한 정확하고 상세한 정보와 지식을 전달해 주어야 한다. 청소년 약물중독 예방교육은 청소년이 가지고 있는 약물에 대한 지식과 경험 및 능력을 충분히 고려한 상황에서 수준별 교육을 할 수 있도록 예방교육과 사후교육, 캠페인 사업, 다양한 홍보사업 등을 정부 차원에서 적극적으로 추진해야 한다. 뿐만 아니라, 부모도 약물에 대해 충분히 인지할 수 있도록 주기적으로 부모교육과 관련한 자료를 제작하여 배포해야 한다.

셋째, 청소년의 약물중독 예방은 단계적이고 체계적으로 이루어져야 한다. 즉, 약물복용의 시작을 예방하는 일차적 예방활동, 이미 약물에 중독되어 있거나 문제가 될 정도로 약물을 사용하고 있는 경우에 약물남용을 제한하고 가능하면 약물남용을 줄이도록 하는 이차적 예방활동, 약물중독 치료나 재활을 도울 수 있는 삼차적 예방활동이다(김미진, 2006; 김주일, 2003; 문형란, 2005). 또한, 이미 약물에 중독된 청소년을 위한 특별교육 프로그램도 개발하여 실시해야 한다. 일선 학교에서는 약물오 · 남용 학생이 발생하면 대부분 교내봉사에 그쳐 특별교육 등 보다 심화된 조치를 취하지 않으므로 이들을 위한 보다 실질적 차원의 특별교육 프로그램을 개발하여 실시할 필요가 있다.

넷째, 우리나라 약물 관련 법규는 약물중독과 약물의 제조 · 유통 · 판매를 통제하고 있다. 약물중독 청소년에 대한 법적 규제와 처벌은 긍정적 · 부정적 측면의 양면성을 지닌다. 긍정적 측면으로는 약물중독 청소년으로 하여금 약물중독을 자제하게 하고, 일정 처벌기간을 통해 약물사용을 중단하도록 하며, 일반청소년과 격리시켜 약물중독이 확산되는 것을 막아 준다. 반면, 부정적 측면으로는 약물중독 청소년이 약물중독을 중단하고 치료를 받고 싶어도 처벌이 두려워 약물중독 사실을 숨겨 계속 약물중독에 빠질 수 있게 하며, 처벌받은 청소년이 수용시설에서 다른 청소년으로부터 약물중독을 배울 수도 있다. 따라서 약물중독 청소년에 대한 법적 처벌은 그로 인한 부작용을 최대한 줄일 수 있는 방법으로 이루어져야 한다. 즉, 약물중독 청소년을 처벌 대상보다 치료가 필요한 대상이라는 관점을 가지고 이들에게 처벌 대신 치료를 받을 수 있게 하는 법 적용이 필요하다(김미진, 2006; 오정근,

2005). 또한, 청소년이 약물을 오·남용할 수 있으므로 공업용 본드와 같은 용품에 환각 유발 물질인 톨루엔 성분을 제외시키는 등의 보다 실질적이고 적극적인 예방 대책도 필요하다.

다섯째, 청소년의 약물중독을 예방하고 치료하기 위해서는 청소년뿐만 아니라 교사와 학부모를 포함한 일반 국민 모두가 약물중독 문제의 심각성을 인식하고 생활 주변에서 이러한 문제에 대처할 수 있도록 범국민적 차원의 교육으로 확대해야 한다(이소희 외, 2005, p. 470). 이를 위해 성인교육이나 부모교육을 통해 성인들 스스로 약물에 대한 올바른 가치관과 태도를 형성할 수 있도록 지원할 필요가 있다. 전국적으로 인터넷 접근이 용이하므로 인터넷을 통한 감시체제 운영과 전국민적 계몽활동을 전개해 나가야 한다. 또한, 식품의약품안전처의 마약류 심각성에 대한 국민 인식도 조사(2020)결과, 20대 저연령층의 마약류와 약물남용에 대한 인식 수준이 낮으므로 전 국민을 대상으로 한 약물중독에 대한 지속적인 계몽도 필요하다.

2. 인터넷·스마트폰 과의존과 청소년

정보화사회가 되면서 청소년에게 인터넷은 삶의 중요한 일부분이 되었다. 과학기술정보통신부와 한국정보화진흥원(2020, pp. 19, 22)의 『2019 한국인터넷백서』에 의하면 우리나라 10대와 20대의 인터넷 이용률은 99.9%이며, 10대는 주로 여가활동(99.5%)에, 20대는 커뮤니케이션(100%)과 자료 및 정보획득(100%)을 목적으로 인터넷을 이용하고 있다. 또한, 청소년이 2시간 이상 인터넷과 스마트폰을 이용한 경우는 '문자, 채팅, 메신저, 이메일, 통화'로서 30분 미만 사용에 '공부 및 숙제'가 가장 많은 비율을 차지하고 있는 것과 대조된다(표 6-10 참조).

〈표 6-10〉 청소년의 컴퓨터와 스마트미디어 사용시간 변화 (단위: %)

	조사년도	전혀 안 함	30분 미만	30분~1시간	1~2시간	2시간 이상
공부와 숙제	2015	12.66	36.58	25.45	16.96	8.35
	2016	13.96	35.50	24.55	17.29	8.71
	2017	16.59	39.05	25.19	13.68	5.49
학습 이외의 정보 검색과 자료 이용	2015	12.54	28.56	24.90	21.07	12.92
	2016	12.23	25.48	24.80	22.04	15.46
	2017	12.33	25.08	26.65	21.04	14.90
문자, 채팅, 메신저, 이메일, 통화	2015	6.44	25.31	19.34	21.28	27.62
	2016	5.53	19.58	20.28	22.11	32.49
	2017	4.88	20.56	21.33	22.87	30.36
게임과 오락	2015	19.39	19.70	17.01	21.69	22.20
	2016	21.31	16.97	16.14	21.22	24.36
	2017	23.09	19.35	16.38	20.01	21.17
동호회 카페, 커뮤니티 활동	2015	63.95	18.23	8.16	5.50	4.16
	2016	60.90	17.39	8.43	7.19	6.08
	2017	59.58	17.90	9.47	6.95	6.10

출처: 남궁지영 · 김혜자 · 박경호 외(2018). 2018 한국교육종단연구-한국교육종단연구 2013: 중학생의 교육경험과 성장(TR2018-136), pp. 58-61; 박근영(2019). 청소년의 성별, 학교급별 인터넷 · 스마트폰 이용 현황, 재인용. https://kess.kedi.re.kr/post/6684806?itemCode=03&menuId=m_02_03_03에서 2021. 1. 8. 인출.

인터넷은 생활의 편리함을 주지만 인터넷에 과몰입하게 됨으로써 중독이라는 역기능을 초래하기도 한다. 청소년기는 정체감을 형성하는 시기로서 이 시기의 과도한 인터넷 사용은 현실적인 가치관 형성을 저해할 수 있는 요인이 될 수 있다. 청소년이 지나치게 인터넷에 집착하게 되면 생활의 편리함보다는 현실 생활과 괴리되는 삶을 살게 되면서 인터넷중독이나 스마트폰 과의존에 빠질 수 있다. 과학기술정보통신부와 한국정보화진흥원(2020a, pp. 19, 21)의 '2019 스마트폰 과의존 실태조사' 결과, 청소년의 스마트폰 과의존 위험군은 2017년에서 2018년에 감소하다가 2019년 다시 증가하는 현상을 나타냈다. 특히, 유아동은 가파른 증가 현상을 나타냄으로써 미래 청소년의 스마트폰 과의존 위험을 경고하였다. 청소년의 스마트폰 과의존 위험군은 남성이 여성보다 높고, 중학생이 초등학생이나 고등학생에 비해 더 높으며, 맞벌이가족이 외벌이가족에 비해 더 높다. 언제 어디서나 접속이 가능한 스마트폰으로 인해 인터넷 · 스마트폰 과의존 문제는 더욱 심화되고 있다. 그리하여 언론, 기업 등이 민 · 관 홍보, 유관 상담기관과의 상담 공유 등 국가적 차원에서 인터넷 · 스마트폰 과의존 예방 및 해소를 추진할 수 있는 계획을 수립하여 실시하고 있다(봉은주 · 김은아, 2015). 10대와 20대 청년층의 높은 메신저 이용률(98.5%)과 10대의 높은 모바일 인터넷 이용률(99.6%)(과학기술정보통신부 · 한국지능정보사회진흥원, 2020b)은 인터넷 중독으로 이어질 가능성을 높인다. 인터넷 중독은 개인의 심리적 · 사회적 취약성과도 밀접한 관련이 있다. 즉, 낮은 사회적응력, 가족구성원 간의 갈등, 자아정체감 문제, 우울과 불안 등을 지닐 경우에 현실에서의 어려움을 피하기 위해 청소년은 더 쉽게 인터넷에 몰입하게 되어 중독현상으로 이어질 수 있다.

참고

인터넷(게임) 중독을 예방하는 사용 습관 4가지

1. 컴퓨터는 가족들과 협의한 후 거실과 같은 공동 공간으로 옮긴다. 그리고 인터넷 사용시간에 대해 약속을 정하고 하루에 2시간 이내로 제한한다.
2. 컴퓨터를 사용할 때 게임하는 시간을 조금씩 줄인다. 정보 검색 등 건전한 인터넷 사용시간과 1:1의 비율로 맞추도록 노력한다.
3. 중독성이 강한 롤 플레잉 게임이나 전략 시뮬레이션 게임은 중독성이 약한 스포츠 게임이나 캐주얼 게임 등으로 대체하도록 한다.
4. 컴퓨터를 하는 사이 30분에 한 번 정도는 쉬면서 스트레칭을 하거나 먼 곳을 응시하며 잠시 눈을 쉬게 한다.

출처: 교육부. 인터넷과 스마트폰 건강하게 사용하는 방법(https://blog.naver.com/moeblog/221995875303에서 2021. 1. 26. 인출).

1) 인터넷 · 스마트폰 과의존의 개념과 단계

(1) 인터넷 · 스마트폰 과의존의 개념

인터넷 · 스마트폰 과의존은 구체적인 일련의 행동과 상호작용하면서 심취하게 되는 대표적인 과정중독이다. 이는 단순한 인터넷의 과도한 사용이나 몰입과 다르게 강박적 사용, 집착, 내성 및 생활상의 장애를 일으키는 증상(주석진, 2011, p. 16)이다. 이는 Goldberg가 '인터넷중독장애(Internet Addiction Disorder: IAD)'라는 용어를 처음 언급하면서 등장하였다. Goldberg는 인터넷중독을 '병리적이고 강박적인 인터넷 사용'으로 규정하였는데(김연화 · 정영숙, 2005) 이는 개념상 많은 논란을 불러일으켰다. 이후 Goldberg(1996)는 인터넷중독을 병적 컴퓨터 사용 장애(pathological computer use disorder)로 수정함으로써 사람들이 정도 이상으로 컴퓨터를 지나치게 이용하여 생기는 장애로 정의하였다. 그 기준은 병적 컴퓨터 사용으로 인해 어떤 장애를 일으킬 때와 병적 컴퓨터 사용으로 인해 신체적 · 심리적 · 경제적 · 사회적 기능, 대인관계적 기능, 결혼생활 등에 손해나 지장이 생길 때로 제시하였다(주석진, 2011, p. 18 재인용; 이미리 외, 2019, p. 162). 한국정보화진흥원(2020. 5. 25.)은 인터넷중독을 정보통신망을 통하여 제공되는 정보통신서비스의 지나친 이용으로 이용자가 일상생활에서 쉽게 회복할 수 없을 정도로 신체적 · 정신적 · 사회적 기능의 손상을 입는 것이라고 「국가정보화기본법」 제3조 제20호를 인용하여 정의하고 있다. 다만, 한국정보화진흥원은 '중독'이 지닌 부정적 인식을 개선하고 디지털 기기의 바른 사용을 통한 건강한 인터넷 · 스마트폰 사용문화를 조성할 필요성을 감안하여 정책수립과 사업추진 시 최근 사회적으로 그 심각성이 더욱 문제가 되고 있는 스마트폰을 추가하여 '중독'을 '과의존'으로 변경하여 사용하고 있다. 그리하여 인터넷 중독은 인터넷 · 스마트폰의 과다 사용으로 인한 금단과 내성을 지니며, 이로 인해 일상생활에 장애가 유발되는 상태로 정의한다. 세부적으로 금단(withdrawal)은 스마트폰 · 인터넷 사용 차단 시 불안함과 초조함을 느끼는 상태고, 내성(tolerance)은 동일한 만족을 얻기 위해 더 많은(강한) 사용이 필요한 상태며, 일상생활 장애(disturbances of daily life)는 스마트폰 · 인터넷의 과다

한 사용으로 가족 간 갈등, 학교 결석, 업무 부주의 등 가정, 학교, 직장 등 일상생활에 부정적 영향을 미치는 현상이다(2020년 제7회 인터넷중독전문상담사 자격시험 시행공고, p. 2). 또한, Young(2000, p. 28)은 인터넷중독을 인터넷 이용자가 약물, 알코올 또는 도박에 중독되는 것과 유사한 방식으로 인터넷에 중독되는 심리적 장애로 보았다. 이는 인터넷에 반복적으로 접속하지 않았을 때 불안, 초조감과 같은 정서적 금단현상과 내성으로 인해 인터넷에 몰입하게 되어 학업 소홀과 같은 현실 생활의 어려움을 갖는 것이다(남영옥, 2005).

현재 인터넷 · 스마트폰 과의존은 인터넷중독장애(internet addiction disorder), 컴퓨터중독(computer addiction), 가상중독(virtual addiction), 웹중독(webaholism), 넷중독(net addiction), 온라인중독(online addiction), 가상공간중독(cyberspace addiction), 인터넷증후군(internet syndrome), 병리적 인터넷 사용(pathological internet use), 기술적 중독(technical addiction), 스마트폰 과의존 등 여러 가지 용어로 사용되고 있으며, 아직 국내외 관련 학계에서 합의된 개념은 없는 상태다(이미리 외, 2014, p. 233). 정신의학적 입장에서는 인터넷중독을 충동조절장애의 하나로 규정하면서 집착, 내성 및 금단, 일상생활에서의 지장 등을 핵심준거나 진단기준으로 제시한다(이형하, 2003).

(2) 인터넷 · 스마트폰 과의존 단계

인터넷 중독은 점진적인 발달단계가 있다. 김용진과 전영숙(2001)은 단순사용단계, 남용 또는 문제사용단계, 중독단계의 3단계로, 백상빈(2000)은 과다사용단계, 중독경향단계, 중독직전단계, 중독단계의 4단계로, 한국정보문화센터(2002)는 전구적 증상, 진행성 증상, 중대한 위기 증상, 만성적 증상의 4단계로 제시하였다(이미리 외, 2019, p. 164). 한국정보문화센터가 제시한 인터넷 · 스마트폰 과의존의 발달단계는 〈표 6-11〉에 제시한 바와 같다.

〈표 6-11〉 인터넷 · 스마트폰 과의존 발달단계

단계	구체적 내용
전구적 증상	마음의 안정을 찾기 위해 정기적으로 인터넷을 사용한다. 인터넷 사용에 대한 내성이 증가한다.
진행성 증상	학업성적이 떨어진다. 가족구성원과 갈등이 발생한다. 지속적인 시간 왜곡을 경험한다. 인터넷을 사용하고 싶은 욕구를 경험한다. 가족과 보내는 시간이 줄어들고 관계가 멀어진다. 인터넷을 하기 위해 일을 미루거나 포기한다. 처음 의도했던 것보다 인터넷 사용시간이 늘어난다.
중대한 위기 증상	친구 만나기를 꺼린다. 밖에 나가기를 꺼린다. 밤을 새우는 일이 잦아진다. 자나 깨나 인터넷을 할 생각만 한다. 자신의 인터넷 사용을 억제하려고 하지만 반복적으로 실패한다. 약속을 지키지 못한다. 다른 일에 흥미를 느끼지 못한다. 식욕이 없어진다. 건강이 나빠진다. 인터넷을 방해받으면 심하게 화를 낸다. 인터넷을 한 번 시작하면 그만두기 어렵다. 만족을 얻기 위해 더 자극적인 것을 찾는다.
만성적 증상	인터넷을 사용하지 않는 동안에도 무의식 중에 컴퓨터 자판을 두드리게 된다. 강박적으로 인터넷 사용을 반복한다. 인터넷을 사용하지 않으면 우울, 불안, 초조감에 시달린다. 부모에게 반항하고 가출을 한다. 수업 시간에도 게임 소리가 귓전을 울린다. 대부분 시간을 인터넷을 사용하는 데 보낸다. 만족감을 얻기 위해 더 오랜 시간 동안 인터넷을 사용한다.

2) 인터넷 · 스마트폰 과의존 유형

인터넷 · 스마트폰 과의존은 중독 행동양식에 따라 여러 가지 유형으로 구분한다. Young(1998, pp. 19-31)은 사이버섹스중독(cybersexual addiction), 사이버관계중독(cyber-relationship addiction), 충동적인 인터넷 이용(net compulsion), 정보과부하(information addiction), 컴퓨터중독(computer addiction)의 다섯 가지로 구분하였다. 사이버섹스중독은 사이버 포르노를 보고 성인 채팅방을 통해 사이버섹스에 몰입하는 것이며, 사이버관계중독은 실생활에서의 친구와 가족을 대체할 수 있는 채팅에 몰입하여 온라인상의 친구관계에 중독되는 것이다. 충동적인 인터넷 이용은 온라인 도박, 온라인 경매, 강박적인 온라인 거래 등을 포함하는 인터넷 · 스마트폰 과의존 유형이며, 정보과부하는 웹서핑과 자료조사에 중독되는 것이고, 컴퓨터중독은 강박적 게임이나 컴퓨터 프로그래밍 분야에 중독되는 것이다(Watters, 2003, pp. 53-111).

한편, 청소년이 주로 사용하는 매체를 기준으로 인터넷 · 스마트폰 과의존 유형을 분류하여 통신중독, 인터넷게임중독, 인터넷음란물중독으로 구분하기도 한다(이상주 · 배경희, 2004). 통신중독은 통신을 할 때 마음이 편안해지는 것을 느끼고, 매번 새로운 상대를 만날 수 있다는 기대감으로 채팅에 무작정 빠져 채팅중독이 되기 쉽다. 인터넷게임중독은 인터넷게임사용과 관련하여 금단현상과 내성을 보이며, 인터넷게임으로 인해 일상생활의 장애를 경험하는 상태를 의미한다. 인터넷음란물중독은 인터넷상에서 음란물을 보거나 음란채팅에 강박적으로 몰입하는 것을 의미한다. 여기서 인터넷음란물이란 음란동영상, 음란사진, 음란소설, 음란채팅 등 인터넷상에서 이용할 수 있는 모든 종류의 음란성 정보를 말한다.

최근 청소년에게 가장 심각한 것은 스마트폰 과의존이다. 스마트폰은 와이파이(Wi-Fi)가 되거나 데이터 접근이 된다면 언제, 어디서나 접근할 수 있다. 스마트폰은 컴퓨터와 달리 늘 몸에 지닐 수 있어 각종 질병을 유발한다는 점에서 신체적 · 정신적 · 사회적 · 정서적 문제를 유발하기도 한다. 스마트폰을 지나치게 많이 사용하면 과의존 상태가 되어 스마트폰에 대한 현저성(salience)이 증가하고 조절(self-control)실패로 문제적 결과(serious consequences)를 경험하는 스마트폰 과의존 상태가 된다. 현저성은 개인의 삶에서 스마트폰을 이용하는 생활패턴이 다른 행태보다 두드러지고 가장 중요한 활동이 되는 것이고, 조절실패는 이용자의 주관적 목표 대비 스마트폰 이용에 대한 자율적 조절능력이 떨어지는 것이며, 문제적 결과는 스마트폰 이용으로 신체적 · 심리적 · 사회적 측면에서 부정적 결과를 경험함에도 스마트폰을 지속적으로 이용하는 것이다(스마트쉼센터, https://www.iapc.or.kr/contents.do?cid=6&idx=5에서 2021. 1. 30. 인출). 〈표 6-12〉에 제시한 바와 같이 청소년의 스마트폰 과의존 상태 중 조절실패가 성별, 학교급별에서 가장 높다. 특히, 스마트폰 과의존의 고위험군은 일반사용자군에 비해 조절실패, 현저성, 문제적 결과 모두 매우 높다. 과학기술정보통신부와 한국정보화진흥원(2020b)의 '2019 인터넷이용실태조사' 결과, 10대 청소년의 96.9%는 하루에 1회 이상 인터넷을 이용하면서 주당 17.6시간 동안 인터넷을 이용하고, 95.6%는 스마트폰을 포함한 이동전화를 이용하여 무선인터넷을 사용하였고, 주로 이동 중(99.8%)이거나 가정(98.0%)에서 하루에 1회 이상(93.5%) 스마트폰을 사용하면서 주당 11.7시간 동안 스마트폰을 사용하였다. 또한, 과학기술정보통신부와 한국정보화진흥원(2020a)의 '2019 스마트폰 과의존 실태조사' 결과에서도 청소년의 38.1%가 일이나 학업 중 스마트폰을 사용하였고, 4시간 이상 사용하는 경우도 2.4%인 것으로 나타나(그림 6-19 참조) 청소년의 20%가 스마트폰 과의존 위험군(그림 6-20 참조)인 것으로 나타났으며, 콘텐츠 중에서는 메신저를 가장 많이 이용하였고(그림 6-22 참조), 스마트폰 과의존 중 조절실패가 가장 큰 어려움이었다(그림 6-23 참조).

〈표 6-12〉 스마트폰 과의존 상태에 대한 청소년의 스마트폰 과의존 수준별, 성별, 학교급별 결과

(단위: 점, 4점 만점)

구분		조절실패	현저성	문제적 결과
전체		2.39	2.13	1.85
스마트폰 과의존 수준별	과의존위험군	3.06	2.93	2.48
	고위험군	3.36	3.39	3.06
	잠재적위험군	3.01	2.86	2.40
	일반사용자군	2.10	1.79	1.58
성별	남성	2.39	2.13	1.85
	여성	2.38	2.11	1.85
학교급별	초등학생	2.40	2.15	1.85
	중학생	2.33	2.05	1.79
	고등학생	2.43	2.19	1.91
	대학생	2.38	2.13	1.83

주: (1점) 전혀 그렇지 않다 ~ (4점) 매우 그렇다

출처: 과학기술정보통신부 · 한국정보화진흥원(2020a). 2019 스마트폰 과의존 실태조사, p. 46.

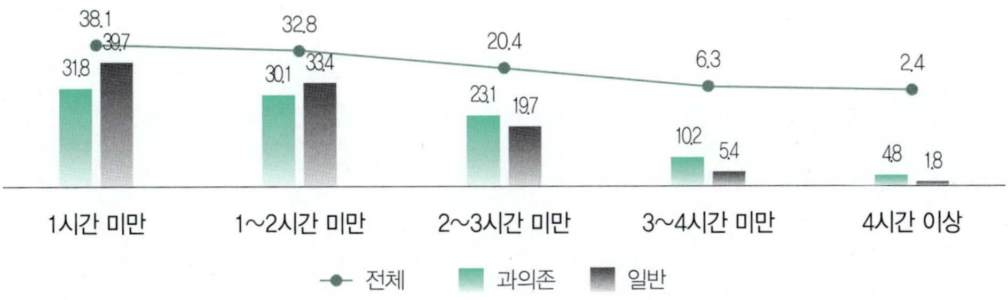

[그림 6-19] 일/학업/가사 중 스마트폰 이용시간(%)

출처: 과학기술정보통신부 · 한국정보화진흥원(2020a). 2019 스마트폰 과의존 실태조사, p. 58.

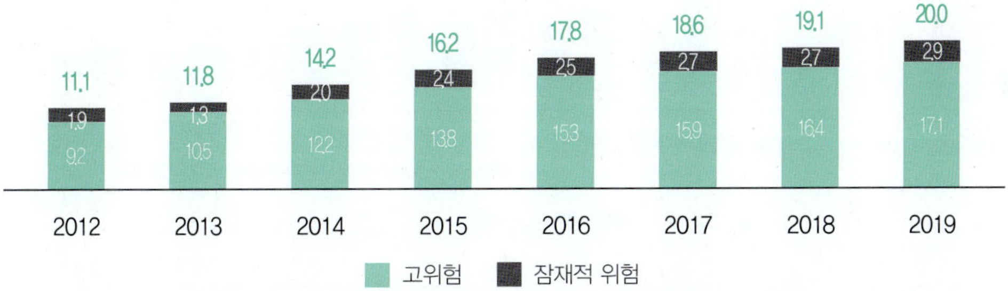

[그림 6-20] 연도별 청소년의 스마트폰 과의존 위험군 현황(%)

출처: 과학기술정보통신부 · 한국정보화진흥원(2020a). 2019 스마트폰 과의존 실태조사, pp. 19, 21.

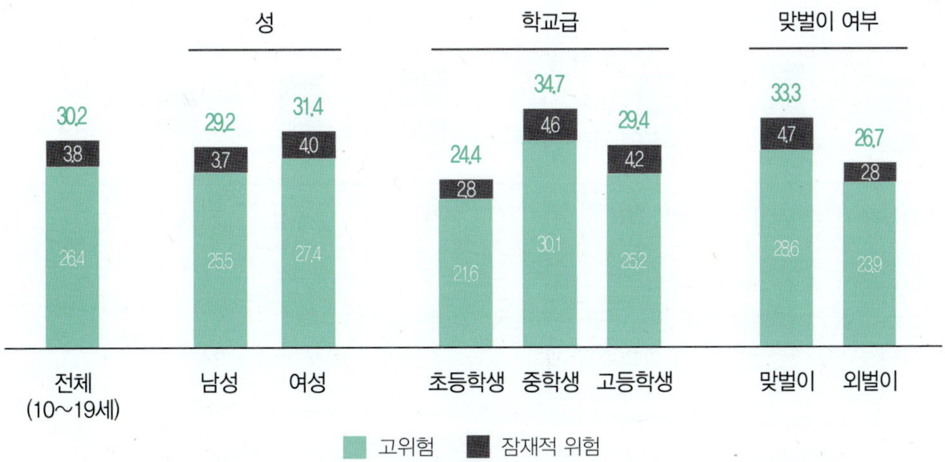

[그림 6-21] 청소년의 성별, 학교급별, 맞벌이 여부별 스마트폰 과의존 현황(%)

출처: 과학기술정보통신부 · 한국정보화진흥원(2020a). 2019 스마트폰 과의존 실태조사, pp. 19, 21.

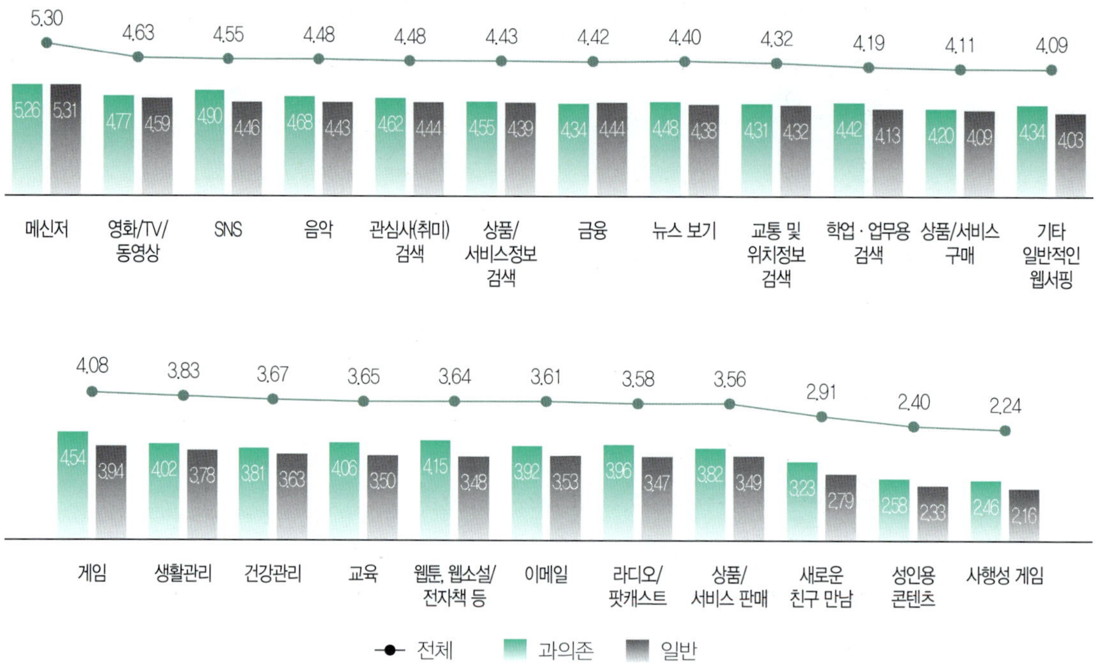

※ (1점) 거의 이용하지 않는다 ~ (7점) 매우 자주 이용한다

[그림 6-22] 청소년의 콘텐츠별 이용 정도(7점 기준, 점)

출처: 과학기술정보통신부 · 한국정보화진흥원(2020a). 2019 스마트폰 과의존 실태조사, p. 63.

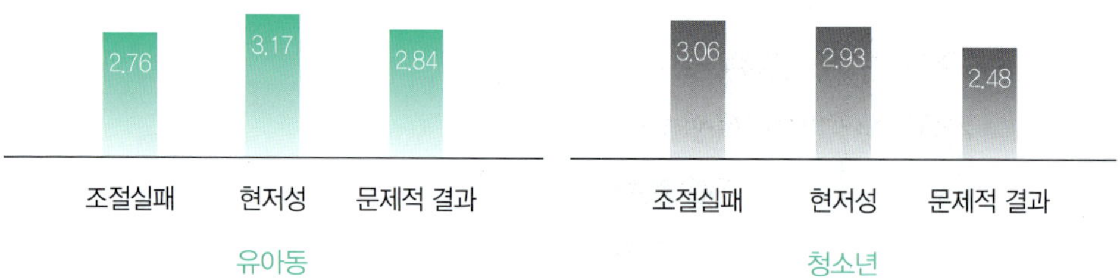

[그림 6-23] 청소년의 스마트폰 과의존 요인별 속성

출처: 과학기술정보통신부 · 한국정보화진흥원(2020a). 2019 스마트폰 과의존 실태조사, p. 46.

스마트폰의 중독유형으로는 정보검색중독, 모바일 메신저중독, SNS중독, 앱중독, 모바일게임중독, 모바일 성인용 콘텐츠 중독 등이 있다. 정보검색중독은 자신에게 정말 필요한 것보다는 정보수집 자체에 집착하여 강박적으로 웹사이트나 자료를 검색하는 것이고, 모바일 메신저중독은 모바일 메신저를 통한 인간관계에 몰두해 실제 인간관계를 등한시하는 것이다. SNS중독은 개인홈페이지, 인터넷동호회 등을 운영하거나 소셜네트워크서비스를 사용하는 데 과도하게 시간을 할애하는 것이며, 앱중독은 앱피로 증후군을 유발하면서 스마트폰에서 모바일 앱을 끊임없이 내려받는 것이다. 모바일게임중독은 스마트기기를 통한 게임을 과다하게 하는 것이며, 모바일 성인용 콘텐츠 중독은 섹스나 포르노 등의 내용물을 담고 있는 모바일콘텐츠(음란채팅, 음란물공유, 야동, 야설 등)를 강박적으로 계속 드나드는 것이다. 스마트폰중독이 되면 여러 가지 신체적 이상 증후가 나타난다. 대표적으로 눈물샘의 이상으로 눈 시림이나 눈의 뻑뻑함 등이 나타나는 안구건조증, 스마트폰 화면을 응시하기 위해 눈높이보다 낮은 곳을 응시하게 되면서 목을 앞으로 숙이게 되어 발생하게 되는 거북목증후군, 지나친 키보드 사용으로 손목에 무리가 오면서 팔이 저리거나 마비증상이 나타나는 손목터널증후군 등이 있다.

참고

스마트폰 과의존 척도(10~19세 청소년용)

조절실패는 문항 1~3, 현저성은 문항 4~6, 문제적 결과는 문항 7~10

① 스마트폰 이용시간을 줄이려 할 때마다 실패한다.
☐ 전혀 그렇지 않다 ☐ 비교적 그렇지 않다 ☐ 대체로 그렇다 ☐ 매우 그렇다

② 스마트폰 이용시간을 조절하는 것이 어렵다.
☐ 전혀 그렇지 않다 ☐ 비교적 그렇지 않다 ☐ 대체로 그렇다 ☐ 매우 그렇다

③ 적절한 스마트폰 이용시간을 지키는 것이 어렵다.
☐ 전혀 그렇지 않다 ☐ 비교적 그렇지 않다 ☐ 대체로 그렇다 ☐ 매우 그렇다

④ 스마트폰이 옆에 있으면 다른 일에 집중하기 어렵다.
☐ 전혀 그렇지 않다 ☐ 비교적 그렇지 않다 ☐ 대체로 그렇다 ☐ 매우 그렇다

⑤ 스마트폰 생각이 머리에서 떠나지 않는다.
☐ 전혀 그렇지 않다 ☐ 비교적 그렇지 않다 ☐ 대체로 그렇다 ☐ 매우 그렇다

⑥ 스마트폰을 이용하고 싶은 충동을 강하게 느낀다.
☐ 전혀 그렇지 않다 ☐ 비교적 그렇지 않다 ☐ 대체로 그렇다 ☐ 매우 그렇다

⑦ 스마트폰 이용 때문에 건강에 문제가 생긴 적이 있다.
☐ 전혀 그렇지 않다 ☐ 비교적 그렇지 않다 ☐ 대체로 그렇다 ☐ 매우 그렇다

⑧ 스마트폰 이용 때문에 가족과 심하게 다툰 적이 있다.
☐ 전혀 그렇지 않다 ☐ 비교적 그렇지 않다 ☐ 대체로 그렇다 ☐ 매우 그렇다

⑨ 스마트폰 이용 때문에 친구 혹은 동료, 사회적 관계에서 심한 갈등을 경험한 적이 있다.
☐ 전혀 그렇지 않다 ☐ 비교적 그렇지 않다 ☐ 대체로 그렇다 ☐ 매우 그렇다

⑩ 스마트폰 때문에 업무(학업 혹은 직업 등) 수행에 어려움이 있다.
☐ 전혀 그렇지 않다 ☐ 비교적 그렇지 않다 ☐ 대체로 그렇다 ☐ 매우 그렇다

출처: 스마트쉼센터(https://www.iapc.or.kr/kor/PBYS/diaSurvey.do?idx=8에서 2021. 1. 26. 인출).

참고

❖ 스마트폰 과의존 사용자군 분류

고위험 사용자군	잠재적 사용자군	일반 사용자군
스마트폰 사용에 대한 통제력을 상실한 상태로 대인관계 갈등이나 일상의 역할 문제, 건강 문제 등이 심각하게 발생한 상태입니다. 관련 기관의 전문적인 지원과 도움이 요청됩니다. ✓ 집중치료 요망	스마트폰 사용에 대한 조절력이 약화된 상태로 대인관계 갈등이나 일상의 역할에 문제가 발생하기 시작한 단계입니다. 스마트폰 과의존에 대한 주의가 필요합니다. ✓ 상담 개입 요망	스마트폰을 조절된 형태로 사용하고 있습니다. 스마트폰을 건전하게 활용하기 위해 지속적으로 자기 점검을 하시기 바랍니다. ✓ 자기관리 및 예방 요망

[그림 6-24] 사용자군 분류 및 상담흐름도

출처: 스마트쉼센터(https://www.iapc.or.kr/contents.do?cid=7&idx=6에서 2021. 1. 26. 인출).

참고

스마트폰 중독을 예방하는 사용 습관 4가지

1. 스마트폰 사용시간을 미리 정해 둔다. 수업 시간이나 업무 시간에는 스마트폰을 아예 사용하지 않는 습관을 들이도록 한다.
2. 꼭 필요한 앱만 사용하도록 하고 불필요한 앱은 삭제한다.
3. 걸어 다닐 때는 되도록 스마트폰을 손에 들지 않는다.
4. 스마트폰을 대체할 수 있는 물건을 사용한다. 메모를 위한 수첩이나 스케줄 관리를 위한 다이어리를 사용해 보는 것도 좋다.

출처: 교육부 블로그. 인터넷과 스마트폰 건강하게 사용하는 방법(https://blog.naver.com/moeblog/221995875303dptj 2021. 1. 26. 인출).

3) 청소년의 인터넷 · 스마트폰 과의존 발생 요인

청소년의 인터넷 · 스마트폰 과의존은 고위험군에 속하는 청소년의 수가 해마다 증가하고 있다는 것이 큰 문제다. 인터넷 · 스마트폰 과의존은 개인심리, 가정환경, 사회환경, 기술 등의 다양한 영향 요인 간의 상호작용에 의해 발생한다(관계부처 합동, 2016. 5., p. 7, 그림 6-25 참조). 개인심리적 요인은 외롭거나 자존감이 낮은 경우, 불안 · 우울 · 충동성이 높을 때 스마트폰 · 인터넷이 부정적인 감정과 현실로부터의 탈출구 역할을 할 수 있다. 가정환경요인은 부모 · 자녀 간 신뢰관계가 약하거나 자녀의 스마트폰 사용을 방임 또는 극도로 통제하거나 부모 자신이 과의존하는 경우 등이다. 사회환경 요인은 진학 · 취업 경쟁으로 인한 극심한 스트레스 상황에 처하거나 그 해소를 위한 대안활동 등을 하지 못하는 경우, 올바른 인터넷 사용 문화가 정착되지 못한 환경에 처한 경우 등이다. 기술요인은 휴대성, 이용 편의성 등 편리한 인터페이스, 운영체제(operating system, OS)에 기반을 둔 다기능, 관계 · 오락 · 정보습득 · 구매 등 다양한 콘텐츠, 즉시 반응성 등 스마트폰의 내재적 기술 속성 등이다.

[그림 6-25] 인터넷 · 스마트폰 과의존의 주요 요인

출처: 관계부처 합동(2016. 5.). 건강한 스마트사회 구현을 위한 스마트폰 · 인터넷 바른 사용 지원 종합계획(안)[2016–2018], p. 7.

4) 인터넷 · 스마트폰 과의존이 청소년에게 미치는 영향

청소년의 인터넷중독과 스마트폰 과의존은 전반적인 일상생활의 어려움을 유발할 뿐만 아니라 우울이나 불안, ADHD, 공격성 등의 정신건강문제를 유발할 수 있고(권선중 · 김교헌 · 이호석, 2005; 김동일 · 이윤희 · 강민철 · 정여주, 2013; Yen, et al, 2007), 때로 인터넷이 사회적 참여를 감소시킴으로써 심리적 고립감과 소외감을 증대시킬 수도 있어 심할 경우에는 자살로도 이어질 수 있다.

인터넷 사용은 순기능과 역기능을 동시에 가지고 있어 Kraut, Patterson과 Lundmark 외(1998)는 이를 '인터넷 모순(Internet Paradox)'으로 표현한 바도 있지만 지나친 인터넷 사용은 생활의 제 측면에 부정적 영향을 미치는 것이 사실이다. 무엇보다 가장 빈번하게 보고되는 부정적 측면은 학업적 · 직업적 · 사회적 손상이다. 즉, 지나친 인터넷 사용은 청소년의 학업성적, 새로운 사람 만나기, 학업 외 활동 참여, 수면패턴, 대인관계 등에 부정적 영향을 미친다(Young, 1996). '2019 스마트폰 과의존 실태조사' 결과(과학기술정보통신부 · 한국정보화진흥원, 2020a), 우리나라 스마트폰 이용자의 5명 중 1명은 스마트폰 고위험군과 잠재적 위험군이

2017년에서 2018년에는 감소하다가 2019년에 다시 증가하는 현상을 보였다. 또한, 부모가 과의존 위험군이고 맞벌이가정인 경우의 청소년이 과의존 고위험군과 잠재적 위험군인 것으로 나타나 부모교육의 중요성과 맞벌이가정에 대한 지도가 필요하다는 점이 드러났다.

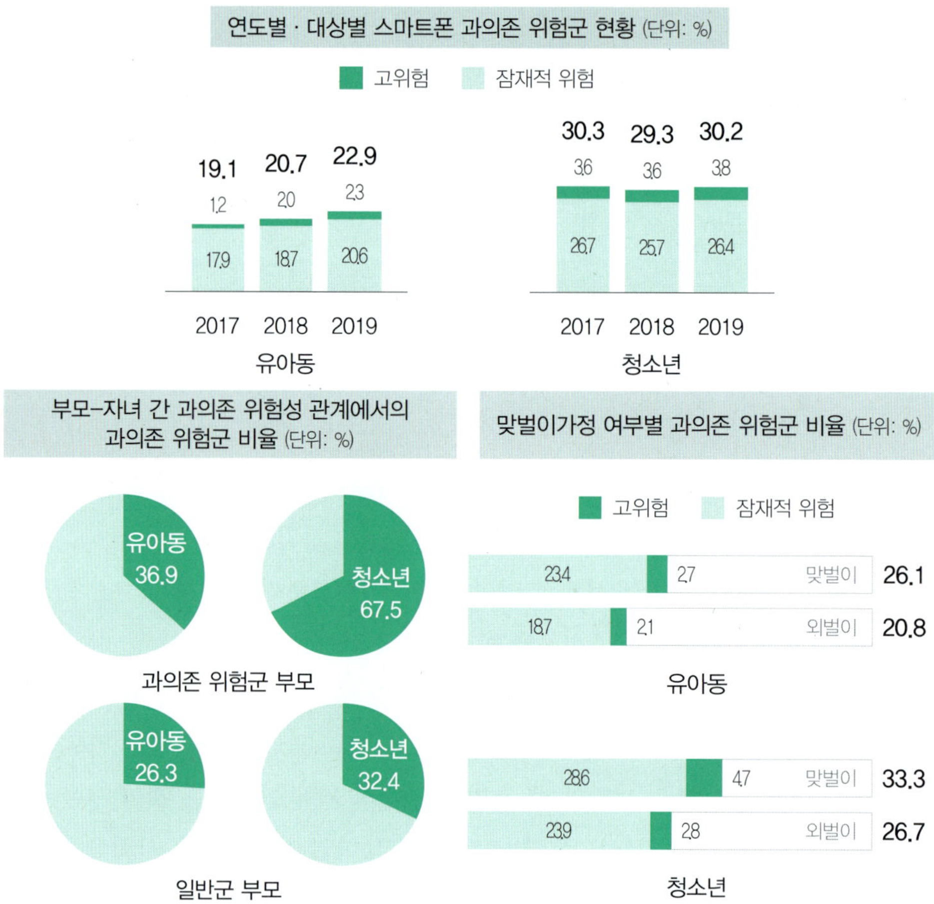

[그림 6-26] 연도별, 대상별, 부모-자녀 간, 맞벌이가정 여부별 스마트폰 과의존 위험군 비율

출처: 과학기술정보통신부 · 한국정보화진흥원(2020a). 2019 스마트폰 과의존 실태조사, p. iii.

일상생활에서 나타나는 인터넷 · 스마트폰 과의존의 일반적 영향은 다음과 같다(이현아, 2004).

- 인터넷을 하지 않는 동안에는 불안하고 초조하며, 인터넷을 할 생각만 한다.
- 처음에 의도했던 것보다 항상 더 오래 인터넷을 한다.
- 인터넷 사용으로 수면시간이 현저하게 줄고 생활주기가 교란된다.
- 만성피로감, 눈의 피로, 시력 저하, 근골격계의 장애가 온다.
- 불규칙적인 식사로 영양실조가 될 수 있고, 운동부족과 과식으로 체중증가가 있을 수 있다.
- 인터넷을 하기 위해 다른 일을 미루거나 포기한다.
- 인터넷을 하기 위해 친구나 가족에게 거짓말을 자주 한다.
- 인터넷을 하는 데 방해를 받으면 몹시 화를 내고, 때로는 부모에게 반항한다.
- 인터넷을 하느라 중요한 약속을 어기거나 공부나 직장 일을 소홀히 한다.
- 인터넷 사용으로 학업성적이 저조해지고 학교를 그만두기도 한다.
- 친구를 만나지 않고 취미활동에도 관심이 없다.
- 가족과 보내는 시간이 줄고 가족과도 소원해진다.

(1) 통신중독이 청소년에게 미치는 영향

통신중독은 청소년이 인터넷을 통해 전자우편이나 정보검색을 하는 대신 대화방(채팅), 머드게임, 정보서핑, 사이버트레이딩, 도박, 쇼핑, 동호회 등의 사이트에 과도하게 참여하여 현실도피의 수단으로 채팅이나 이메일 등에 지나치게 몰입하는 것이다. 통신중독이 되는 이유는 무엇보다 통신상에서의 익명성 보장이다. 익명성으로 인해 청소년은 자신의 고민이나 욕망을 솔직히 드러낼 수 있을 뿐만 아니라, 매번 새로운 상대를 만날 수 있다는 기대감으로 채팅에 빠지면서 그것으로 마음이 편해져 계속 통신에 과몰입하여 중독상태가 된다. 과도한 통신중독 증상으로는 자기통제력의 상실, 통신을 통한 행복감의 추구, 통신 사용량의 증가, 일상생활의 부적응, 감정조절 능력의 감소, 대인관계 장애 등을 들 수 있다. 또한, 빠른 시간 안에 통신을 해야 하기 때문에 단어의 압축화, 은어 사용 등으로 인한 언어파괴현상을 불러와 청소년의 올바른 언어생활에도 부정적인 영향을 미칠 수 있다. 뿐만 아니라, 청소년은 채팅을 통해 모르는 사람과 만남으로써 인신매매, 성폭행 관련 행동 등에도 관련될 수 있다(이상주 · 배경희, 2004).

참고

통신중독증 자가테스트

다음 항목 중 3개 이상에 체크하면 통신중독증 1기, 5개 이상에 체크하면 통신중독증 2기, 7개 이상에 체크하면 심각한 수준의 통신중독증이다.

① 집에 오면 손발을 씻기 전에 우선 컴퓨터를 켠다.	□
② 깜빡 조는 동안 자동적으로 시간이 지나 끊긴 경험이 있다.	□
③ 누가 부를 때 이름보다 ID로 부르면 더 친숙하게 느껴진다.	□
④ 사람들 만나는 것보다 통신하는 것이 더 재미있다.	□
⑤ 문서 작업을 할 때 자꾸 HWP를 안치고 I를 친다.	□
⑥ 키보드 속도는 빨라지는데 띄어쓰기는 갈수록 못한다.	□
⑦ 접속이 어려워도 계속 시도하여 접속하고 만다.	□
⑧ 주변에서 통신하는 사람을 만나면 그렇게 반가울 수가 없다.	□
⑨ 부모한테 전화선이나 모뎀을 뺏긴 적이 있다.	□
⑩ 결혼하면 통신을 어떻게 할까 고민한다. (여자)	□
⑪ 컴퓨터와 모뎀은 필수적인 결혼 예물이라고 생각한다. (남자)	□
⑫ 컴퓨터만 보면 모뎀이 제대로 연결됐을까 고민한다.	□
⑬ 하루에 한 번이라도 통신망에 접속하지 않으면 기분이 상한다.	□
⑭ 하루 종일 졸다가 밤 11시 이후만 되면 생기가 돌고 새벽까지 쌩쌩하게 통신할 수 있다.	□
⑮ 아침에 눈을 뜨자마자 컴퓨터를 켜고 접속을 한다.	□

출처: http://www.maknae.com/633에서 2021. 1. 26. 인출.

(2) 인터넷게임중독이 청소년에게 미치는 영향

인터넷게임중독은 밤새워 인터넷게임을 함으로써 청소년의 학습시간을 침해하고, 수면부족을 야기할 뿐만 아니라 청소년의 신체적 · 정신적 건강을 악화시킨다. 세계보건기구(WHO)는 2019년 5월 스위스 제네바에서 열린 제72차 총회에서 '게임이용장애'에 대한 질병코드를 부여하는 국제질병사인분류개정안(CD-11)을 채택했다. 이에 따라 2022년부터 개정안이 발효될 예정이고, 국내에서도 질병코드로 등재되면 2026년에 국내 적용도 가능하게 된다(과학기술정보통신부 · 한국정보화진흥원, 2020c, p. 43). 이를 위해 2019년 7월, 정부는 게임이용장애의 질병코드 국내 도입과 관련하여 민관협의체를 출범시켰다.

인터넷게임중독 청소년의 경우에는 대인기피증, 강박증, 편집증, 체력저하현상 등을 유발하고, 폭력적인 게임을 많이 하게 되면 지나친 승부욕을 조장하여 건전한 사회생활에 지장을 초래하며, 현실과 가상을 혼동하여 현실에서 폭력적인 행동 등을 나타내기도 한다. 심지어 '리셋(reset)증후군'이 나타나기도 하는데 이는 컴퓨터가 말을 듣지 않을 때 얼른 리셋버튼을 눌러 다시 시스템이 살아나게 하는 것처럼, 자기 뜻대로 안 되면 지금까지 진행해 온 일이나 인간관계 등을 다시 시작하려는 것이다. 뿐만 아니라, 인터넷게임중독 청소년은 참을성 없는 행동과 타인을 배려하지 않는 자기 위주의 행동이 두드러진다(최미선, 2006).

인터넷게임중독 성향이 높은 청소년일수록 컴퓨터 이용시간이 더 길고, 한 달 지출이 더 많으며, 용돈과 수면이 부족하고, 시력과 건강이 나쁘며, 개인생활과 사회생활에 장애가 더 많고, 가족과의 대화도 더 적게 한다. 또한, 인터넷게임중독 청소년은 일반청소년에 비해 스트레스가 더 많고, 고독감을 더 많이 느끼며, 게임 이외의 학교, 운동, 공부, 음악, 놀이, 봉사 등과 같은 일상생활에 대해 흥미를 덜 느낀다(정경아 · 한규석, 2001).

(3) 음란물중독이 청소년에게 미치는 영향

음란물중독은 서적이나 스마트폰, 컴퓨터 등을 통해 성인용 간행물, 성인용 비디오/CD/DVD, 지상파나 케이블TV의 성인용 프로그램 등의 영상물, 휴대폰이나 컴퓨터의 성인물, 온라인 사행성게임, 성인용 게임, 이성만남 전화번호 등과 같은 유해매체를 오랜 시간 접촉하는 것이다. 음란물중독 현상을 보이는 청소년은 지속적으로 음란물에 접근하고, 밤새도록 음란물을 보기 때문에 낮에 졸거나 부모와 대립하기도 한다. 이러한 청소년은 음란물이 사회적으로 용인되지 않는다는 것을 알기 때문에 죄의식으로 결벽증에 걸리거나 신경쇠약증세를 보이기도 하며, 음란물을 보고 나서의 연상작용으로 학업 수행에 부정적인 영향을 미치고, 성충동이 증가하기도 한다. 최근에는 초등학생과 중고등학생의 성인용 영상물과 간행물 이용률이 지속적으로 증가하고 있다(표 6-13 참조). 대부분의 유해매체는 비정상적인 내용을 담고 있어 아직 성에 대한 올바른 인식이나 지식이 부족한 청소년이 이를 여과 없이 받아들이게 되면 성에 대한 왜곡된 인식이나 부정적인 대인관계를 형성할 수 있으며, 그로 인해 모방 성범죄로 이어질 수도 있어 그 심각성이 크다.

〈표 6-13〉 학교급별 성인용 영상물과 간행물 이용률 (단위: %)

연도	성인용 영상물 이용률				성인용 간행물 이용률			
	전체	초등학교	중학교	고등학교	전체	초등학교	중학교	고등학교
2016	41.5	18.6 (5~6학년 16.1)	42.4	58.0	22.0	11.8 (5~6학년 9.3)	22.5	29.1
2018	39.4	19.6 (5~6학년 17.7)	41.6	53.3	23.3	13.2 (5~6학년 10.6)	25.0	29.8

출처: 여성가족부(2018). 2018년 청소년 매체이용 및 유해환경 실태조사, p. 28.

5) 인터넷 · 스마트폰 과의존 청소년을 위한 복지서비스

우리나라에서 인터넷의 보급을 정책화함에 따라 그 사용인구는 해마다 급속하게 늘고 있고, 그로 인해 인터넷 · 스마트폰 과의존 위험도 상대적으로 증가하고 있는 것이 현실이다. 특히, 스마트폰이 보편화되면서 그에 대한 중독문제는 더 심각한 수준에 이르렀다. 이런 상황에서 청소년의 인터넷과 스마트폰 과의존 문제를 해결하기 위한 최선의 방법은 예방교육을 확대하는 것이다. 이후 문제가 있는 청소년에 대한 상담과 치료, 이용시간 제한 관리 프로그램이나 유해정보 차단서비스의 개발과 보급이 이루어져야 하지만 무엇보다 학교와 가정, 기업과 정부가 함께 노력해야만 효율적으로 관리하고 해결할 수 있을 것이다.

(1) 인터넷 · 스마트폰 과의존 청소년 관계법

우리나라의 인터넷 · 스마트폰 과의존 관계법규로는 「정보통신망 이용촉진 및 정보보호 등에 관한 법률」, 「게임산업진흥에 관한 법률」, 「국가정보화기본법」, 「청소년 보호법」 등이 있다. 이러한 법 규정에 따라 16세 미만 청소년에게 심야시간대(0~6시)에 인터넷게임을 제공해서는 안 되며, 인터넷상의 주민등록번호 수집을 전면 금지함에 따라 타인의 주민등록번호를 도용하는 것이 어렵게 되었다. 이를 통해 과거에는 청소년이 부모의 주민등록번호를 쉽게 도용할 수 있었으나 현재 어린 연령의 청소년이 부모의 주민등록번호를 함부로 도용할 수 없게 되었다.

(2) 인터넷 · 스마트폰 과의존 청소년을 위한 복지실천

인터넷 사용은 정보화 사회에 적응하기 위한 필수적인 능력이자 미래의 생존과 직결되는 필수적인 생활의 일부다. 그러나 이를 사용하는 과정에서 청소년이 지나치게 과몰입하게 되어 통제력을 상실하게 되면 인터넷 · 스마트폰 과의존 문제를 초래한다. 인터넷 · 스마트폰 과의존은 통신중독이나 스마트폰중독, 음란물중독 등과 같은 다양한 유형의 중독문제를 유발한다. 현실에서의 어려움에 처한 청소년은 일상생활에서 자신의 욕구를 채울 수 없기 때문에 가족, 학교, 사회에 대한 불만을 인터넷이라는 가상공간 속에서 채우려 하고, 동시에 거기에서 자신의 정체성을 찾으려 한다. 이에 부모, 학교, 사회는 청소년을 억압하기보다는 이들이 새로운 흥미를 가질 수 있고 호기심을 충족시킬 수 있는 다양한 경험과 기회를 제공해 주도록 노력해야 한다. 이를 위해 청소년을 이해하고 지도해 줄 수 있는 전문가 양성이 필요하고, 이들을 직접 치료하고 상담해 줄 수 있는 각종 상담과 치료프로그램 및 교육프로그램을 개발하여 실시해야 한다. 인터넷을 긍정적이고 효율적으로 활용할 수 있는 실천방안을 모색하기 위해 가정, 학교, 사회는 지속적이고 전문적이며 체계적인 노력을 경주해야만 한다.

첫째, 국가적 차원에서 청소년이 인터넷 · 스마트폰 과의존이 되지 않도록 예방할 수 있는 다양한 정책 입안과 실시, 교육 및 캠페인이 필요하다. 정부는 관계부처 합동으로 「국가정보화기본법」에 따라 3년마다 스마트폰 · 인터넷 과의존 예방 및 해소를 위한 종합계획을 수립하여 운영하고 있다. 현재 정부는 2019년부터 2021년까지 제4차 종합계획을 실시하고 있는데 '함께 성장하는 디지털 사회 구현'이라는 비전을 가지고(그림 6-27 참조), 배움, 상담 · 치유, 사회기반, 소통 · 참여의 4개 정책 영역에 대한 추진전략을 수립하여 관련 정책을 실시하고 있다(표 6-14 참조).

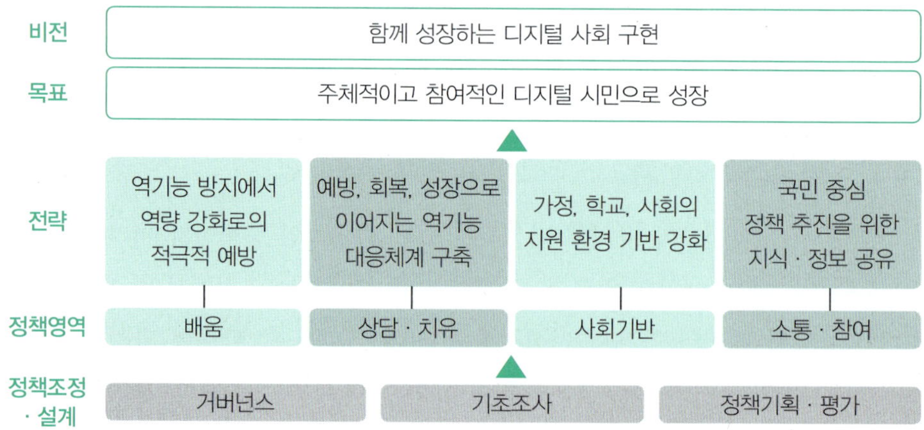

[그림 6-27] 제4차 스마트폰 · 인터넷 과의존 예방 및 해소 종합계획 비전

출처: 관계부처 합동(2018. 12.). 제4차 스마트폰 · 인터넷 과의존 예방 및 해소 종합계획(안건), p. 5.

〈표 6-14〉 제4차 스마트폰 · 인터넷 과의존 예방 및 해소 종합계획 4대 추진전략 및 주요 정책과제

정책영역	추진전략	주요 정책과제
배움	역기능 방지에서 역량 강화로의 적극적 예방	디지털 콘텐츠의 건강한 이용
		데이터 · 디지털 콘텐츠 리터러시
		온라인상에서의 배려와 포용
		디지털 환경의 위험으로부터 안전 향상
상담 · 치유	예방, 회복, 성장으로 이어지는 역기능 대응 체계 구축	과의존 예방을 위한 역량 강화 코칭
		과의존 치유 · 치료서비스의 안정적 운영
		상담 효과성 제고를 위한 지식 공유 네트워크 강화
사회기반	가정, 학교, 사회의 지원 환경 기반 강화	스마트폰 바른 사용 시범 · 중점학교 운영
		스마트폰 바른 사용 보호자 코칭 교육 확대
		스마트폰 역량 강화를 위한 직무연수 운영
		전문인력 양성 · 직무교육의 안정적 추진
		관련 법제도의 효율적 · 생산적 운영
소통 · 참여	국민 중심 정책 추진을 위한 지식 · 정보 공유	국민의 정책 참여 기회 확대
		국제 협력 및 정책 전문가 의견 수렴 기능 강화
		생애주기별 · 채널별 소통 전략 다각화

출처: 관계부처 합동(2018. 12.). 제4차 스마트폰 · 인터넷 과의존 예방 및 해소 종합계획(안건), p. 5.

종합계획에서는 교육부, 과학기술정보통신부, 문화체육관광부, 법무부, 보건복지부, 여성가족부, 경찰청, 방송통신위원회, 사행산업통합감독위원회(사감위) 등이 함께 다양한 활동을 계획하여 실행하고 있다. 즉, 청소년의 건강한 디지털 콘텐츠 이용을 위한 인터넷과 스마트폰의 과의존 예방 교육, 올바른 게임 이용 교육, 유해물 차단을 위한 기술적 지원, 게임 리터러시 교육 체계화, 개인정보 자기결정권 강화를 위한 데이터 리터러시 교육 도입과 실시, 인터넷 윤리의식 교육과 사이버폭력 대응 체험형 교육 강화, 위기 · 비행청소년 대상 사이버범죄와 과의존 예방 교육, 사이버 도박문제 예방 교육, 정보통신기술(ICT) 진로적성 상담 프로그램의 자유학기제 연계, 디지털 역량강화 코칭프로그램 개발과 확산, 전문상담 · 연구기관으로서 스마트쉼센터 허브기능 강화, 게임과몰입의 체계적 치유 · 치료와 치유매뉴얼 개발 · 보급, 온라인 상담 플랫폼을 통한 사이버도박 특화 치료, 과의존 원인 · 유형

분석을 위한 스마트폰 과의존 케어 시스템 개발, 인성교육 기반의 사이버폭력 예방 중점학교('어울림 학교') 운영, 청소년의 게임 이용시간 제한 제도(게임시간 선택제) 운영, 청소년 인터넷게임 건전이용제도, 과의존 위험군 청소년의 상담과 기숙 치유 프로그램 등이 있다. 이러한 전략과 제도를 수행하기 위해 [그림 6-28]에서 보는 바와 같이 유관기관들은 스마트폰 · 인터넷 과의존 전문기관 간 협력체계 방안도 모색하여 운영하고 있다.

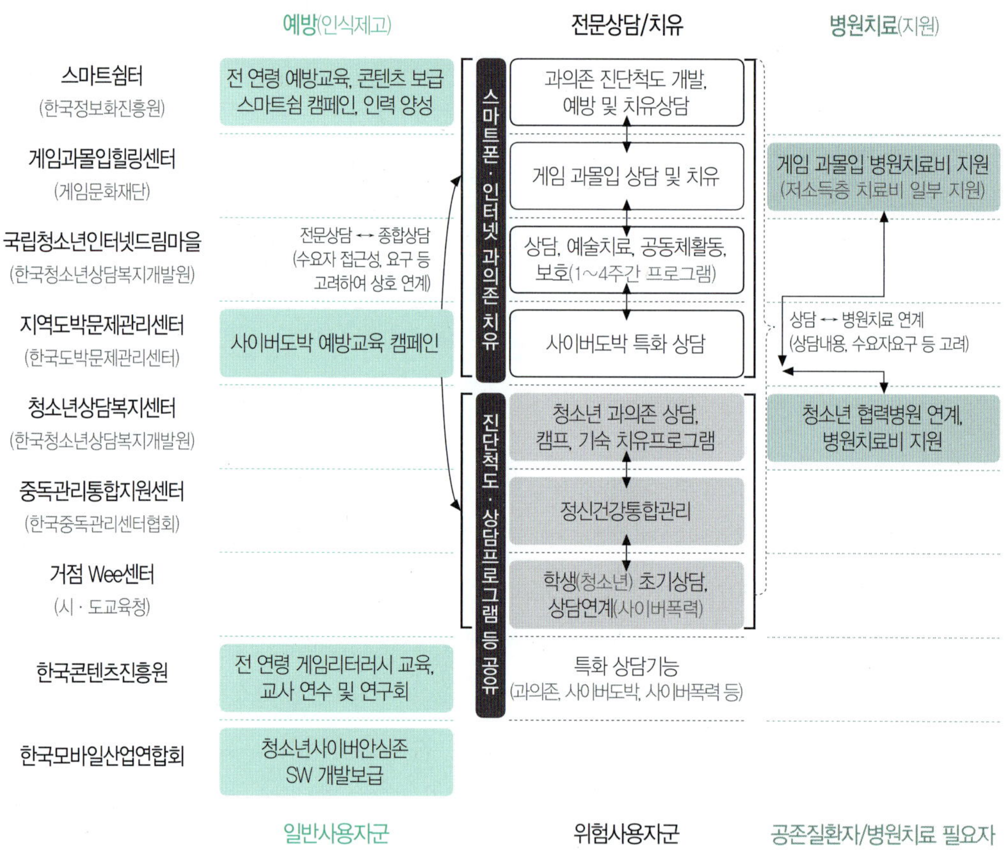

[그림 6-28] 스마트폰 · 인터넷 과의존 전문기관 협력 체계

출처: 관계부처 합동(2018. 12.). 제4차 스마트폰 · 인터넷 과의존 예방 및 해소 종합계획(안건), p. 17.

둘째, 청소년의 인터넷 · 스마트폰 과의존 예방교육의 효율성을 극대화하기 위해 청소년뿐만 아니라 부모와 교사 대상의 교육프로그램을 개발하고 실시해야 한다. 이를 위해 한국지능정보사회진흥원 산하 스마트쉼센터(구 인터넷과의존예방상담센터)에서는 스마트폰 과의존 예방과 해소 및 서비스 이용자의 다양한 욕구에 부합하고, 양질의 서비스 제공이 가능한 전문가 양성을 위한 자격검정제도를 통해 체계적인 스마트폰 과의존 상담 전문인력을 확보하고 있으며, 교원 대상의 직무연수와 보수교육 및 가정방문상담 등을 실시하고 있다(스마트쉼센터 홈페이지, https://www.iapc.or.kr/contents.do?cid=23&idx=22에서 2021. 1. 31. 인출). 특히, 부모는 청소년 자녀의 인터넷 이용에 대해 정확히 알지 못하고, 인터넷 · 스마트폰 과의존을 예방하기 위한 정보가 충분하지 않기 때문에 관련된 교육프로그램의 개발이 필요하다. 이를 위해 부모를 대상으로 온라인상에서의 사이버교육 프로그램을 실시할 필요가 있다(최미라, 2006; http://www.mw.go.kr; http://youth.go.kr). 실제로 인터넷중독이나 스마트폰 과의존 청소년은 부모와의 갈등을 경험하는 경우가 많으므로 이를 해결하는 데 도움이 될 수 있는 부모-자녀 관계 개선을 위한 프로그램의 개발과 실시도 필요하다.

셋째, 청소년을 대상으로 한 인터넷 · 스마트폰 과의존 상담과 치료에 대한 서비스는 인터넷 · 스마트폰 과의존 청소년을 위한 복지실천에서 매우 중요하다. 매년 여성가족부는 학령전환기 청소년(초4 · 중1 · 고1) 대상 인터넷 · 스마트폰 이용습관 진단조사를 실시하여 인터넷 · 스마트폰 과의존 청소년을 발굴하여 과의존 위험 수준별 청소년상담, 치유특화 프로그램, 의료기관 치료 연계 등의 맞춤형 서비스를 제공하고 있다. 또한, 여성가족부는 중고생 대상의 기숙형 치유캠프와 초등생 및 부모 대상의 가족치유캠프 등 기숙형 치유프로그램을 운영하고 있고, 청소년미디어 과의존 전담상담사를 시도 청소년상담복지센터에 배치하여 수시로 상담을 진행하고, 국립청소년인터넷드림마을(상설 인터넷 치유시설)을 설립하여 운영하고 있다(여성가족부 홈페이지, http://www.mogef.go.kr/sp/yth/sp_yth_f008.do에서 2021. 1. 31. 인출).

넷째, 여성가족부는 잠재적인 인터넷 · 스마트폰 과의존 청소년에 대한 예방적

상담 활성화를 위해 한국청소년상담복지개발원을 중심으로 전국 220여 개의 청소년상담복지센터와 연계하여 인터넷 · 스마트폰 과의존 상담체계를 구축하여 운영하고 있으며, 인터넷 · 스마트폰 과의존 청소년의 치유를 돕기 위해 전국 정신건강증진센터 및 155개 치료협력 병원 연계를 통한 치료 서비스를 지원하는 등의 치료 기반 확대에도 역점을 두어 정책을 추진하고 있다. 또한, 17개 시 · 도 청소년상담복지센터를 허브로 인터넷 · 스마트폰 과의존 대응 지역 협력망을 구축하여 지방자치단체, 교육청, 정신건강증진센터, 건강가정지원센터, 청소년단체, 학부모단체 등 지역의 다양한 관계기관과 협력하여 인터넷 · 스마트폰 과의존 청소년을 조기에 발굴하여 상담하고 치료하는 등의 신속한 지원을 실시하고 있다.

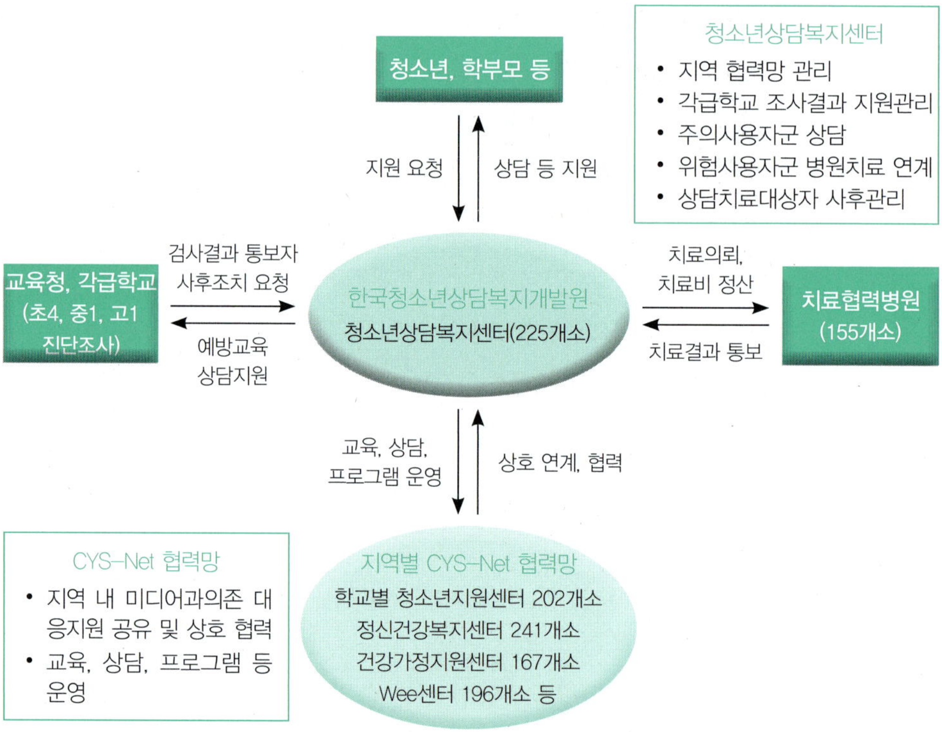

[그림 6-29] 여성가족부 인터넷 · 스마트폰 과의존 예방 및 해소 정책 추진 체계도

출처: 여성가족부(2019.). 2019 청소년백서, p. 321.

다섯째, 인터넷 · 스마트폰 과의존 청소년을 대상으로 24시간 내내 다양한 미디어를 활용한 상담을 실시하고 있다. 즉, 한국청소년상담복지개발원을 중심으로 청소년전화 1388과 홈페이지에서의 사이버상담을 통해 24시간 상담을 진행하고 있으며, 1:1 면접 상담도 전국 청소년상담복지센터를 통해 거주지와 가까운 곳에서 전문상담사가 상담을 진행하고 있다.

청소년의 인터넷 · 스마트폰 과의존 문제는 사회적 · 제도적으로 차단하거나 통제하는 장치만을 강구하기보다는 인터넷 · 스마트폰 과의존 문제를 예방하고 해결하는 근본대책을 마련하여 실시해야만 한다. 따라서 청소년 자신은 물론 가족, 학교, 사회가 함께 청소년의 인터넷 · 스마트폰 과의존 문제에 관심을 가지고 청소년 스스로 인터넷의 유익성과 유해성을 분별할 수 있는 능력을 키워 나갈 수 있도록 도와주는 협조체제를 구축해야만 한다. 무엇보다 인터넷 · 스마트폰 과의존 청소년에 대한 관심과 이러한 문제를 지닌 청소년을 조기에 발견하여 치료하고 재발을 방지할 수 있도록 가정, 학교, 사회가 함께 다각적인 방안을 모색해야만 한다.

생각해 볼 문제

1. 가정, 학교, 사회가 공동으로 모색할 수 있는 청소년에게 적합한 인터넷과 스마트폰 사용의 규제 방안에 대해 토론해 봅시다.
2. 청소년의 약물중독 예방과 약물중독 청소년을 도울 수 있는 프로그램을 개발할 때 포함되어야 할 내용에 대해 생각해 봅시다.
3. 청소년의 인터넷 · 스마트폰 과의존을 알아보기 위한 지표에 포함되어야만 하는 요인에 대해 생각해 봅시다.
4. 인터넷 · 스마트폰 과의존이나 약물중독 청소년을 도와줄 수 있는 방법에 대해 알아봅시다.

Chapter 7

청소년과 성

다양한 서구 문화의 유입과 젊은 세대의 자유로운 사고방식에 따라 우리 사회의 성적 가치관과 성경험도 개방적이고 적극적으로 변해 가고 있다. 이러한 가운데 청소년의 성행동이 점차 대담해지면서 각종 사회문제를 유발함으로써 청소년 성문제에 대한 사회적 관심이 증폭되고 있다. 특히, 10대 청소년인 경우에 잘못된 성지식과 성행동으로 혼전 성관계나 그로 인한 임신 및 더 나아가 성착취에 이르기까지 다양한 문제를 일으키기도 한다. 청소년의 성착취뿐만 아니라 사회 전반의 성매매에 대한 사회적 경각심을 높이기 위해 여성가족부는 2014년에 개정된 「성매매 방지 및 피해자 보호 등에 관한 법률(약칭: 성매매피해자보호법」에 따라 2015년 성매매 추방주간을 설정하여 이와 관련한 캠페인을 실시하고 있다. 따라서 본 장에서는 청소년의 성문제를 청소년 성매매의 개념, 발생 요인 및 현황, 청소년에게 미치는 영향과 복지서비스 등을 중심으로 살펴보고자 한다.

1. 청소년 성매매의 개념

청소년 성매매는 과거 '원조교제'라는 용어에 대한 대체 용어로서 미성년자 성관계, 금품 수수, 유인이나 강요, 오락 등의 내용을 포함한다. 원조교제라는 용어는 돈을 주고 미성년자와 성관계를 갖는다는 뜻의 일본어로서, 우리말로 적합하지 않고 성의 잘못된 사용에 대한 의미가 나타나지 않는다는 등의 문제가 있어 청소년 성매매로 대체되었다. 그러나 외국에서는 청소년이 성인과 성관계하는 경우, 나이, 성별, 성 정체성, 인지능력, 지위, 체력, 경제력 등의 다양한 요인에 의해 권력 불균형이 존재하기 때문에 동의에 의한 성관계라고 할지라도 성착취로 보아야 하고, 성매매라는 용어가 상호 합의에 의한 것이라는 인상과 청소년에게도 책임이 있다는 인상을 줄 수 있기 때문에 청소년인 경우에 성매매라는 용어 대신 '성착취'라는 용어를 사용하고 있다(이수정, 2019). 그러나 현행 법률에서는 여전히 성착취 대신 성매매라는 용어를 사용하고 있기 때문에 본서에는 그대로 성매매라는 용어를 사용하고자 한다.

성매매는 「성매매알선 등 행위의 처벌에 관한 법률(약칭: 성매매처벌법)」 제2조에 따라 불특정인을 상대로 금품이나 그 밖의 재산상의 이익을 수수(收受)하거나 수수하기로 약속하고 성교행위나 유사 성교행위를 하고, 그 상대방이 되는 것으로 정의한다. 그에 따라 청소년 성매매는 청소년이 「성매매처벌법」 제2조에 의한 행위를 하는 것이다.

소셜 벤처 EVE는 청소년의 성적 권리 증진을 위해 10~19세 청소년 1,348명을 대상으로 '2019 청소년 성(性)문조사(2019 Teen Sex Survey)' 보고서를 발표했다(EvE, https://drive.google.com/file/d/1rTsoMGOOfKYtPHG2UwWT5SPEvPP4ZyUN/view에서 2021. 2. 2. 인출). 그 결과에 의하면 성관계를 해 본 경험이 있는 청소년이 54.7%고, 성관계 장소는 본인이나 상대방의 집이 53.3%로 가장 많았으며, 다음이 모텔, 멀티방, DVD방(23.2%)의 순이었다. 또한, 응답한 청소년의 44.9%는 직접 콘돔을 구매해 본 적이 있고, 성관계 경험이 있는 청소년 중 73.4%는 성관계 시 콘돔을 사용한다고 응답했다. 성관계 경험 후 82%는 성관계 후 불안을 경험했으며, 임신에 대한 불안(84.5%)이 가장 많았다. 이와 함께 조사에 참여한 청소년의 52.5%가 유튜브나 블로그 등의 인터넷을 통해 성지식을 알게 되었다고 답했다. 또한, 중학생 대상의 성교육 수요조사를 실시한 조영주 · 김동식 · 남궁윤영 · 이혜경(2018, p. 56)의 연구결과에서도 중학생은 성에 대한 지식과 정보를 학교 성교육을 통해 가장 많이 획득하지만 다음으로 SNS, 유튜브 등의 인터넷을 통해 관련 지식을 획득하였다. 이러한 결과는 청소년이 인터넷 등을 통해 잘못된 성 지식을 얻을 수 있어 성교육이 시급하고, 초등학교 시기부터 실질적인 성교육이 실시되어야 한다는 점을 시사해 준다.

청소년의 성매매 경향은 급속도로 변화하고 있다. 변화된 청소년 성매매의 특성은 저연령화와 죄의식의 약화, 조직화, 가출팸, 또래포주의 등장, 오프라인에서의 만남 없이 채팅앱을 통한 성적인 대화만으로의 성매매 등을 들 수 있다. 그러나 이에 대한 정부나 사회의 대책 마련은 매우 저조하다. 심지어 오피스텔과 원룸에 가출팸이 들어오기 시작하고 있는데, 보증금 없는 월세 제도는 큰 목돈 없이, 하루하루 성매매 등을 통해 돈을 벌어 살아가기에 좋은 환경을 제공하고 있다(이유진 · 윤옥경 · 조윤오, 2013, p. ⅳ). 또한, 성인인증 절차 없이 성별, 닉네임, 나이 등을 임의 설정한 후 채팅앱에 접속할 수 있어 손쉽게 성매매를 하기도 한다. 특히, 스마트폰이 발달함에 따라 특정 사이트를 통해 이루어지던 성매매가 2013년 이후 채팅앱으로 이동하면서 청소년 유입이 더욱 용이해졌다(이수정, 2019). 채팅앱은 기본적으로 1:1 대화 시스템이어서 제3자가 성매매 가해자인 매수자와 알선자의 유인이나 권유를 발견하여 신고하기 어렵다는 점에서 더 은밀하고 광범위하게 퍼져 나가고 있다.

청소년의 성경험은 단순한 성경험에 머무는 것이 아니라 금품을 매개로 한 성매매로 이어질 수 있다는 점을 고려해야만 한다. 청소년 성매매의 문제가 사회적 이슈가 되면서 정부는 청소년의 성매매와 관련한 성매매방지법으로 「성매매알선 등 행위의 처벌에 관한 법률(약칭: 성매매처벌법)」과 「성매매방지 및 피해자보호 등에 관한 법률(약칭: 성매매피해자보호법)」을 제정하여 청소년 성매매와 관련한 처벌 규정을 제시하였다. 또한, 청소년의 성보호를 위해 「아동 · 청소년의 성보호에 관한 법률(약칭: 청소년성보호법)」을 별도로 제정하여 아동 · 청소년을 19세 미만의 자로 정의하면서 청소년의 성매매를 법적으로 규제하고 있다.

청소년 성매매는 매년 증가하는 추세를 보이는 청소년 비행이나 가출 등과도 관련이 있다. 청소년의 성매매는 인터넷과 스마트폰이 보편화되면서 손쉽게 채팅이나 이메일, 전화방, 이동통신 등을 통해 은밀하게 이루어지고 있다. 이러한 청소년 성매매는 인터넷이나 아는 사람을 통해 이루어지는 '개인형 성매매'와 유흥업소에 청소년을 고용하여 이루어지는 '업소형 성매매'의 두 가지 유형으로 구분한다. 업소형은 전업형 성매매와 겸업형 성매매로, 개인형은 인적 매개형 성매매, 전자 알선형 성매매, 직거래형 성매매로 구분한다(유문무, 2005). 어떤 경로를 이용하든 청소년 성매매는 건강을 해치거나 예기치 않은 임신으로 이어질 수 있어 미혼부모의 발생 원인이 되어 또 다른 사회문제가 될 수 있다. 이에 여성가족부는 청소년의 성매매 방지를 위해 2015년 9월 19일부터 25일까지 제1회 성매매추방주간을 만들어 시행하면서 매년 지속적으로 청소년 성매매 방지를 위해 노력하고 있다.

[그림 7-1] 성매매 방지 캠페인

출처: 여성가족부 (2015. 9. 17). 성매매추방주간 첫 시행, 성매매방지 캠페인 전개. 정책 뉴스 http://www.korea.kr/policy/pressReleaseView.do?newsId=156075594에서 2021. 1. 31. 인출.

2. 청소년 성매매의 발생요인

청소년 성매매는 개인적 요인, 가족 관련 요인, 친구 관련 요인, 학교 관련 요인, 사회 · 문화적 요인 등 다양한 요인에 의해 발생한다. 그리하여 청소년 성매매는 가족과 교사와의 관계, 학교부적응, 집단괴롭힘의 피해 및 가해 경험, 성폭력 경험, 임신 및 낙태 경험, 우울과 불안 수준 등이 영향을 미칠 수 있고(이해경 · 이경성 · 신현숙, 2004), 성매매에 대한 허용적 태도도 영향을 미칠 수 있다(정규성 · 조정자 · 유순화, 2003). 이와 같은 다양한 요인에 의해 영향을 받는 청소년 성매매는 청소년의 자존감을 떨어뜨릴 뿐만 아니라 학업 중단으로 이어지게 하고, 금전만능주의나 쾌락주의에도 쉽게 빠지게 함으로써 청소년의 삶에 부정적 영향을 미친다.

1) 개인적 요인

청소년의 성매매는 청소년의 성에 대한 부적절한 태도, 조숙한 성경험, 왜곡된 성가치관, 물질주의적 가치관 등과 같은 개인의 가치관, 어렸을 때의 성학대나 성폭력 경험, 성장기 부모의 이혼이나 가정폭력 경험, 음주, 흡연, 약물 등의 유해물질에의 노출, 심지어 성관계에 대한 호기심, 성적인 욕구 등도 영향을 미칠 수 있다. 특히, 아동기의 신체적 · 정서적 · 성적 학대 경험은 청소년의 성매매에 직접적인 요인이 되며(여성가족부 보도자료, 2017. 5. 2.; 이해경 · 이경성 · 신현숙, 2004; 홍봉선 · 남미애, 2007; 황주희, 2004), 아동기에 친(양)부모나 형제를 포함한 주변 사람에 의한 성폭력 피해 경험도 청소년의 성매매에 영향을 미친다(조아미 · 이명화, 2001). 여성가족부의 '2016 성매매 실태조사' 결과에서도 성매매를 경험한 19세 미만 청소년 응답자 중 57.8%가 부모나 보호자로부터 욕설, 폭행, 감금, 감시, 굶김, 언어폭력 등의 학대 경험이 있었다. 청소년의 성학대나 성폭력 피해 경험은 가출이나 비행 등으로 이어져 청소년이 쉽게 성매매를 할 수 있는 원인이 되며, 성폭력 피해로 인해 낮아진 자존감과 우울감은 자포자기의 심정으로 실제 성비행이나 성매매에 쉽게 빠지게 하는 직접적 요인이 된다(이해경 · 이경성 · 신현숙, 2004).

실제로 성매매 경험 청소년 응답자의 84.4%가 가출 경험이 있으며, 최초 가출 나이는 15세 이하가 61.2%이었다(여성가족부 보도자료, 2017. 5. 2.). 또한, 청소년의 조숙한 성관계 경험은 성매매에 더 쉽게 빠지게 하며, 성에 대한 호기심, 유흥비와 생활비 마련, 놀이와 여가생활, 성적 탐닉, 청소년의 물질주의적 가치관, 왜곡된 성 가치관으로 이어져 성매매의 원인이 된다. 심지어 청소년 스스로 성매매를 부정적으로 여기지 않고, 죄의식을 전혀 느끼지 않는 잘못된 성에 대한 가치관과 성 개방 풍조(이용교, 2004, pp. 168-170), 가출 경험 여부도 청소년 성매매에 중요한 영향을 미친다(조아미 · 이명화, 2001).

2) 가족 관련 요인

청소년의 성매매는 청소년이 속한 가족의 구조적이고 기능적인 특성과 관련되어 있다. 즉, 가족이 해체되었거나 청소년이 부모로부터 충분한 애정을 받지 못하고 지지를 받지 못하며 성장했거나 부정적인 부모-자녀 관계인 경우에 더 자주 발생한다. 그리하여 부모의 이혼, 부모의 불화나 갈등, 부모의 무관심, 열악한 가정 경제 상황은 부모로 하여금 자녀 돌보기를 어렵게 하여 자녀를 방임하거나 지나치게 통제하거나 거부하기도 한다. 이러한 부모의 양육행동이나 태도는 청소년 자녀를 방황하게 하고 비행에 빠지게 함으로써 청소년 성매매의 원인이 되기도 한다.

가정폭력과 성폭력 피해 경험이 청소년의 성매매와 관계가 있다는 데 현장활동가의 약 68%가 동의하고 있으며, 가정폭력이나 성폭력 피해 경험을 가진 청소년은 그러한 경험을 가지고 있지 않은 가출청소년보다 훨씬 더 자존감이 낮고 치료도 오래 걸리며 사회복귀를 위한 지지체계도 더 열악하다(이유진 · 윤옥경 · 조윤오, 2013, p. iv). 또한, 한부모가족 혹은 혼합가족이거나 부모와의 관계가 원만하지 않거나, 가정폭력 및 가족 간의 갈등이 있거나, 부모가 방임하는 청소년인 경우에 가출을 조장하게 되어 이로 인해 성매매를 더 많이 하는 경향도 있다. 특히, 어머니의 거부적 태도는 이른 시기에 성관계를 부추기는 요인이기도 하다(조아미 · 이명화, 2001; 황순길 · 이은경 · 권해수 · 박관성, 2001).

가족 간의 갈등과 가족해체의 가속화 등으로 매년 청소년가출이 지속적으로 증가함에 따라 청소년이 거리생활을 하면서 성매매를 함으로써 사회적 부작용을 유발하기도 한다. 가출한 여자 청소년 7~10명당 1명 꼴로 성매매를 한다(정현미, 2016, p. 7). 청소년의 가출 연령이 낮아지면서 초등학생의 가출이 2015년 이후 지속적으로 증가하고(여성가족부, 2018, p. XVIII) 6개월 이상의 장기 가출과 반복적인 가출이 늘어나는 경향이 있어(여성가족부, 2018, p. 189) 이것이 청소년의 성매매를 증가시키는 원인이 되기도 한다. 이와 함께 대부분의 성매매 경험 청소년은 가난한 가정에서 성장한 경우가 많아 생활비 마련을 위해 성매매를 하기도 한다.

3) 친구 관련 요인

청소년기는 또래의 영향이 크기 때문에 어떤 유형의 친구와 어울리는지에 따라 청소년의 삶이 좌우될 수 있다. 청소년의 고민 상담 대상은 친구 · 동료(49.1%)가 부모(28.0%)보다 더 많아(여성가족부, 2018, p. 77) 다수의 청소년은 자신의 고민을 친구 · 동료와 나눈다. 그러므로 주변에 성에 대해 잘못된 인식을 가지고 있거나 올바르지 못한 성행동을 하는 친구가 있다면 그로 인해 영향을 받을 확률이 높다. 뿐만 아니라, 친구의 부추김이나 소개, 청소년 성매매에 대한 또래집단의 허용적 문화 등도 청소년 성매매의 중요한 요인이 된다(조성연 · 이용교 · 방은령, 2000). 청소년 시기는 자신과 비슷한 과정을 경험하는 또래를 통해 심리적 인정과 지지를 얻음과 동시에 친구와의 관계 속에서 행동을 함께하도록 동조압력을 받는 경우가 많다. 따라서 성매매 행위를 결정하는 과정에서 비행을 경험했거나 그런 행동이 용인되는 또래문화에 쉽게 접하는 청소년일수록 성과 관련된 문제에 노출될 경향이 크고, 그것이 성매매로 이어질 수 있다.

4) 학교 관련 요인

청소년은 많은 시간을 학교에서 생활하기 때문에 교사와 친구의 지지 및 학교체제가 청소년의 전반적인 생활에 중요한 영향을 미친다. 우리나라와 같이 대학교 진학을 중요하게 생각하는 상황에서 입시 위주의 학교체제는 그에 적응하지 못하는 청소년을 방황하게 만들고, 자존감을 낮출 뿐만 아니라 교사의 지지도 약하여 쉽게 비행에 빠지게 함으로써 학업중도탈락이나 가출 등을 야기한다. 청소년 성매매는 가출과 관련되고(조아미 · 이명화, 2001), 성매매 청소년의 상당수가 학교생활에 잘 적응하지 못함으로써 학업성취도가 낮고, 학교 공부와 학교생활에 대한 몰입 정도도 낮아 학교를 중퇴한다(남미애, 2001; 조아미 · 이명화, 2001). 그러므로 사회적 지지망이 없거나 약하며, 학교에서 교사의 지지도 충분히 받지 못하는 청소년은 더 쉽게 성매매를 할 수 있다.

5) 사회 · 문화적 요인

청소년의 성매매 문제는 빈곤, 낮은 여성인권에 대한 인식, 접대문화 등의 사회구조적 문제와 이를 조장하고 부추기는 사회적 · 문화적 환경이 영향을 미칠 수 있다. 우리 사회 전반의 이중적 성윤리나 성의 상품화에 대한 성문화와 의식체계, 성매매를 조장 · 강화시키는 사회적 분위기(황주희, 2004), 서구문화의 급속한 유입으로 인한 성개방 풍조, 성을 주제로 한 각종 영상물에서의 자유스러운 혼전 성관계, 물질만능주의, 금전만능주의, 향락문화, 소비문화, 쾌락주의 등이 만연해 있는 왜곡된 사회 · 문화적 요인이 원인이 될 수 있다.

급속한 인터넷의 발달과 스마트폰의 보급 및 케이블 TV의 보급 등은 청소년을 더 쉽게 음란물에 노출시킴으로써 이의 접촉을 보편화시키고 음란물에 탐닉하게 하는 현상을 초래하였다. 이러한 디지털 관련 성매매나 성착취는 폭력이나 강압적 성관계, 불법 촬영, 성매매 알선 등의 피해까지 확대되면서 성범죄로 이어져 그 피해가 심각한데 관련법은 여전히 사각지대에 놓여 있다. 2018년 이후부터 영상채팅, 보이스채팅의 형식과 환급시스템이 도입되면서 이용자를 유인하는 방식이 정교해졌고, 어떤 제재나 의무 부과 없이 채팅앱이 활성화되면서 성착취나 성매매가 가능한 채팅앱이 증가하였다. 성매매 경험 청소년 10명 중 7명이 스마트폰 채팅앱을 이용하고 있을 정도로 스마트폰 채팅앱을 통한 청소년 성매매 유입률은 매우 높다(투

데이신문, 2019. 10. 16.). 2019년 현재 32개의 채팅앱 회사가 52.2%의 채팅앱을 운영하고 있다(이수정, 2019).

여성가족부(2018, pp. 52-55)의 '2018년 청소년 매체이용 및 유해환경 실태조사' 결과, 청소년은 다양한 매체와 접근 경로를 통해 성인용 영상물을 경험하였다. 2018년 한 해 초 · 중 · 고생 전체 평균 39.4%가 성인용 영상물을 보았으며, 고등학생은 53.3%가 보았다. 초 · 중 · 고생의 2014~2018년간 성인용 영상물 이용률과 이용 경로에 대한 결과는 〈표 7-1〉, 〈표 7-2〉와 같다. 〈표 7-1〉에서 보는 바와 같이 성별로는 남학생이 여학생에 비해 더 많이 이용하고 있고, 학교급에 따라서는 중 · 고등학생의 성인용 영상물 이용률이 감소하는 것과 대조적으로 초등학생의 성인용 영상물 이용률이 지속적으로 증가하고 있다. 이러한 결과는 성인용 영상물 이용에 대한 교육이 초등학교 시기부터 이루어져야 한다는 것을 시사한다.

〈표 7-1〉 초 · 중 · 고생의 성인용 영상물 이용률 (단위: %)

구분	전체	성별		학교급		
		남자	여자	초등학교	중학교	고등학교
2014	–	–	–	7.5	41.7	65.7
2016	41.5	51.7	30.5	18.6 (5~6학년 16.1)	42.4	58.0
2018	39.4	48.7	29.4	19.6 (5~6학년 17.7)	41.6	53.3

주: 1) 2014년 결과는 '청소년 관람불가로 표시된 성인용 영상물(영화/비디오/동영상/방송 프로그램 등)을 본 적이 있습니까? 최근 1년 동안 얼마나 자주 보았습니까?'에 대해 '단 한 번도 없다'를 제외하고 산출한 결과임.
2) 2016년 결과는 '최근 1년 동안 청소년 관람불가, 19세 이상 시청가로 표시된 성인용 영상물(TV프로그램, 영화, 동영상 등)을 본 적 있나요?'에 대해 '있다'고 답한 응답자 비율임.
3) 초등학생의 경우, 2014년은 5~6학년을, 2018년은 4~6학년을 조사대상으로 함.
4) 2016년과 2018년 결과는 무응답을 제외하고 분석한 결과임.

출처: 여성가족부(2018). 2018년 청소년 매체이용 및 유해환경 실태조사, p. 53.

또한, 〈표 7-2〉에서 보는 바와 같이 청소년의 성인용 영상물 이용 경로는 인터넷 포털사이트(28.2%), 인터넷 실시간 방송 및 동영상 사이트(17.7%), SNS(16.5%)가 주요 유통 경로였다. 이는 학교급별로 차이가 있어 초등학생은 인터넷 실시간 방송 및 동영상 사이트(13.8%)가, 중학생과 고등학생은 인터넷 포털사이트가 각각 31.0%, 39.8%였다. 이러한 결과는 2016년에 비해 2018년에 약간씩 감소하는 경향을 보였으나 아직도 성인용 영상물을 이용할 때 나이를 확인하는 성인인증 절차가 확실하게 지켜지지 않고 있기 때문이다. 청소년이 성인용 영상물을 주로 접하는 인터넷 포털사이트와 인터넷 SNS 서비스(페이스북, 카카오스토리, 트위터, 인스타그램, 블로그, 인터넷 카페 등)에서 성인인증 절차를 거쳤다는 응답은 각각 29.6%,

〈표 7-2〉 초 · 중 · 고생의 최근 1년간 성인용 영상물 이용 경로별 이용률 (단위: %)

구분		TV방송		인터넷 포털사이트		인터넷 실시간 방송 및 동영상 사이트		인터넷/모바일 메신저		SNS		파일 다운로드 사이트		스마트폰 앱	
		2016	2018	2016	2018	2016	2018	2016	2018	2016	2018	2016	2018	2016	2018
전체		13.8	12.9	27.6	28.2	19.1	17.7	10.0	10.5	18.1	16.5	10.4	6.4	11.2	11.0
성별	남자	16.3	15.2	37.4	37.5	21.6	20.8	12.4	12.9	19.8	18.7	15.2	9.4	15.1	14.0
	여자	11.1	10.4	17.0	18.2	16.3	14.2	7.3	8.0	16.2	14.1	5.0	3.6	6.9	7.9
학교급	초등학교	10.0	9.5	10.3	10.6	13.1	13.8	9.8	10.3	7.1	6.2	3.2	2.6	10.4	11.2
	중학교	12.7	12.6	30.4	31.0	19.4	20.2	10.5	11.5	19.8	18.7	6.6	5.8	11.0	11.5
	고등학교	17.7	15.7	38.2	39.8	23.2	18.7	9.6	9.8	24.9	22.8	19.0	10.4	11.8	10.5

주: 1) 무응답을 제외하고 분석한 결과임.
2) 2016년도 Social Network Services(SNS)의 예시는 페이스북, 카카오스토리, 트위터, 인스타그램, 블로그, 인터넷 카페 등이었으나, 2018년도는 페이스북, 카카오스토리, 트위터, 텀블러, 인스타그램, 블로그, 인터넷 카페 등으로 변경하여 질의함.
3) 2016년도 '성인용 영상물'의 용어를, 2018년도는 '성인용 TV 프로그램, 영화, 동영상 등'으로 변경하여 질의함.

출처: 여성가족부(2018). 2018년 청소년 매체이용 및 유해환경 실태조사, p. 55.

30.8%에 불과하고 확인하지 않았다는 응답이 각각 41.6%, 49.0%로 훨씬 더 높았다는 결과에서도 잘 드러난다(여성가족부, 2018, p. 57). 그러므로 청소년의 성인용 영상물 이용 시 성인인증 절차에 대한 법적 구속력이 보다 더 강화되어야만 한다.

이외에도 인터넷채팅사이트의 대화방이나 조건만남 메신저가 청소년 성매매의 주요 창구로 사용되거나 음란채팅 중독을 유발하는 상황을 초래하였는데, 2016년 3.4%에서 2018년 2.5%로 감소하였다는 점은 성매매 근절을 위한 국가적 차원의 유해매체 모니터링과 유해매체물 생산 · 유통(배포) · 판매자에 대한 관리를 강화한 결과라고 볼 수 있다.

3. 성매매가 청소년에게 미치는 영향

청소년의 성매매는 청소년 개인의 신체적 · 정신적 측면에 부정적 영향을 미쳐 청소년의 건강한 발달을 저해할 뿐만 아니라 사회적 측면에서도 여러 가지 문제나 병리현상을 유발한다. 특히, 청소년 성매매는 여성에 대한 인권 침해와 성적 대상화, 낮은 사회경제적 지위, 엄청난 규모의 성 산업 등이 결합되어 착취와 강요로 이루어지고 있다. 이러한 청소년 대상의 성매매는 개인과 사회에 미치는 영향이 상당한 수준임에도 여전히 우리 사회에서 뿌리 뽑지 못하는 문제로 남아 있다.

1) 개인적 측면

청소년 성매매는 청소년 개인에게 신체적 · 정신적 손상을 초래함으로써 자아발달과 진로 등에 부정적 영향을 미칠 뿐만 아니라 자신의 성을 놀이와 돈벌이의 수단으로 여겨 왜곡된 성 가치관을 갖게 한다. 동시에 성관계로 인해 임신 · 낙태 혹은 성병으로 인한 신체적 손상도 초래할 수 있다. 교육부 · 보건복지부 · 질병관리본부(2018)의 '제14차(2018년) 청소년 건강행태조사' 통계에 따르면 성관계 경험이 있다고 응답한 청소년은 전체의 5.7%였고, 성관계 시작 평균 연령은 13.6세로 나타났다. 이 중 피임을 실천한 경우는 59.3%에 그쳤다. 일부 청소년은 성관계 과정에서 원치 않는 임신, 각종 성병이나 우울증에 노출되기도 하고, 심하면 극단적 선택을 하는 안타까운 상황도 발생한다(아시아경제, 2019. 3. 4.). 이러한 결과는 향후 청소년 대상의 성교육 프로그램에서 피임과 관련한 내용을 반드시 포함해야 한다는 것을 시사한다.

성매매 청소년은 성매매 시 상대방으로부터 받은 모멸감과 자기 부정의 경험, 사회로부터의 소외감, 타인에 대한 불신감, 학업 중단 등으로 정서적 문제를 야기하고 부모나 미래의 배우자에 대한 죄의식으로 부정적 자아개념을 형성할 수도 있다(조성연 · 이용교 · 방은령, 2000). 부정적 자아개념은 타인과의 건전한 인간관계를 형성하는 데 장애가 되며, 미래에 대한 의지를 소멸시키거나 약화시켜 청소년의 건강한 성장과 발달에 부정적 영향을 미친다.

2) 사회적 측면

청소년 성매매는 성문란을 부추김으로써 사회의 건전한 성윤리를 파괴시키고, 성인으로 하여금 아직 성 가치관이 확립되지 않은 청소년의 성적 호기심을 이용하여 자신의 성적 쾌락을 추구하려는 왜곡된 성문화를 야기한다. 그리하여 청소년 성매매는 이 사회의 기본적인 성 가치관과 윤리의식을 망가뜨리고, 나아가 가정과 사회를 파괴시키는 결과를 초래한다. 또한, 금전만능주의와 물질주의 가치관 형성을 통해 사회적 병리현상을 유발하기도 한다(조성연 · 이용교 · 방은령, 2000). 뿐만 아니라, 청소년 성매매는 아직 신체적으로나 정신적으로 미성숙한 청소년으로 하여금 너무 이른 시기에 불건전한 성관계를 경험하게 함으로써 청소년 성비행의 연령을 하향화시키고, 그 정도를 심화시킴과 동시에 임신과 낙태를 유발하여 영아 유기나 살해, 살인, 강간, 성폭력, 절도 등의 범죄를 양산하는 사회적 병리현상을 가속화시킬 수도 있다. 청소년의 성매매로 인해 임신을 하게 되면 많은 경우에 임신중절수술을 받기도 하지만 출산하여 미혼부모가 되기도 한다. 과거에는 주로 미혼모가 많았으나 최근에는 미혼부도 점차 증가하는 경향이 있다. 이러한 미혼부모의 양산은 아직 부모가 될 준비가 안 된 청소년에게 심리적 · 신체적 · 경제적으로 상당한 부담을 줄 수 있고, 국가적 차원에서는 이들을 보호하고 자립을 지원해 줄 수 있는 쉼터나 심리상담소, 직업교육기관 등을 설립하여 운영할 수 있는 예산을 확보해야 하는 문제도 있다.

4. 청소년의 성 관련 현황

1) 청소년의 성경험 현황

사회가 개방되고 성에 대한 개방적인 태도가 만연해지면서 청소년의 성경험 시기도 점차 빨라지고 있다. 이에 교육부, 보건복지부와 질병관리본부는 공동으로 매년 청소년건강행태조사를 실시하여 청소년의 성관계 경험률을 발표하고 있다. 2008년부터 2019년까지 청소년의 학교급별 성관계 경험률은 감소하다가 다시 증가하는 경향을 보인다(표 7-3 참조). 이는 인터넷이 보편화되면서 쉽게 성 관련 영상물 접촉이 가능해지고 채팅앱 등을 통한 이성 간의 만남이 보다 쉬워지면서 비롯된 현상일 수 있다. 전체적으로 남학생이 여학생에 비해 높은 경험률을 나타내고 있고, 학교급별로는 고등학생이 중학생에 비해 현저하게 높은 성경험률을 나타낸다.

〈표 7-3〉 연도별, 성별, 학교급별 청소년의 성관계 경험률 (단위: %)

	2008	2009	2010	2011	2012	2013	2014	2015	2016	2017	2018	2019
전체	5.1	5.1	5.3	4.9	4.3	5.3	5.3	5.0	4.6	5.2	5.7	5.9
남	6.9	7.1	7.2	6.7	5.9	7.4	7.3	7.0	6.3	7.1	7.6	8.0
여	3.0	3.0	3.2	2.9	2.6	3.1	3.2	2.8	2.8	3.1	3.8	3.6
중	2.2	2.2	2.5	2.3	2.1	3.8	3.3	2.9	2.5	2.8	2.6	2.9
고	8.2	8.2	8.5	7.4	6.5	6.8	7.2	6.8	6.4	7.1	8.5	8.6

출처: 교육부 · 보건복지부 · 질병관리본부(2019). 제15차(2019년) 청소년건강행태조사 통계, pp. 298-299.

2) 청소년 성매매 현황

청소년은 현행법상으로 성매매를 할 수 없는 연령층이기 때문에 청소년의 성매매는 인터넷의 채팅 사이트나 스마트폰 등을 통해 개인적으로 접촉하여 익명으로 이루어지는 특성이 있어 그 현황을 정확하게 파악하기가 어렵다. 그럼에도 사이버상에서 성매매 유인을 당하거나 강요받은 경험이 있거나 스토킹이나 성희롱을 당한 경험이 초 · 중 · 고생 모두에게서 나타나고 있다(표 7-4 참조). 여성가족부(2018, p. 110)의 '2018년 청소년 매체이용 및 유해환경 실태조사' 결과에 의하면 사이버상의 성폭력 피해 경험은 초등학교, 중학교, 고등학교 전반에서 나타났으며, 2016년에 비해 2018년에 증가하는 경향을 보였고, 초등학생의 증가 경향이 현저하게 나타났다.

〈표 7-4〉 청소년의 사이버상의 스토킹과 조건만남 경험 (복수응답, 단위: 명, %)

<table>
<tr><th colspan="3">구분</th><th>사례수</th><th>사이버(인터넷) 스토킹이나 성희롱을 당함</th><th>사이버(인터넷) 조건만남(성매매) 유인을 당하거나 강요받음</th></tr>
<tr><td colspan="2" rowspan="2">전체</td><td>2016</td><td>15,623</td><td>0.5</td><td>–</td></tr>
<tr><td>2018</td><td>15,604</td><td>0.6</td><td>0.2</td></tr>
<tr><td rowspan="4">성별</td><td rowspan="2">남자</td><td>2016</td><td>8,147</td><td>0.3</td><td>–</td></tr>
<tr><td>2018</td><td>8,089</td><td>0.4</td><td>0.2</td></tr>
<tr><td rowspan="2">여자</td><td>2016</td><td>7,476</td><td>0.7</td><td>–</td></tr>
<tr><td>2018</td><td>7,514</td><td>0.8</td><td>0.2</td></tr>
<tr><td rowspan="6">학교급</td><td rowspan="2">초등학교</td><td>2016</td><td>4,460</td><td>0.2</td><td>–</td></tr>
<tr><td>2018</td><td>4,732</td><td>0.5</td><td>0.2</td></tr>
<tr><td rowspan="2">중학교</td><td>2016</td><td>5,247</td><td>0.6</td><td>–</td></tr>
<tr><td>2018</td><td>4,921</td><td>0.6</td><td>0.2</td></tr>
<tr><td rowspan="2">고등학교</td><td>2016</td><td>5,917</td><td>0.5</td><td>–</td></tr>
<tr><td>2018</td><td>5,951</td><td>0.7</td><td>0.2</td></tr>
</table>

주: 1) 제시된 성폭력 유형에 대해 한 가지라도 경험해 본 적이 있는 응답자 비율임.
2) 무응답을 제외하고 분석한 결과임.

출처: 여성가족부(2018). 2018년 청소년 매체이용 및 유해환경 실태조사, p. 110.

'2016 성매매 실태조사' 결과(여성가족부 보도자료, 2017. 5. 2.)에서도 청소년의 조건만남을 통한 성매매가 상당한 수준임이 드러났다. 즉, 성매매 · 가출 등 위기를 경험한 19세 미만 청소년 응답자 173명 중 '조건만남 경험이 있다.'고 응답한 비율은 61.8%[107명, 16세 이하 68.9%(45명)]이었고, 가출 후 처음 조건만남을 한 경우가 70.7%이고, 과거 학교를 다니면서 조건만남 경험이 있는 경우도 51.4%로서 재학 중에도 조건만남이 이루어지고 있었다. 조건만남 청소년 중 74.8%가 채팅앱(37.4%)과 랜덤채팅앱(23.4%), 채팅사이트(14%)로 상대를 만난 것으로 나타났다(그림 7-2, 그림 7-3 참조). 여기서 채팅앱은 1:1 채팅, 화상채팅 등을 하는 애플리케이션이고, 랜덤채팅앱은 불특정한 상대방과 채팅 또는 쪽지를 주고받는 애플리케이션이다.

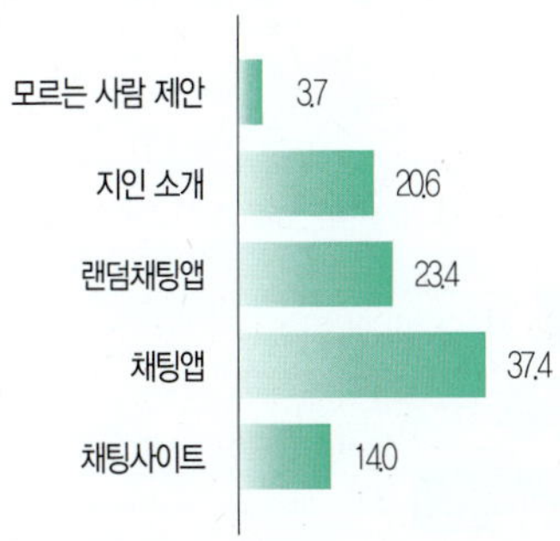

[그림 7-2] 조건만남 주요 경로: 1순위(%)

출처: 여성가족부 보도자료(2017. 5. 2.).

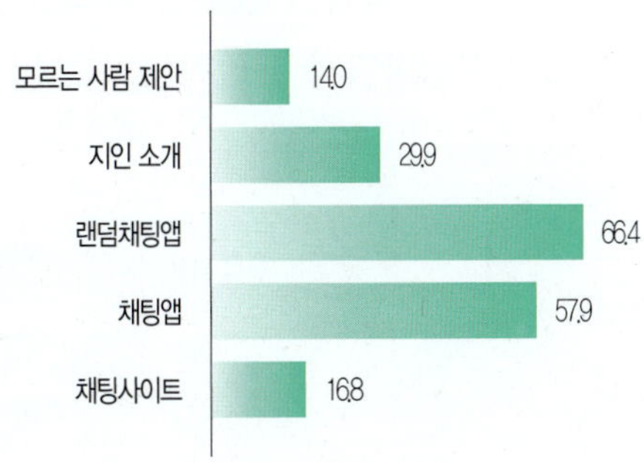

[그림 7-3] 조건만남 주요 경로: 1+2순위(%)

출처: 여성가족부 보도자료(2017. 5. 2.).

조건만남을 하게 된 이유는 '갈 곳/잘 곳이 없어서' 29.0%, '친구들이 하자고 해서' 16.8%, '타인의 강요에 의해' 13.1%의 순이었고, 조건만남의 대가(복수응답)는 '돈'이 87.9%로 대부분을 차지하고 있으며, '갈 곳/잘 곳' 42.1%, '필요한 물건' 39.3%, '음식/식사' 38.3%의 순이었다(그림 7-4, 그림 7-5 참조)

[그림 7-4] 조건만남을 하게 된 이유(%)

출처: 여성가족부 보도자료(2017. 5. 2.).

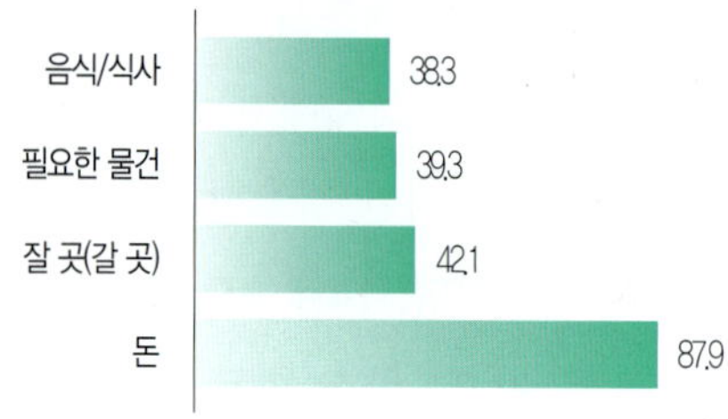

[그림 7-5] 조건만남의 대가(복수응답, %)

출처: 여성가족부 보도자료(2017. 5. 2.).

조건만남 중 65.4%가 '신체적 · 정신적 피해'를 경험했으며, 피해내용(복수응답)은 '약속한 돈보다 적게 주는 경우'(72.9%), '콘돔 사용 거부' (62.9%), '임신/성병'(48.6%) 순이었다(그림 7-6 참조). 하지만, 피해를 당해도 절반(48.6%)은 주변 등에 도움을 요청하지 않았는데(그림 7-7 참조), 그 이유는 '사람들이 알게 될까 봐', '내가 처벌받을까 두려워'였다(그림 7-8 참조).

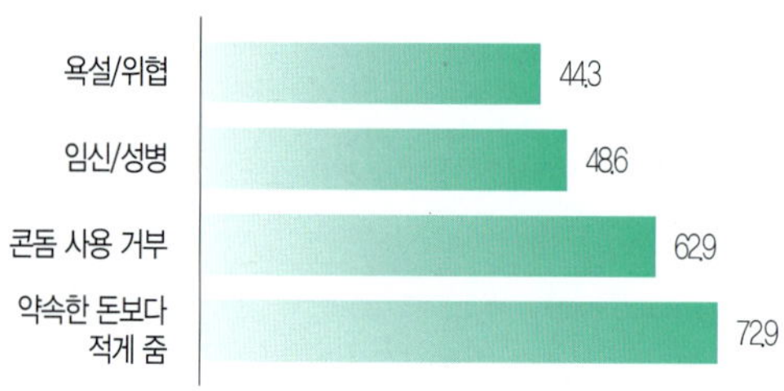

[그림 7-6] 조건만남 중 피해내용(복수응답, %)

출처: 여성가족부 보도자료(2017. 5. 2.).

[그림 7-7] 피해에 대한 도움 요청 경험(%)

출처: 여성가족부 보도자료(2017. 5. 2.).

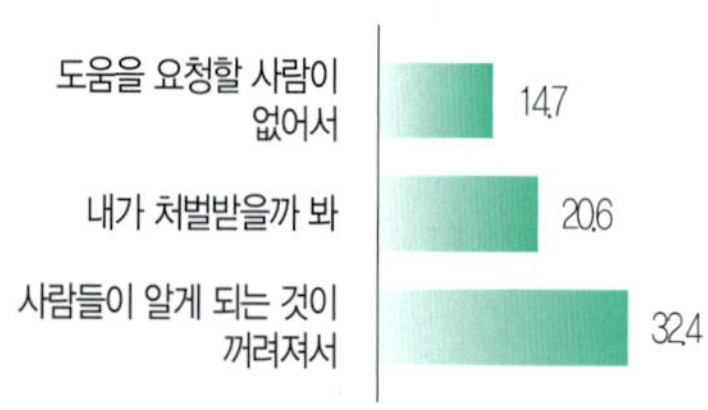

[그림 7-8] 도움을 요청하지 않은 이유(%)

출처: 여성가족부 보도자료(2017. 5. 2.).

청소년은 조건만남 근절을 위해 '조건만남 상대 남성에 대한 강력한 처벌'(49.1%), '불법 랜덤채팅앱에 대한 수사 및 처벌 강화'(12.7%)가 필요하다고 응답했다. 조건만남을 그만둔 이유(복수응답)로는 '상담기관/쉼터 선생님의 도움'이 61.0%로 가장 많았으며, 다음으로 '나 혼자의 의지와 노력'(46.3%), '가족의 도움'(19.5%) 순으로 나타났고(그림 7-9 참조), 조건만남 근절을 위해 가장 필요한 정부정책으로는 '조건만남 상대 남성에 대한 강력한 처벌'(49.1%)이었으며, '불법 랜덤채팅앱에 대한 수사 및 처벌 강화'(12.7%), '스마트폰 앱 이용 나이 제한'(8.7%), '성매매 피해청소년에 대한 불처벌'(8.1%) 등이었다(그림 7-10 참조).

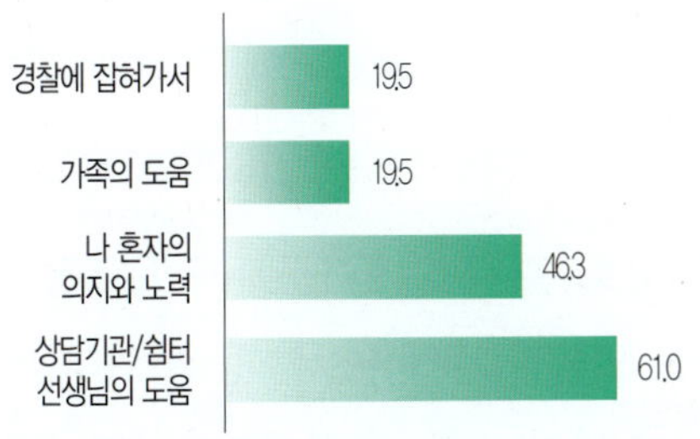

[그림 7-9] 조건만남을 그만 둔 이유(복수응답, %)

출처: 여성가족부 보도자료(2017. 5. 2.).

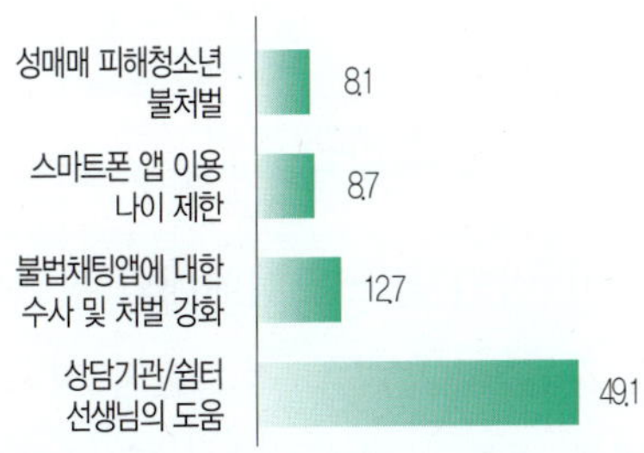

[그림 7-10] 조건만남 근절을 위한 정부정책(%)

출처: 여성가족부 보도자료(2017. 5. 2.).

2017년 신상정보 등록대상자를 중심으로 13세 미만의 아동과 13~19세 미만의 청소년 대상의 성범죄 동향을 분석한 김지영 · 황지태 · 최수형 · 김현아(2018)의 결과에서도 4,201건 중 835건(19.9%)이 아동을 대상으로 한 성범죄고, 3,250건(77.4%)이 청소년을 대상으로 한 성범죄였다. 이 중 성매수 430건, 성매매 강요 126건, 성매매 알선 298건 등으로 그 수가 결코 적지 않았으며, 가해자의 연령은 20대가 26.5%로 가장 많았다. 피해자인 아동과 청소년의 연령별 분포를 보면, 전체의 45.0%가 16세 이상으로 가장 많았고, 13~15세 32.3%, 7~12세 18.3%의 순이었으며, 성매매 강요, 성매매 알선이 13~15세에서 가장 많이 발생하였다. 아동과 청소년이 성매매를 경험한 경로는 메신저, SNS, 스마트폰 애플리케이션 등을 이용한 인터넷채팅을 통해 알게 된 경우에 성매수, 성매매 강요, 성매매 알선의 순이었다.

청소년의 성매매는 인터넷을 통한 채팅이 가장 많아 인터넷에 접속하여 채팅방에서 사이버섹스를 즐기다가 번섹(번개섹스)을 하기도 하고 성매매에 어느 정도 익숙해지면 굳이 채팅을 이용하지 않고 또래친구로부터 소개를 받기도 한다. 최근의 청소년 성매매 수단은 인터넷 이외에 모바일에 의한 랜덤채팅사이트나 채팅앱 등을 통한 조건만남으로 급속히 변화하고 있다. 그러므로 청소년은 SNS상에서 아무런 보호막 없이 성폭력이나 성매매 위험에 노출되어 있다.

5. 성매매 청소년을 위한 복지서비스와 과제

1) 성매매 청소년관계법

우리나라의 청소년 성매매와 관련된 관계법규로는 「형법」, 「아동복지법」, 「청소년복지 지원법」, 「아동 · 청소년의 성보호에 관한 법률」, 「성매매알선 등 행위의 처벌에 관한 법률」, 「성매매방지 및 피해자보호 등에 관한 법률」 등이 있다. 우리나라와 달리 많은 선진국에서는 '성매매(prostitution)'라는 용어 대신 '성착취(sexual exploitation)'라는 용어를 사용하고 있으며, 의제 강간 최저 연령도 16세를 기준으로 삼고 있다.

국가인권위원회는 2017년 6월 15일 「아동 · 청소년의 성보호에 관한 법률 일부개정법률안」(김삼화 의원 2017. 2. 13. 발의, 남인순 의원 2016. 8. 8. 발의)에 대해 "1. 현행 「아동 · 청소년의 성보호에 관한 법률」상 '대상아동 · 청소년' 규정을 '피해아동 · 청소년'으로 개정하여 이들이 성매매 범죄의 피해자임을 분명히 하고, 성매매 아동 · 청소년에 대한 보호처분 규정을 삭제하고 이들에 대한 보호와 지원을 강화하는 것이 바람직함."이라는 의견 표명을 하였다. 위원회는 이러한 의견 표명 판단에 대해 법률의 취지가 "청소년의 성을 사는 행위, 성매매를 조장하는 온갖 형태의 중간매개행위 및 청소년에 대한 성폭력행위를 하는 자들을 강력히 처벌하고, 성매매와 성폭력행위의 대상이 된 청소년을 보호 · 구제하는 장치를 마련함으로써 청소년의 인권을 보장하고 건전한 사회구성원으로 복귀할 수 있도록 하여 상업적 청소년 성착취 근절대책을 강화하고자" 하는 것이었음을 밝혔다. 이러한 점에서 위원회는 "현행 「아동 · 청소년의 성보호에 관한 법률」의 취지가 규율의 주안점을 '성을 파는 청소년'이 아니라 '성을 사는 구매자'에게 두고, 성매매와 성폭력 행위의 대상이 된 청소년을 성매매의 대상이 된 아동 · 청소년을 성매매의 피해자가 아니라 선도의 대상으로 보는 관점에서 여전히 '대상 아동 · 청소년'으로 명명하고 있다는 점을 지적하였다. 또한, 위원회는 경제적 · 심리적으로 취약한 상황이 해소되지 않은 상태인 성매매 피해 아동 · 청소년에게 사회가 지속적이고 안정적인 보호를 제공해야 할 필요성이 큼에도 현행 법률은 이들에게 '처벌'로 인식되고 작용하는 보호처분을 부과할 수 있도록 규정하고 있어 피해 아동 · 청소년이 자신의 성매매 사실을 외부에 알려 도움을 요청하기 어렵게 하고, 이를 악용하는 성구매자와 알선자에 의해 지속적으로 성매매를 강요당하는 등 성매매에서 벗어나는 것을 어렵게 하는 요인이 되기도 한다고 지적하였다. 따라서 위원회는 성매매의 대상이 된 아동 · 청소년을 '대상아동 · 청소년'이 아닌 '피해아동 · 청소년'으로 규정함으로써 이들이 성매매 범죄의 피해자임을 분명히 하고, 성매매 아동 · 청소년에 대한 보호처분 규정을 삭제하여 이들에 대한 보호와 지원을 강화함으로써 성매매 아동 · 청소년으로 하여금 본인의 피해 사실을 외부에 알릴 수 있게 하여 성매매 유입 및 재유입을 효과적으로 방지하는 것이 바람직하다는 요지로 개정을 권고하기도 하였다. 실제로 프랑스, 일본, 독일은 성 구매 및 판매 청소년은 처벌하지 않으며, 미국은 18세 미만 성매매 아동 · 청소년에게 보호처분이나 형사처분을 하지 않는다(김예원, 2019).

한편, 아동 · 청소년에 대한 성매매 처벌과 관련하여 「성매매처벌법」에서는 벌칙 조항을 두어 최대 10년 이하의 징역 또는 1억 원 이하의 벌금에 처하도록 하고 있다. 「청소년성보호법」에서는 아동 · 청소년을 강간한 사람은 무기징역 또는 5년 이상의 유기징역에 처하도록 하고 있고(제7조), 아동 · 청소년 성착취물을 제작 · 수입 또는 수출한 자는 무기징역 또는 5년 이상의 유기징역에 처하도록 하고 있으며(제11조), 아동 · 청소년의 성을 사는 행위를 한 자는 1년 이상 10년 이하의 징역 또는 2천만 원 이상 5천만 원 이하의 벌금에 처하도록 하고 있는데(제13조), 최근

16세 미만의 아동 · 청소년 및 장애 아동 · 청소년을 대상으로 성을 사는 행위를 한 자 혹은 성을 사기 위하여 청소년을 유인하거나 성을 팔도록 권유한 자는 그 죄에 정한 형의 2분의 1까지 가중처벌(2020. 5. 19. 신설, 2021. 6. 9. 시행)하도록 개정하였다. 또한, 아동 · 청소년 대상 성범죄의 피해자 또는 보호자를 폭행이나 협박으로부터 보호하기 위해 합의를 강요한 자는 7년 이하의 유기징역에 처하도록(제16조) 규정하고 있다. 이와 관련하여 여성가족부의 '2016 성매매 실태조사' 중 성매매에 대한 인식조사(남성 1,050명, 여성 1,084명)에서 「성매매처벌법」 인지 여부는 남성 86.7%로 여성 81.3%보다 5.4% 더 높았으며, '성매매 처벌' 인지 여부는 남성 86.5%, 여성 85.8%로 남녀가 비슷한 인지율을 보였다. 이처럼 성매매가 처벌될 수 있다는 것에 대해서는 많은 사람이 인지하고 있었다.

2) 성매매 청소년을 위한 복지실천과 과제

청소년의 가출 증가와 그로 인한 청소년 성매매의 증가 등이 사회문제로 대두되면서 이를 위한 사회적 · 법적 · 제도적 대응에 대해 범정부적인 차원에서 다각적인 방안을 모색하고 있으나 여전히 그 효과는 미흡하다.

첫째, 성매매는 성매매 강요와 알선을 모두 포함하고 있으므로 이의 용어를 성매매에서 성착취로 변경해야 한다. 그 이유는 성착취로 변경하게 되면 아동과 청소년이 가해자로부터 어떤 대가를 받거나 성행위에 동의하였다는 것으로 아동과 청소년에게 책임이 있다는 인식을 변화시킬 수 있기 때문이다(이수정, 2019). 이에 국가인권위원회는 2019년 9월 9일 국회 계류 중인 「청소년성보호법 개정 촉구」에 대해 성인의 아동 · 청소년에 대한 성매매는 성착취 또는 성학대 범죄이고, 아동 · 청소년은 연령과 상관없이 성매매의 피해자임을 분명히 해야 한다는 위원장 성명을 발표한 바 있다. 최근의 아동과 청소년의 성매매는 인터넷과 스마트폰 앱을 매개로 이루어지고 있고, 소비를 위해 성매매를 하기도 하며, 저연령화되는 경향이 있고, 성매매로 인한 인권 침해에 대한 경각심이 낮은 경향이 있다. 성매매 혹은 성착취는 권력 불균형이 존재하는 관계일 수 있으므로 아동과 청소년의 권리 보호 측면에서 이를 근절할 수 있는 법률 개정이 하루 속히 이루어져야 한다.

아동과 청소년 대상의 성범죄는 의사결정능력이 미약한 자를 대상으로 한다는 점, 범죄피해가 신체적 피해뿐만 아니라 정신적 피해도 크고, 지속적이며, 피해자 개인 및 부모와 가족 모두에게 미치는 영향이 크다는 점에서 이를 원천적으로 차단할 방안을 모색해야만 한다(김지영 · 황지태 · 최수형 · 김현아, 2018, p. 29). 국가인권위원회의 성명에서도 분명히 명기하고 있듯이 청소년 성매매의 원인은 청소년 개인요인에서부터 가족, 학교와 사회 · 문화적 요인에 이르기까지 다양하기 때문에 이의 원인에 대한 심층적 분석을 통한 복지 실천이 이루어져야 한다.

참고

국회 계류 중인 「청소년성보호법 개정 촉구」 국가인권위원장 성명 (2019. 9. 9.)

– 성인의 아동 · 청소년에 대한 성매매는 성착취 또는 성학대범죄 –
– 아동 · 청소년은 연령과 상관없이 성매매의 피해자임을 분명히 해야 –

국가인권위원회(위원장 최영애)는 '대상 아동 · 청소년'을 '피해 아동 · 청소년'으로 개정하는 것을 주요내용으로 하는 「아동 · 청소년의 성보호에 관한 법률 일부개정법률안」의 조속한 처리를 바라며, 아래와 같이 성명을 발표합니다.

익명이 보장되는 채팅앱 등 사이버 공간을 통해 성인이 성매매를 목적으로 아동 · 청소년에게 쉽게 접근할 수 있습니다. 하지만 신체적 · 정신적 발달과 성장과정에 있는 아동 · 청소년은 성인이 쉽게 접근한 성매매로 인해 건강한 발달과 인격형성이 저해되고, 대인관계의 어려움, 정신적 불안 등 치유하기 어려운 상처를 오랫동안 남깁니다.

우리 위원회가 2016년 발표한 아동 · 청소년 성매매 관련 실태조사[성매매에 이용된 아동 · 청소년(19세 미만) 52명의 설문조사 결과]에 따르면, 처음 성매매를 경험한 나이는 평균 15.7세이고, 13~14세가 전체의 10.6%를 차지하고 있습니다. 또한, 성매매 방식은 '스마트폰 채팅앱'이 59.2%로 가장 높게 나타났으며, 설문응답자 중 약 61%의 아동 · 청소년이 가출 후 주거, 일자리, 경제문제 등의 절박한 상황에서 성매매로 이어졌다고 답하였습니다.

유엔 아동권리위원회는 성인은 신체적 능력, 경제적 여건 등 모든 면에서 아동 · 청소년에 비하여 우위에 있기 때문에 '불법적이거나 심리적으로 유해한 성적 행위를 하라고 아동을 설득하거나 강요하는 것'을 '성적학대와 착취'라고 정의하고 있으며, 실제로 미국, 캐나다 등 여러 나라에서 성인에 의해 성매매의 대상이 된 아동 · 청소년을 '피해 아동 · 청소년'으로 보호하고 있습니다.

그러나 「아동 · 청소년의 성보호에 관한 법률」은 성매매 아동 · 청소년을 "대상 아동 · 청소년"으로 규정하여 실질적인 '처벌'로 인식되는 보호처분을 부과할 수 있도록 하고 있습니다. 이 때문에 피해 아동 · 청소년이 자신의 성매매 피해사실을 외부에 알려 도움을 요청하기 어려우며, 또한 성구매자나 알선자가 이런 점을 악용하여 지속적으로 성매매를 강요하는 등 피해를 가중시키고 있습니다. 이를 개선하기 위한 해당 법률의 개정안이 현재 국회 법제사법위원회에 계류 중에 있습니다.

아동 · 청소년의 성매매가 표면적으로는 자발성을 지니는 것처럼 보인다고 할지라도, 가출 후 생계를 위해 성매매에 연루되거나, 성매매를 부추기는 구매자나 알선자에 의해 성매매에 연결되는 등 실질적으로는 비자발적인 성매매에 해당하는 경우가 많습니다.

이에 우리 위원회는 위 법률개정안(2017. 7.)에 대해 성매매 범죄의 상대방이 된 아동 · 청소년을 '대상 아동 · 청소년'에서 '피해 아동 · 청소년'으로 개정하여 이들이 성매매 범죄의 피해자임을 분명히 하고 이들에 대한 보호와 지원을 강화하는 것이 바람직하다는 의견을 표명하였습니다.

법무부는 해당 법률의 개정 취지에는 동의하나, 자발적 · 상습적 성매매 아동 · 청소년에 대한 적절한 대책의 마련이 필요하며, 모든 성매매 아동 · 청소년을 피해자로 보기는 어렵다는 논리로 해당 법률의 개정에 반대하고 있습니다.

한편, 최근 개정된 법에 따르면, 13세 이상 16세 미만 아동 · 청소년의 궁박한 상태를 이용하여 간음 · 추행 시 처벌하는 규정을 도입했으나, 이는 13세 이상 16세 미만의 아동이 궁박한 상태였음을 입증하지 못하거나, 16세 이상 아동의 경우는 여전히 피해자가 아니라고 보고 있는 것입니다.

그러나 가치관과 판단능력이 성숙되어가는 과정에 있는 모든 아동 · 청소년의 성매매는 성인과는 다른 맥락으로 접근해야 합니다. 사회적 · 경제적 약자인 아동 · 청소년에 대해서는 자발성이나 동의 여부 등에 상관없이, 이 법상 모든 성매매 아동 · 청소년을 연령 제한 없이 피해자로 보호하여야 합니다. 이에 우리 위원회는 국회가 전향적인 태도로 「아동 · 청소년의 성보호에 관한 법률」상 '대상 아동 · 청소년'을 '피해 아동 · 청소년'으로 개정할 것을 촉구합니다.

2019. 9. 9.

국가인권위원회 위원장 최영애

둘째, 성매매 청소년을 위한 복지실천은 사후적 개입보다 청소년 사이에 확산되고 있는 성매매 문제를 차단하고 이러한 문제가 발생하지 않도록 사전에 예방하는 것이 무엇보다 중요하다. 그러나 그동안 우리 사회는 성매매 문제에 대한 사후적 개입에 치중함으로써 이의 예방이나 홍보 등에 대한 정책적 개입이 미흡했었다. 사전 예방을 위해 청소년의 가출을 방지하고, 가출 이후의 상황을 청소년이 명확히 알 수 있도록 계몽 활동을 전개할 필요가 있다. 청소년 성경험의 연령이 점차 하향화되면서 성매매 연령도 낮아질 수 있으므로 적극적인 예방 차원에서 초등학생을 포함하는 성매매 예방교육을 실시할 필요가 있다. 따라서 초등학생의 눈높이에 맞는 교육용 콘텐츠를 개발하여 실시해야 한다. 여성가족부(2018, pp. 124, 126)의 '2018년 청소년 매체이용 및 유해환경 실태조사'에 의하면 2018년에 성매매 예방교육을 받은 경험률은 66.3%로서 남학생(69.5%)이 여학생(62.8%)보다 더 많았고, 고등학생(67.7%)이 중학생(64.5%)보다 더 많았다. 이러한 성매매 예방교육은 '도움이 되었다'는 응답이 52.9%, '매우 도움이 되었다'는 응답은 14.7%로서 어느 정도 도움이 되는 것으로 나타났기 때문에 이에 대한 교육을 보다 더 강화할 필요가 있다.

한편, 청소년을 대상으로 왜곡된 성가치관을 예방하고 성매매가 자신의 삶에 미치는 부정적 영향에 대해 정확히 인식하도록 하고, 원치 않는 성매매에 보다 적극적으로 대처할 수 있는 역량을 길러 주어 성매매에 유입되지 않도록 적극적이고 지속적으로 교육해야 한다. 2018년 한 해 동안 청소년의 84.6%가 성교육을 받은 경험이 있고(초등학교 77.0%, 중학교 90.0%, 고등학교 86.2%), 도움이 된다는 응답(초등학생 92.3%, 중학생 74.9%, 고등학생 61.3%)이 많았으므로 보다 적극적으로 성교육을 실시할 필요가 있다. 그러나, 성인용 콘텐츠 피해가 증가하고 있는 상황에서 그에 대한 예방 교육은 2016년 60.8%에서 2018년 51.3%로 오히려 더 낮아졌다. 초등학교(93.1%)와 중학교(66.5%)의 경우에 그에 대한 교육이 '도움이 된다'는 응답이 비교적 높게 나타난 것을 고려할 때 이와 관련한 교육을 증가시킬 필요가 있다. 그 외에도 청소년에게는 성적 충동을 일으키는 인터넷 음란물, 음란비디오, 음란 인쇄매체 등의 유해매체에 대한 부정적인 영향에 대해서도 교육할 필요가 있다.

이러한 차원에서 여성가족부와 지방자치단체는 「아동 · 청소년의 성보호에 관한 법률」에 따라 청소년의 건전한 성가치관 조성과 성범죄 예방을 위하여 청소년 대상의 성교육 전문기관으로 2007년 21개소를 시작으로 2018년 현재 전국 16개 시 · 도에 47개소의 청소년성문화센터를 설치, 운영하고 있다(https://shp.mogef.go.kr/shp/front/anony/edu/anonyYngBgs.do?menuNo=82080100에서 2021. 2. 6. 인출). 이곳에서는 청소년 스스로 자기주도적, 실천적 체험학습을 통해 올바른 성지식을 습득하도록 하여 건강한 성정체성과 자아존중감을 지닌 개인으로 성장하도록 지원하고 있다. 이와 함께 지역 간 교육 편차를 줄이기 위해 2011년부터 45인승 버스를 개조하여 청소년성문화센터의 주요 콘텐츠를 탑재한 후 농 · 산 · 어촌 등에 찾아가는 성교육이 가능한 이동형 청소년성문화센터를 도입하여 현재 11개를 운영하고 있다(여성가족부, 2018, pp. 337-338). 또한, 성희롱과 성폭력을 근절하기 위하여 여성가족부는 2019년 신고 전부터 사건 처리까지 피해자가 두려움 없이 신고할 수 있는 제반 여건 조성에 초점을 맞춘 성희롱 · 성폭력 신고시스템 개선방안을 마련하였다. 그 결과, 민간 · 공공 구분 없이 분야별 지원내용, 사건 처리 절차 등을 종합상담하는 성희롱 · 성폭력 근절 종합지원센터를 2020년 1월부터 개설하여 운영하고 있다. 이외에도 선별도구를 통해 보다 효과적으로 성매매 고위험 청소년을 선별하여 이들에 대한 보다 체계적인 교육이 실시되어야 하고, 공교육 차원에서 청소년의 성매매를 예방하는 교육프로그램을 실시하여야 한다.

셋째, 가출이나 학교중도탈락 등으로 성매매 상황에 처해 있는 청소년을 보호할 수 있는 다각적인 접근방법을 모색할 필요가 있다. 최근에는 성매매가 학교폭력의 한 형태로 발생하고 있어 친구나 선배의 강요에 의해 원치 않는 성매매를 하는 경우도 있고, 보증금 없는 원룸이나 오피스텔에 함께 기거하면서 성매매 조직처럼 움직이는 가출팸과 또래포주 등이 생겨나고 있으므로 이들에 대한 단속과 감시를 위해 오피스텔이나 원룸 등을 집중적으로 감독하고 관리할 필요가 있다. 가출하여 성매매 강요나 알선범죄 피해자는 성폭력범죄 피해자에 비해 더 많다. 이는 가출 생활 중 생활비 마련을 위해 성매매에 노출될 가능성이 클 수 있다는 것을 시사하는 것이므로 가출청소년에 대한 실효성 있는 보호 · 지원대책이 마련되어야만 한다

(김지영 외, 2018, p. 183). 따라서 이들을 위한 청소년쉼터, 청소년상담실 등의 보호시설과 기관을 확대하고 원치 않는 성매매로 신체적 · 정신적 피해를 보고 있는 청소년을 조기에 찾아내어 그들에게 적합한 심리적 · 의료적 지원을 할 수 있도록 학교 내외의 전문상담사와 사회복지사와의 연계가 원활한 체계적인 네트워크 형성이 필요하다. 동시에 「성매매방지 및 피해자보호 등에 관한 법률」과 「아동 · 청소년의 성보호에 관한 법률」 등에서 명시하고 있는 청소년지원시설, 청소년쉼터, 성매매피해상담소 등에 보다 쉽게 접근하여 이용할 수 있도록 그 수를 확대하여 운영해야 한다. 또한, 성매매 혹은 성착취 가해자의 실질적인 처벌을 위해 「아동 · 청소년의 성보호에 관한 법률」에 알선, 조장, 유인에 관한 조항을 포함시키고, 유인과 권유에 관련된 조항에 '온라인 그루밍'을 포함시켜야 한다(이수정, 2019). 뿐만 아니라, 가출에 의한 성매매 발생률이 높으므로 가출을 미연에 방지할 수 있는 가정의 역량 강화를 위한 상담이나 서비스 지원 등의 다각적인 복지지원대책도 마련해야 한다.

넷째, 성매매 경험이 있는 청소년을 대상으로 성매매의 동기, 기간, 경험 정도에 따라 다양한 유형의 사회적 서비스를 강화하고 확대할 필요가 있다. 「아동 · 청소년의 성보호에 관한 법률」에서는 검사가 성매수 대상 청소년에게 교육과정 또는 상담과정 이수를 결정할 수 있도록 규정하고 있다. 그리하여 여성가족부는 성매매 구조 청소년 등 위기청소년의 긴급구조와 일시보호를 위한 맞춤형 치료 · 재활 프로그램(40시간)을 개발하고 위기청소년교육센터를 지정하여 교육 및 상담 · 사례관리를 실시하고 있다(여성가족부, 2018, p. 329). 성매매를 경험한 청소년은 성매매 경험을 통해 정신적 · 육체적 폭력이 일상화되었을 가능성이 크므로 이들의 신체적 · 정신적 회복과 사회구조적 차원에서 성매매 문제를 인식하도록 도와주어야 한다. 청소년에게는 문화적 욕구를 충족시키는 다양한 활동 프로그램, 기술 및 직업훈련과 함께 진학에도 중점을 두는 프로그램, 건전한 직업가치관 확립을 도와줄 수 있는 프로그램, 청소년 일자리 창출 프로그램, 빈곤 가정 및 청소년에 대한 복지서비스, 성매매 청소년을 위한 상담 및 치료 활동 강화 프로그램, 관계형성 및 성주체성 형성을 위한 프로그램 등 다차원적인 융합형 프로그램을 개발하여 제공해 주어야 한다.

청소년은 다른 연령대와 달리 문화를 받아들이는 속도가 빠르므로 이를 고려한 체계적인 시스템이 필요하다. 즉, 사이버상담의 체계적인 확대 운영과 아웃리치를 기반으로 한 이동형 오프라인 상담시스템 운영, 상담과 숙식을 함께 제공하는 긴급 일시 지원, 지역사회 청소년통합지원체계(CYS-Net)와의 공조 및 이의 성매매 위기 청소년 지원 기능의 강화, 자활지원센터를 활용한 자립지원 프로그램과 서비스 개발 및 확대 운영 등도 필요하다(이미정 외, 2014, p. x). 이것이 효과를 거두기 위해서는 성매매 청소년의 개인별 특성에 기초한 맞춤형 프로그램으로 접근할 필요가 있다.

한편, 성매매 청소년이 가정과 사회로 복귀하기 위해서는 이들의 자립역량을 강화하고, 고충을 처리해 줄 수 있는 기관을 전국적으로 운영해야 한다. 이를 위해 정부 차원에서는 「청소년복지 지원법」에 근거하여 가출청소년을 위한 청소년쉼터를 일시(7일 이내), 단기(3~9개월) 및 중장기(3년, 1년 단위로 연장)쉼터로 특성화하여 설치, 운영하고 있다. 청소년쉼터는 가출청소년을 일정 기간 보호하면서 상담, 주거, 학업, 자립 등을 지원해 준다(여성가족부, 2018, pp. 525-526). 또한, 「성매매방지 및 피해자보호에 관한 법률」에 따라 청소년지원시설에서 성매매 피해자인 청소년을 1년의 범위 내에서 숙식 제공, 취학과 교육 또는 자립지원(19세에 달할 때까지 지원 기간 연장 가능)이 가능하도록 명문화하였다. 그에 따라 현재 성매매 피해 청소년에 대한 교육과 지속적인 맞춤형 지원과 사례 관리를 실시함으로써 이들이 안정적으로 정착할 수 있도록 지원하고 있다. 이외에 추가적으로 성매매 현장에 대한 아웃리치 등을 통해 성매매여성의 재유입을 방지하기 위한 사업 등을 지속적으로 지원, 실시하고, 청소년 성매매에 노출된 청소년을 단순히 범법자로 보기보다는 청소년 복지서비스를 제공받을 권리를 가진 대상자로 보는 사회적 측면에서의 시각 전환도 필요하다.

다섯째, 성매매 청소년은 자신을 둘러싼 사회적 지지망이 형성되어 있지 않거나 형성되어 있다 하더라도 매우 약하다. 특히, 대부분의 성매매 청소년은 공통적으로 가족문제를 내포하고 있어 부모나 형제로부터 다양한 지지를 받기 어렵다. 가정 안에서 지지를 받지 못하는 청소년은 학교나 사회로부터의 지지도 받기 어렵다. 그러므로 이들을 위한 부모-자녀 관계 개선 프로그램, 건전한 또래집단 형성 프로그램 등의 다양한 사회정서지원 프로그램뿐만 아니라 부모를 대상으로 한 부모교육 프로그램을 개발하고 실시하여 바람직한 사회적 지지망을 형성하고 넓힐 수 있도록 지원해 주어야 한다(이춘화 · 조아미, 2005). 특히, 가족 간의 불화와 폭력, 경제적 빈곤, 학교생활의 부적응(따돌림), 성폭력 등을 이유로 청소년이 가출한 경우에는 가정이나 학교로부터 충분한 관심과 보살핌을 받지 못하기 때문에 이러한 청소년에 대한 가족 지원 및 돌봄과 지원을 제공해 줄 수 있는 사회적 관심과 제도적 지원도 확대되어야 한다.

여섯째, 청소년 성매매는 인터넷 채팅사이트 등을 통한 사후적 만남이나 개별 접촉을 통해 익명으로 이루어져 실제로 어떻게 성매매가 이루어지는지에 대한 구체적인 정보를 획득하는 것이 쉽지 않다. 또한, 성매매 알선 사이트 서버가 해외에 있는 경우에는 해당 사이트의 운영자를 파악하거나 사이트의 폐쇄 조치도 불가능하다. 최근에는 가출청소년뿐만 아니라 일반청소년도 채팅사이트나 채팅앱을 통해 인터넷 성매매에 쉽게 노출되어 성폭력, 사기, 납치, 변태행위 강요 등의 인터넷 성매매 피해 경험과 사이버 공간을 통한 청소년의 인권 침해와 범죄행위가 늘고 있는 실정이어서 이에 대한 대책 마련이 필요하다. 그러므로 청소년 성착취나 성매매를 근절하기 위해서는 채팅앱을 운영하는 온라인 대화 서비스 제공자에 대한 성매매 관련 정보 관리 및 신고의무 부과와 함께 성매매 알선 및 조장에 대한 책임 소재에 대해 논의해야만 한다.

아동 · 청소년 대상 성매매 알선범죄를 예방하기 위해서는 새로운 사이버 성매매 환경을 규제하고 사이버에 의한 아동 · 청소년 대상 성매매 알선 범죄자 및 알선 조직을 단속하기 위한 대책이 시급하다. 최근에는 스마트폰을 통해 10대를 유혹하는 애플리케이션까지 생겨나고 있어 스마트폰 채팅앱, 랜덤채팅앱, SNS 기반 오픈채팅방 등 온라인 공간이 아동 · 청소년 성매매 유인의 온상이 되고 있다. 조건만남을 아동 · 청소년의 자발적 성매매 창구로 인식하는 경향이 많으나 사실상 성매매 알선조직이 스마트폰 채팅앱 등을 통해 아동 · 청소년을 알선하고 있다. 앱을 통해 아동 · 청소년을 유인하는 이러한 상황을 억제하기 위해 정부는 앱 개발자와 운영자에 대한 철저한 관리와 앱을 이용하여 정보를 제공하는 프로세스에 대한 관리 · 감독을 철저히 해야 한다(조진경 외, 2017, p. 123; 김지영 외, 2018, p. 183 재인용). 청소년 성매매 실태조사 결과(여성가족부 보도자료, 2017. 5. 2.), 조사대상 성매매 조장 웹사이트 108개 가운데 성인인증을 요구하는 것은 15.7%에 불과했다. 모바일 앱의 경우도 성매매 조장 앱 317개 중 278개(87.7%)가 본인인증이나 기기인증 없이 사용할 수 있고, 개발자가 제시한 사용 연령은 17세가 66.2%(210개)로 가장 높은 비율을 차지했다. 그러므로 정부는 변화하는 사이버 성매매 환경을 광범위하게 규제하고 처벌할 수 있는 관련 법령을 정비해야 하며, 사이버 성매매 환경을 지속적으로 감시하고 신고할 수 있는 민간 영역의 모니터링 활동을 지원, 발전시켜야 한다(이기연, 2016, p. 142; 김지영 외, 2018, p. 183 재인용). 성매매 알선범죄는 피해자에 대한 폭행, 성폭력 등이 함께 이루어지고 피해가 반복적이고 지속적인 특징을 지니고 있어 조기 단속과 처벌이 중요하다(김지영 외, 2018, p. 183). 따라서 정부는 청소년이 주로 이용하는 스마트폰에서의 조건만남을 기술적으로 차단할 수 있는 프로그램의 개발과 정보통신기기에 대한 규제 강화 등을 통해 불건전정보로부터 청소년을 보호할 수 있는 기반을 마련해야 한다. 이를 위해 관련 기관은 아동 · 여성 · 장애인 경찰지원센터, 온라인 신고기능, 온라인 상담 등의 서비스를 제공하는 채팅앱 내 안전드림과 연동될 수 있는 신고버튼을 의무적으로 개설하여 신고를 보다 쉽게 할 수 있도록 해야 한다(이수정, 2019). 뿐만 아니라, 「정보통신망 이용촉진 및 정보보호 등에 관한 법률(약칭: 정보통신망법)」, 「아동 · 청소년의 성보호에 관한 법률」 등의 관련법을 개정하여 인터넷을 통한 성매매 방지와 규제를 위한 근거 조항 마련과 아동과 청소년에 대한 그루밍(grooming) 성범죄(정신적 길들이기를 통한 성범죄)에 대한 처벌 규정도 마련해야 하고, 13세가 되기 전에 13세 미만인 사실을 알고 성관계를 한 경우에 적용되는 형법상의 미성년자 의제 강간 연령을 다수의 국가에서 16세를 기준으로 하고 있는 바, 이를 상향조정할 필요가 있다(김혜원, 2019). 또한, 성매매 알선 사이트에 대한 단속을 강화함과 동시에 인터넷 포털업체의 음란물 근절에 대한 단속 강화와 음란물 관련법 규정에 대한 홍보와 캠페인을 지속적으로 실시하고, 정부 주도의 규제뿐만 아니라 민간의 자율적인 규제

방안을 적극적으로 마련하여 아동과 청소년 보호를 위한 기업의 사회적 책임도 강화(이현숙, 2019)해야 한다.

일곱째, 청소년 성매매의 가장 큰 폐해 중 하나가 성구매자로부터 성을 사는 행위 이외에 강간, 강제추행, 폭행, 감금, 영상 촬영, 성매매 대가 갈취 등의 다른 범죄와 함께 이루어지는 것이다. 현재 성매매를 한 청소년을 보호처분 등의 처벌을 할 수 있도록 되어 있는데 이는 성구매자가 청소년의 성매매 행위에 대해 범죄로 처벌될 수 있다고 청소년을 협박할 수 있는 빌미를 제공함으로써 성매매 청소년을 더욱 취약한 상황에 처하게 만들 수 있다. 따라서 청소년을 보호처분이 아닌 교육을 통해 탈성매매를 하도록 유도하는 방안의 마련이 필요하다(이미정 외, 2014, p. 93). 이와 관련하여 청소년의 성 가치관은 사회문화의 반영임을 고려할 때 청소년을 대상으로 하는 성교육뿐만 아니라 청소년의 성을 사는 성매수자를 대상으로 하는 교육도 확대해야 한다. 동시에 청소년 성매매 및 성매매유인에 대한 사법당국의 단속도 강화하고 성매매와 관련된 중간매개자(포주), 성구매자 등에 대한 처벌도 강화해야 하며, 경찰, 검찰 등 수사 담당자의 인권의식 향상과 전문성도 확보할 필요가 있다(박선영, 2016, p. 190). 이러한 노력을 통해 우리 사회의 성에 대한 가치관과 향락문화를 변화시키려는 다각적인 방안을 모색해야 한다. 박영란, 윤덕경, 황정임과 이찬진(2004)의 성매매에 대한 의식조사 결과, 우리나라 국민은 성매매에 대한 이중적인 인식을 갖고 있었다. 즉, 성인 남성 2명 중 1명(43%)은 성매매가 인간의 존엄성을 해치는 행위라고 인식하는 반면, 성매매가 남자의 성욕 해소 등을 위해 필요하다고 생각하는 사람도 42%나 되었다. 이러한 이중적인 인식은 가부장적인 성문화, 접대문화, 군대문화 등을 통해 성매매가 보편화되는 현실로 이어지며, 청소년 성매매의 증가와도 무관하지 않다. 따라서 다수의 성인과 청소년은 여전히 청소년 성매매를 청소년 착취나 폭력이라고 인식하지 못하고 있어 그에 대한 인식 전환을 위한 교육과 건전한 성인식 및 성행동에 관한 건전한 가치관 확립을 위한 교육과 캠페인이 필요하다.

생각해 볼 문제

1. 인터넷을 통한 조건만남을 해결할 수 있는 방안과 이를 예방할 수 있는 정책이나 프로그램 혹은 앱 개발 등에 대해 생각해 봅시다.
2. 우리나라와 외국의 성착취 관련 정책을 비교하고 이에 대해 토론해 봅시다.
3. 학교급별에 적합한 성교육 프로그램의 내용과 이의 교육방법에 대해 생각해 봅시다.
4. 성착취 청소년의 가정복귀를 위한 국가적 차원의 프로그램 개발에 대해 생각해 봅시다.
5. 그루밍 성범죄 등 온라인상의 성착취에 대해 생각해 보고, 이들에 대한 처벌의 찬반과 관련 법규의 제 · 개정에 대해 생각해 봅시다.

Chapter
8

청소년과 가출

많은 청소년이 부모의 안정적인 보살핌 속에서 가정생활을 하지 못하고 가정 밖으로 내몰리는 상황에서 가출을 시도하거나 가출 충동을 경험한다. 청소년을 가정 밖으로 밀어내는 상황에는 우울이나 충동성과 같은 성격요인, 가정폭력이나 학대, 빈곤, 가족해체 등과 같은 가족요인, 학업스트레스나 교사 및 또래로부터의 낮은 지지, 유해한 사회적 환경 등과 같은 요인이 복합적으로 작용한다. 특히, 최근에는 대부분의 가출청소년이 가정에서 버틸 수 없는 상황 때문에 생존을 위해 가정 밖으로 나올 수밖에 없는 상황임을 강조하며, 청소년 개인의 의지나 동기로 집을 나온 듯한 어감을 주는 '가출청소년'이라는 용어 대신, '가정 밖 청소년'이라는 용어를 사용하기 시작하였다. 그러나 아직 '가출청소년'이라는 용어가 함께 사용되고 있으므로, 본 장에서는 이해를 돕기 위해, '가출청소년'을 넓은 의미로 해석하여 '가정 밖 청소년'이라는 용어와 함께 사용하였다. 본 장에서는 가출청소년, 즉 가정 밖 청소년을 이해하고 이에 대한 적절한 개입방안을 모색하기 위하여 정의 및 유형을 살펴보고, 원인 및 현황, 문제를 정리한 후 이들에게 필요한 복지 정책 및 서비스를 고찰하였다.

1. 가출청소년(가정 밖 청소년)의 정의 및 유형

성인으로서 독립적인 생활을 하기 전인 청소년기까지는 안정된 가정에서 부모의 보호를 받으며 성장하는 것이 바람직하지만, 가정에서 생활하지 못하고 가정 밖으로 벗어나는 청소년이 있다. 가정 밖에서 생활하는 청소년을 흔히 가출청소년이라고 하는데, 이 용어는 가출의 원인과 책임을 청소년에게서 찾는 듯하며, 청소년이 집 밖에서 생활하게 된 다양한 상황을 포함하지 못한다는 지적과 함께, 국가인권위원회에서는 2017년 '가출청소년' 대신 '가정 밖 청소년'이라는 용어로 대체할 것을 권고한 바 있고(황진구 · 김지연, 2020, p. 75), 많은 연구에서 '가정 밖 청소년'으로 대체할 필요성을 강조하고 있다(김지연 · 정소연, 2014, p. 17; 김희진 · 백혜정 · 김은정, 2018, pp. 21-24; 이형기 · 김태훈 · 유한석 · 이승범 · 조범수 · 진성일 · 한상준, 2019, p. 1). 그러나 아직 청소년 관련법들은 개정되지 않았으므로, 본 장에서는 가출청소년과 가정 밖 청소년을 문맥에 따라 혼용하도록 하겠으며, 먼저 가출청소년(가정 밖 청소년)의 개념을 이해하기 위해서 정의와 유형을 살펴보고자 한다.

1) 가출청소년(가정 밖 청소년)의 정의

청소년이 가출하게 되는 상황은 매우 다양하다. 호기심 또는 심각한 가족문제 때문에 적극적인 의지로 집을 나오는 가출뿐만 아니라, 부모로부터 집에서 쫓겨나는 경우, 아동학대나 가정폭력으로 집에서 버틸 수 없는 경우, 빈곤이나 가족해체 등으로 계속 지낼 수 있는 집이 없어지는 경우, 범죄나 사고를 당해서 귀가가 어려워진 경우도 가출상황에 포함이 된다.

그래서 청소년에게 가출의 원인이나 책임을 묻는 듯한 '가출청소년'이라는 용어보다는 다양한 상황을 모두 포함하는 중립적인 용어로서 현재의 상태를 의미하는 '가정 밖 청소년'이라는 용어가 최근에는 더 많이 사용되고 있다. '가정 밖 청소년'이 되는 상황은 다양하며, 각각의 상황을 구분하여, 쫓겨난 청소년, 홈리스청소년, 노숙청소년, 실종청소년이라는 용어를 사용하기도 한다.

일반적으로 가출은 부모의 허락 여부, 연령, 기간 등을 고려하여 정의하는데, 기본적으로 보호자의 동의나 허락 없이 집에서 벗어나는 행위로서 보호자가 소재를 알지 못하는 경우여야 한다. 그리하여 White(1989)는 가출을 '부모의 허락을 받지 않은 18세 미만의 청소년이 24시간 이상 집에 들어가지 않은 것'으로 정의하였다(김성이 · 조학래 · 노충래, 2004, p. 229 재인용). 이 정의는 개인의 의지에 따라 '집에 들어가지 않는 것'으로 가출을 규정하여 가출에 대한 책임을 청소년 개인에게만 둠으로써 가출을 극히 단순하게 접근하는 문제가 있다.

그러나 상당수의 청소년에게 가출은 개인적인 어려움이나 가족 상황에 대처하기 위한 방법이다(Kurtz, Lindsey, Jarvis, & Nackerud, 2000, p. 382). 그러므로 청소년가출을 비행이나 일탈의 개념이 아니라 생존을 위한 적응의 관점에서 정의해야 한다는 관점이 있다. 특히, 집을 나온 행위에 초점을 맞춰서 이를 일탈로 규정하고 귀가시키는 데 개입의 초점을 맞추기보다는 이들이 집을 나올 수밖에 없는 상황을 살펴보고 이들을 보호하고 이들에게 필요한 적절한 서비스를 제공하는 데 초점을 맞춰야 한다는 점이 강조되고 있다.

그래서 최근에는 '가출청소년'이라는 용어를 '가정 밖 청소년'으로 대체하고 '보호자의 동의 없이 하루 이상 무단 귀가하지 않거나, 상당한 기간 동안 일정한 주거가 없거나 주거로서의 적절성이 낮은 곳에서 생활하는 24세 이하 청소년'으로 정의하고 있다(김지연 · 정소연, 2014, p. 17).

이러한 관점에서 볼 때 가출청소년(가정 밖 청소년)은 '24세 이하의 청소년이 보호자의 허락 없이 24시간 이상 집을 나오거나 집에서 쫓겨나 보호자에게 소재를 알리지 않은 상황에서 주거불안정성을 경험하고 있는 청소년'이라고 할 수 있다. 이들 청소년은 거리나 쉼터에서 생활하거나 안정된 거주지를 확보하지 못하여 생활상의 어려움을 겪게 되므로 적절한 보호가 필요하다. 여기서 연령은 「아동복지법」의 규정에 따라 18세 미만으로 규정되기도 하고, 보호해야 할 청소년을 고등학교 연령까지 포함하는 「청소년 보호법」의 규정에 따라 19세 미만으로 규정하지만, 최근 19세 이상 24세 이하 청소년도 보호대상으로 확대해야 한다는 점이 강조되고 있다. 집을 벗어나 있는 기간은 연령에 따라 하룻밤, 12시간, 혹은 24시간 등으로 각기 다르게 적용하고 있으나 우리나라에서는 대체로 24시간을 가출로 규정하고 있다. 그러나 24시간 이내라고 하더라도 보호자가 가출로 판단할 수 있는 근거를 확실히 제시할 수 있다면 가출로 규정할 수 있다.

2) 가정 밖 청소년의 유형

청소년가출을 이해하기 위해서는 청소년이 집을 나오게 된 다양한 상황을 이해할 필요가 있다. 청소년 본인의 개인적 이유로 집을 나온 가출청소년, 어떤 이유로든지 집에서 쫓겨난 청소년, 홈리스청소년 혹은 노숙청소년, 실종청소년 등으로 그 유형을 구분하고 있으며, 원인과 상관없이 현재 집 밖에서 지내고 있는 모든 청소년을 '가정 밖 청소년'이라고 한다. 실은 다양한 원인이 중복적으로 복잡하게 작용하는 상황이 많아서 이들 유형을 구분하기는 쉽지 않고, 구분하는 것 자체가 의미 없다는 주장도 있어서 '가정 밖 청소년'이라는 용어가 선호되는 듯하다. Volpi(2002, p. 7)는 다음과 같이 가출청소년의 개념적 특성을 그림으로 표현한 바 있다(김지연 · 정소연, 2014, p. 16 재인용).

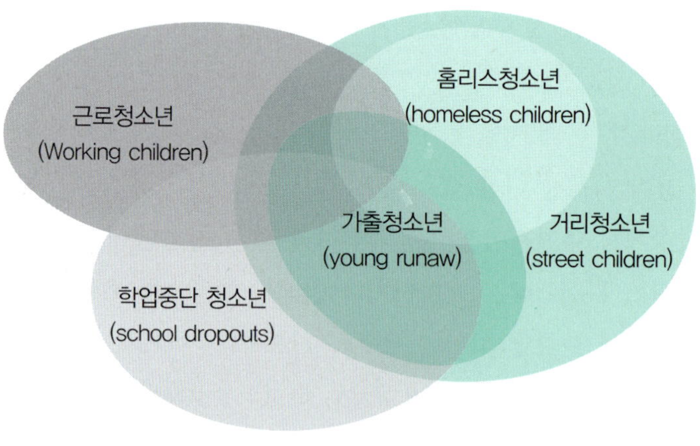

[그림 8-1] 가출청소년의 개념적 특성

출처: Volpi(2002), p. 3; 김지연 · 정소연(2014). 가출청소년 보호지원 실태 및 정책과제 연구. 서울: 한국청소년정책연구원. p. 16 재인용.

또한, 가출청소년과 가정 밖 청소년에 대한 용어의 차이를 개입, 목표, 사회적 시각으로 구분하여 설명하면 아래 [그림 8-2]와 같다(김희진 · 백혜정 · 김은정, 2018, p. 24).

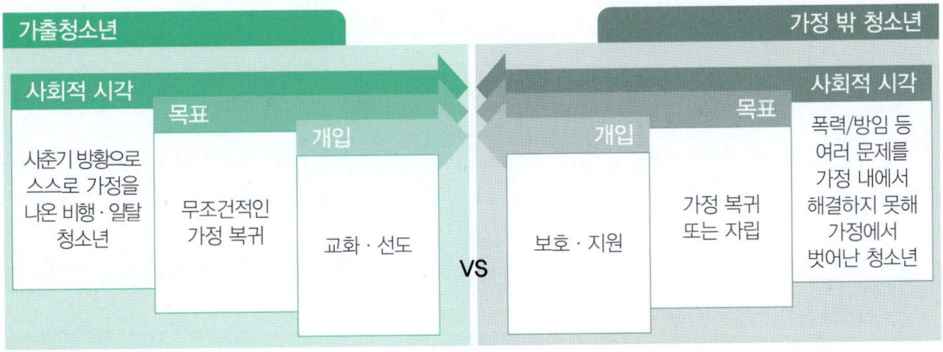

[그림 8-2] 가출청소년과 가정 밖 청소년: 인식의 변화

출처: 김희진 · 백혜정 · 김은정(2018). 가정 밖 청소년의 실태와 자립지원 방안 연구. 세종: 한국청소년정책연구원. p. 24.

(1) 가출청소년(runaways)과 쫓겨난 청소년(thrownaways)

청소년가출은 개인적인 이유나 동기에 의해 집을 나오는 경우와 청소년 자신이 해결할 수 없는 다양한 가족문제와 상황 때문에 집에 있을 수 없거나 부모의 강요나 요구에 의해 쫓겨나는 상황으로 구분할 수 있다. 김향초(2004)는 우리나라 가출청소년의 절반가량은 부모로부터 학대를 견디다 못해 가출한다고 보고하였다. 미국(1990)에서도 해마다 50만 명이 가출을 하며, 10만 명 정도는 쫓겨나는 상황이다(Fin-kelhor et al., 1990; Halcon & Lifson, 2004 재인용). 또한, 미국법무부 청소년비행예방국(2002, p. 2)은 14세 이하와 15세 이상을 구분하여 가출 기간을 달리 규정하면서 청소년 자신의 의지에 따른 가출과 부모로부터 쫓겨나는 상황을 구분하여 설명하고 있다.

첫째, 가출(runaway)은 다음 중 하나의 요건을 충족시키는 사건이다.

① 아동이 허락 없이 집을 나가 하룻밤 이상을 지낸다.

② 14세 이하의 아동(혹은 정신적 연령을 기준으로)이 집을 나가 하룻밤 이상을 지낸 후, 예정된 귀가 시간에 의도적으로 귀가하지 않는다.

③ 15세 이상의 아동이 집을 나가 이틀 밤 이상을 지낸 후 의도적으로 귀가하지 않는다.

둘째, 쫓겨나는 상황(throwaway)은 다음 중 하나의 요건을 충족시키는 사건이다.

① 아동의 보호자가 적절한 보호 방안 없이 아동에게 집을 나가라고 요구하여 하룻밤 이상을 지낸다.

② 집을 나온 아동이 적절한 보호 방안 없이 보호자로부터 귀가를 거부당한 채 하룻밤 이상을 지낸다.

이와 비슷하게 영국에서도 가출(runaway)을 '청소년이 하룻밤 이상을 집 밖에서 지내는 상황'으로 규정하면서 청소년 본인의 의도와 보호자의 요구에 기초하여 세 가지 상황으로 분류하고 있으며, 나이에 대해서는 15세 혹은 17세까지로 차이를 보인다(Ree, Franks, Raws, & Medforth, 2005, p. 1).

첫째, 가출(running away)은 청소년이 집을 떠나기로 결심한 경우이다.

둘째, 외박(staying away)은 부모의 허락 없이 집 밖에서 머무는 상황으로 집에서 벗어난 상태에서 귀가하지 않기로 결심한 경우이다.

셋째, 쫓겨남(thrown away)은 부모나 보호자에 의해 집을 나가라고 요구당한 경우이다.

가출청소년(runaways)과 쫓겨난 청소년(thrownaways)을 구분하는 것은 가출이 단지 청소년 개인에게 문제가 있는 것이 아니라 어쩔 수 없는 가정 상황이 있음을 파악하게 해 준다는 점에서 의미가 있다.

(2) 가출청소년(runaways)과 홈리스청소년(homeless youth) 및 노숙청소년(street youth)

집에서 벗어난 상황과 관련하여 홈리스청소년(homeless youth) 혹은 노숙청소년(street youth)이라는 용어도 사용되고 있다. 가출이 집을 적극적으로 나온 상황이라고 한다면, 홈리스는 머물 수 있는 집이 없는 상황으로 이해될 수 있다. 한편, 노숙은 집에서 적극적으로 나온 것인지 머물 수 있는 집이 없는 것인지와 상관없이 거리에서 생활하고 있는 상황이라 할 수 있다.

미국에는 50만 명에서 2백만 명의 홈리스청소년이 있는데 14세에서 21세까지로 연령이 다양하고, 주로 심각한 가정문제가 원인이 되어 발생하는 것으로 보고되고 있다. 영국은 16세 이상은 가출이 아니라 홈리스로 분류하고 있다(Ree et al., 2005).

Halcon과 Lifson(2004)은 홈리스청소년이 모두 같은 상황에 있는 것이 아니라고 지적하였다. 그들은 홈리스청소년은 신체적 · 성적 학대로부터 피해 가출을 한 상황, 가족들이 원치 않아서 쫓겨난 상황, 청소년 본인이 약물중독이거나 약물중독 가족에 속했던 상황, 가족이 노숙생활을 하는 상황 등 다양하다고 설명하였다. 노숙청소년(street youth)의 경우는 장기적으로 홈리스인 상황으로부터 매우 짧은 시간 동안의 홈리스인 상황이 모두 포함된다. 또한, Aviles와 Helfrich(2004)는 홈리스청소년이 미국에서 가장 취약한 집단이라는 점을 지적하면서 5가지 유형으로 분류하였다.

첫째, 가출청소년으로 자발적으로 집을 떠난 청소년이다.
둘째, 쫓겨난 청소년으로 집을 떠나라는 요구를 받고 집을 나온 청소년이다.
셋째, 노숙청소년으로 쉼터 등의 보호처 없이 거리에서 생활하는 청소년이다.
넷째, 쉼터생활청소년으로 홈리스쉼터에서 생활하는 청소년이다.
다섯째, 시스템청소년으로 주정부 교도소나 보호시설에 수감 중인 청소년이다.

한편, Zide와 Cherry(1992)는 집을 떠난 원인에 따라 가출과 홈리스청소년의 상황을 4가지로 분류하였다(Kurtz et al., 2000, pp. 382-383).

첫째, 가족을 떠난 상황(running to)으로 모험을 찾아 집을 나온 상황이다. 이들 청소년은 귀가는 잘하지만 노숙생활을 하게 되면 위험한 행동을 한다.

둘째, 가족으로부터 벗어난 상황(running from)으로 알코올, 가정폭력, 방임 등과 같은 갈등상황이나 위험한 가족상황으로부터 벗어나고자 집에서 나온 상황이다.

셋째, 가족에 의해서 쫓겨난 상황(thrown out)으로 흔히 학교문제나 비행문제로 가족들로부터 집을 떠나도록 요구받은 상황이다.

넷째, 가족에 의해서 버려진 상황(forsaken)으로 가족으로부터 더 이상 경제적 지원을 받을 수 없게 된 상황이다. 대체로 이러한 청소년은 주거가 불안정하여 쉼터, 그룹홈, 위탁가정, 정신병원, 노숙 등을 전전하게 되며, 약물중독, 비행, 성병, 10대 임신, 학업중퇴, 폭력 등의 문제에 노출될 위험이 높다.

(3) 가출청소년(runaways)과 실종청소년(missing youth)

실종은 청소년이 집에서 없어지는 상황에 초점을 두어 규정한다. 부모나 보호자는 청소년이 집을 나가 귀가하지 않으면, 이 상황이 가출인지, 사고인지, 혹은 유괴인지 알 수 없는 경우가 많다. 그러므로 미국의 실종 · 착취아동센터(The National Center on Missing & Exploited Children)에서는 '12시간 혹은 하룻밤 동안에 자발적으로 실종되는 것'을 아동의 가출로 보고(CWLA, 2005, p. 2), 12시간이나 하룻밤 이내라도 보호자가 아동이 가출했다고 믿을 만한 이유가 있는 경우에는 가능하면 신속하게 가출신고를 해야만 한다고 규정하고 있다. 또한, 이 센터는 어떤 상황에서도 보호자는 18세 미만의 청소년이 12시간이나 하룻밤 이상을 보호자로부터 이탈되었다면 가출로 신고하도록 하고 있는데, 특히 다음과 같은 상황에서는 12시간이나 하룻밤이 지나지 않았어도 가출로 규정하고 있다.

첫째, 가출했다고 보호자에게 직접 말했거나 친구 등에게 말한 경우

둘째, 귀가 시간을 어겼고, 귀가하지 않을 것이라고 보호자가 믿을 만한 이유가 있는 경우

셋째, 본인이나 친구 등이 보호자에게 접촉해서 귀가하지 않겠다고 말한 경우

넷째, 옷과 같은 물건들이 모두 혹은 일부 없어진 경우
다섯째, 학령기이거나 혹은 그보다 어리거나 장애가 있는 경우
여섯째, 최근에 보호시설 배치가 바뀐 경우
일곱째, 예전에 가출한 적이 있는 경우

미국에서는 18세 미만의 청소년이 실종된 상황을 본인의 의지에 따른 가출(run-away)과 타인이나 가족원에 의한 유괴(abduct), 그 밖에 소재가 파악되지 않는 경우(lost)로 분류하고 있다. 실제로 청소년이 없어진 상황에서 자발적으로 보호자로부터 이탈한 상황인지 혹은 누군가에 의해 유괴를 당한 경우인지, 아니면 단순히 길을 잃어버렸는데 귀가할 방법을 모르는 것인지, 어떤 사고가 생긴 것인지는 귀가하여 확인하기 전까지는 알 수가 없다. 우리나라에서도 1991년 3월, 5명의 청소년이 실종되었다가 10년 만인 2001년 9월 사망한 채로 발견된 사건이 있었다. 개구리를 잡으러 간다고 집을 나갔다가 실종되었기 때문에 '개구리소년'이라는 사건명으로 불렸는데, 초기에 청소년의 집단가출로 방향이 설정되었기 때문에 수색이 늦어졌다고 지적된 바 있다. 그러므로 청소년가출은 보다 분명하게 규정하여 상황별로 효과적으로 접근할 수 있어야 한다.

영국에서도 가출과 실종을 구분하여 접근하며, 실종의 여러 유형의 하나로 가출을 규정하고 있다. 영국의 ACPO(The Associaton of Chief Police Officers)는 실종인을 사라질 당시의 상황이 어떻든지 간에 행방이 묘연한 사람으로 정의하고 있으며, 실종자의 위치나 건강 그 밖의 다른 것들이 분명하게 밝혀질 때까지 실종된 것으로 보고 있다. 이와 더불어 실종을 개인이 평소 익숙한 사회적 네트워크나 개인적 관계로부터 분리되는 사회적 상황이 발생하고, 그 관계망 안에 있던 사람들이 한 개인의 부재를 그 사람이 사회적으로 해 오던 일들의 단절로 인식하여, 실종자를 찾아야겠다는 도덕적 의무감을 느끼고 없어진 사람을 공식적인 절차를 통해 신고하는 것으로 보고, 실종인의 유형을 가출인, 버려진 사람들, 타의에 의해 실종된 사람들, 연락처를 잃어버린 사람들, 본인의 의사와는 상관없이 연고가 없는 사람들로 구분하기도 한다(실종아동전문기관, 2008, p. 46; 김종우 · 김성천 · 박은미 · 정

익중 · 강병권, 2015, p. 16-17 재인용). Ree, Franks, Raws와 Medforth(2005)의 연구에 의하면 보호자들이 경찰에 가출로 신고한 경우도 많았지만 신고하지 않은 경우도 많았다. 이들의 보고에 의하면 65%의 가출청소년은 최근에 가출상황을 부모나 보호자 등이 경찰에 신고하지 않았고, 실종으로 신고된 많은 청소년은 가출이 아니라 사고나 기타 이유로 찾을 수 없는 경우였다. 그러므로 보호자가 경찰에 가출로 신고한 경우와 실제의 가출은 구분되어야 한다.

우리나라의 「실종아동 등의 발견 및 유전자 등에 관한 규칙」(행정자치부령) 제2조에 따르면, 실종아동을 '단순실종아동'과 '범죄실종아동'으로 구분하여, 가출하거나 단순히 길을 잃은(미아) 경우는 '단순실종'으로 규정하고, 약취 · 유인 · 유기 · 사고 등과 같이 범죄가 의심되는 경우나 처음에는 단순실종아동이었지만 범죄와 연루된 경우는 '범죄실종아동'으로 규정하였다. 그리고 '단순실종아동'은 본인이 집을 나간 '자발적 단순실종'과 단순미아처럼 집을 잃은 '비자발적 단순실종'으로 나눈다(김종우 외, 2015, p. 16). 이 규정에 따르면, 가출은 실종의 범주에 포함되며, 실종 중에서 '자발적 단순실종'으로 구분된다.

2. 청소년가출의 원인

가정 밖 청소년이 되는 원인은 다양하다. 청소년은 단순한 호기심과 충동 혹은 학업에 대한 압박이나 비행친구의 유혹 때문에 가출하기도 하지만 부모와의 갈등, 가정폭력, 아동학대, 방임, 가족해체 등으로 더 이상 집에서 생활하기 어려운 상황이 되어 집을 나오거나 내쫓기기도 한다. 대개는 주된 요인으로 가족요인을 들고 있고, 그 외 학교요인이나 개인요인, 사회적 요인 등 다양한 요인이 복합적으로 작용한다.

가출 경험이 있는 청소년을 대상으로 한 2019년의 조사연구에서도 가출 원인으로는 부모님과의 문제(불화, 폭행, 간섭 등)가 61.7%로 가장 높게 나타났으며, 그 다음으로는 학업에 대한 부담과 성적 등 학업문제(15.9%), 친구와 함께하기 위해서

(9.6%), 가정의 경제적 어려움(2.3%), 학교문제 때문에(1.1%) 순으로 나타났다(김영지 · 김희진 · 이민희 · 김진호, 2019, pp. 321-322).

이러한 조사결과와 선행연구들(김영지 외, 2019; 남영옥, 2001; 박영호 · 김태익, 2002; 정혜영 · 안옥희, 2001; 유서구 · 김응수 · 김윤나 · 서보람 · 강현우, 2012; 한상철, 2000; Aviles & Helfrich, 2004; Pollio, Thompson, Tobias, Reid, & Spitznagel, 2006; Thompson, Zittel-Palamara, & Maccio, 2004)에 따라 청소년이 가출을 하게 되는 원인은 개인요인, 가족요인, 학교요인, 사회적 요인으로 크게 나눠 볼 수 있으며, 이들 요인이 복합적으로 작용한다.

1) 개인요인

가정 밖 청소년의 특성에 관한 연구들에 따르면, 이들은 자아개념이 낮고, 충동적이며, 대인관계가 원만하지 않고, 자신감이나 인내심이 부족하며, 정서적으로 불안하거나 우울하고, 쉽게 화를 내는 경향이 있다(한상철, 2000; Thompson et al., 2004). 특히, 정서적으로 문제가 있는 청소년의 경우에는 가출을 반복하기도 한다(Baker, McKay, Lynn, Schlange, & Auville, 2003). 일반청소년과 다른 심각한 심리 · 정서적, 성격적 장애가 있어 이런 특성이 가출 행동에 직접적인 요인이 된다는 연구들도 있다(남영옥, 2001).

청소년의 가출은 개인 특성과 관련된 요인뿐만 아니라 다른 상황적 요인들에 의해 함께 영향을 받는다. 즉, 비행 친구의 유혹이 있을 때, 자아개념이 낮고 충동적이고, 우울 · 불안 성향이 있고, 낮은 자아정체감을 지닌 청소년으로 하여금 그렇지 않은 청소년에 비해 상대적으로 더 쉽게 가출하게 한다(남영옥, 2001).

2) 가족요인

가족은 가장 중요한 가출요인이다. 부모와 다른 가족구성원들과의 관계, 가정환경적 요인 등 다양한 가족요인이 청소년의 가출에 결정적으로 영향을 미친다(Aviles & Helfrich, 2004; Bake et al., 2003; Halcon & Lifson, 2004; Thompson et al., 2004; Thompson & Pilai, 2006; 김정남 · 박미랑, 2020; 이형기 외, 2019: 2). 가정 밖 청소년이 되게 하는 가족상황은 다음의 세 가지로 구분해 볼 수 있다.

첫째, 직접적인 원인이 가족인 경우이다. 예를 들면, 부적절한 부모역할에 의한 부모와의 갈등, 청소년 본인에 대한 신체적 · 정서적 · 성적 학대, 부부간의 폭력, 부모의 알코올중독이나 정신장애 등과 같은 요인 때문에 청소년이 이러한 가족상황에서 벗어나고자 가출하게 된다.

둘째, 가족이 가출을 막지 못한 경우이다. 가족은 청소년이 학교문제나 또래문제, 혹은 비행 등과 같은 문제가 발생하였을 때 청소년을 보호하고 지도해야 하는데 부모가 적절한 기능을 수행하지 못하면 결과적으로 가출을 막지 못하는 상황이 된다.

셋째, 발달상의 과정으로 가출을 시도하게 된 상황이다. 그전까지 부모와 안정된 관계를 유지해 오던 경우에도, 청소년기가 되면 부모로부터 심리적으로 독립하는 과정에서 빈번하게 갈등을 경험하기도 한다. 부모의 훈육을 간섭으로 느끼거나 자립에 대한 욕구 등으로 가출 충동을 느껴 가출하기도 한다.

가족기능이나 가족문제의 측면과 아울러 가족구조의 영향도 크다. 미국의 경우에 가출청소년의 상당수는 친부모와 함께 살고 있지 않았던 것으로 나타났다(Baker et al., 2003, p. 84). 국내 연구에서도 쉼터를 이용하는 청소년은 가출 전에 약 1/4 정도만 친부모와 함께 살았으며, 1/3 이상은 부모 중 한 사람과 생활하고 있었던 것으로 조사되었고(남미애 · 홍봉선, 2007, pp. 51-52), 양부모가정보다는 한부모가정이나 조손가정청소년의 가출 경험 비율이 높았다는 보고도 있다(김영지 외, 2019, p. 320).

3) 학교요인

청소년의 가출에 대해 또래와의 관계, 교사와의 관계, 학교환경 등 다양한 학교요인들이 영향을 미칠 수 있다. 청소년기는 다른 어떤 발달단계보다도 친구의 영향이 중요한 시기로서 가족보다 또래집단과 보내는 시간이 많고, 그 영향력도 크다. 또래집단에 대한 소속감이나 승인이 청소년의 자아존중감이나 긍정적인 자기개념에 상당한 영향을 주게 되는데, 한 명의 친구와도 사귈 수 없거나 또래집단으로부터 인정받지 못하면 우울이나 자살충동 등을 경험하기도 한다. 이와 같은 맥락에서 가까운 친구나 또래집단의 가출에 동조하거나, 함께 가출을 실행하기도 한다.

또한, 학교에서 보내는 시간도 점차 증가하게 되어 청소년기가 되면 대부분의 시간을 학교에서 보내게 되므로 학교생활은 청소년에게 중요하다. 교사와의 관계와 친구들과의 관계, 입시 위주의 학업성취 중심적인 학교환경 등이 청소년의 학교적응에 영향을 준다. 가출청소년의 경우에 지각, 결석, 정학이나 중퇴, 학교폭력 등의 학교 관련 문제들을 보이고(Kurtz, Jarvis, & Kurtz, 1991; 이형기 외, 2019, p. 2), 학교스트레스가 가출 충동 및 가출을 예측하는 요인으로 확인되었으며(박영호 · 김태익, 2002; 정혜영 · 안옥희, 2001), 학업성적이 낮은 청소년의 가출 경험이 높았는데(김영지 외, 2019, p. 320), 어떤 이유든지 학교적응에 실패하면 결국 학교로부터 탈출을 시도하게 되고, 이것이 바로 가출로 이어지기도 한다.

4) 사회적 요인

청소년을 둘러싼 다양한 유해환경들은 청소년의 가출을 촉발하고 유지하는 요인이 될 수 있다. 빠르게 발달하는 인터넷은 청소년의 가치관에 부정적인 영향을 줄 수 있는 무분별한 정보를 무차별적으로 제공함으로써, 청소년의 삶에 상당한 영향을 미쳐 가출의 한 요인으로 작용할 수 있다(조성연 · 방은령, 2002). 각종 불법 유흥업소 역시 청소년을 끌어들이고 가출 후 은신처로 활용되고 있다(박영호 · 김태익, 2002).

또한, 청소년의 가출은 시대적 특성을 반영하기도 하는데, 특정한 시대의 가출 유형은 그 시기의 사회적 · 경제적 · 문화적 배경에 따라 달라진다. 예를 들면, 1960년대 전후의 주된 가출유형은 가난을 떨치고 성공하기 위해 새로운 기회를 찾아 나서는 '탈출형', '도시 동경형' 가출이었던 반면, 1980년대부터는 단순가출이나 욕구불만, 또래집단의 충동 등으로 인한 가출 등으로 다양해졌다. 그러므로 가출을 비행청소년의 문제나 탈선으로 보기보다는 10대의 달라진 생활반경과 생활방식의 문제로 인식해야 한다는 지적도 있다(민가영, 2007, pp. 10-14). 최근에는 청소년 가출을 개인의 일탈로 보는 시각에서 벗어나, 살길을 찾아 집 밖으로 나와서 생존하기 위해 버티고 있는 것으로 사회적 인식이 전환되어야 함을 강조하며, 가정 밖 청소년이라는 용어를 사용하자고 제안되고 있다(김지연 · 정소연, 2014, p. 17; 김희진 · 백혜정 · 김은정, 2018, pp. 21-24; 이형기 외, 2019, p. 1).

3. 가출청소년(가정 밖 청소년)의 현황 및 문제

1) 가출청소년(가정 밖 청소년)의 현황

가출청소년(가정 밖 청소년)에 대한 현황 파악은 쉽지 않다. 부처마다 대상 연령이나 규정에 차이가 있으므로, 다양한 자료에 기초해서 대략적인 추정이 되고 있을 뿐이다.

먼저, 경찰청 통계(2020, p. 102)에 따르면, 2019년 한 해 동안 18세 미만 실종아동은 21,551명이었다. 2015년 19,428명, 2017년 19,956 등 2만 명 전후로 보고되고 있는데, 이 통계에는 9세 미만 아동도 포함되어 있고 부모에 의해 경찰에 신고 · 접수된 사례만을 포함하고 있으므로 가정 밖 청소년의 규모를 파악하는 데는 한계가 있다.

또한, 보건복지부(2020)의 '연도별 보호대상아동 발생 및 보호현황'에 따르면, 2019년 보호대상 아동 발생 수는 4,612명이었고 이 중 비행 · 가출 · 부랑아동은 473명이었다. 보건복지부의 같은 통계에서 2012년은 708명, 2007년은 748명(보건복지부, 2012)으로 점차 감소 추세를 보이는데, 이는 저출산 등으로 18세 미만 아동의 수가 감소하고 있는 것을 반영한 것이다. 보건복지부의 이 통계는 보호자가 양육하기 어려워 지자체에 보호조치를 요청한 18세 미만 아동으로 신고 · 접수하는 사례 중 원인이 비행 · 가출 · 부랑으로 구분된 숫자이다. 그러므로 이 통계도 실제 가정 밖 청소년의 규모를 파악하기에는 제한이 있다.

실제로 가출청소년의 보호를 목적으로 하는 청소년쉼터 입소 청소년 현황과 청소년유해환경 접촉 종합실태조사(여성가족부, 2014a) 등을 통해 규모를 추정할 경우 열 배 이상에 달할 것으로 예측되었다(김지연 · 정소연, 2014, p. 22). 이 실태조사에서는 과거 한 번이라도 가출을 경험한 적이 있다고 응답한 청소년이 전체의 11%에 달하며, 2009년부터의 추이를 살펴보더라도 다소의 증감은 있으나 가출 경험률은 대체로 11% 내외로 나타났고, 이를 통해 대략 45만 명의 중 · 고교생이 가출을 경험한 것으로 추정되었다(여성가족부, 2014a, pp. 84-85). 2015년에 경찰청은 가출청소년의 수를 28만 명으로 추산하기도 했다(경찰청, 2015).

최근 초등학교 4학년부터 고등학생 9,243명을 대상으로 한 조사연구에서는 이들 청소년 중 3.5%가 최근 1년 내 가출한 적이 있다고 보고되었다(김영지 외, 2019, p. 320). 2019년 전국의 초등학교 4학년부터 고등학교 3학년에 재학 중인 청소년은 모두 4,232,807명이었으므로(김영지 외, 2019, p. 141), 148,148명이나 되는 청소년이 지난 1년간 가출 경험이 있다고 추정해 볼 수 있다. 이는 단지 지난 1년간 가출 경험이 있는 경우이다.

통계의 목적과 대상, 기간에 따라 가정 밖 청소년의 규모에는 큰 차이가 있지만, 많은 청소년이 가출의 위기에 처해 있음을 알 수 있다.

2) 가출청소년(가정 밖 청소년)의 문제

가정 밖 청소년은 가출 이후 다양한 문제에 직면하는데 의식주 등의 기본적인 생활의 어려움뿐만 아니라 보호자의 보호에서 벗어난 상태에서 흡연, 음주, 약물복용, 성행위 등의 비행행동에 빠지기도 한다. 또한, 생활비나 유흥비 마련을 위해 단순반복 노동이나 열악한 근로환경에서 일하면서 건강을 해치기도 하고, 불법적인 취업을 하거나 절도 및 폭력 등의 비행행동에 빠져들게 되기도 한다. 청소년은 대체로 개인적인 특성이나 문제, 갈등적인 가족상황, 또래와의 부정적인 관계, 학교

문제, 사회적 요인 등 복합적인 요인에 의해 가출하게 되는데, 가출이 반복되거나 장기화되면 이미 있던 문제나 상황이 더욱 악화되거나 건강 악화나 비행 등 새로운 문제가 발생되기도 한다(김지혜, 2003; 김혜온 · 정정숙, 2015; 홍봉선 · 남미애, 2010; Baker et al., 2003; Dalton & Pakenham, 2002; Thomp-son & Pilai, 2006). 가정 밖 청소년이 경험하는 문제를 정리하면 다음과 같다.

(1) 주거 및 생계문제

가정 밖 청소년이 당면하게 되는 가장 직접적인 문제는 주거 및 생활상의 문제이다(Baker et al., 2003). 일시적으로는 친구 집이나 찜질방 등과 같은 곳을 떠돌 수 있으나 장기적으로 주거할 수 있는 장소를 마련하지 못하면 노숙 상태가 되기도 한다. 쉼터이용 청소년에 대한 조사에서 가출 당시 가장 어려운 문제의 1순위가 잠잘 곳이 없을 때(31.6%)로 조사되었다(남미애 · 홍봉선, 2007, pp. 80-81). 이 조사에서 쉼터에 입소하기 전 가출청소년은 47.6%가 친구나 아는 사람의 집에서 잤으며, 노숙 상태였던 경우도 11.4%였고, 안전한 곳에서 전문가의 도움을 받으며 지낸 경우는 8.9%에 불과하였다. 또한, 생활비를 마련하기도 쉽지 않은 문제였다. 그리하여 잦은 결식과 영양불량으로 인해 가출청소년의 신체발달에 치명적으로 부정적인 영향을 줄 뿐만 아니라, 생계에 대한 압박으로 열악한 곳에 취업하거나 절도 · 금품갈취 등과 같은 불법적인 행동을 저지르기도 한다.

(2) 고용 및 착취문제

청소년을 가정 밖으로 유인하거나 가출을 장기화하는 요인 중의 하나는 불법취업과 같은 유해한 사회환경이다. 청소년이 생활비와 유흥비를 마련할 수 있다면 더욱 쉽게 가출을 결심할 수 있으며, 가출 이후 귀가하지 않아도 되는 조건이 된다. 가출청소년은 미성년자로서 유해한 환경에 처하지 않아야 한다는 법적인 규정에도 불구하고 이들을 선도해야 할 성인이 이들을 고용하여 노동력을 착취하거나 유해한 업소에서 성적으로 이용하는 상황은 심각한 사회적 문제이다.

(3) 건강문제

가출 상황은 직·간접적으로 청소년의 건강을 악화시키는 요인이 된다(Halcon & Lifson, 2004). 청소년기는 신체적으로 급성장하는 시기로서 규칙적인 수면과 충분한 영양공급이 필요한데, 이러한 시기에 불안정한 잠자리와 불규칙한 식사는 신체발달에 부정적인 영향을 준다. 특히, 가출 이후 무분별한 성적 행동이 증가하여 성병을 얻게 되거나 무절제한 음주와 흡연, 약물복용 등으로 내장기관의 질병이나 알코올중독 혹은 약물중독과 같은 심각한 상태가 될 수 있고, 극단적인 경우에는 신체적인 건강 악화로 사망에 이를 수도 있다.

(4) 비행문제

가정 밖 청소년에 대해 심각하게 지적되고 있는 문제 중의 하나가 비행문제이다. 청소년의 가출은 가출 자체도 문제지만 가출 이후에 이어지는 비행이 더욱 심각한 문제이며, 특히 재산범죄, 성범죄, 약물범죄, 폭력범죄 등 범죄의 가해자나 피해자가 되는 것은 개인적으로나 사회적으로 심각한 문제가 되고 있다(김정남·박미랑, 2020; 원혜욱, 2001). 가출 이후 쉽게 비행친구들과 어울리게 되며(Hoyt, Ryan, & Cauce, 1999), 생계문제를 해결하다가 점차 금품갈취, 성매매 등 비행행동을 하게 된다(김지혜, 2003; 이형기 외, 2019, p. 2). 비행행동 중 음주나 흡연, 약물사용 등은 청소년에게는 금지된 행동으로서 가출과 동시에 보호자로부터 해방되면서 자유롭게 시도하게 되는 문제이다. 뿐만 아니라, 청소년기는 2차 성징이 나타나고 성적 호기심이 왕성하기 때문에 가출하게 되면 무분별한 성적 행동이 무절제하게 증가하면서 이와 관련된 위험행동도 동시에 증가하게 된다(Baker et al., 2003; Halcon & Lifson, 2004). 그리하여 또래와의 자발적인 성관계뿐만 아니라 여자청소년의 경우에는 쉽게 생계비나 유흥비를 마련하기 위해 불법적인 성매매에 연루되거나 성폭력을 당하기도 한다. 그 외에도 정서적인 불안이나 분노, 공격성의 표출로 집단패싸움이나 폭력행동을 하기도 하고, 많은 경우에 생계비나 유흥비 마련을 목적으로 절도나 금품갈취와 같은 불법적인 폭력행동을 하기도 한다.

(5) 정서문제

가출 이전부터 정서적으로 우울이나 불안, 충동성이나 공격성이 있을 수 있지만, 가출 이후에 청소년의 정서적인 문제가 더욱 악화되는 경향이 있다. 정상적인 발달상의 스트레스 이외에 가정 밖 청소년은 가출 이후 의식주와 같은 기본적인 생활상의 욕구를 해결해야 하는 스트레스를 경험함으로써 일반청소년보다 심각한 신체적 · 심리적 어려움을 겪게 된다. 이러한 어려움 속에서 품행장애, 공격적 행동, 정동장애나 불안장애, 낮은 사회적 적응 및 정신과적 증상을 나타낼 수도 있다(Dalton & Pakenham, 2002, p. 79). 이렇듯 정신건강상의 다양한 문제를 경험할 수 있을 뿐만 아니라, 극단적인 경우에는 무력감이나 죄책감, 심각한 우울 등으로 자살을 시도하기도 한다(한상철 · 이수연, 2003).

(6) 학업문제

청소년기의 학업은 독립적인 성인으로 생활할 수 있도록 하는 데 기초가 되는 중요한 발달과업이다. 그런데 이 시기에 청소년이 가출하게 되면 학업을 지속하기 어려워져 가출청소년의 53.6%가 학업을 중단한 상태라는 결과가 보고되기도 하였으며(김지혜 · 안치민, 2006), 가출기간이 길어질수록 학업을 지속하기는 더욱 힘들어진다.

실제로 가출청소년이 장기적으로 직면하게 되는 문제가 학업중단과 관련된다. 일단, 학업을 중단하게 되면 일시적이든 장기적이든 귀가한 이후에도 다시 학업을 지속하기가 쉽지 않다. 왜냐하면, 일시적인 가출 이후에 곧바로 학업을 지속한다 할지라도 학교에서 가출로 인한 낙인 때문에 학교생활에 대한 적응이 어렵고, 장기화된 가출이라면 학업결손 등으로 복학해서 학교 적응하는 것 자체가 어렵다.

(7) 가족문제

가족구성원과의 갈등이나 가족해체 등과 같은 가족문제로 가출한 경우에는 가족문제가 해결되어야 귀가하는 것이 가능하고 귀가 이후에도 적응하기 쉽다. 그러나 청소년이 가출한 후에는 대체로 가족 상황이 더욱 악화되는 경향이 있다. 부부간에 청소년 자녀의 가출에 대한 책임을 물어 관계가 악화될 수도 있고, 가출한 청소년에 대한 분노나 실망 때문에 가출청소년을 가족 내에서 수용하는 것이 어려워질 수도 있다. 가족문제가 해결되지 못한 경우에는 가출청소년이 귀가한다고 하더라도 다시 가출할 수밖에 없는 상황이 된다. 반면, 가출 이후 가족이 청소년에게 보이는 긍정적인 태도는 가출청소년의 귀가에 큰 영향을 미칠 뿐만 아니라 가출청소년의 적응에도 결정적이다.

4. 가출청소년(가정 밖 청소년)을 위한 정책 및 서비스

1) 청소년가출의 예방

청소년가출을 예방하기 위해서는 국가적인 차원의 다양한 정책과 서비스가 필요하다. 고위험군 청소년뿐만 아니라, 발달상의 특성 때문에 청소년기에 많은 청소년이 가출 충동을 경험한다. 일단 가출한 이후에는 문제가 더욱 악화하여 회복 불가능한 정도의 신체적 · 정신적 후유증을 겪기도 하고, 귀가 후 가정과 학교생활에 적응하는 데도 상당한 어려움을 겪게 된다. 그러므로 가출청소년에 대한 개입 노력뿐만 아니라, 일반청소년을 대상으로 하는 예방적 차원의 노력도 매우 중요하다.

(1) 청소년

현재 정부와 민간단체 차원에서는 가출청소년을 위한 서비스로 개별상담이나 집단활동을 진행하고 있다. 청소년이 주로 모이는 공공장소에서 거리상담을 하거나, 학교나 수련시설 등과 같이 청소년에게 접근할 수 있는 다양한 통로를 통하여 예방프로그램이 진행되고 있다. 그러나 지금보다는 체계적이고 적극적으로 예방서비스가 제공될 수 있도록 정책적 노력을 기울여야 한다.

상설 프로그램을 통하여 청소년에게 가출의 실태 및 현황과 가출청소년이 직면하게 되는 어려움, 가출경로 등에 대한 사항을 알려 주고, 가출 충동을 느끼는 상황에 대한 설명 및 이를 극복할 수 있는 방법 등에 대한 정보를 제공해 줄 수 있다. 만일, 가출한 상태라면 상담을 통해 귀가할 수 있도록 유도하고, 귀가 후 가정과 학교생활에 보다 쉽게 적응할 수 있는 다양한 방법을 제공해 주어야 한다.

가족갈등이나 학교생활에서의 어려움은 청소년이 가출을 결심하도록 하는 주된 요인이 되므로 가족이나 학교에서의 어려움을 극복할 수 있는 대처능력이나 스트레스관리방법, 문제해결기술을 알려 주거나, 우울증이나 불안 등과 같은 정신건강상의 문제가 있는 경우에는 이를 극복할 수 있도록 상담과 치료를 병행해야 한다.

(2) 가족

가정 밖 청소년에 대해 개입할 때 가족을 포함시키는 것이 긍정적인 효과가 있는 것으로 나타났다(Rees et al., 2005, p. 57). 가족은 가출에 대한 직접적인 요인이 되기도 하지만, 동시에 가출로부터 청소년을 보호하기 위한 요인이 되기도 한다. 특히, 청소년은 아동기와는 달리 부모의 훈육방식에 대해 순종적이지 않고 저항하는 경향이 있으며, 이전까지의 갈등이 심각한 양상으로 드러나기도 하므로 청소년기는 아동기와는 다른 부모역할이 필요하다.

그러나 많은 부모가 이를 이해하지 못하여 청소년기 자녀와 심한 갈등을 겪곤 한다. 따라서 청소년기 자녀가 있는 부모를 대상으로 청소년기의 부모역할에 대한 교육을 통해 가출을 예방하고 보다 애정적이고 긍정적인 자녀와의 관계를 형성할 수 있는 정보를 제공해 주는 것이 필요하다. 이와 더불어 청소년기의 발달적 특징, 청소년의 행동에 대한 이해와 대처방법, 위험행동의 징후, 청소년상담이나 복지기관에 대한 정보 등 다양한 측면에 대한 교육 및 정보제공이 필요하다.

물론, 가정폭력이나 이혼, 빈곤 등과 같은 가족문제나 상황에 대한 적절한 개입을 통해 그들로 인한 후유증을 최소화하도록 노력함으로써 가출을 예방하도록 노력하는 것도 중요하다.

(3) 학교

학교는 청소년이 주로 생활하는 곳으로서 학교부적응은 가출의 주된 이유 중의 하나로 지적되어 왔다. 그러므로 학교 차원에서 청소년이 중도탈락하지 않도록 이들을 지지할 수 있는 다양한 프로그램을 제공해야 한다. 학업성취를 위한 지도뿐만 아니라 인성지도 및 원만한 친구관계 형성을 위해서도 더 많은 노력을 기울여야 한다. 또한, 가정환경이 어렵거나 학업성적이 낮은 학생을 위해서는 별도의 교육과정을 운영하거나 수준별 학습을 진행하는 등 보다 적극적인 관심과 체계적인 지도 방법을 마련함으로써 빈곤청소년이나 학업성적이 낮은 학생이 학교생활에 보다 잘 적응할 수 있는 방법을 모색해야 한다.

가출 위험이 있는 청소년을 사전에 발견하여 선도할 수 있도록 개별상담이나 집단상담을 실시하고 전체 학생을 대상으로 하는 예방적 차원의 프로그램도 동시에 실시할 필요가 있다.

(4) 사회

사회적으로는 가출청소년을 안전하게 보호하고, 유해환경으로부터 보호하는 정책과 서비스를 강력히 시행할 수 있는 법적 · 제도적 장치가 마련되어야 한다. 가출을 예방하는 것이 최우선이지만 가출 이후에라도 체계적인 보호시스템을 제공할 수 있게 된다면 가출이 장기화되지 못하고, 가출 이후 비행행동이 심화되지 못할 것이다.

이를 위해 가출청소년에 대한 신고체계를 강화하는 것이 필요하다. 즉, 학교나 지역사회에서는 청소년의 가출이 의심되면, 이를 상담소에 신고하여 청소년과 상담소가 연계되어 전문가로부터 적절한 상담서비스를 받을 수 있도록 해 주고, 이미 가출한 경우에는 안전한 보호처를 제공해 줌으로써 또 다른 비행행동으로 이어지지 않도록 해야 한다. 이러한 체계가 확립된다면 지금과 같은 규모의 청소년가출은 크게 감소할 것이고 궁극적으로는 청소년가출을 예방할 수 있을 것이다. 또한, 가출이 의심되는 청소년을 고용하거나 이들 청소년의 노동력을 착취, 혹은 불법적인 고용을 하지 못하도록 강력한 법적 규제를 마련한다면 청소년의 가출이 장기화되는 것을 예방할 수 있을 것이다.

2) 가출청소년(가정 밖 청소년) 보호

청소년가출을 예방하는 것이 무엇보다 우선되어야 하지만 일단 가출을 한 경우라면 이들을 안전하게 보호하는 한편, 가출을 하게 된 원인에 대해 적절한 개입을 해야 한다. 가출청소년에게는 주거, 교육, 직업훈련, 보건의료, 정신건강, 약물중독, 법률지원 등과 같은 다양한 차원의 서비스뿐만 아니라, 가출상황에서 성공적으로 벗어날 수 있도록 기본적인 일상생활기술을 습득할 기회를 제공해 주어야 한다 (Aviles & Helfrich, 2004).

이러한 기능을 하는 곳이 청소년쉼터와 청소년자립지원관이다. 청소년쉼터는 '가출청소년에 대하여 가정 · 학교 · 사회로 복귀하여 생활할 수 있도록 일정 기간 보호하면서 상담 · 주거 · 학업 · 자립 등을 지원하는 시설(「청소년복지 지원법」 제31조 1항)'이며, 청소년자립지원관은 '일정 기간 청소년쉼터 또는 청소년회복지원시설의 지원을 받았는데도 가정 · 학교 · 사회로 복귀하여 생활할 수 없는 청소년에게 자립하여 생활할 수 있는 능력과 여건을 갖추도록 지원하는 시설(「청소년복지 지원법」 제31조2항)'이다.

각각의 현황, 역할 및 기능을 구체적으로 살펴보면 다음과 같다.

(1) 청소년쉼터

청소년쉼터 운영의 목적은 '가출 등 위기청소년의 조기 발견을 통한 범죄 및 비행예방, 생활보호(의식주), 정서적 지지 및 심리상담, 의료지원, 학업복귀, 취업지원 등 맞춤형 자립지원서비스 제공을 통해 신속한 가정복귀와 사회진출을 지원하는 것'이다(여성가족부, 2021: 502). 청소년쉼터는 2007년에 72개소, 2014년에 109개로 점차 설치가 증가하여, 2019년 133개소가 설치 · 운영되고 있다(여성가족부, 2020).

현재 청소년쉼터의 주요 업무는 다음 8가지로 규정되어 있다(여성가족부, 2021, p. 503).

① 가출청소년의 일시보호 및 숙식 제공
② 가출청소년의 상담 · 선도 · 수련활동
③ 가출청소년의 학업 및 직업훈련 지원활동
④ 가출청소년의 사례관리
⑤ 청소년의 가출예방을 위한 거리상담
⑥ 그 밖에 청소년복지 지원에 관한 활동
⑦ 지역사회 청소년안전망과 연계협력 강화
⑧ 청소년전화 1388과 청소년상담복지센터와의 연계를 통한 상담 보호서비스

한편, 기능 면에서도 다양화와 전문화가 지속적으로 추진되고 있는데, 2004년에 긴급보호가 필요한 가출청소년을 위해서 일시보호시설인 '일시쉼터(드롭인센터)'가 서울, 인천, 대전에 각각 설치되었고, 2011년에 거리상담 전문인력을 전국 일시쉼터에 배치하기 시작하였으며, 2012년에는 일시쉼터의 야간보호 기능을 강화하고 의료특화 이동형 쉼터를 설치하였다. 이후 청소년상담복지센터(CYS-Net)에서도 위기청소년 발굴의 일환으로 아웃리치를 실시하며, 긴급구조 후 필요 시 일시보호소에서 가출청소년을 24시간에서 최대 1주일간 보호가 가능하도록 하고 있다(김지연 · 정소연, 2014, p. 43).

청소년쉼터는 기본적으로 보호기간, 이용대상에 따라 일시쉼터, 단기쉼터, 중장기쉼터로 구분되며, 각각 기능을 달리하고 있다. 쉼터의 종류와 기능은 다음의 〈표 8-1〉과 같다(여성가족부, 2021, p. 504).

〈표 8-1〉 청소년쉼터의 종류 및 기능

구분	일시쉼터	단기쉼터	중장기쉼터
보호기간	• 24시간~7일 이내 일시보호	• 3개월 이내 단기보호 – 3개월씩 2회에 한하여 연장 가능(최장 9개월)	• 3년 이내 중장기보호 – 1회 1년에 한하여 연장 가능(최장 4년)
이용대상	• 가출 · 거리배회 · 노숙 청소년	• 가출청소년	• 자립의지가 있는 가출청소년
핵심기능	• 일시보호 및 거리상담지원(아웃리치)	• 심리 · 정서 상담지원 • 사례관리를 통한 연계	• 심리 · 정서 상담지원, 학업지원, 사회복귀를 위한 자립지원
기능	• 위기개입상담, 진로지도, 적성검사 등 상담서비스 제공 • 가출청소년 조기구조 · 발견, 단기 청소년쉼터와 연계 • 먹거리, 음료수 등 기본적인 서비스 제공 등	• 가출청소년 문제해결을 위한 상담 · 치료 및 예방 활동 • 의식주, 의료 등 보호 서비스 제공 • 일시 · 중장기 청소년쉼터와 연계 • 가정 및 사회복지 대상 청소년 분류, 연계서비스 – 저연령 청소년(13세 이하)은 아동복지시설, 아동보호전문기관 등에 연계 권장	• 가정복귀가 어렵거나 특별히 장기간 보호가 필요한 위기청소년을 대상으로 학업 · 자립지원 등 특화된 서비스 제공 – 저연령 청소년(13세 이하)은 아동복지시설, 아동보호전문기관 등에 연계 권장
위치	• 이동형(차량), 고정형(청소년유동지역 및 주요 도심)	• 주요 도심별	• 주택가
지향점	• 가출예방, 조기발견, 초기개입 및 보호	• 보호, 가정 및 사회복귀	• 자립지원
비고	• 숙소, 화장실의 경우 필히 남녀용 분리 운영	• 반드시 남녀용 쉼터를 분리 운영하여야 함	

출처: 여성가족부(2021). 2021년 청소년사업 안내. p. 504.

(2) 청소년자립지원관

청소년쉼터에서 생활하면서 일정 기간 지원을 받았음에도 가정이나 학교, 사회로 복귀하기 어려운 청소년이 여전히 있다. 이들 청소년에게는 자립생활이 가능할 때까지 자립지원관에서 생활하면서 능력과 여건을 갖추도록 지원을 하고 있다. 2019년 현재 서울에 1개소, 인천에 2개소, 경기도에 3개소 등 모두 6개의 청소년자립지원관이 · 운영되고 있는데(여성가족부, 2020), 생활형 시설은 아직 없다(여성가족부, 2021, p. 685).

청소년자립지원관의 이용대상은 청소년쉼터 및 청소년회복지원시설을 퇴소한 후에도 추가적인 자립지원이 필요한 청소년으로서, 19세에서 24세의 청소년을 우선 지원한다. 청소년자립지원관에서 생활하는 청소년에게는 1년 이내(6개월씩 2회 연장 가능하여 최장 2년)의 사례관리 서비스를 제공하며, 6개월 이상 사후관리한다.

청소년자립지원관은 생활형(숙박형 생활시설), 이용형(비숙박형 이용시설), 혼합형으로 구분되는데, 유형별 지원 내용은 〈표 8-2〉와 같다(여성가족부, 2021, p. 687).

〈표 8-2〉 청소년자립지원관의 종류 및 지원내용

구분	생활형	이용형	혼합형
지원 내용	[생활관 운영] + 자립지원서비스	[주거 연계] + 자립지원서비스 – 자립지원청소년은 독립된 주거에서 생활하면서 시설서비스를 이용	[주거 연계+생활관 운영] +자립지원서비스 – 자립준비청소년은 독립된 주거에서 생활(필요시 일정 기간 생활관 이용)하면서 시설서비스를 이용
생활관 이용	생활관 입소기간은 최소화하고, 독립 주거생활을 할 수 있도록 조치	–	생활관 입소는 사례심의위원회에서 결정[최초 3개월 이내, 추가 3개월 연장 가능(1회)] – 경계선지능 청소년, 미성년자 등으로서 독립생활이 곤란하다고 인정되는 경우는 생활관 이용기간에 제한을 두지 않을 수 있음

출처: 여성가족부(2021). 2021년 청소년사업 안내. p. 687.

5. 청소년가출에 대한 과제

가출은 청소년 개인이나 가족, 사회에 가장 심각한 영향을 미칠 수 있는 청소년기 문제 중의 하나이다. 발달상의 특징으로 인해 실제로 가출시도를 하지는 않더라도 청소년의 과반수가 가출충동을 경험하는 것으로 보고되기도 하는바, 무엇보다도 체계적이고 전문적으로 가출을 예방할 수 있는 정책과 서비스가 수립이 필요하다. 또한, 이미 가출을 실행하여 가정 밖 청소년이 되었다면, 신속하게 개입하여 귀가하거나 안전하게 보호할 수 있는 체계가 확충되는 것도 중요하다. 이에 청소년의 가출예방 및 가정 밖 청소년의 보호를 위한 몇 가지 과제를 고려해 볼 수 있다.

첫째, 가출청소년에 대한 새로운 시각과 이에 따른 정책적 접근 및 법 개정이 필요하다. 청소년의 가출을 비행의 관점에서 이해하기보다는 가출청소년을 둘러싼 개인, 가족, 사회환경을 생태체계적으로 이해해야 한다. 많은 가출청소년에게는 귀가할 가정이 없고, 어떤 청소년에게는 가출이 생존을 위한 결단이었음을 이해한다면, 가출청소년을 비행청소년이라는 낙인을 주는 병리적 관점이 아니라 강점 관점으로 이해할 수 있다. 가정 밖 청소년의 인권을 보장할 수 있는 이러한 관점에서 법, 정책, 서비스가 재정비되어야 할 것이다.

둘째, 가정 밖 청소년이 되는 다양한 원인과 현재 상황을 파악하여 가정 밖 청소년의 개념을 정리하고, 정책대상을 분명히 한 후, 각각에 맞는 정책을 수립하고 서비스를 제공해야 한다. 청소년 본인의 의지나 동기에 좌우된 단순가출인지, 쫓겨난 상황인지, 노숙 상황인지, 실종 상황인지를 구분하여 파악하고 이에 따라 접근할 필요가 있는 것이다. 미국의 경우, '가출 및 홈리스 청소년 법(The Runaway and Homeless Youth Act)'을 제정하고 가출과 노숙 등을 구분하여 각각의 취약성에 초점을 맞추어 정책대상의 개념과 범위를 명확하게 하고 있다(이형기 외, 2019, p. 13). 물론, 상황이 복잡하게 작용해서 구분할 수 없거나, 구분할 필요가 없는 경우도 있고, 이런 경우라면 청소년이 처한 상황에서 맞게 맞춤형 사례관리 서비스를 제공한다.

셋째, 청소년쉼터와 청소년자립지원관의 양적 확대와 질적 개선이 이루어져야 한다. 「청소년복지 지원법」 제16조에는 "여성가족부장관 또는 지방자치단체의 장은 청소년의 가출을 예방하고 가출한 청소년의 가정 · 사회 복귀를 돕기 위하여 청소년쉼터를 설치하고 청소년쉼터 퇴소 청소년에 대한 사후지원 등 필요한 지원을 하여야 한다."라고 규정하고 있으나, 전국적으로 청소년쉼터는 현재 133개소가 운영 중이다. 전체 가정 밖 청소년의 규모를 추산해 볼 때 매우 부족한 실정이며, 전국 17개 시도에 226개 시 · 군 · 구가 있음(행정안전부, 2020, p. 4)을 고려하면, 133개소가 운영되고 있다는 것은 청소년쉼터가 없는 시 · 군 · 구가 있다는 뜻이고, 그것은 곧 집을 나온 청소년이 쉼터에 가고 싶어도 집 근처가 아닌 다른 지역의 쉼터를 가야 한다는 것이다. 실제로 가정문제 때문에 집은 나왔으나 학교는 계속 다니고 싶은데, 쉼터가 없어서 전학을 가면서 익숙한 지역사회나 친구와 헤어지게 되는 사례도 많이 발생하고 있다. 가정 밖으로 나온 청소년이 유해환경에 접촉하기 전에, 비행행동을 하기 전에, 건강을 해치기 전에 신속하게 안전한 곳에서 보호하도록 하는 것이 무엇보다 중요하므로, 청소년쉼터를 적정 수 확보하는 것이 중요하다. 또한, 서울 · 인천 · 경기 지역에만 6개소 설치되어 있는 청소년자립지원관 역시 전국적으로 적정 수 설치되어 필요한 청소년이 필요한 서비스를 받을 수 있도록 해야 한다. 한편, 현재 이용기간 중심으로 구분되어 있는 청소년쉼터는 기능 중심으로 재편하여 기능을 강화하는 방안이 모색되어야 한다.

넷째, 가정 밖 청소년을 이해하고 이들에게 필요한 정책과 적절한 서비스를 제공할 수 있는 전문인력을 확보하여 기관의 기능에 맞게 각 기관에 배치해야 한다. 청소년가출에 대한 전문적인 이해에 기초하여 정책을 수립할 수 있는 전문가와 일반 청소년 및 가정 밖 청소년을 직접 대하여 서비스를 제공해 줄 수 있는 전문가의 양성이 필요하다. 효과적인 가출예방이나 가출 후 적절한 개입은 가출청소년이 만나는 인력의 전문성에 좌우된다고 해도 과언이 아니다. 전문인력의 양성을 위해서는 종사자 자격에 대한 규정 이외에도 종사자 재교육 규정을 마련해야 하며, 이에 따른 체계적인 직무 재교육 과정, 슈퍼비전체계 등이 필요하다. 또한, 전문적인 인력을 확보하기 위해서는 이직을 막을 수 있는 합리적인 수준의 근무 조건이 전제되어야 하고, 적절한 수의 인력이 배치되어 과도한 업무 부담을 줄일 수 있어야 한다. 특히, 오전 9시부터 오후 5시까지 근무하는 일반적인 직장과 달리 야근이나 24시간 발생 가능한 응급상황이 많은 근무특성과 관련하여 이에 대한 배려도 필요하다(Ree et al., 2005, pp. 59-60).

끝으로, 가정 밖 청소년과 가족이 필요로 하는 다양한 서비스가 개발 · 제공되어야 한다. 가출청소년의 안전한 보호와 지도를 위해서는 다양한 상황으로 분류되는 가출청소년의 가출사유 및 욕구에 기초하여 그에 적합한 서비스를 제공해 주어야 한ㄴ다. 장 · 단기 쉼터를 포함하여 다양한 서비스 전달기관이 적절한 서비스를 제공할 수 있도록 프로그램이 개발되어야 한다. 뿐만 아니라, 청소년의 가출 문제는 가정이나 학교, 지역사회의 변화와 직접적인 관련이 있으므로 가정, 학교, 지역사회 등이 연계하여 효과적으로 개입할 수 있는 서비스를 개발하여 제공해 주어야 한다. 그러므로 이들을 대상으로 한 예방 프로그램이나 부모교육 및 상담, 가족기능 강화 서비스, 학교 및 지역사회 연계 프로그램이 제공될 수 있어야 한다.

생각해 볼 문제

1. 가출청소년과 가정 밖 청소년의 개념 차이를 살펴보고, 가출의 개념을 명확하게 이해하는 것이 왜 중요한지 생각해 봅시다.
2. 가출 경험이 있는 청소년을 대상으로 인터뷰를 하여 가출동기, 가출 이후의 생활이나 직면했던 문제, 필요한 서비스, 귀가를 결심하게 된 원인 등을 파악해 봅시다.
3. 가정 밖 청소년이 되는 원인을 살펴보고, 원인에 따른 효과적인 개입전략을 모색해 봅시다.
4. 현재 우리나라에서 가정 밖 청소년이 활용할 수 있는 서비스에는 어떤 것들이 있으며, 어떤 서비스들이 더 필요한지 생각해 봅시다.
5. 가정 밖 청소년의 귀가나 자립을 위해서는 어떠한 서비스가 제공되어야 하는지 생각해 봅시다.

Chapter
9

청소년과 학업중단

청소년기는 교육을 통하여 자신의 잠재력을 개발하고 진로를 계획 · 준비하는 시기이다. 그러나 빈곤, 학교부적응, 비행 등 다양한 이유로 학업을 중단하는 청소년이 상당수 있다. 학업을 중단하는 청소년은 개인적으로 보면 주류 청소년이 학교를 다니며 진로 준비를 하고 학생으로서의 신분을 갖고 생활하는 동안, 미래에 대한 희망을 잃은 채 빈곤이나 비행 등의 문제를 경험하기도 하며, 사회적으로는 인적 자원을 개발하지 못한 채 복지비용의 증가 등과 같은 문제를 초래한다. 물론, 최근에는 학교 적응 실패로 학업이 중단되는 상황 이외에 적극적으로 자신의 미래를 개척하는 과정에서 정규 학교교육이 중단되거나, 자신에게 더 맞는 대안교육을 위해 학교교육을 중단하는 경우도 있어서 학업중단 청소년이라는 용어가 아닌 '학교 밖 청소년'이라는 용어를 사용하고 있다. 따라서 본 장에서는 학교 밖 청소년의 개념, 이들이 경험하고 있는 문제, 현황, 복지정책 및 서비스 등에 대해 살펴보고 향후 개선되고 다루어야 할 과제에 대해 고찰해 보고자 한다.

1. 청소년기 학업중단의 의미

근대 이전까지 청소년기는 성인과 별다른 차이가 없었다. 청소년은 하루 중 대부분의 시간을 일하며 보냈고, 단지 질적으로 떨어지는 미숙한 노동자로 인식되었을 뿐이다. 그러나 산업화가 진행됨에 따라 노동현장에서 교육받은 숙련된 노동력이 필요하게 되었고, 이러한 사회적 배경을 토대로 서구에서는 19세기 말부터 청소년의 노동을 제한하고 학교교육을 의무화하였다. 이처럼, 청소년기는 후기 산업사회가 만들어 낸 사회심리적 부산물로 등장하였으며, 높은 수준의 교육적 성취를 요구하면서 생겨난 새로운 인생주기라고 할 수 있다(김성이 · 조학래 · 노충래, 2004, pp. 30-32). 즉, 청소년기의 학업성취는 성인기 이후 독립적인 생활을 할 수 있는 능력을 갖추고 준비하기 위한 중요한 과제가 되었다.

한편, 과학기술의 발달과 산업의 발달로 현대사회에서 일의 종류는 급격히 증가하고 일에 대한 가치도 매우 다양하게 변화하면서, 오늘날 일은 한 개인에게 다양한 의미를 지니게 되었다. 즉, 일이 생계수단으로만 이해되던 과거와 달리, 전 생애에 걸쳐 삶의 만족과 성취를 느끼는 수단으로 인식되고 있다. 그리하여 현대인은 일을 통하여 자신의 능력을 발휘하고 사회적 지위를 획득하며, 역할을 수행하면서 즐거움과 보람을 느끼기도 한다. Hoyt(1974)는 인간이 일생을 통해 하는 일을 총칭하여 진로라고 하면서 이는 삶의 중심이며 인간이 목표를 달성하는 길이라고 정의하였다(이현림, 2007, p. 15). 다시 말하면, 진로란 직업을 포함하여 개인이 일생동안 하는 일 전체를 포괄하는 개념이다(김충기, 2007, p. 23). 따라서 현대사회에서의 다양한 직업 종류의 급증, 일에 대한 가치관과 의식의 급변, 직업에 따른 직무 내용이나 기능의 다양화 · 세분화 · 전문화 추세로 인해 한 개인에게 적합한 진로를 모색하기 위해서는 상당한 노력이 필요하게 되었다.

일에 대한 적절한 가치관을 확립하고 자신에게 적합한 일을 찾아서 그 일이 필요한 능력을 갖추도록 하는 진로계획과 진로교육, 진로준비 등이 청소년에게 필수적인 과정이 되었으며, 소요 기간도 길어졌다. 왜냐하면, 진로는 전 생애를 통해 발달하는 과정이지만, 본격적으로 직업 세계에 진입하기 전에 일생을 통하여 어떠한 일을 어떻게 수행하면서 삶의 목표를 달성해 나갈지를 체계적이고 구체적으로 계획하고 준비하는 것이 중요하게 되었기 때문이다.

사회적으로도 청소년을 노동으로부터 보호하고 우수한 노동인력을 확보하기 위해 청소년이 학업과 진로교육에 집중하도록 하고, 이를 중요하게 인식하고 있다. 그리하여 대부분의 청소년은 성인기의 안정적이고 자립적인 생활과 자아실현을 위해, 제도권 교육과정 속에서 학업을 지속하며 직업능력을 갖추기 위한 진로준비를 한다. 그러나 일부 청소년은 빈곤이나 학교부적응, 가출 등과 같은 이유로 학업을 중단하기도 한다. 학업을 중단한 청소년의 상당수는 단순 반복적인 미숙련 · 비정규직의 열악한 근로환경에 종사하거나 미래에 대한 계획과 희망 없이 청소년기를 보내게 된다. 이처럼 청소년기에 학업을 중단하게 되는 상황이나 일에 대한 생애계획과 준비 없이 근로현장에서 일을 하게 되는 상황 등은 청소년 개인에게 심각한 영향을 줄 수 있다. 오늘날 우수한 인재를 발굴하여 육성하는 것이 국가경쟁력의 핵심적인 방향인 상황에서 청소년을 우수한 노동인력으로 양성하는 데 실패하고 미숙련 · 비정규직으로 인한 빈곤계층을 만들어 내는 것은 국가적으로 엄청난 손해이다.

청소년이 노동시장에 참여하는 것은 자신의 잠재력을 검증해 보고 장래 직업에 대한 실제적인 경험을 해 볼 수 있다는 긍정적인 측면도 있다. 미국에서는 1990년대부터 국가의 교육개혁을 추진하면서 '학교로부터 일의 세계로의 이행지원법(School-to-Work Transition Opportunity Act)'을 제정하여 청소년의 학업과 향후 직업세계로의 순조로운 연계와 학교와 산업영역 간의 적극적인 협력을 강조함으로써 교육의 새로운 패러다임을 추구하였다(진미석, 2005, pp. 275-276). 이는 청소년기에 학업에 전념하고 성인기에 일을 했던 과거와는 달리 교육현장과 산업현장을 연계하여 보다 경쟁력 있는 우수 인력을 확보하고자 하는 것이며, 학교에서 보다 실제적인 교육이 이루어지도록 교육의 패러다임을 바꾼 것이다. 그에 따라 교육현장에서는 일 기반 학습(work-based learning), 진로개발활동(career development) 등이 중요한 개념과 활동이 되었다. 이러한 교육현장의 변화에도 불구하고 청소년기의 일은 학업과 병행하여 향후 성인기 직업세계로의 순조로운 이행을 지원하는 데 중점을 두기 때문에 청소년기는 본격적으로 직업현장에 종사하는 시기로 간주되지는 않는다.

한편, 최근에는 학교중단이 곧 학업중단을 의미하지 않는 사례도 많아졌다. 평균적인 학생을 대상으로 표준교육과정이 집단규율 속에서 제공되는 학교교육에 대해 만족하지 못하고, 자신에게 더 적합한 진로나 교육과정 및 교육방식을 추구하는 청소년이 있는데, 이들을 학업중단 청소년이라고 하는 것은 부적절하다고 지적되었다. 이에 '학업중단 청소년'이라는 용어 대신에, 다양한 이유로 학교를 다니지 않는 모든 상황을 포함하는 '학교 밖 청소년'이라는 용어로 대체되었다. 또한, '학교 밖 청소년'이라는 용어는 정규 학교를 그만둔 청소년을 비정상적이고 일탈적으로 보는 차별적 인식을 전환하고자 사용되기 시작하였다.

2. 학교 밖 청소년의 문제

청소년기는 진로를 결정하고 준비하기 위하여 학업과 진로교육에 집중해야 하는 시기로서 다양한 측면에서 장래 직업세계를 탐색한다. 그러나 이 시기에 직업세계를 탐색하는 수준이 아니라 여러 가지 이유로 학업을 중단하게 되는 청소년은 청소년 개인뿐만 아니라 사회적으로도 상당한 문제가 될 수 있다. 또한, 청소년에 대한 정책적 지원이나 법적 권리 보장에 대체로 학생 청소년에게 집중되어 있어서 사회적 배제를 경험하기도 한다.

1) 학교 밖 청소년의 개념 및 유형

학업중단이란 어떤 이유에서든지 학령기의 청소년이 학업을 지속하지 못하고 중도에 그만두는 것을 의미한다. 중퇴나 중도탈락이라는 용어가 사용되기도 하지만 중도탈락이라는 용어는 일탈, 패배 또는 정상궤도 이탈을 암시하며, 개인에게 책임을 부과하는 부정적인 이미지가 있다고 지적된 바 있어 학업중단이라는 용어가 사용되기 시작하였다(이병환, 2002, p. 177).

학업중단은 학업을 지속하지 못하는 원인과 책임을 청소년 개인뿐만 아니라 사회적인 측면을 포함해서 접근하는 개념이다. 일반적으로 학생 신분이던 청소년이 졸업을 하기 전에 학업을 중단한 경우를 학업중단 청소년으로 규정할 수 있는데, 학업중단 상황은 학교로부터 제적이 되는 경우와 학생 청소년 스스로 자퇴를 하는 경우가 있다. 제적과 자퇴로 학업중단을 하는 상황에 대해서는 학자마다 다양하게 구분하고 있다.

첫째, 학교 밖 청소년이 되는 원인에 따라 다섯 가지 유형으로 분류하기도 한다. 즉, 획일적이고 입시 위주의 학교교육을 거부하는 '적극형', 학습부진과 낮은 진로의식으로 인해 학교를 중퇴하는 '소극형', 비행과 그에 따른 낙인과 징계로 인해 학교를 중퇴당하는 '강제형', 가정불화와 가족 내 폭력에 의해 가출과 동반하여 학교를 중퇴하는 '가출동반형', 유학이나 이민, 유리한 내신 성적을 위해 검정고시를 보고자 학교를 중퇴하는 '수월추구형' 등이 있다(박창남 · 도종수, 2003). 적극형과 수월추구형은 학교교육 내용을 적극적으로 거부하고 자신에게 맞는 학업방식을 찾는 형이므로 학업중단이 아니라 학교 밖 청소년이 된다. 반면, 소극형은 학교 교육과정을 이수할 능력이 부족하여 학업을 중단하게 되는 경우로서 학업중단 이후 장래에 대한 계획이 없어 어려움을 겪게 될 가능성이 크다. 강제형은 본인의 의사보다는 본인의 비행행동으로 인해 학교로부터 학업을 중단당하는 경우이므로 학생 신분으로 받던 보호조차 받지 못하게 되어 더 심각한 수준의 비행행동을 하게 될 우려가 특히 크다. 우려되는 또 다른 유형은 가출동반형이다. 다양한 이유로 가출하는 많은 청소년은 가출이 장기화되거나 반복되면서, 학교 적응이 어렵게 되거나 학교로부터 자퇴나 전학을 요구받아 학업을 지속할 수 없는 상황에 직면하게 된다.

둘째, 학교 밖 청소년이 되는 이유를 가정, 학교, 학생, 부모로 분류하여 유형을 나누기도 한다(윤여각 · 박창남 · 전병유 · 진미석, 2002, pp. 36-37). 가정이 학업중단 이유인 경우는 가정에 대한 불만족이 심각한 수준이어서 가출하여 학업을 중단한 상황과 가족의 생계문제를 해결하기 위해 학업을 중단하는 상황이다. 학교가 주요 원인이 되어 학업을 중단한 경우는 학교교육에 대한 불만이 크거나, 만족하지 못하는 경우, 교과공부에 전혀 흥미가 없는 상황으로 구분되며, 학생에게 원인이 있어 학업을 중단한 경우는 교칙 위반의 수준이 심각한 상황이나 건강이 악화된 상황이 있다. 그 외 부모가 조기유학을 권하거나 이민을 가게 되어 학업중단을 하게 되는 경우가 있다. 이 경우는 우리나라에서의 학업은 중단되지만, 외국에서는 학업을 지속하게 되므로 실제로 학업중단이라고 보기 어렵다.

우리나라에서는 2015년부터 시행되고 있는 「학교 밖 청소년 지원에 관한 법률」에서 '학교 밖 청소년'을 '초 · 중학교 입학 후 3개월 이상 결석하거나, 취학의무를 유예한 청소년, 혹은 고등학교에서 제적 · 퇴학처분을 받거나 자퇴한 청소년, 고등학교에 진학하지 않은 청소년'이라고 규정하고 있다. 이 정의에 따르면, 어떤 이유에서든지 일정 기간 이상 학교에 다니지 않고 있는 모든 학령기 청소년이 학교 밖 청소년이다.

학교 밖 청소년의 학업중단 이후를 조사한 연구에서는 학교 밖 청소년의 유형을 아래와 같이 구분하며, 내용과 비율을 보고한 바 있다(관계부처 합동, 2015, p. 3). 학교 밖 청소년 중 가장 높은 비율은 검정고시 공부나 대학입시 준비, 복교 등을 준비하고 있는 학업형으로 42.0%나 되었으며, 다음이 특정 목표 없이 아무것도 하지 않는 무업형(23.0%)이었고, 직업기술을 배우거나 아르바이트 등을 하고 있는 직업형이 17.9%, 가출 등 비행형이 8.9%, 집 밖으로 나오지 않는 은둔형 순으로 나타났다.

〈표 9-1〉 학교 밖 청소년의 유형

구분	내용	비율
학업형	검정고시 공부, 대학입시 준비, 복교 등	42.0%
무업형	특정목표 없이 아무것도 하지 않는 경우	23.0%
직업형	직업기술 배우는 경우, 아르바이트 · 취업 등	17.9%
비행형	가출하거나 보호시설 · 사법기관 감독을 받는 경우	8.9%
은둔형	사회적 관계를 맺지 않고 집에서 나오지 않는 경우	* 미조사

출처: 관계부처 합동(2015). 학업중단 예방 및 학교 밖 청소년의 자립역량 강화: 학교 밖 청소년 지원 대책(안). p. 3.

2) 학교 밖 청소년이 되는 원인

과거와 현재 청소년이 정규 학교교육을 중단하는 이유에는 큰 차이가 있다. 과거 사회경제적으로 어렵던 1960년대나 1970년대는 개인적으로는 계속 교육을 받고 싶지만, 가정의 경제적 빈곤으로 인해 어쩔 수 없이 학교를 그만두는 경우가 대부분이었으며, 이들 청소년의 상당수가 근로청소년이 되었다. 그러나 최근에 청소년이 학교를 그만두는 이유는 해외유학 등과 같은 청소년 개인의 욕구로부터 가정, 학교, 사회적 변화에 이르기까지 매우 다양하다.

미국의 경우에는 주로 가족 관련 요인이 학업중단에 영향을 주는 것으로 분석되고 있으나, 국내 연구들에서는 학교 관련 요인이 큰 영향을 미치는 것으로 보고되고 있다. 그러나 이에 대해서 한두 가지 요인들이 짧은 시간 동안 독립적으로 영향을 미친 결과라기보다는 학생, 가족, 학교, 지역사회와 관련된 다양한 요인이 복합적으로 작용하고 오랜 시간 동안 누적된 결과라는 점이 강조되고 있다. 국내외 연구에 기초하여 청소년의 학업중단 원인을 정리해 보면 다음과 같다(Marin, 1995; 김광운, 2004; 윤여각 · 박창남 · 전병유 · 진미석, 2002; 윤철경, 2014; 이경상, 2003; 이병환, 2007; 이주연 · 정제영, 2015; 조아미, 2002; 조아미 · 이진숙, 2014).

첫째, 개인적 요인을 들 수 있다. 청소년의 학업중단에는 성차가 있다. 즉, 남녀 모두 비슷한 비율로 학교를 중퇴하지만, 가족을 부양하기 위해 학업을 중단하는 비율이나 결혼 · 임신으로 인한 비율은 여자청소년이 남자청소년보다 두 배나 높았으며, 학업을 중단한 남자청소년의 25%가 학교보다 일을 선택하지만, 여자청소년은 10% 정도에 불과했다. 정서적 특성으로는 자아존중감, 자아정체감, 우울이나 불안, 충동조절능력, 공격성 등이 청소년의 학업중단에 영향을 주는 것으로 보고되고 있다. 또한, 사회성, 책임감 등과 같은 요인이나 학업성적, 학업에 대한 흥미, 지능과 같은 인지 · 학습능력과 같은 요인, 질병이나 장애 등과 같은 신체적 요인이 영향을 주기도 한다. 최근에는 초 · 중등학생의 경우 해외 출국이 학교를 그만두는 가장 큰 이유로 보고된 바 있는데, 어학연수나 유학 등 실제로는 적극적으로 학업을 지속하는 경우도 증가하고 있다.

둘째, 가족 관련 요인을 들 수 있다. 청소년의 학업중단에는 부모의 소득이나 교육수준과 같은 사회경제적 지위가 직접적으로 영향을 미치며, 결손가족이나 문제가족, 빈곤가족에서 학업중단율이 높은 것으로 보고되고 있다. 가족해체나 가족갈등, 부모의 무관심 등은 학업중단율을 높이는 요인이 되는 반면, 가족구성원들이 정서적으로 지지해 주고 격려해 주고 학업에 관심을 보일수록 청소년의 학업중단율이 낮고, 화목한 가정에서 일관된 양육태도로 훈육을 받는 경우도 학업중단율이 낮은 것으로 나타났다.

셋째, 친구요인과 학교요인을 들 수 있는데, 특히 국내 연구들에서 또래와 학교요인은 학업중단에 대한 주요인으로 밝혀지고 있다. 청소년기는 또래관계가 중요하여 학교에 다니는 이유가 친구들과 어울리는 즐거움 때문이라고 보고되기도 하였다. 그러나 학교에 친한 친구가 없어서 스트레스를 받거나 주변에 학업을 중단한 친구들이 있는 경우에 청소년은 이들의 영향을 받게 되며, 비행 경험이 있는 친구나 처벌 경험이 있는 친구와 친한 경우에도 학업중단율이 높다. 학교 관련 요인으로는 권위주의, 획일주의, 집단주의적으로 비민주적인 방식으로 운영되는 학교, 입시 위주의 경쟁적인 분위기, 비현실적인 학교교칙, 학습내용에 대한 불만, 교사의 차별과 낙인, 무관심 등의 요인을 들 수 있다. 이러한 요인이 구조적으로 학생을 학교 밖으로 내몰고 있다. 최근 연구에서도 확인된바, 우리나라 학생의 학업중단 이유는 개인적인 형편이나 대안교육 선호보다는 학교에 가야 할 필요성을 못 느끼거나, 공부하기 싫다는 학교부적응과 관련된 요인이 과반수로 많았다.

넷째, 학생의 노동참여도 학업중단의 요인으로 작용하는데, 특히 미숙련, 저임금 노동력에 대한 수요가 크고, 실업률이 매우 낮을 때 이런 현상이 더욱 두드러진다. 일주일에 20시간 이상 일하는 학생은 전혀 일하지 않는 학생보다 중퇴할 가능성이 큰 반면, 일주일에 20시간 미만으로 일하는 학생은 전혀 일하지 않는 학생보다 중퇴할 가능성이 오히려 작다.

3) 학교 밖 청소년의 문제

학교를 중단하는 것은 특히 학력 위주의 사회라고 지적되고 있는 우리 사회에서 청소년이 살아가는 데 더 큰 어려움에 직면하게 할 수 있다. 정규 학교교육은 청소년의 전인적인 성장을 위해서뿐만 아니라 현실적으로는 경쟁이 치열한 노동현장에서 높은 임금과 좋은 근무여건을 갖춘 직장을 구할 수 있는 기본적인 자격기준이 되기 때문이다. 또한, 대부분의 청소년이 학생 신분인 우리 사회에서 학교를 떠난다는 것은 신분이 불안정해진다는 것을 의미하기도 한다.

학교를 떠난 상황에서 학업까지 중단하는 것은 청소년 개인뿐만 아니라 사회적으로도 손실이 크다. 청소년의 학업중단은 전문적인 능력을 갖춘 노동력 확보를 어렵게 하고, 저소득 단순 인력이 되어 빈곤계층에 머물게 하여, 국가적으로는 조세수입의 감소와 사회복지 비용의 증가와 같은 부정적인 결과를 초래할 수 있다. 고등학교 단계에서 학업을 중단하는 것에 대한 경제적 효과를 추정한 연구에서 개인적으로는 8천만 원 정도의 순순한 생애 근로소득을 감소시킬 뿐만 아니라, 사회적으로는 6백만 원 수준의 사회적 비용을 증가시키는 등 사회경제적 손실액이 상당히 크다고 보고된 바 있다(남기곤, 2011).

1990년 이후 매년 약 7만 명 정도가 학업을 중단하고 있다고 보고되고 있으므로 어느 한 시점을 기준으로 보면 학업중단 청소년의 수는 수십만 명에 달하는 것으로 추정될 수 있다. 2012년 학업중단 청소년은 28만 명에 이르는 것으로 추정된 바 있고(윤철경, 2014, p. 3), 2019년 학교 밖 청소년은 대략 39만 명으로 추산되었다(허민숙, 2020, p. 2). 물론, 자신의 진로를 적극적으로 개척하기 위해 학교를 떠난 청소년도 있지만, 이들 중 상당수가 불안정한 상태에 있을 것으로 추정된다. 최근 조사연구에서 학업중단 이후 아무 일도 하지 않고 혼자 지내거나 친구들과 노는 경우가 21.7%로 비교적 높은 비율로 보고되었다(윤철경, 2014, p. 14). 진학률이 매우 높고 취업이 어려운 우리나라 현실에서 상급학교에 진학하지 않고 학교를 중도에 그만둔 청소년이 정상적인 노동시장에 진입하여 성공적인 사회생활을 하기란 쉽지 않다. 학업중단 청소년은 불완전 시간제 근로의 고용형태에서 저임금, 열악한 환경 등의 부당대우에 시달리거나 불건전한 유흥산업에 유입되어 종사하게 될 가능성이 매우 크고(이경상, 2003, p. 94), 학업중단 청소년 중 일부만이 대안학교, 직업훈련기관과 같은 진로지원시설이나 쉼터, 소년원, 기타 청소년 보호시설과 같은 보호시설에 소속되어 있으며, 대다수의 학업중단 청소년은 기관에 소속되어 있지 않은 상태에서 방임되거나 자신의 향후 진로를 스스로 설정해 나가야 하는 문제를 경험하고 있다.

학업중단 청소년을 대상으로 한 연구에 따르면, 이들 청소년의 약 10%는 학업중단 후 PC방이나 가출팸 등 불안정한 주거생활을 경험하였고, 8.6%는 보호관찰을 경험하였으며, 2~3% 정도의 청소년은 보호시설 혹은 소년분류심사원 등의 생활을 경험하였다. 특히, 학업중단 후 새로운 친구를 사귄 적이 없다고 응답한 경우가 36.3%, 5명 이하가 40.9%로 나타나 학업중단 이후 새로운 친구관계를 형성하는 데에도 어려움이 있는 것으로 예측되었다(윤철경, 2014, p. 15).

이처럼 학업중단 이후 학교교육체계로 복귀하지 않으면 사회적 관계도 어렵고 비행의 유혹에 노출되기 쉬워, 결국 범죄의 세계에 빠질 가능성이 크다. 학업을 중단한 이유 자체가 비행이었던 경우도 있지만, 학교를 그만둔 이후 장래에 대한 불안과 보호받지 못하는 환경으로 인하여 비행의 행로로 접어들기도 한다. 많은 선행연구결과에서 가출, 음주, 흡연, 약물남용, 성관계, 자살충동 등과 같은 비행 및 문제행동이 학업중단과 관계가 있는 것으로 나타났다(고기홍, 2003; 박창남 · 도종수, 2003; 박효진, 2015; 윤여각 외, 2002; Kasen, Cohen, & Brook, 1998). 그러므로 청소년의 학업중단은 청소년 개인으로 보면 빈곤과 실업의 가능성을 키우고, 비행이나 범죄로 연결되는 등의 문제를 초래하며, 사회적 차원에서는 우수한 노동력 확보의 실패, 복지비용의 증가와 같은 문제를 낳는다.

3. 학교 밖 청소년의 현황

2019년 기준 우리나라 학교 밖 청소년의 수는 약 38만 9,177명으로 추산되고 있는데, 이 숫자에는 유학 후 복귀자, 중도입국 청소년 수를 합산하지 않은 수치로, 실제로는 더 많을 것으로 추정하고 있다. 2019년 기준 학령기 청소년 인구는 총 5,849,190명으로 추산하고 있고, 이 중 초·중·고등학교에서 교육을 받고 있는 재학생 수는 총 5,488,285명이며, 학업중단 학생 수는 52,539명이고 이 중 질병 및 해외유학 등이 사유인 학생 수는 24,267명이었다(허민숙, 2020, p. 2).

매년 학업을 중단하는 학생의 수는 2013년 60,568명에서 2015년 47,070명까지 감소하는 추세를 보이다가, 2015년부터 다시 증가하여 2018년 52,539명이 되었다(표 9-2 참조).

〈표 9-2〉 초·중·고 학업중단 학생 현황

구분	2013	2014	2015	2016	2017	2018
계	60,568	51,906	47,070	47,663	50,057	52,539

주: 초등학교와 중학교는 유예 및 면제자를 학업중단자로 봄.
고등학교 학업중단 사유는 자퇴(질병, 가사, 부적응, 해외 출국, 기타), 퇴학(품행), 유예, 면제, 제적임
조사기준일은 2018. 3. 1.~2019. 2. 28.임.
자료: 교육통계서비스, 「학업중단 현황」, 각 년도.

출처: 허민숙(2020). 학교 밖 청소년 지원사업 현황과 개선과제. p. 2. 국회입법조사처.

초·중·고 학급의 학업중단율 역시 2010년부터 2015년까지는 지속적인 감소 추세를 보이다가, 이후 2018년까지 증가하고 있다. 의무교육인 초등학교와 중학교보다 고등학교에서 학업중단 비율이 높은데, 고등학생의 경우, 2010년 2.0%에서 2015년 1.3%까지 감소하다가 2018년 다시 1.6%까지 증가하는 양상을 보이고 있다.

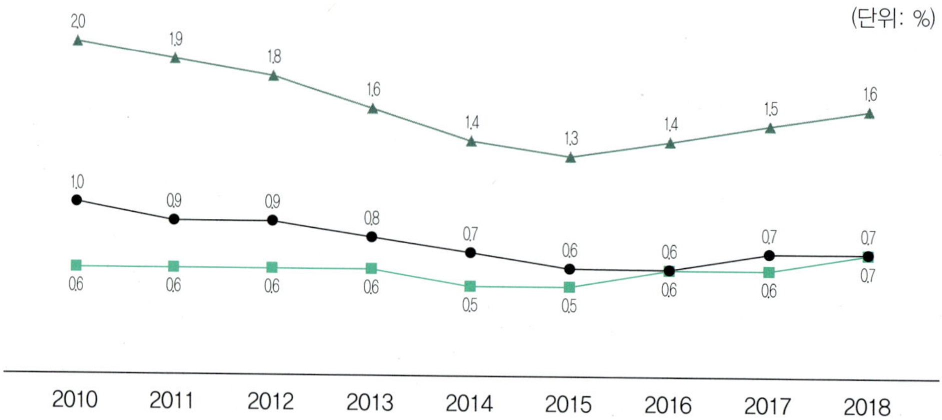

※ 출처: 교육통계서비스, 학업중단 현황, 각 년도.

초등학생 중학생 고등학생

[그림 9-1] 학급별 학업중단율(2010~2018)

출처: 허민숙(2020). 학교 밖 청소년 지원사업 현황과 개선과제. p. 2. 국회입법조사처.

이는 미국 7.4%(2010년), 독일 6.5%(2010년) 등과 비교하면 낮은 편이고 일본과는 비슷한 상황이지만(1.3%, 2011년), 학벌 위주의 사회 분위기에서 매년 5~6만 명의 청소년이 학업을 중단하고 있는 상황은 상당히 우려할 만한 현상이다.

4. 학교 밖 청소년을 위한 복지정책과 서비스

학교 밖 청소년에게는 대안적 교육기회와 체계적인 진로지도가 필요하다. 학업을 중단한 청소년에게는 동기를 부여하고 체계적인 맞춤형 진로탐색 기회를 제공하고, 원한다면 다시 학교에 복학할 기회도 제공해야 한다. 일단 정규학교에서 벗어나게 되면 경쟁 위주, 교과학습 위주의 학교로 다시 돌아가서 적응하기 쉽지 않으므로 복학이나 상급학교 진학을 위한 체계적 준비를 할 수 있도록 지원할 필요가 있다.

학업을 이어가고 싶지 않을 경우에는 자신의 진로에 필요한 지식과 기술을 습득하도록 직업훈련 기회를 제공하고 지원해 주는 국가적 차원의 정책과 서비스가 필요하다. 또한, 학교 밖 청소년이 자신의 잠재력을 최대한 개발하여 원하는 직업을 얻고 안정된 직업생활을 할 수 있는 여건을 마련해 주어야 한다.

현재 학교 밖 청소년에게 제공하고 있는 복지정책과 서비스는 다음과 같다.

1) 학교 밖 청소년 지원에 관한 법률

2014년 5월 28일, 학업중단 청소년을 포함하여 학령기에 학교를 다니지 않고 있는 청소년에 대한 사회적 관심으로, 「학교 밖 청소년 지원에 관한 법률」이 제정되었으며, 2015년 5월 29일부터 시행되고 있다. 이 법에 따르면, '학교 밖 청소년'이란 초 · 중학교 입학 후 3개월 이상 결석하거나, 취학의무를 유예한 청소년, 혹은 고등학교에서 제적 · 퇴학처분을 받거나 자퇴한 청소년, 고등학교에 진학하지 않은 청소년을 의미한다. 이 법에 기초해서 국가와 지방자치단체는 학교 밖 청소년에 대한 사회적 차별 및 편견을 예방하고 학교 밖 청소년을 존중하고 이해할 수 있도록 조사 · 연구 · 교육 및 홍보 등 필요한 조치를 해야 하며, 이들 청소년에 대한 연도별 지원계획을 수립한다. 또한, 여성가족부에서는 현황 및 실태를 파악하고 결과를 공표해야 한다.

이 법이 제정됨으로써 학교 밖 청소년에게 개인적 특성과 수요를 고려한 상담지원, 교육지원, 직업체험 및 취업지원, 자립지원 등의 프로그램을 제공할 수 있는 법적 기반이 마련되었다(제2조 3항). 상담지원에는 심리상담, 진로상담, 가족상담 등이 포함되며, 교육지원은 학교 밖 청소년이 학교로 복귀하고 자립할 수 있도록 재취학 또는 재입학, 대안학교로의 진학, 검정고시 준비를 지원하는 것 등이 포함된다. 그 외 자신의 적성과 능력에 맞는 직업체험과 훈련을 할 수 있도록 직업적성 검사 및 진로상담 프로그램, 직업체험 및 훈련 프로그램, 직업소개 및 관리 등 청소년이 필요로 하는 서비스를 제공하도록 하고 있다. 자립지원을 위해서는 생활지원, 문화공간지원, 의료지원, 정서지원 등의 서비스를 제공할 수 있도록 하고 있으며,

경제교육과 법률교육, 문화교육 등 자립에 필요한 교육을 지원할 수 있도록 하고 있다.

2) 학교 밖 청소년 지원센터(꿈드림)

2015년부터 시행되고 있는 「학교 밖 청소년 지원에 관한 법률」 제12조에 따라, 2015년 155개소였던 학교 밖 청소년 지원센터는 '꿈드림'이라고 하는데, 2020년 기준 전국에 219개소가 운영되고 있다(여성가족부, 2021, p. 828).

'학교 밖 청소년 지원센터(꿈드림)'는 학교 밖 청소년 지원을 위한 지역사회 자원의 발굴 및 연계 · 협력, 지원 프로그램의 개발 및 보급, 지원 프로그램에 대한 정보제공 및 홍보, 지원 우수사례의 발굴 및 확산, 학교 밖 청소년에 대한 사회적 인식 개선 등의 업무를 수행한다. 이러한 업무를 수행함에 있어서 지역사회 청소년통합지원체계를 구성하는 기관과 연계 및 협력을 해야 한다고 규정하고 있으며(제14조), 학교에서는 소속 학교의 학생이 학교 밖 청소년이 되는 경우에는 해당 청소년에게 학교 밖 청소년 지원 프로그램을 안내하고 지원센터를 연계하여야 하고, 지역사회청소년통합지원체계에 포함된 기관 또는 단체는 지원이 필요한 학교 밖 청소년을 발견한 경우에 지체 없이 해당 청소년에게 학교 밖 청소년 지원 프로그램을 안내하고 지원센터를 연계하여야 한다고 규정하고 있다(제15조).

학교 밖 청소년을 적극적으로 발굴하고, 발견 즉시 진로설정부터 목표달성 후 사후관리까지 빈틈없는 지원을 하도록 사업내용과 지원체계는 다음의 [그림 9-2]와 같다(여성가족부, 2019, p. 1).

〈사업내용〉

- 학업지원: 학습동아리, 멘토링, 검정고시, 대학입시설명회 등 학력취득 및 상급학교 진학지원
- 취업지원: 적성검사, 직업탐색, 직업체험을 거쳐 명확한 진로설정 후 직업역량강화 프로그램, 내일이룸학교 등 연계 취업지원
- 건강지원: 건강검진을 통해 학교 밖 청소년의 건강한 성장 지원

〈지원체계〉

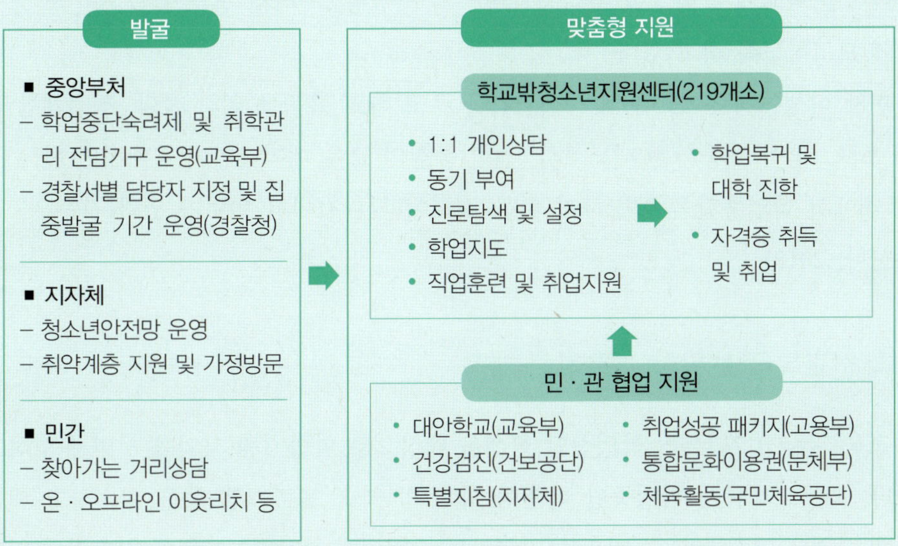

[그림 9-2] 학교 밖 청소년 지원센터 사업내용 및 지원체계

출처: 여성가족부(2019). 학교 밖 청소년 지원 사업개요. p. 1.

3) 학업중단 숙려제

예방체계를 구축하는 것은 중단 이후 지원체계를 마련하는 것 이상으로 중요하다. 현재 학업중단 숙려제를 통하여 학업중단 위기 징후를 보이는 학생을 조기에 발견하여 전문상담을 실시하고 맞춤형 지원을 실시하고 있다. 학업중단 숙려제는 2014년부터 「초 · 중등교육법 시행령」 제54조에 따라 전면 시행되고 있는데, 학교장

은 학업을 중단할 뜻이 있거나 가능성이 있다고 인정되는 학생에게는 전문상담기관의 상담이나 진로 탐색 프로그램 등을 안내하거나 제공하여 학업중단에 대하여 숙려할 기회를 주어야 한다.

학교 여건에 따라 교장, 부장교사, 전문상담교사, 진로진학 상담교사 간 협업 등 지원체계를 구축하여 운영하며, 부적응 요인을 발견하면 교내 · 외 전문상담사에 의한 상담을 실시하고 경제적 어려움, 또래 간 갈등조정, 학습결손 지원 등 맞춤형 서비스를 제공하여 학업중단을 사전에 예방하도록 한다. 또한, 5일 이상 이유 없이 결석하면 학교에서 학생별 부적응 원인, 지도 상황, 숙려제 경과 등을 시 · 도 교육청에 보고하도록 하고 있다.

현재 학생에게 최대 3주의 숙려기간을 주고 학교 복귀를 위한 상담, 직업체험 등의 프로그램을 제공하는 제도로서, 진학 중심의 교육 패러다임이 지배적인 한국 사회 내에서 학업중단을 예방하기 위한 정책이라는 점에서 의미가 있다(김종우 · 주수산나, 2018).

4) 대안교육을 포함한 교육기회 제공

교육부는 2017년부터 학업중단 학생을 대상으로 학습지원 사업을 시범 운영하고 있다. 의무교육단계 학업중단 학생이 학교 밖 학습 프로그램 등을 이수하고 이를 통해 학력을 인정받을 수 있도록 지원하는 사업인데, 2017년 42명이었던 지원 인원이 2019년 662명으로 증가하였다(허민숙, 2020, pp. 5-6).

또한, 2019년 기준으로 11개 시 · 도 교육청에서 학업중단 학생 및 학교 밖 청소년 지원사업을 시행 중에 있다. 예를 들면, 서울, 대구, 강원도에서는 학교 밖 청소년 도움센터인 '친구랑'을 운영하여 교육(학습지원, 학습멘토링, 학업상담, 상급학교 진학 컨설팅 등), 진로(직업체험 프로그램, 진로상담, 진로검사, 직업교육 학교 및 기관 연계 등), 정서(개인상담, 심리상담 전문기관 연계, 부모교육 등), 복지 및 건강지원(학교 밖 청소년 교육참여 수당지급, 건강검진 기관 연계 등)을 하고 있다. '친구랑'은 학업중단 학생을 보호하고 학업복귀를 지원하기 위한 돌봄공간으로

2014년 교육부 공모로 서울, 대구, 강원이 선정되어 교육부 재정지원 하에 상담, 체험활동 및 학업복귀 지원 프로그램 등을 운영하고 있다(서울특별시 교육청 학교 밖 청소년 도움센터 친구랑, 2021).

그 외, 정규학교의 획일적이고 정형화된 교육내용과 형식에서 벗어나 학생의 욕구를 충족시킬 수 있는 다양한 형태의 대안학교가 전국에 설치되어 있다. 「초·중등교육법」 제60조의 3에 따르면, 대안학교란 "학업을 중단하거나 개인적 특성에 맞는 교육을 받으려는 학생을 대상으로 현장 실습 등 체험 위주의 교육, 인성 위주의 교육 또는 개인의 소질·적성 개발 위주의 교육 등 다양한 교육을 하는 학교"이다.

대안학교가 제도권으로 등장하게 된 계기는 1996년 교육부가 당시 급증하고 있던 학교중도탈락자에 대한 대책을 세우면서이다(최호성·박창언·김희용, 2007). 당시 학업중단 청소년의 증가에 대하여 사회적 관심을 갖게 되었고, 자연발생적으로 생겨나기 시작한 대안학교에 대해서도 체계적인 정책적 개입이 필요하게 되어 1998년 「초·중등교육법 시행령」에 특성화 중학교와 특성화 고등학교에 관한 내용을 추가하여 제시하게 되었다. 대안학교는 설치 목적 자체가 정규학교와는 차별화 되었기 때문에, 「대안학교의 설립·운영에 관한 규정」에 따라 개별 학교가 교육과정과 내용을 정할 수 있다.

2020년 기준으로 대안학교(각종학교)는 전국에 45개교 설치되어 있으며, 대안교육 특성화 중학교가 17개교, 특성화 고등학교가 25개교 운영되고 있다(교육부, 2020). 그러나 교육부의 인가를 받지 않은 미인가(비인가) 대안학교도 2018년 기준 287개교가 있는 것으로 파악된 바 있지만, 미인가 대안학교의 특성상 정확한 수를 파악하기는 쉽지 않다(하태욱·이종태·이병곤·곽현주, 2018, p. 21).

대체로 대안학교는 학교 밖 청소년의 욕구에 따라 개별 청소년의 학습동기를 고취하고 잠재력을 개발하고자 다양한 교육과정이 제공되고 있다. 그러나 일부 대안학교가 대학입시나 해외유학을 준비하는 과정으로 변질되거나 인적·물적 자원이 열악하여 적절한 교육환경과 내용을 제공하지 못하고 있다는 점 등이 문제점으로 지적되고 있다.

5) 직업체험 및 직업교육훈련

학교 밖 청소년을 대상으로 여성가족부 주관으로 '내일이룸학교'가 운영되고 있다. 내일이룸학교는 학교 밖 청소년에게 맞춤형 직업훈련을 제공하여 성공적인 사회진출 및 자립을 지원하는 사업으로서, 2021년 기준으로 전국에 14개 직업훈련기관에서 다양한 분야의 기술을 3~10개월간 과정으로 익힌다. 월 30만 원 이내의 훈련생 자립장려금을 지급하고 있으며, 기숙사 · 교통비 · 중식비 등 숙식 및 교통을 제공하고 있고, 특화프로그램으로 검정고시 및 자격증 취득 지원도 하고 있으며, 직업훈련교육 수료 후 취업처 알선 및 취업 정보를 제공한다(여성가족부, 2021).

또한, 학교 밖 청소년은 고용노동부의 취업성공패키지에 참여할 수 있다. 취업성공패키지는 저소득 취업취약계층에게 개인별 취업활동 계획에 따라, 1단계에서 진단 및 경로설정을 위한 집중상담, 개인별 취업활동계획 수립, 2단계에서 의욕 및 능력 증진을 위한, 집단상담, 단기 일자리 제공, 직업훈련, 창업지원, 3단계에서 집중적인 취업알선을 위한 동행면접 등의 서비스를 단계별로 제공하고 있다. 단계별로 참여수당이 지급되며, 취업에 성공하면 취업성공수당을 지급한다(고용노동부, 2021).

6) 상담 및 심리치료 서비스

진로와 관련된 상담 이외에도 학교 밖 청소년은 심리 · 정서적인 문제나 비행 등의 문제를 경험하기도 한다. 그러므로 이들이 학업을 지속하거나 자신의 진로를 준비하고, 혹은 근로현장에서 일을 지속하기 위해서 전문적인 상담 및 치료 서비스가 필요하다. 발달상의 위기나 다양한 심리 · 사회적 위기를 경험하는 청소년이 적절한 상담을 통하여 이를 극복하도록 지원하기 위하여 「청소년 기본법」 제42~46조에 근거하여 한국청소년상담복지개발원과 2021년 기준으로 전국 시 · 도에 17개소, 시 · 군 · 구에 221개소 등 총 238개소의 청소년상담복지센터가 설치 · 운영되고 있다. 아직 14개 시 · 군 · 구에는 설치되어 있지 않다.

청소년상담복지센터에서는 개별 청소년 상담뿐만 아니라, 부모교육 및 상담, 또래상담, 품성계발 등의 프로그램을 운영하고 있다. 한국청소년상담복지개발원은 청소년상담 관련 정책의 연구개발, 청소년 상담기법의 연구 및 상담자료의 제작과 보급, 청소년 상담사업의 시범운영 등과 같은 청소년상담과 관련된 사업뿐만 아니라 학교 밖 청소년 관련 사업에 대한 지도와 지원을 한다.

청소년상담복지센터가 학교 밖 청소년 지원센터 '꿈드림'을 위탁하여 운영하는 경우가 많아서 센터 간에 유기적으로 연계하며 필요한 상담 서비스를 제공하고 있다.

5. 학교 밖 청소년을 위한 과제

학교 밖 청소년은 급변하는 사회변화 속에서 다양한 욕구와 문제를 경험하고 있음에도 불구하고 현재 이러한 청소년에게 제공해 주는 정책과 서비스는 한계가 있다. 이러한 점을 극복하기 위하여 학교 밖 청소년을 위해 향후 선결해야 할 몇 가지 과제가 있다.

첫째, 학교 밖 청소년에 대한 개념이 보다 명확히 규정되어야 하며, 이에 따라 학교 밖 청소년의 규모를 구체적으로 파악해야 한다. 지역 내에서 학교 밖 청소년에 대한 실제적인 현황 파악을 하고 적극적으로 서비스가 필요한 청소년을 발굴할 수 있을 것이다. 2019년 기준으로 약 39만 명에 이르는 학교 밖 청소년이 있는 것으로 추정되고 있으나, 꿈드림센터를 이용한 청소년은 48,250명에 그치고 있다(허민숙, 2020, p. 7).

둘째, 지역사회 내 다양한 기관의 연계 체계를 구축할 필요가 있다. 과거와 달리 이들 청소년의 욕구는 복잡하고 다양하다. 중앙부처 차원에서도 여성가족부, 보건복지부, 교육부, 고용노동부, 법무부 등 청소년의 학업과 복지에 관련되는 부처들이 유기적으로 연계하여 일관성 있는 정책을 수립함으로써 당면한 현안 문제들을 해결해 나가야 할 것이다. 이와 관련하여 부처 간 유기적으로 협력하도록 규정하고 있으나 여전히 필요한 서비스가 적시에 제공될 수 있는 통합 지원체계 정비를 필요로 하고 있다. 지역사회 차원에서도 정규학교, 대안학교, 대안교육기관, 사회복지기관, 청소년보호시설, 청소년자활지원관, 청소년수련관 등이 지역사회 내 개별 청소년들의 욕구를 충족시켜 줄 수 있도록 긴밀한 네트워크를 구축하고 필요한 서비스를 체계적으로 제공해 주어야 한다.

셋째, 학교 밖 청소년을 지원해 줄 수 있는 서비스 기관들이 확충되어야 하며, 적절한 서비스 제공 모형이 개발되어야 한다. 현재 이들을 위한 서비스 기관들이 다양해지고 있는데, 이들 기관들이 역할 분담을 적절히 하고, 각각의 기관들이 학교 밖 청소년에게 필요한 전문적인 서비스를 개발해야 한다. 다양한 욕구와 문제를 분석하고 개별 청소년의 상황에 적합하고 필요한 서비스를 제공해 줄 수 있어야 할 것이다.

넷째, 이러한 서비스를 전달할 수 있는 전문인력도 양성되어야 한다. 심리 · 정서적 문제를 상담 · 치료할 수 있는 상담 및 치료 전문가, 진로상담 · 직업교육 및 취업연계까지 도와줄 수 있는 진로지원 관련 서비스를 제공할 수 있는 전문가가 필요하다. 또한, 학교 밖 청소년의 특성을 이해하고 전문적인 서비스를 제공할 수 있는 인력 확보가 필수적인데, 안정된 고용상태에서 경험을 축적하며 전문성을 쌓아 갈 수 있어야 할 것이다. 특히, 꿈드림의 경우 불안정한 계약직 신분으로 거의 모든 영역의 역할을 해야 하는 현재 상황에서는 적절한 서비스를 제공하는 데 한계가 있다.

끝으로, 학생 청소년과 비교하면 학교 밖 청소년의 인권은 상대적으로 보호받지 못하고 있다. 이러한 청소년이 성인이나 학생 청소년과 차별되지 않으면서 생존권, 발달권, 참여권 등을 보장받을 수 있도록 관련법들을 정비하고, 사회적으로 학교 밖 청소년에 대한 인식을 개선하며, 사회적 여건을 개선해 나가야 한다.

생각해 볼 문제

1. 청소년기에 있어서 학업은 어떤 의미가 있는지 생각해 봅시다.
2. 학교 밖 청소년이 되는 이유는 어떤 것이 있는지 생각해 봅시다.
3. 학교 밖 청소년이 경험하게 되는 문제는 무엇인지 생각해 보고, 이들의 문제를 어떻게 해결할 수 있는지 방안을 모색해 봅시다.
4. 청소년의 학교 밖 현황을 파악해 보고, 이들을 위한 청소년복지대책을 제시해 봅시다.

Chapter 10

청소년과 폭력

청소년 시기에는 가정, 학교, 지역사회 등 주변 환경이 청소년 발달에 많은 영향을 미친다. 특히, 가정 기능의 약화와 결손, 맞벌이부부의 증가, 부모의 과잉보호와 과잉통제, 폭력적인 대중매체, 원만하지 못한 교우관계 등 많은 원인으로 인해 청소년문제가 증가 추세에 있다. 특히, 청소년문제 중에서도 청소년폭력은 심각한 비율을 차지한다. 오늘날의 청소년폭력은 인터넷과 스마트폰, SNS 등 다양한 대중매체의 영향으로 청소년의 정신적 · 행동적 측면에 영향을 미쳐 그 유형이 다양해지고 비인간화되는 경향을 나타내고 있다. 뿐만 아니라, 제반 대중매체는 상업주의와 비도덕적인 행위로 인해 연령에 관계없이 무분별하게 청소년에게 영향을 미쳐 폭력을 행사하는 연령도 점차 하향화되는 경향이 있다. 이러한 청소년폭력에 대처하기 위해서는 청소년폭력에 대해 관심을 가지고 청소년폭력의 개념과 문제점, 현황 등을 파악한 후 청소년의 주변 환경인 가정, 학교, 지역사회가 역할을 수행함으로써 공동으로 해결방안을 모색해야 한다. 따라서 본 장에서는 날로 심각해지고 있는 청소년폭력 중에서 사회적으로 문제가 되고 있는 집단따돌림, 학교폭력, 청소년 자살 등에 대한 원인, 유형, 현황, 문제점에 대해 살펴보고 청소년폭력의 해결방안을 모색해 보고자 한다.

1. 집단따돌림

1) 집단따돌림의 개념

(1) 집단따돌림의 정의

집단따돌림은 한 사람 혹은 한 집단이 반복적으로 일정 기간 동안 특정한 위해 유형이 될 때까지 한 사람을 괴롭히는 것을 말한다. 따라서 이름/별명 부르기, 싫어하는 장난하기, 밀치기, 때리기, 위협하기, 소문내기, 놀리기, 따돌림과 같은 의도적 행위가 반복적이고 지속적으로 한 개인에게 가해졌을 때 이를 집단따돌림이라고 한다. 집단따돌림과 유사한 개념으로 미국의 집단괴롭힘(bullying), 일본의 이지메 등이 있다. 우리나라에서도 과거에 이와 유사한 상황이 있었으나 당시에는 학원폭력이라는 커다란 주제하에 묻혀서 별다른 관심을 끌지 못했다. 집단따돌림 현상은 1999년 무렵 절정에 달하였다가 이의 심각성을 파악한 각계각층의 노력으로 현재는 감소 추세에 있으나 아직도 심각성 등 논란이 되고 있는 실정이다. 이러한 집단따돌림, 집단괴롭힘, 혹은 이지메에 대해 학자마다 혹은 국가마다 다양하게 정의한다.

미국의 집단괴롭힘 혹은 집단따돌림에 대하여 Olweus(1978, p. 24)는 한 명 또는 그 이상의 다른 사람으로부터 계속적으로 공격을 받는 것이라고 정의하였고, 학령기 아동이 특정한 학생을 배제시키거나 괴롭히며, 그 학생에게 신체적 행동을 가하는 것으로써 가해자와 피해자 사이의 힘의 불균형 상황에서 적어도 일주일에 한 번, 6개월 이상 지속하는 가혹 행위를 의미한다고 정의하였다.

일본의 이지메에 대하여 일본 국립경찰청에서는 특정한 개인을 밀치기, 위협하기, 주먹으로 때리기 등을 포함하는 신체적 · 언어적 공격과 피해자에게 고통을 주는 따돌리기와 계속적으로 반복되는 심리적 압력이라고 정의하였다. 또한, 일본 문부성에서는 이지메를 '자기보다 약한 자에 대하여 일방적으로 신체적 · 심리적인 힘을 가하여 서로가 심각한 고통을 당하는 것으로서 학교가 그러한 사실을 인지하면서 학교 안팎을 막론하고 발생하는 것'이라고 정의하였다.

우리나라의 집단따돌림에 대해 구본용(1997, p. 10)은 '두 명 이상이 집단을 이루어 특정인(혹은 특정집단)을 그가 속해 있는 집단 속에서 소외시켜 역할수행에 제약을 가하거나 인격적으로 무시, 음해하는 언어적 · 신체적인 일체의 행위'라고 정의하였다. 또한, 한국청소년개발원(2006, p. 124)에서는 '집단따돌림이란 학교에서 다수의 학생들이 특정 학생을 대상으로 2주 이상의 기간에 걸쳐 심리적 · 언어적 폭력, 금품갈취 및 괴롭힘과 신체에 위해를 가하는 행위'라고 정의하였다.

위와 같이 서구에서는 집단괴롭힘을 집단과 개인이 다른 개인을 가해하는 행위도 포함하고 있지만 일본은 집단적인 특성이 강하다. 우리나라의 경우에 집단따돌림은 학교와 같은 전체 집단이 아니라 주변의 몇몇 주도자들에 의해 소집단으로 행해지고 주위의 묵인에 의해 이루어지는 특성을 나타낸다.

(2) 집단따돌림의 유형

집단따돌림은 학자마다 다양하게 유형을 분류하고 있다. Olweus(1978, p. 11)는 집단따돌림의 유형을 직접적 따돌림과 간접적 따돌림으로 분류하였다.

〈표 10-1〉 Olweus의 집단따돌림 유형

유형	정의
직접적 따돌림	피해 대상에 대해 외부적으로 공격행동을 가하는 것
간접적 따돌림	집단으로부터 사회적 소외, 내적인 배제를 가하는 것(외형적으로 구타하거나 폭행하는 공격행동으로부터, 외부로 드러나지는 않으나 어느 한 집단에서 소외시키거나 또는 심리적 갈등을 겪거나 부적응하도록 하여 괴롭히는 것까지를 포함)

구본용(1997, p. 22)은 따돌림의 유형을 놀림(바보, 병신 등을 만들기), 언어폭력(죽인다, 학교 그만둬 등의 협박하기), 무시하기(대화 거부), 장난을 빙자한 괴롭힘(등치기, 시비 걸기), 약점을 들추거나 모함하기, 비난하기, 따돌림 대상을 고립시키기 위해 그 주변의 다른 구성원을 위협하기 등의 7가지로 구분하였다. 또한, (주)가우디(1999, p. 34)의 '왕따리포트'에서는 집단따돌림의 유형을 소외형, 욕 · 협박형, 조롱형, 장난형, 강제형의 5가지로 분류하였다.

〈표 10-2〉 왕따리포트의 집단따돌림 유형

소외형	욕 · 협박형	조롱형	장난형	강제형
• 인사를 해도 노골적으로 무시함 • 노는 데 끼어 주지 않음 • 점심을 같이 먹자고 해도 들은 척 안 함 • 다른 친구들과 놀지 못하도록 방해함 • 뒤에서 손가락질을 함	• '재수 없다'는 말을 함 • ×년(놈) 등의 심한 욕을 함 • '꼴 보기 싫으니 학교 오지 마라', '꺼져 버려라' 등의 말을 함 • '죽여 버리겠다', '없애 버리겠다' 등으로 협박함	• 신체적 장애나 체형과 관련하여 심하게 놀림 • 공부를 못하거나 머리가 나쁘다고 놀림 • 소심한 성격에 대해 심하게 놀림 • 집안 형편과 관련해서 놀림	• 체육복, 가방, 신발 등을 훼손함 • 목 조르기, 옷 벗기기 등의 심한 장난을 함 • 툭툭 치기, 발로 차기, 꼬집기 등의 장난을 함	• 숙제를 강제로 시킴 • 매점 가기 등의 심부름을 시킴 • '가방 들어라'고 시킴 • 시험 볼 때 시험지를 강제로 보여 달라고 함 • 준비물, 도시락 등을 빼앗음

출처: (주)가우디(1999). 왕따리포트, p. 34.

집단따돌림은 작게는 집단 내 또래들끼리 은밀하게 서로를 배척하는 것에서부터 시작해 무시하거나 비난하고 나아가서는 신체적인 가혹행위, 언어적 가혹행위 암묵적 가혹행위를 하는 것도 포함된다. 그에 따라 집단따돌림은 학교폭력의 범주에 속한다고 볼 수 있지만, 더 광범위한 개념에서 공격적인 행위를 포함한다.

2) 집단따돌림의 원인

집단따돌림은 성인 사회 및 조직과 집단에서도 생겨날 수 있는 현상과 요인이지만, 특히 청소년 집단에서 심각하게 문제가 되는 것은 발달단계상의 특성에서 비롯된 것이라고 볼 수 있다. 청소년기는 또래에 대한 집착과 애착 집단소속 욕구가 특별히 강한 시기이기 때문이다. 청소년은 비슷한 특성을 가진 또래끼리 집단을 형성하여 친밀감을 유지하고 교류하는데 집단따돌림은 이러한 또래집단의 형성 및 해체에 따른 구성원의 갈등 및 대립 현상의 하나라고 볼 수 있다.

집단따돌림은 학생들이 집단 속에서 관계를 맺고 상호작용하는 과정에서 나타나는 청소년문제 때문에 한 가지 원인에 의해 발생하는 경우는 극히 드물고 여러 가지 원인이 복합적으로 작용하여 발생하는 경우가 많다. 그리하여 집단따돌림은 개인, 가정, 학교, 사회의 다양한 측면에서 그 원인이 비롯될 수 있다.

(1) 개인적 요인

청소년은 자신을 내세우거나 영향력을 행사하려는 본능이 있는데 공격적 행동으로 나타나는 경우가 많다. 대부분의 가해청소년이 나타내는 행동표출방식은 주변에서 손쉬운 상대를 찾아 화풀이를 하는 것인데 이를 통해 가해청소년은 만족감을 찾는 경우가 많다. 가해청소년은 대부분 호전적 기질이 강하고, 질투심이 많으며, 자기 힘을 과시하고 싶어 하며, 따돌림을 당한 경험이 있으며, 학업이 부진하다. 피해청소년은 신체적 결함 · 비만, 왜소한 신체 등의 약점이 있으며, 내성적이고, 가해청소년으로부터 시기의 대상이 되는 조건을 수반하는 경우가 많다.

뿐만 아니라, 집단따돌림은 자신과 모든 친구들이 동일해야 한다고 생각하는 극단적 이기주의로 인해 비롯될 수도 있다. 왜냐하면, 한 번 집단따돌림의 대상이 되면 장기간 계속되는 특징이 있기 때문이다. 그리하여 그 심각성으로 인해 피해자가 되지 않기 위해 또 다른 피해자를 낳음으로써 이것이 집단따돌림의 개인적 원인이 되기도 한다. 또한, 분노조절장애 등의 질병적 요인과 정신적 요인의 적절한 치료와 예방이 접근되지 못해 발생되기도 한다.

(2) 가정적 요인

가정은 최초의 사회기술을 배우는 곳으로서, 청소년은 가족구성원 간의 관계 및 상호작용을 통해 대인관계를 배운다. 따라서 부모가 자녀에게 비난하는 말을 지나치게 하거나 과격한 행동을 보이면 자녀는 부모의 이러한 공격적인 행동을 자연스럽게 모방하게 된다. 반대로 부모가 자녀를 지나치게 과잉보호하는 경우에 이러한 환경에서 자란 청소년은 지나친 자기중심적 사고를 지니게 됨으로써 따돌림의 가해자와 피해자가 될 수 있다. 즉, 부모의 과보호적 양육방식은 청소년으로 하여금 갈등 해결을 위한 특별한 노력 없이 자기 자신의 욕구 충족에 방해가 되는 상대나 또래에 대하여 거부적인 태도를 보이거나 자신의 입장만 고려하여 타인을 배려하지 못함으로써 집단따돌림의 피해자가 되기도 한다.

(3) 학교 요인

우리나라 학교의 획일적이고 주입식인 교육환경과 입시 위주의 경쟁적인 교육풍토가 집단따돌림의 원인이 될 수 있다. 즉, 최고 수준의 성취만 인정하는 교육환경은 지나친 경쟁과 긴장 관계를 유발함으로써 이로 인해 좌절감을 느끼는 청소년이 분노와 적대감을 집단따돌림을 통해 표출할 수 있다. 또한, 처벌 위주의 지도방식도 학생들을 폭력적으로 만드는 경향이 있다. 그러므로 지나치게 경쟁심을 조장하는 것이야말로 학교 내에서 폭력이나 집단따돌림을 만연케 하는 커다란 요인이 될 수 있다. 특히, 집단따돌림에 직·간접적으로 가세하고 있는 것이 학업에 대한 부담감과 미래에 대한 불안감인데 이러한 스트레스에 대한 대처방식이 어떤 것인지에 따라서도 집단따돌림이 영향을 받는다.

(4) 사회적 요인

기성세대가 보여 주는 지나친 경쟁심으로 인해 청소년은 이기적이고 자기중심적인 경향이 강화되어 타인에 대한 수용능력이 결핍된다. 또한, 폭력성이 짙은 내용을 무분별하게 방송하고, 폭력을 지나치게 미화시키며, 자기중심적이고 소비지상주의를 조장하는 TV, 인터넷 등의 대중매체도 자기중심적이고 소비지상주의에 물든 청소년으로 하여금 동료에 대한 배려나 애정을 사치로 생각하게 하고, 도움이 필요한 청소년을 자신의 필요에 따라 따돌리는 원인이 될 수 있다.

3) 집단따돌림의 현황

2018년 여성가족부 청소년가족정책실 청소년 보호과에서 중 · 고등학생을 대상으로 청소년 폭력 유형별 피해율에 대해 조사하였다. 그 결과, '폭행/상해'가 가장 높았고 '성폭력을 당했다'가 그다음으로 높은 비율을 나타냈다.

〈표 9-3〉 학교폭력 유형별 검거현황(2012~2018) (단위: 명)

구분 연도	전체	폭행 · 상해	금품갈취	성폭력	기타
2012	23,877	14,637	5,912	509	2,819
2013	17,385	11,048	2,603	1,067	2,667
2014	13,268	8,974	1,582	1,295	1,417
2015	12,495	9,188	1,153	1,253	901
2016	12,805	9,396	1,161	1,364	884
2017	14,000	10,038	1,191	1,695	1,076
2018	13,367	7,935	1,377	2,529	1,526

출처: 여성가족부(2018). 폭력 유형별 피해 생애경험률 집단 비교.

최근 학교폭력에 대한 대응 강화로 인해 경찰 단계로 들어오는 학생의 비율이 증가하였으나, 2015년까지 감소하였다가 최근 2년간 다시 증가하였다. 학교폭력 가해학생 조치 현황을 보면 불구속 비율이 높은 편이다.

2018년 입건된 학교폭력 가해 학생 가운데 9,546명이 불구속 입건되었고, 86명이 구속 입건되었다. 특히, 사안에 따른 맞춤형 대응과 경미 초범에 대한 즉심 · 훈방 등 선도조치로 인해 불입건되는 비율은 2011년 18.9%에서 2017년 14.9%로 다소 감소하였으나 2018년 18.1%로 증가하였다.

2020년부터 COVID-19 사태로 인하여 학교와 학생이 격리되어 온라인 수업으로 대체되면서 수치가 격감되었으며, 전염 비율이 낮아지고 오프라인 수업으로 돌아가면 높은 비율로 회귀할 가능성이 크다.

4) 집단따돌림의 해결방안

(1) 부모의 역할

집단따돌림을 당하는 자녀가 있을 경우에 가정에서는 자녀에 대한 세심한 관찰이 필요하다. 부모는 자녀가 따돌림을 당하고 있는지, 자녀가 가지고 있는 문제점이 무엇인지에 대해 평소에 세심하게 관찰할 필요가 있다. 그리고 부모는 자녀와 솔직한 대화를 하는 것이 필요한데, 부모가 상담기법을 배워 자녀가 가지고 있는 문제점을 상담함으로써 부모-자녀 간의 갈등을 원만하게 해결할 수 있도록 한다. 마지막으로 적절한 개입이 중요하다. 자녀가 따돌림을 당하고 있다고 했을 때 부모는 자신의 자녀만이 최고라는 생각을 버리고, 부모가 나서서 문제를 해결하려고 하기보다는 자녀 스스로 해결할 수 있도록 적절한 수준에서의 개입이 필요하다.

(2) 학교의 역할

따돌림 발생은 학생 쪽에만 원인이 있는 것이 아니라 교사의 언동, 학교 내의 지나친 경쟁 및 학생 관리시스템 등 일방적인 가치관을 강요하는 교사와 학교환경에도 원인이 있다. 집단따돌림은 인간의 존엄성을 손상시키는 중대한 인권침해라는 사실을 직시하고 무엇보다 학생 상호 간에 서로 신뢰하고 의지할 수 있는 온정적이고 정의로운 학급공동체를 만들기 위해 교사와 학생들이 서로 민주적으로 협력해야 한다. 또한, 학교는 교사와 학생, 학부모 간 의사소통의 장을 마련하고, 피해학생이 안심하고 도움을 요청할 수 있는 협조체제를 구축하여야 한다.

(3) 사회의 역할

집단따돌림 문제를 해결하기 위해서는 다양한 분야에서 공동의 노력이 필요하다. 언론매체는 따돌림 문제를 무분별하게 보도하고, 오락프로그램을 통해 희화함으로써 청소년이 이를 흉내 내게 하는 우를 범해서는 안 되며, 오히려 따돌림 문제의 해결에 앞장서야 한다. 그러므로 무분별하게 집단따돌림이 발생하는 현 사회에서 따돌림 문제를 다룰 때 언론매체는 조심스럽게 접근해야 한다. 청소년상담실에서는 전문상담활동의 내실화를 통해 따돌림에 대한 여러 가지 상담기법 및 프로그램을 개발하여 피해학생과 가해학생에게 적절한 처우가 이루어지도록 한다. 또한, 기성세대의 인식 전환도 필요하다. 청소년들 간의 집단따돌림은 타인을 배려하지 않는 자기중심적인 사회풍조와 인간 상호 간의 연대감 약화 등 우리 사회의 기성세대가 안고 있는 문제점을 반영한 것일 수도 있다. 따라서 청소년의 집단따돌림 문제를 해결하기 위해서는 기성세대가 문제의 심각성을 인식함으로써 이를 해결하기 위한 노력과 관심을 기울이는 것이 중요하다.

2. 학교폭력

1) 학교폭력의 개념

(1) 학교폭력의 정의

'학교폭력'이란 학교 내외에서 학생을 대상으로 발생한 상해, 폭행, 감금, 협박, 약취 · 유인, 명예훼손 · 모욕, 공갈, 강요 · 강제적인 심부름 및 성폭력, 따돌림, 사이버 따돌림, 정보통신망을 이용한 음란 · 폭력 정보 등에 의해 신체 · 정신 또는 재산상의 피해를 수반하는 행위를 말한다(성문주, 2020). 성문주(2020, p. 122)는 학교폭력을 신체적 폭력, 경제적 손해만이 아니라 왕따로 불리는 따돌림도 포함하며, 최근 증가하는 언어폭력, 사이버 따돌림 등도 모두 포괄하는 개념으로 정의하였다.

이러한 정의에 따라 학교폭력은 단독 혹은 집단으로 발생하는 신체적 · 언어적 · 심리적인 폭력을 모두 포함하는 것이라고 볼 수 있다. 그러므로 비록 타인의 입장에서 볼 때 하찮은 놀림이나 대수롭지 않은 행동일지라도 그것을 당하는 사람이 그로 인해 심리적 또는 행동적 불편함을 느낀다면 이것은 분명한 폭력행위라고 볼 수 있다.

(2) 학교폭력의 유형

학교폭력은 「학교폭력예방 및 대책에 관한 법률」에 의해 "학교 내 · 외에서 학생을 대상으로 발생한 상해, 폭행, 감금, 협박, 약취, 유인, 명예훼손, 모욕, 공갈, 강요, 강제적인 심부름 및 성폭력, 따돌림, 사이버따돌림, 정보통신망을 이용한 음란 · 폭력 정보 등에 의하여 신체 · 정신 또는 재산상의 피해를 수반하는 행위"로 규정된다. 즉, 7가지의 행위(신체폭력, 언어폭력, 따돌림, 금품갈취, 성폭력, 강제심부름, 사이버폭력)를 학교폭력으로 규정하고 있다. 특히, 강제심부름과 사이버폭력은 법률이 개정되면서 추가된 새로운 형태의 학교폭력이다. 학교폭력에 대한 조치가 강화되면서 학교폭력은 보다 은밀한 형태의 비가시적 폭력으로 변화하고 있다(교육부, 2014, p. 4). 또한, 성인의 폭력과 다소 차이가 있어서 폭력 행사방법이나 폭력 결과에 따라 유형을 분류하기 때문에 그 내용과 의미가 학자에 따라 중복되기도 한다. 학교폭력은 가해자나 피해자의 신분과 폭력이 행해진 장소를 중심으로 학교 내 폭력과 학교 외 폭력으로 대별할 수 있다. 학교 내 폭력은 교사가 학생에 대해 행하는 폭력, 학생 간의 폭력, 학생이 교사에 대해 행하는 폭력을 말하고, 학교 외 폭력은 학생이 일반인에게 하는 폭력과 일반인이 학생에게 하는 폭력을 말한다. 또한, 폭력 내용에 따라 김준호(1997)는 청소년폭력을 다섯 가지 유형으로 나누었다. 즉, 일반적인 폭력, 위협과 같은 언어적 · 심리적 폭력, 따귀, 폭행 등의 신체적 · 물리적 폭력, 특별한 이유 없이 괴롭힌다거나 사람을 때리면서 쾌감을 느끼는 증오적 폭력, 금품갈취 등 어떤 목표를 달성하기 위한 도구로서의 폭력과 성희롱 · 성폭력으로 분류한다.

2) 학교폭력의 원인 및 문제

학생들의 폭력에 대한 왜곡된 의식, 성장과정에서의 인내하고 대화하는 훈련의 부족, 이혼, 별거 등으로 인한 한부모가정의 증가와 맞벌이부부의 증가, 가정 기능의 약화, 남을 배려하는 타인지향적인 사고의 결여, 원만한 인간관계를 형성하는 방법의 미습득, 부모의 과잉보호와 과잉통제, 폭력적인 내용의 대중매체, 학교폭력의 대처방안에 대한 연구와 노력의 부족 등으로 인해 청소년의 학교폭력은 날로 증가하고 있다. 이러한 청소년의 학교폭력은 개인, 가정, 학교, 사회에서 그 원인을 찾아볼 수 있다.

(1) 개인적 원인

청소년은 신체적 · 심리적으로 미완성의 인격체로서 사춘기의 특이성을 갖고 있기 때문에 특이한 환경에서 잘못된 행동을 하면 비행을 저지를 수 있다. 청소년기에 정상적으로 발달하는 청소년은 양심과 도덕, 자기 통제력이 있다. 그러나 그렇지 못한 경우에는 자기 자신을 학대하거나 열등감을 느끼고 그다지 높은 기대를 하지 않으며, 부정적인 행동을 나타내는 경향이 있고 외적 자아 기준체계가 불안정하다. 또한, 자기 가족에 대해 불만족, 불화, 적대감을 가지고 있고, 대인관계도 성공적이지 못하며, 타인과 소외되어 불행한 인간관계를 지니는 경향이 있다. 더불어 이들은 부정적인 사고를 하는 경향이 강하며, 폭력적인 성향과 반사회적인 행동특성을 나타낸다. 이러한 학생은 반사회적 행동 후에 반성하거나 고민하지 않으며, 감정에 치우치거나 분위기에 휩싸이기 쉽고, 자기중심적으로 행동하고 지적 판단능력과 자아조절기능이 약하다. 그러므로 이들은 정서적으로 불안하여 가정생활과 학교생활 등 모든 생활에 대해 불만을 나타내고 좌절을 거듭함으로써 이를 운동적 언어, 즉 폭력 등의 반사회적 행동으로 나타낸다.

(2) 가정적 원인

최근 청소년폭력은 단순히 청소년 본인에게만 그 원인이 있지 않다는 연구결과들이 발표되고 있다. 오늘날 가정은 급격한 변화를 겪으면서 가정의 교육적 기능이 상대적으로 약화되고 부모의 지나친 성취 위주의 비합리적인 양육태도 등으로 인해 청소년을 더욱 공격적으로 만들고 있다. 그에 따라 몇 가지 가정적 원인이 청소년폭력을 야기한다.

첫째, 가족제도가 대가족제도에서 핵가족제도로 변화하면서 부모가 자녀를 교육시킬 내용이 양적으로 증가하였다는 점이다. 또한, 여성의 사회활동 참여가 증가함으로써 맞벌이부부가 늘어남에 따라 가정 내에서 자녀에게 가르쳐야 할 예절교육과 인성교육이 제대로 이루어지지 못함으로써 올바른 인격형성을 도모하는 데 어려움이 있다. 이로 인해 청소년의 윤리적인 인식체계가 제대로 자리를 잡지 못하는 결과를 초래하고 있다.

둘째, 이혼율의 증가로 한부모가정이 증가하고 있다는 점이다. 핵가족제도하에서 가정교육의 주체가 부모인 현 상황에서 한쪽 부모의 부재는 가정에서의 자녀인성교육을 더욱 어렵게 할 뿐만 아니라 주위로부터 결손가정의 아이라는 따돌림을 받게 되어 자녀를 더욱 비뚤어지게 할 수 있다. 이런 가정일수록 주위 사람들의 관심과 배려가 더욱 중요하지만 오히려 이러한 가정의 자녀를 부정적인 시각에서 봄으로써 이들을 더욱 힘들게 하여 폭력을 유발하기도 한다.

셋째, 부부폭력과 자녀학대가 원인이 될 수 있다. 가정에서 폭력을 보고 자라난 아이들은 그런 행동을 학습함으로써 이를 내재화시켜 대화보다는 폭력적인 방법으로 모든 것을 해결하려 한다. 이런 청소년이 학교생활을 하면서 어떤 문제에 부딪히게 되면 그 해결방안으로써 폭력을 사용하고 그 폭력을 정당화시키려고 한다.

넷째, 부모의 잘못된 인식도 원인이 될 수 있다. 우리 사회의 성취지향주의와 출세지향주의로 인해 다수의 부모가 단지 공부만 잘하면 된다는 식의 잘못된 사고방식을 지니고 있다. 그에 따라 자녀의 인성교육이 무시되어 자녀도 공부만 잘하면 된다는 식의 사고방식을 지니게 되어 불완전한 인격형성을 하게 되고, 공부에서 소외된 학생은 그에 대한 반발로 폭력을 휘두르게 된다. 또한, 부모의 '내 아이는 아니겠지.'라는 안이한 생각과 자신의 자녀만 무조건 믿고 모든 잘못된 행동은 친구의 탓으로 돌리려는 생각이 청소년의 사고를 혼란스럽게 만들어 학교폭력을 행하는 학생으로 하여금 자신의 잘못된 행동을 반성하지 않고 이를 계속 반복하게 하는 원인이 된다.

(3) 학교 원인

청소년의 학교폭력은 입시 위주의 교육제도에서 비롯될 수 있다. 현재 학교에서 행해지고 있는 지식 위주의 교육과 학생 개개인의 개성을 무시한 획일적인 진로지도는 인성교육을 무시함으로써 학생의 올바른 인격형성을 도모해 주지 못하고 있다. 이러한 비인격적이고 개성이 무시된 교육으로 인해 스트레스를 받고 현 교육제도에 적응하지 못함으로써 이의 해소방법으로 폭력을 행사하기도 한다. 또한, 학교에서 폭력을 행사하고, 비일관적이며 감정적인 태도를 가진 교사로 인해 학생은 정신적인 피해를 입을 뿐만 아니라 교사의 폭력을 무의식중에 모방함으로써 폭력을 이용한 문제해결을 정당한 것으로 인식하게 된다. 더욱이 학교에서는 성적이 우수한 학생과 그렇지 못한 학생을 분리시켜 지도하는 경향이 있어 성적이 좋지 않은 학생은 자신이 문제아라는 인식을 갖게 된다. 그에 따라 무시당하며 차별을 당하는 학생은 스트레스가 누적되어 스트레스 해소 방안의 폭발구로서 극단적으로 폭력행동을 나타낸다.

(4) 사회적 원인

오늘날 청소년은 인터넷과 같은 다양한 대중매체와 접하면서 정신적인 면에서나 행동적인 면에서 이들로부터 상당한 영향을 받고 있다. 문제는 현대의 대중매체가 상업주의적인 면을 지나치게 강조함으로써 흥미 위주의 폭력적이고 성적인 문화를 무분별하게 청소년에게 전달하고 있다는 점이다. 이러한 대중매체의 상업주의와 비도덕적인 행위로 인해 청소년은 쉽게 폭력문화에 물들게 되며, 그것들을 선호하는 경향을 보인다. 그에 따라 대중매체에서의 폭력의 미화가 청소년의 폭력조장에 영향을 미칠 뿐만 아니라, 다른 한편에서는 자신과 직접 관련이 없으면 신경을 쓰지 않는 무관심과 이기주의, 자신의 안전을 위하여 못 본 척하는 묵인행동 등 개인만을 생각하는 사회적인 이기주의를 확산시키는 데도 영향을 미친다. 그리하여 폭력학생은 자신의 행동을 반성하지 않고 계속적인 폭력으로 인해 또 다른 폭력을 낳게 된다.

3) 학교폭력의 현황

학교폭력은 그 유형이 점차 다양해지고 있으며, 연령도 하향화되는 경향이 있고, 점점 비인간화되는 현상까지 보인다. 청소년은 일상생활 속에서 폭력을 은연중에 자연스럽게 받아들이고 있어 학교폭력은 날이 갈수록 심각해지고 있다. 2011년 대구 중학생 자살사건을 계기로 사회적 관심을 받게 되었고 청소년 미래의 심각한 영향이 주어진다는 우려에 공감하며, 정부는 학교폭력 예방대책을 발표하고 전수조사를 시행하는 등의 대책을 마련하고 있다.

집단따돌림은 초>중>고 순으로 비중이 높았고, 언어폭력은 초등학교에서, 사이버폭력은 중학교에서 비중이 가장 높았다.

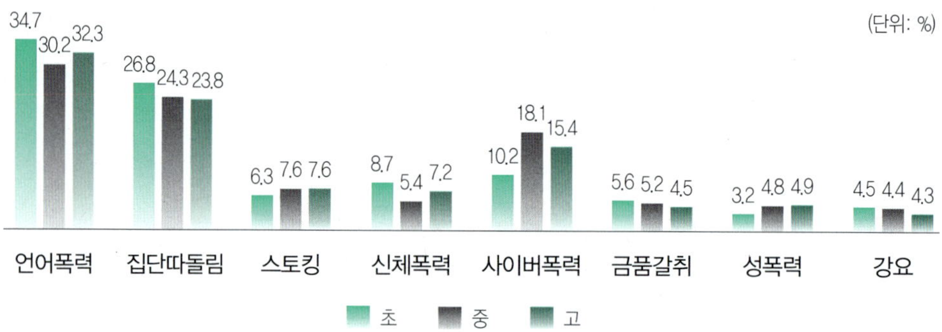

[그림 10-1] 학교급별 피해유형 비율

출처: 교육부(2020). 2020년 학교폭력 실태조사 결과 발표. p. 3.

〈표 10-4〉 학생 천 명당 피해유형별 응답 건수

구분	2013년 1차	2014년 1차	2015년 1차	2016년 1차	2017년 1차	2018년 1차	2019년 1차	2020년	증감(건)
언어폭력	13.6	9.4	6.8	6.2	6.3	8.7	8.1	4.9	△ 3.2
집단따돌림	6.6	4.6	3.6	3.3	3.1	4.3	5.3	3.8	△ 1.5
스토킹	3.7	3.0	2.6	2.0	2.3	3.0	2.0	1.0	△ 1.0
신체폭력	4.7	3.1	2.4	2.2	2.2	2.5	2.0	1.2	△ 0.8
사이버폭력	3.6	2.5	1.9	1.7	1.8	2.7	2.0	1.8	△ 0.2

구분	2013년 1차	2014년 1차	2015년 1차	2016년 1차	2017년 1차	2018년 1차	2019년 1차	2020년	증감 (건)
금품갈취	4.0	2.2	1.5	1.2	1.2	1.6	1.4	0.8	△ 0.6
성폭력	1.3	1.0	0.9	0.8	0.9	1.3	0.9	0.5	△ 0.4
강요	2.4	1.3	0.9	0.8	0.7	1.0	1.1	0.6	△ 0.5

출처: 교육부(2020). 2020년 학교폭력 실태조사 결과 발표. p. 2.

피해유형별 비중은 언어폭력(33.6%), 집단따돌림(26.0%), 사이버폭력(12.3%) 순이며, 2019년 1차 조사와 비교하여 다른 피해 유형의 비중이 감소한 것과 달리 사이버폭력(3.4%p), 집단따돌림(2.8p)의 비중은 증가하였다.

4) 학교폭력의 해결방안

학교폭력의 원인을 종합해 보면 자아존중감, 가정적 요인이 되는 부모-자녀 관계, 가정폭력, 학교적 원인의 또래관계, 교사와의 관계 등과 사회적 요인 등의 원인이 영향을 미치고 있다. 학교폭력의 문제를 해결하기 위해서는 가정, 학교, 사회 모두가 합심하여 청소년문제나 학교폭력에 대해 관심을 갖고 지속적으로 해결방안을 모색해야 한다.

(1) 가정적 측면

청소년의 자아탄력성을 회복시키고 향상시키는 방안을 모색해야 하며, 부모와 자녀 간의 의사소통과 상호 존중의 관계를 회복시켜야 하며, 일방적이고 독선적 교육방식에서 탈피해야 한다. 상호 간의 애정적 유착과정이 자연스럽게 이루어져야 하며, 무엇보다 먼저 가정의 교육적 기능을 회복해야 한다. 이를 위해 부모는 자녀에게 좋은 모범을 보이고, 건전한 가치관을 형성할 수 있도록 도와주며, 일관된 양육방식으로 자녀를 지도하고, 적절하고 건전한 방법으로 스트레스를 해소할 수 있는 습관을 길러 주어야 한다. 또한, 부모는 청소년 자녀를 이해하려고 노력하며, 애정적인 태도로 자녀를 대하고, 충분한 의사소통을 해야 한다.

청소년은 부부폭력이나 부모-자녀 간 폭력을 통해 이를 모방하여 폭력에 대해 무감각해지므로, 부모는 가정에서 경험한 폭력이나 폭력을 허용하는 분위기가 청소년의 폭력행위와 직접 연결된다는 것을 인식해야 한다. 청소년은 문제해결수단으로 폭력사용을 합리화할 수 있으므로 이러한 성향을 방지하고 제거할 수 있는 방안을 모색해야 하며, 자아통제력, 자아존중감, 자아탄력성들의 보호기재가 활성화될 수 있도록 다각적인 노력이 필요하다.

(2) 학교 측면

청소년폭력의 문제해결을 위해서는 학교환경을 개선하는 것이 중요하다. 현재의 학교교육은 전인교육과 동떨어져 입시 위주의 교육환경에 처해 있어 자신의 능력이나 존재를 발견하지 못한 청소년은 비행이나 폭력행위에 노출될 가능성이 크다. 또한, 교사로부터 폭언, 구타 등을 경험한 청소년은 반발심리, 보복심리, 공격욕구 등 반사회적인 행동을 보일 수도 있다. 그러므로 학교폭력의 은밀성을 감안하여 학교수업에서 학교폭력을 주제로 다루거나 학급회의 또는 심리극 등을 통해 학교폭력에 대한 바른 이해와 학생들 스스로 이에 대해 개방적으로 이야기를 나눌 수 있게 한다. 또한, 학교폭력을 조사하거나 감시하게 하여 학급회의에서 사례발표하는 시간을 갖도록 하고, 학교폭력에 의한 피해자와 가해자를 가장 정확히 알고 있는 학생 스스로 학생회 활동의 활성화를 통해 공개토론하고 해결할 수 있는 방법도 효과적이라 할 수 있다.

한편, 학교에서의 적극적인 학생생활지도의 내실화를 통해 학생의 고민과 갈등을 해결해 주고 문제발생을 예방하기 위한 적극적이고 체계적인 상담 및 지도 강화를 위해 학교폭력에 대해 전문적인 교육과 훈련을 받은 유자격 전담교사를 확보해야 한다. 또한, 부모나 교사의 기대만큼 성취하지 못해 고립감과 좌절감을 느껴 반사회적 행동을 표출하기 쉬운 청소년을 대상으로 자신의 존재 가치를 발견하고, 적성을 계발하며, 취미를 살릴 수 있는 다양한 프로그램을 개발하여 이들의 흥미를 유발시키고 잠재력과 가능성을 키워 주는 방법도 모색할 필요가 있다.

(3) 사회적 측면

정부 차원에서의 예방과 대처 능력을 향상시킬 수 있는 프로그램의 개발 보급, 정책적 지원이 절실하며, 폭력의 가해자와 피해자의 맞춤형 교정서비스가 필요하다. 사회의 비교육적 유해환경은 청소년의 폭력행위와 결코 무관하지 않다. 학교 주변의 유흥가나 숙박업소 등 유해환경을 과감하게 정비하고, 유해환경의 설치를 불허하고 제거할 수 있는 법적 · 제도적 뒷받침이 필요하다. 방송매체 등도 성인 중심의 여러 가지 자극적이고 선정적인 프로그램과 기사를 남발하는 것을 가능한 한 제한하고, 해야만 하는 방송이라면 시간대를 늦추는 것을 고려해야 할 것이다. 특히, 현대의 청소년은 다양한 대중매체를 통해 각종 정보를 획득하고 공유할 뿐만 아니라 이를 통해 공격성을 학습하고 모방하기 때문에 방송매체를 통한 청소년 선도 프로그램을 강화하고 청소년 대상의 여러 가지 문화행사 등을 적극적으로 활성화할 필요가 있다. 또한, 청소년을 유해영상물이나 인쇄물 등으로부터 보호하기 위한 제도적 장치의 마련도 시급하게 해결되어야 한다.

일본은 오래전부터 이지메에 대처하기 위해 국번 없이 110번을 이지메 전담전화로 운영하면서 위기상황에 즉각 개입하고 상담도 실시하고 있다. 우리나라도 학교폭력과 관련된 다양한 기관에서 폭력 피해 신고전화를 설치하거나 상담실을 운영하고 있지만 물리적이거나 실질적인 지원은 여전히 부족하다. 따라서 학교폭력 피해자가 좀 더 쉽게 접근하여 도움을 받을 수 있는 네트워크가 형성되어야 한다. 동시에 학교폭력 피해학생뿐만 아니라 가해학생도 도울 수 있는 법률지원체계와 변호활동이 필요하며, 가해학생이 비행청소년으로 낙인찍히는 일이 없도록 이들을 수용하여 학교나 사회로 복귀시킬 수 있는 지원시스템의 마련도 필요하다.

더불어 청소년기의 정신적 갈등을 해소하고 정서적 안정을 위하여 건전한 놀이문화가 정착될 수 있도록 충분하고 다양한 문화공간을 확보하는 것이 필요하다. 청소년기관 등을 통해 건전한 문화를 즐길 수 있는 프로그램이 개발되어 청소년이 원하면 언제든 제공해 줄 수 있어야 한다. 이는 청소년에게 독립적인 사회인으로서의 주체의식과 자긍심을 심어 줄 수 있을 뿐만 아니라, 청소년복지 향상과 건전한 여가활동 수준을 크게 향상시킬 수 있을 것이며, 나아가 학교폭력을 감소시키는 데도 효과적일 것이다.

3. 청소년 자살

1) 청소년 자살의 개념 및 특징

(1) 자살의 정의

자살의 어원은 라틴어의 'sui(자기 자신을)'와 'cædo(죽이다)'의 두 낱말의 합성어에서 비롯되었다. 여기서 알 수 있듯이, 자살이란 그 원인이 개인이든 사회든, 당사자가 자유의사(自由意思)에 의하여 자신의 목숨을 끊는 행위를 말한다.

세계보건기구(WHO)의 정의에 의하면 "자살이란 자살행위로 인하여 죽음을 초래하는 경우로서 죽음의 의도와 동기를 인식하면서 자신에게 손상을 입히는 행위"라고 하였다. 일반적으로 자살 또는 자살행동이란 한 개인이 스스로 죽기 위해 행하는 자발적인 행동이라고 할 수 있다. 그러나 모든 자살행동의 목적이 반드시 자신의 생명을 끊는 것에 있는 것이 아니며, 어떤 경우에는 자살행동을 통해 자신의 절망이나 희망의 상실, 그리고 분노 등의 감정을 표현하려는 목적을 갖기도 한다.

(2) 청소년의 자살

Cohen-Sandler, Berman과 King(1988, p. 178)은 청소년 자살 시도자는 자신의 분노를 내 · 외적으로 쉽게 표현하는 특징을 가지고 있다고 설명하였다. 실제로 자살행동을 하는 청소년은 법과 규범을 위반하기도 한다. 특히, 소년원이나 교도소에 수감되어 있는 청소년은 일반청소년에 비해 자살행동의 위험이 극단적으로 높다.

청소년은 특유의 인지적 · 정서적 · 행동적 특징으로 인해 성인과는 다른 이유로 자살을 시도한다. 성인의 자살과 비교하여 청소년은 외부 자극 변화에 민감하여 충동적으로 자살을 하기 쉬우며, 사소한 일에도 쉽게 충격을 받아 단순하게 자살하는 경향이 많다. 또한, 청소년의 자살은 오랫동안 자살 생각을 한 결과라기보다는 다분히 감정적이고 모방적인 경우가 많으며, 자신의 고통을 외부에 알리고자 하는 행위형 · 호소형 자살이 많다. 특히, 청소년은 성적 및 학교생활과 관련된 문제로 인한 자살과 단순히 스트레스의 회피 수단으로서 자살을 택하는 경우가 많다.

2) 청소년 자살의 원인 및 문제

(1) 가족관계

청소년은 부모의 무관심이나 독재적 혹은 지나친 과보호로 표현되는 과도한 관심, 혹은 사회시설에서의 양육 등으로 인한 인간관계의 부재와 의사소통의 문제가 원인이 되어 자살을 시도할 수 있다. 자살을 시도하는 청소년은 가족의 빈번한 이사로 전학을 자주 하거나 가족의 사회 · 문화적 환경이 불리하거나 경제적 상황이 어려운 경우, 때로 문화 · 체육 활동의 참여도가 낮은 경우가 많다. 또한, 부모 중 한 사람이 중병을 앓거나 장기 입원을 한 경우, 이혼 · 별거 등으로 가족 내 문제가 있는 경우에는 자살 관련 위험률이 매우 높다. 가족, 친구 등 사회적인 인간관계의 단절로 인한 자살이 유발될 수 있다.

(2) 청소년의 과소비

최근 들어 청소년의 소비 정도가 급증하고 있고, 소비 자체가 청소년의 관계에 있어 매우 중요한 영향을 미치는 현 상황을 고려해 볼 때 경제적인 어려움은 청소년의 중요한 자살 원인이 될 수 있다. 많은 경우 경제적 어려움은 성인의 자살 원인으로 작용하고 있지만, 청소년에게 있어서도 이 문제는 점차 그 중요성을 더해 가고 있다. 가족의 낮은 경제적 수준도 자살의 한 원인이 될 수 있지만 청소년 자신의 과도한 소비 실태와 그로부터 발생할 수 있는 경제적 어려움도 자살의 매우 중요한 원인으로 부각되고 있다.

(3) 결손가정

청소년 자살에서 결손가정 자체가 커다란 원인이 되지는 않는다. 그러나 결손가정으로 인한 사회적 차별, 고립, 외로움, 심리적 불안, 경제적 문제 등과 같은 파생적 요인들이 다른 요인들에 의해 강화되는 경우에 청소년으로 하여금 자살을 부추기는 원인이 될 수 있다.

(4) 학업문제

우리나라의 교육제도 및 교육여건상 입시 위주, 지식 위주의 학업문제는 청소년에게 있어서 언제나 불확실한 미래에 대한 불안감을 갖게 하고 지나친 경쟁심을 유도한다. 그리하여 부모의 높은 기대 수준에 부응하지 못하거나 학업성적이 낮을 경우에 사회에 불필요한 존재가 될 수 있다는 생각을 갖게 할 뿐만 아니라 학업성적에 지나치게 집착함으로써 그에 따라 발생하는 불안감을 해소하기 위해 비행과 약물중독에 빠지기도 하며, 더 이상의 해결방법이 없을 때 자살을 시도하기도 한다.

(5) 낮은 사회적 지지도

사회적 차원에서 청소년복지지원체계가 미약한 경우에 청소년의 문제나 고민거리들을 해결할 수 있는 다양한 지원이 불가능한데 그런 경우 청소년의 자살을 예방하거나 고민거리를 상담해 줄 수가 없기 때문에 자살이 더 용이하게 발생할 수 있다. 외국의 다른 여러 국가와 비교해 볼 때, 우리나라 청소년의 자살률이 훨씬 더 높은 이유는 정부 차원의 청소년을 위한 문화적·복지적 체계가 잘 갖추어지지 않았기 때문이다.

(6) 정신장애

청소년기는 신체적 · 정신적 급변 과정을 거치는 과도기로 외적 스트레스가 많고 감정 기복이 심한 격동의 시기로서 그로 인해 정신장애가 올 수 있다. 특히, 청소년기는 심리적으로 혼란을 겪는 시기이기 때문에 자연스럽게 일시적으로 정신적 불균형 혹은 부적응에 처하게 되어 정신장애 중 우울증이나 기분장애, 불안 등의 정서장애가 빈번하게 발생할 수 있다. 이러한 정서장애는 청소년을 자살로 유도하는 데 가장 큰 영향을 미쳐 자살의 위험성을 높일 수 있다.

3) 청소년의 자살 현황

(1) 청소년의 자살 실태

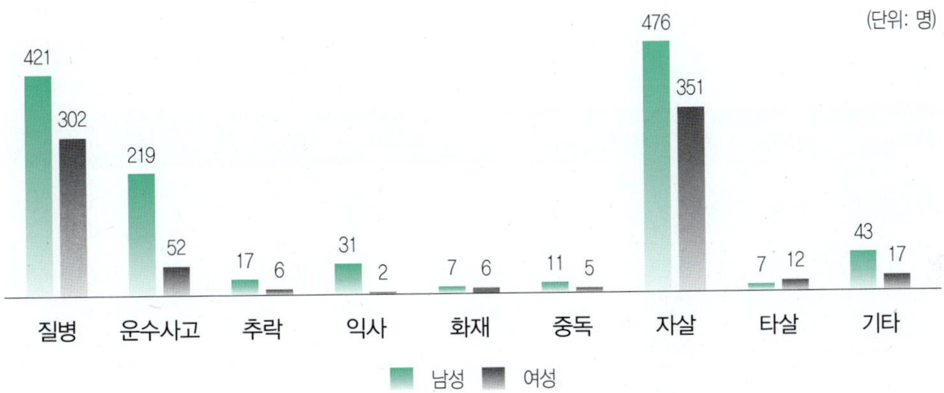

[그림 10-2] 청소년(10~24세) 사망 원인

출처: 통계청(2019). 성/연령별 사망자수.

자살은 해마다 연간 약 50만 명에 이른다. 세계보건기구(WHO)의 보고에 따르면 2020년에는 대략 연간 약 153만 명이 자살할 것이며, 이보다 10~20배 정도 더 많은 수의 사람들이 자살을 시도할 것이라고 전망하였다.

또한, 청소년 사망에 대한 통계청의 2019년도 통계를 보면 10~24세 청소년은 자살로 사망한 경우가 가장 많았다. 남자 청소년의 사망원인 1위는 자살(476명), 2위는 질병(421명), 3위는 운수사고(219명)로 자살이 높은 순위권에 포함되어 있음을 알 수 있다. 여자 청소년의 경우는 1위 자살(351명), 2위 질병(302명), 3위 운수사고(52명)로 자살이 사망원인 중 가장 빈번한 것으로 나타났다.

이와 같은 통계 결과들을 볼 때 청소년층의 자살은 지난 10여 년 동안 꾸준히 증가해 왔으며, 오히려 청소년 인구의 감소 정도를 고려한다면 폭발적으로 증가하고 있다고 볼 수 있다.

(2) 청소년의 자살에 대한 태도

한국청소년정책연구원(2016)이 전국 초·중·고등학생 11,132명을 대상으로 조사한 결과에 따르면 전체 조사대상의 58.5%가 자살을 생각한 경험이 있는 것으로 나타났다.

〈표 10-5〉 청소년의 자살에 대한 생각

학교유형		연도	생각해 본 적 없다	가끔 생각한다	자주 생각한다
전체		2011	65.7	29.9	4.4
		2013	63.1	32.3	4.6
		2014	70.1	26.6	3.4
		2015	72.2	25.1	2..8
		2016	71.4	25.5	3.1
중학교		2011	64.3	30.3	5.3
		2013	63.0	31.5	5.4
		2014	70.0	26.8	3.2
		2015	73.1	24.3	2.6
		2016	73.2	24.4	2.3
고등학교	전체	2011	67.2	29.4	3.3
		2013	63.1	33.0	3.9
		2014	70.1	26.3	3.6
		2015	71.3	25.8	3.0
		2016	69.7	26.4	3.8

학교유형		연도	생각해 본 적 없다	가끔 생각한다	자주 생각한다
고등학교	일반계고	2011	67.0	29.7	3.4
		2013	62.7	33.2	4.1
		2014	69.1	27.1	3.8
		2015	70.3	26.4	3.3
		2016	68.2	27.8	4.0
고등학교	특성화교	2011	68.1	28.6	3.3
		2013	65.1	32.2	2.7
		2014	74.5	23.0	2.5
		2015	75.6	23.0	1.5
		2016	76.1	20.9	3.1

출처: 김영지(2016). 한국 아동 청소년 인권실태 연구Ⅵ :2016 아동 · 청소년 인권실태조사 통계. 세종: 한국청소년정책연구원.

2016년에 청소년 자살생각 여부가 2015년보다 늘었으며, 청소년의 1/3 이상이 자살을 생각해 보았다는 것은 더이상 자살이 소수의 청소년에게만 국한되는 문제가 아니라 사회의 전반적인 문제의 하나라고 볼 수 있다.

(3) 청소년의 자살에 대한 동기

자살 충동의 원인 중 2018년 기준 학업성적에 따른 청소년 자살률은 상 12.0%, 중 12.8%, 하 19.4%로 학업성적이 낮을수록 자살생각률이 높았으나 남자 고등학생은 학업성적이 '중'인 학생보다 학업성적이 낮은 남학생의 자살생각률은 14.4%, 여학생은 25.7%이고, 남녀 모두 중학생(남자 15.1%, 여자 29.7%)이 고등학생(남자 13.9%, 여자 23.1%)보다 높았다(자살예방백서 2020). 보건사회 연구원은 보고서를 통해 한국 아동의 학업 스트레스 지수가 50.5%로 나타났다고 분석했다(SBS뉴스, 2015. 3. 11.).

이러한 결과는 입시 위주의 교육제도에서 우리나라 청소년이 학업과 성적으로 인한 심적 부담감이 극심할 뿐만 아니라 부모나 가족과의 갈등과 친구관계로 인한 문제도 상당한 수준이어서 이로 인해 매우 극단적인 방법으로 자살을 택할 수 있다는 것을 보여 주는 것이다.

4) 청소년 자살의 대처방안

(1) 가정

무엇보다 청소년의 자살을 예방하기 위해서는 가족구성원 간의 친밀한 정서적 유대관계가 형성되어야 하며, 상호 원활한 의사소통이 이루어져야 하고, 심리적으로 지지해 줄 수 있는 지원체계가 형성되어야 한다. 또한, 성적에 대한 지나친 관심도의 집중과 자녀의 학업 스트레스가 중요한 요인임을 인지하고 함께 대처하는 노력을 기울여야 하며, 다양한 좌절 경험이나 애착 불안이 갈등의 원인으로 나타나지 않도록 하여야 하며, 지나친 과잉보호나 과도한 무관심이 나타나지 않아야 한다. 결국, 청소년을 가정 내 중심으로 보호하여야 하며, 청소년 스스로가 강요나 압박이 아닌 상태의 미래와 진로에 대한 고민이 자연스럽게 이루어져야 할 것이다. 수평적 관계의 가정 내 삶의 질 향상에 공동 대응하는 지속적인 관심과 인식이 필요하다.

(2) 학교

청소년 시기가 불확실성의 시기로 인지할 때 대인관계의 소외감, 집단따돌림 등의 구성원들과의 소통의 장애와 부적응 현상 등에 의한 요인들을 살펴볼 때 학교는 청소년에게 청소년기의 특성에 대한 이해전달과 동시에 자기 자신의 소중함을 일깨워 주고 청소년기의 가치관을 정립할 수 있도록 도와주는 등 자살 예방교육을 실시해야 한다. 또한, 무조건적이고 획일적인 대입 중심의 현 교육체제 속에서도 청소년 스스로 인성을 계발할 수 있도록 다양한 교과 외 프로그램을 계발하여 제공해 줄 필요가 있다. 뿐만 아니라, 학교는 다양한 특별활동 등을 통해 성적에 대한 중압감을 해소하고 즐거운 학교생활을 할 수 있는 풍토를 조성하도록 노력해야 한다.

(3) 사회

기성세대를 포함한 사회는 책임의식의 제고와 함께 적극적인 홍보과 계몽 등의 다양한 방법을 통해 자살에 대한 인식을 전환할 수 있도록 국민적 계도를 함으로써 자살의 비윤리성과 모순성, 생명의 존엄성, 인생의 다양한 선택과 의미 등에 대해 알려 주고, 직면한 문제에 대한 다양한 해결방안을 제시해 주며, 자살충동을 이겨낸 성공사례 등을 통해 자살을 예방, 방지할 수 있는 사회 분위기를 조성하고 그에 따른 인식의 전환을 유도해야 한다. 또한, 청소년 자살에 대한 사회적 관심을 증가시키고 자살에 대한 기초적인 연구를 통해 종합적이고 체계적인 대책을 마련해야 한다. 뿐만 아니라, 청소년기관, 청소년단체, 지도자, 상담가 등과 연계하여 예방과 더불어 사후치료에 이르기까지 적극적인 개입활동을 전개할 수 있는 지원체계를 마련해야 할 것이다.

생각해 볼 문제

1. 청소년복지 차원에서의 집단따돌림 해결방안에 대해 생각해 봅시다.
2. 학교폭력 근절방법에 대해 생각해 봅시다.
3. 청소년의 자살 예방에 대하여 접근방법을 생각해 봅시다.

Chapter 11

청소년과 시설보호

현대가족은 가족규모의 축소, 가족기능의 약화 및 가족 내 인간관계의 평등화 등을 특징으로 들 수 있다. 이러한 요인들로 인해 청소년은 자신의 욕구를 충분히 충족하지 못하고 있다. 전통사회에서는 아동의 양육이나 보호를 가정 내에서 해결할 수 있었지만, 현대로 접어들면서 핵가족화 및 맞벌이부부의 증가 등으로 가족구성원만으로는 적절한 아동보육을 실시하는 것이 어렵게 되었다. 특히, 아동 및 청소년에게 특별한 보호를 요하는 상황이 발생하였거나 가족 전체에 문제가 발생하였을 때는 양육 및 보호의 문제가 더욱 심각하여 보호시설에 의한 사회적 양육의 필요성이 절실하게 된다. 사회적 양육이 필요하다고 하여 가정의 고유기능이 결코 과소평가될 수는 없다. 그러나 아동이 자신의 원가족에서 일시적으로 또는 장기적으로 생활할 수 없거나 가정에서의 양육이 오히려 아동의 건전한 성장과 발달을 저해하는 요인이 될 경우에는 사회적 보호조치로서 시설보호 프로그램이 필요하다. 청소년에 대한 보호는 아동보호의 연장선에서 행해지기 때문에 시설보호가 필요한 청소년은 아동복지시설에서 아동과 함께 보호된다. 따라서 청소년만이 보호받는 청소년보호시설이 별도로 없으므로 본 장에서는 시설청소년의 개념과 현황을 시설아동에서 도출하여 살펴보고자 한다.

1. 시설보호사업의 개념 및 의의

1) 시설보호사업의 개념 및 유형

아동은 가정에서 태어나고 양육되며, 가정은 아동의 성장과 발달을 도와주는 가장 중요한 환경이다. 그러나 아동에게 적절한 양육환경이 없거나 가정에서의 양육이 아동의 건전한 성장과 발달에 저해요인이 된다면 사회적인 보호조치로서 보호시설이 필요하며, 이러한 시설에서 양육되고 보호되는 아동을 '시설보호아동'이라고 한다. '시설보호아동'이란, 「아동복지법」상 만 3세에서 18세 미만의 아동으로, 보호자가 없거나 보호자로부터 이탈된 아동 또는 보호자가 아동을 학대하는 경우 등 그 보호자가 아동을 양육하기에 부적당하거나 양육할 능력이 없는 경우의 아동을 말한다.

시설보호는 가정이 아닌 시설이라는 공간에서 친인척이 아닌 시설종사자의 대리보호하에 개별적 형태가 아닌 집단적 형태의 보호서비스가 제공되는 특성을 지닌다(이경상, 2011, p. 341). 시설보호 청소년에게는 의식주, 건강 등에 관련된 기본적인 보호지원 서비스 외에 퇴소 후 자립준비를 위한 교육 등 자립지원서비스가 제공되는데 근래 들어 이러한 자립지원서비스의 중요성이 강조되고 있다(신혜령 · 김보욱, 2011, p. 29). 또한, 아동복지시설이란, 아동 및 청소년이 대리보호자의 관리 아래 숙식을 함께하며 사회적으로 행정적으로 보호하는 아동 및 청소년의 공동생활을 위한 주거시설로 정의할 수 있다. 박태영(1998, p. 368)은 이러한 정의를 보다 세분화하여 입소시설이냐 이용시설이냐, 혹은 일상적인 생활을 유지하기 위한 시설이냐 특정한 목적을 달성하기 위한 시설이냐에 따라 크게 4가지 유형으로 나누었다.

(1) 생활 거점으로서의 시설

생활 거점으로서의 시설은 가정은 아니지만, 보호, 교육, 휴식 등 적어도 정서안정의 가능한 조건을 정비하여 더 나아가 재활, 치료, 훈련 등의 기능을 수행한다.

이런 유형의 시설은 생활의 기본적 조건이 충분해야 하며, 이용자가 쾌적하고 유효한 생활을 영위할 수 있도록 원조한다.

(2) 입소 · 특정 목적형 시설

입소 · 특정 목적형 시설은 시설에 입소하여 특정한 목적 중심의 서비스를 제공받을 수 있는 형태이다. 이러한 시설은 생활 보호적 요구와 더불어 특정한 요구를 필요로 하는 아동을 주 대상으로 한다. 즉, 기본적인 생활지도를 실시하면서 특정한 요구에 따라 심리치료적, 교육지도적, 보건의료적, 기능훈련적 전문성을 살린 서비스를 제공한다. 이러한 시설에는 아동직업보도시설, 교호시설, 청소년쉼터 등이 해당된다.

(3) 이용 · 특정 목적형 시설

이용 · 특정 목적형 시설은 가정에서 생활하는 아동이나 그 보호자가 시설에 통원하여 특정한 전문적인 서비스를 제공받는 형태이다. 이에는 일부 민간단체에서 실시하고 있는 청소년약물센터, 아동심리치료센터 등이 해당된다.

(4) 가정 · 양육지원형 시설

가정 · 양육지원형 시설은 가정에서 생활하는 아동이나 그 보호자를 대상으로 일상적인 아동양육에 필요한 서비스를 제공하는 형태이다. 이에는 사회복지관의 아동복지프로그램, 상담실, 어린이집 등이 해당된다.

2) 시설보호사업의 목적

과거에는 시설보호 사업이 주로 고아를 집단지도하거나 보호가 필요한 아동 및 청소년을 장기적으로 집단수용하는 데 일차적 목적이 있었지만, 오늘날에는 단순한 수용보호의 차원을 넘어 아동 및 청소년의 건전한 성장과 인격발달 및 사회적 치료를 위하여 아동문제를 근본적으로 해결하며, 아동을 가족으로 복귀시키는 데 목적을 둔다.

미국아동복지연맹의 아동복지시설서비스를 위한 기준에 의하면 시설보호의 목적은 단순한 수용보호에 있는 것이 아니라 아동의 건전한 성장과 인격발달이나 제반문제의 교정 및 개선에 있다. 즉, 시설보호를 통해 정상적인 아동의 성숙을 도와주고, 이전의 부정적 경험의 영향을 교정 · 변화시켜 주며, 아동의 인격발달이나 기능장애의 원인이 되는 사회적 · 정서적 문제를 개선해 주는 데 목적이 있다. 그러므로 시설보호는 부모가 아동을 양육하고 보호할 능력이 없거나 그 역할을 회피할 때 제공되는 완전한 대리보호사업이다. 그에 따라 아동 및 청소년에게 기본적인 생리적 욕구를 충족시켜 주고, 교육 및 사회화의 기회를 제공해 줄 뿐만 아니라 집단생활 프로그램이나 아동의 욕구에 따른 특수한 서비스 등을 통해 다양한 경험을 얻을 수 있는 좋은 기회를 마련해 주어 정상적인 아동과 청소년의 성숙을 도와준다. 또한, 이전의 부정적 경험의 영향을 교정 · 변화시켜 주고, 아동의 인격발달이나 기능에 장애를 가져오게 한 사회적 · 정서적 문제들을 개선해 준다.

2. 시설보호의 유형

우리나라는 2000년 7월 「아동복지법 시행령」 제4조가 개정되기 전에는 시설보호 유형을 영아시설 및 육아시설, 아동일시보호시설, 교호시설, 아동직업보도시설, 자립지원시설, 정서장애아시설, 아동상담소, 아동전용시설, 보호시설을 갖춘 아동상담소로 규정하였으나, 「아동복지법」 제52조에 따르면 아동양육시설, 아동일시보호시설, 아동보호치료시설, 공동생활가정, 자립지원시설, 아동상담소, 아동전용시설 등의 시설이 있다. 또한, 「사회복지사업법」, 「장애인복지법」에 의한 각종 시설 등은 청소년보호시설에 포함될 수 있다. 「청소년복지 지원법」에 의한 단기 청소년쉼터, 중장기 청소년쉼터, 청소년재활치료센터 등이 있고 시설보호의 본질로 보기 곤란한 청소년상담소, 통원치료소, 청소년전용시설도 시설보호유형으로 포함되어 있다.

■ 양육시설

보호를 필요로 하는 아동과 청소년을 입소시켜 보호, 양육하는 것을 목적으로 하는 시설로서, 보호자가 없거나 이에 준하는 18세 미만의 아동과 청소년을 입소시켜 보호, 양육하는 시설이다.

■ 일시보호시설

보호를 필요로 하는 아동과 청소년을 일시보호하고 아동과 청소년에 대한 향후의 양육대책수립 및 보호조치를 행하는 것을 목적으로 하는 시설로서, 가출청소년, 부랑아동청소년, 기타 요보호 아동과 청소년을 일시 입소시켜 보호하면서 조사 및 감별을 통해 해당되는 아동과 청소년에 대한 장애의 양호대책 및 기타 보호조치를 하는 시설이다.

■ 보호시설

불량행위를 하거나 불량행위를 할 우려가 있는 아동과 청소년, 종종 보호자가 없거나 친권자나 후견인이 입소를 신청한 아동과 청소년, 또는 가정법원, 지방법원소년부지원에서 보호 위탁된 아동과 청소년을 입소시켜 그들을 선도하여 건전한 사회인으로 육성하는 것을 목적으로 하는 시설이다.

■ 직업훈련시설

아동과 청소년복지시설에 입소한 15세 이상의 아동과 청소년 및 생활이 어려운 가정의 아동과 청소년에 대하여 자활에 필요한 지식과 기능을 습득시키는 것을 목적으로 하는 시설이다.

■ 자립지원시설

아동과 청소년복지시설에서 퇴소한 자에게 취업준비기간이나 취업 후 일정 기간 동안 보호함으로써 자립을 지원하는 것을 목적으로 하는 시설이다.

■ 단기보호시설

일반가정에서 아동과 청소년을 보호하기 곤란한 일시적 사정이 있는 경우에 아동과 청소년을 단기간 보호하여 가정복지에 필요한 지원을 목적으로 하는 시설이다.

■ 상담소

아동과 청소년 및 그 가족의 문제에 관한 상담, 치료, 예방 및 연구 등을 목적으로 하는 시설이다.

■ 종합시설

아동과 청소년 및 임산부의 복지에 관한 보호시설을 갖추고 아동복지지도원이나 청소년지도사의 담당업무를 수행하는 시설이다.

■ 전용시설

어린이공원, 어린이놀이터, 아동 · 청소년회관, 체육, 연극, 영화, 과학실험전시시설, 휴게숙박시설, 야영장 등 아동과 청소년에게 건전한 놀이 · 오락, 기타 각종 편의를 제공하여 심신의 건강유지와 복지증진에 필요한 서비스의 제공을 목적으로 하는 시설이다.

3. 시설청소년의 특성 및 문제점

1) 시설청소년의 특성

시설청소년은 기존의 가정을 떠나 새로운 시설에 입소하면서 아동복지지도원이나 청소년지도사, 시설보호책임자 혹은 또 다른 시설청소년과 새로운 인간관계 및 애착을 형성해야 한다. 이러한 과정에서 쉽게 시설에 적응할 수도 있지만 적응하는데 오랜 시간이 소요되기도 한다. 특히, 특징적인 발달단계를 경험하는 아동과 청소년은 새로운 상황에 대해 더 당황할 수도 있다. 또한, 청소년 자신이 시설에서 생활한다는 것을 숨기려고 하는 의식이 무엇보다 강하기 때문에 부모가 생존해 있을 때 시설에 입주하는 것보다 부모의 사망으로 입소한 경우가 더 정당성을 갖는 요인으로 작용하기도 한다. 김기환(1996, p. 34)은 시설아동이 집단생활을 하는 특수성으로 인하여 일반아동보다 더욱 심각한 정서적 문제를 갖고 있다고 한다. 일반적으로 법인시설에 비해 소규모 비인가시설이 더 가족과 같은 분위기를 지님에 따라 소규모 비인가시설의 아동이 법인시설의 아동보다 더 개방적이고 친애적이며, 상호 친밀감이 높아 아동 간에 응집력이 있는 경향을 나타냄으로써 의식주와 일상생활, 학업 면에서 긍정적인 태도를 형성하는 데 용이할 수 있다.

시설청소년에 대한 이러한 특성이 단지 시설에서 생활하는 것 때문에 발생하였다고 단정 지을 수는 없다. 하지만 많은 요인이 시설에서의 생활로 인해 비롯되었을 수 있으므로 이러한 특성을 보완해 줄 수 있는 보호요인을 마련하는 것이 시급하며, 부족한 사회적 역량을 직접적으로 보상해 줄 수 있는 개입 프로그램의 개발도 필요하다는 것을 시사해 준다.

2) 시설청소년의 문제점

과거에 비해 오늘날의 복지 수준이 향상되어 시설아동청소년의 의식주 등 인간의 기본적인 생리적 욕구와 생활환경은 많이 개선, 충족되고 있다. 그러나 다양해진 사회문화적 환경에서 시설아동과 청소년을 위한 보다 고차원적이고 높은 단계의 욕구충족을 위한 복지서비스는 미흡한 실정이다.

시설생활에서 사회생활로 연결되는 과정에서 부모의 관심과 지원이 학교 졸업 후에도 계속 이어지는 일반 가정의 아동청소년과 달리 시설아동과 청소년은 이와 유사한 관심과 지원을 거의 받지 못하고 있다. 그에 따라 시설아동과 청소년은 정서적인 욕구가 제대로 충족되지 못하고, 교육의 기회도 부족하고, 또래에 비해 부정적인 성격을 갖게 될 가능성이 크며, 자신의 출신과 성장배경에 대해 열등감을 느껴 낮은 자아존중감을 형성할 수도 있다.

시설에서 생활하는 아동과 청소년은 그들의 성격발달에 도움을 줄 만한 정서적 자극원이 없고, 사회적 접촉을 할 수 있는 기회도 드물게 제공되기 때문에 사회성 발달에도 적지 않은 지장을 초래할 수 있다. 더욱이 시설아동과 청소년은 장기적이고 폐쇄적인 집단생활과 현실성이 없는 규율로 인해 개방적이고 따뜻한 대인관계를 형성할 수 있는 기회, 개인의 특성이나 창의력을 개발할 수 있는 기회를 갖지 못하는 등 어려움이 많다. 뿐만 아니라, 시설아동과 청소년은 시설 내에서 시설장과 직원 상호 간, 연고자, 직원과 청소년, 청소년 상호 간, 청소년과 지역사회의 주민과 인위적이고 복합적인 인간관계를 형성하게 된다. 그리하여 시설에 오래 머물게 되면 시설 내에서 일상생활의 욕구가 대부분 충족되기 때문에 지역사회로부터 폐쇄되어 시설의 특수한 환경으로 인해 부정적 정서를 나타내는 시설병(hospitalism)에 걸릴 우려가 있다. 시설병은 Spitz박사[1]에 의해 명명된 것으로서 건강한 아동이 시설에서 오랜 기간 지내게 되면 나타날 수 있는 심각한 현상이다.

이러한 시설에서 발달적 어려움을 겪은 청소년이 준비되지 않은 채 시설 밖으로 나오게 될 경우 많은 어려움을 겪게 될 것을 예상할 수 있다. 시설 퇴소 후 정서적 · 지적 · 경제적으로 자립에 대한 준비가 충분하지 않은 청소년은 자신감 부족, 열등감으로 인해 공격적 태도를 보이거나 소극적인 대인관계 양상을 나타내며, 이로 인해 사회적응에 어려움을 느끼거나 나아가 비행이나 범죄에 연루될 가능성도 큰 것으로 나타난다(손혜옥 외, 2008, p. 185).

4. 시설보호의 현황 및 문제점

1) 시설보호의 현황

과거 우리나라의 아동보호사업은 한국전쟁에서 발생한 수많은 전쟁고아와 기아 · 미아를 수용해야 했던 사회적 요구로 인하여 시설보호 중심의 서비스를 전개하면서 그 수가 증가되어 오다가, 점차 소규모 수용보호와 재가보호 및 지역사회에 의한 보호로 정책의 기조가 바뀌면서 아동수용시설의 수와 수용아동의 수가 점차 감소하고 있다.

1) 미국의 정신의학자, 미국 국립병원 의사

〈표 11-1〉 아동복지시설 수용보호아동 현황(2019. 12. 31. 현재)

시설	양육	보호치료	자립지원	일시보호	종합	계
시설수	240	12	13	13	3	281
수용자수	10,585	469	218	275	118	11,665

출처: 보건복지부(2020). 아동복지시설 현황, p. 5.

아동복지시설에 대한 통계에 의하면, 2019년 12월 말 현재 281개 시설이 있는데, 이 중 아동양육시설이 240개소로서 보호양육시설이 대부분을 차지하고 있고, 특수 목적을 가진 시설은 일시보호시설 13개소, 보호치료시설 12개소, 자립지원시설 13개소, 종합시설 3개소가 있을 뿐이다. 수용아동의 수에 있어서도 보호양육을 목적으로 하는 시설아동이 대부분이고, 나머지 시설아동은 일부에 그치고 있어 특수 목적을 위한 아동시설이 보다 많이 증가될 필요가 있음을 시사해 준다.

또한, 2019년 12월 말 현재, 아동복지시설 수용보호아동의 취학 현황을 살펴보면, 시설에 수용된 아동 중 중 · 고등학교에 재학 중인 청소년은 4,228명으로, 전체 시설입소자의 약 49%를 차지하고 있어 이들을 위한 다양한 시설의 필요성을 잘 드러내 준다. 뿐만 아니라, 이 수치는 학교에 다니는 청소년을 대상으로 했기 때문에 학교를 다니지 않거나 보호를 제대로 받지 못하고 있는 청소년의 수까지 포함한다면 실제 시설입소자 중 청소년이 차지하는 비율은 더 높을 것으로 예상된다.

〈표 11-2〉 아동복지시설 수용보호아동 성별 · 취학별 현황(2019. 12. 31. 현재)

구분	시설수	종사자수	정원	입소인원			취학아동					
				계	남	여	미취학	초등재	중재	고재	대재	기타
계	281	6,520	17,325	11,665	6,595	5,070	3,093	3,286	2,025	2,203	593	465

출처: 보건복지부(2020). 아동복지시설현황.

2019년 12월 31일을 기준으로 전국 아동복지시설의 정원과 현원의 실태를 살펴보면 전체 복지시설의 정원 17,325명에 비해 시설에 수용되어 있는 인원은 11,665명으로 나타났다. 이러한 사실로 미루어 수용자들의 이용시설에 대한 기피현상과 욕구에 부응하지 못한 사례로 시설 이용자의 수가 급감한 것을 알 수 있다.

〈표 11-3〉 아동복지시설 정 · 현원 현황(2019. 12. 31. 현재) (단위: 개소, 명)

구분	계(현원)		양육시설		보호치료시설		자립지원시설		일시보호시설		종합시설	
	정원	현원	정원	현원	정원	현원	정원	현원	정원	현원	정원	현원
계	17,325	11,665	15,398	10,585	618	469	392	218	687	275	230	118

출처: 보건복지부(2020). 아동복지시설 현황.

2) 시설보호의 문제점

우리나라의 시설보호는 한국전쟁이라는 특수한 상황에 의해 발생한 전쟁고아 등 위기에 놓인 많은 아동을 구호하기 위해 긴급하게 만들어진 시설에서 출발하여 오늘날에 이르기까지 우리나라의 요보호아동에 대한 가장 일반적인 보호방법이었다. 그리하여 가정에서 적절한 보호를 받지 못하는 청소년이 특별한 대안 없이 아동복지시설에 수용되어 보호를 받음으로써 시설보호는 단순히 청소년을 수용하는 것이 아니라 그들이 가정에서처럼 건전하게 성장할 수 있도록 보호하고 양육하여 올바른 인격을 갖도록 노력해 왔다. 이러한 노력에도 불구하고 현재 시설보호 청소년은 많은 어려움을 겪고 있다.

(1) 시설프로그램의 문제

대부분의 시설이 주로 대단위 및 중규모 집단수용 형태를 이루고 있기 때문에 시설에서 제공하는 각종 프로그램이 시설입소자인 아동과 청소년에게 제대로 실시되지 못하고 있다. 전국 아동시설프로그램 운영 실태에 대해 조사한 이현주(1999, p. 59)의 결과에 따르면 각 시설에서는 신체적 프로그램, 정서적 프로그램, 인지적 프로그램, 사회적 프로그램을 운영하고 있는데 이 중 가장 절실한 프로그램이라 할 수 있는 청소년의 심리적 문제를 다루는 프로그램과 연고자와의 관계강화프로그램, 신 입소 아동적응프로그램, 퇴소 후 사후관리프로그램 등이 제대로 실시되고 있지 않았다. 또한, 새로운 프로그램 개발을 위한 시설에서의 노력도 미비하고 외부 전문가의 프로그램에 대한 지원도 매우 적었다.

(2) 시설주거환경의 집단성과 낙후성

시설보호입소자에 대한 보호기준은 꾸준히 조정되고 있지만 다른 일반가정과 비교해 본다면 단지 기본적인 욕구만을 충족시키고 있는 정도에 그치고 있으며, 대단위의 집단수용 거주 형태로 인해 보호에도 어려움이 있다. 또한, 국가나 지방자치단체의 지원도 미흡하여 환경변화에 따른 시설주거환경에 대한 개·보수가 원활하게 이루어지지 않음으로써 매우 낙후된 시설을 유지하고 있다.

(3) 시설종사자의 전문성 결여

보호시설은 사회복지사가 기피하고 있는 시설이 되어 버릴 정도로 근무환경이 매우 열악하다. 임금수준이 낮고, 이직률이 높으며, 시설직원 1명당 담당해야 할 입소자의 비율도 매우 높아 사회복지사가 직무를 수행하는 데 상당한 어려움이 있기 때문이다. 특히, 전문적인 치료를 요할 정도로 심한 문제행동을 보이는 시설아동과 청소년에 대한 전문적인 서비스를 제공할 수 있는 전문가가 부족하여 이들에 대한 적절한 처치와 예방이 제때 제공되지 못해 문제가 더욱 심각하다.

(4) 정부의 지원 부족

현재 시설 예산의 대부분은 시설의 자체 수입이나 기부금 등으로 자체 시설에서 충당해야 하는 실정이기 때문에 안정적인 수입원이 없어 경제적으로 매우 열악한 상황에 처해 있다. 그리하여 시설은 청소년 보호를 위한 재원을 확보해야 하는 어려움 때문에 원래 시설이 담당해야 하는 기능을 소홀히 할 수밖에 없다. 그러므로 재원을 충분히 확보한 시설과 그렇지 않은 시설 간에 차이가 있을 수밖에 없어 입소자의 불평등을 심화시키고 시설의 전문적 성장을 방해하는 근본적 요인이 되고 있다. 그러므로 중앙정부와 지방정부는 충분한 재정적 지원을 해 줄 수 있는 예산 확보를 위해 보다 적극적인 개입이 필요하며, 장기적인 지원 정책을 수립하여 안정적인 운영의 보장이 필요하다.

5. 보호시설의 개선방안

서울 강북구는 2015년 11월 17일 아동청소년의 권익을 증진시키고자 '아동청소년 인권보장 권리선언문'을 선포했다. 선언문의 내용은 총 8개 항목이다. 첫째, 우리는 누구나 동등한 기회를 누릴 수 있는 권리가 있다. 둘째, 우리는 외모, 신체조건 등으로 차별받지 않을 권리가 있다. 셋째, 우리는 학교 성적에 관계없이 평등한 대우를 받을 권리가 있다. 넷째, 우리는 깨끗하고 안전한 환경에서 자라날 권리가 있다. 다섯째, 우리는 폭력으로부터 보호받을 권리가 있다. 여섯째, 우리는 진학과 진로를 자유롭게 선택할 권리가 있다. 일곱째, 우리는 인권 신장을 위한 계도를 요청할 권리가 있다. 여덟째, 우리는 의견을 자유롭게 표현하며 존중받을 권리가 있다. 이 선언문은 구가 지난 9~10월, 관내 초 · 중 · 고 37개교 및 아동청소년 시설 27개소 어린이들을 대상으로 인권 관련 설문조사를 하고 지난달 어린이들이 직접 참여한 가운데 권리 선언문 제정을 위한 워크숍을 개최해 제정한 것이다(서울신문, 2015). 이처럼 평등성 및 인권 신장의 측면에서 소규모 양육시설의 어려움을 겪고 있는 시설청소년을 위하여 양육보호서비스의 질적 향상을 위한 몇 가지 개선방안을 생각해 볼 수 있다.

1) 시설청소년의 양육보호 수준 향상의 필요성

시설청소년의 양육보호 수준을 향상시키기 위해서는 청소년에 대한 부식비, 도시락비, 피복비 등과 같은 기본 생계비 지원 확대, 학용품, 부교재, 교통비 등 교육 관련 비용 확충, 용돈 등의 생활비 지원 확대가 필요하다. 이러한 다양한 지원은 청소년이 자신의 사생활이 침해받지 않는 한도 내에서 적절하게 이루어져야 한다.

2) 전문종사자의 처우 개선

우리나라는 시설종사자에 비해 입소청소년의 비율이 매우 높다. 「아동복지법」상 규정된 법정 시설종사자의 수를 늘려 청소년 개개인에 대한 질 높은 서비스가 제공될 수 있도록 시설종사자의 현행 급료 수준이나 처우를 현실화시켜 적정 생활수준을 보장해 주어야 한다. 또한, 전문능력을 지닐 뿐만 아니라 복지시설운영자로서의 충분한 자질을 갖춘 시설운영자를 확보할 수 있는 제도적 장치를 마련함으로써 입소아동과 청소년이 적절한 보호와 양육을 받을 수 있어야 한다.

3) 시설의 표준운영체계 마련

현재 청소년복지시설에 대한 시설기준과 운영기준이 있고 이런 기준에 대한 평가가 이루어지고 있지만 보다 현실적으로 이러한 기준이 적용되고 평가될 수 있도록 시설의 제반 기준을 현실화해야 한다. 이를 위해서는 청소년복지시설의 표준운영체계가 새롭게 마련될 필요가 있으며, 이 속에서 청소년복지시설별 설치규정, 시설보호의 원칙과 가치, 시설의 표준조직과 종사자의 업무분담, 청소년의 의견존중을 위해 청소년으로 구성된 자치회 운영에 관한 내용, 시설운영업무의 규정 및 절차가 포함되어야 한다.

4) 보호시설의 소규모화

대다수의 보호시설은 대규모로 아동과 청소년을 보호하여 운영하고 있는데 이런 보호시설의 대형화는 보호아동과 청소년의 복지에 부정적인 영향을 미칠 가능성이 크다. 따라서 이런 보호시설의 규모를 줄여 아동과 청소년이 집단보호체제보다 가정과 같은 환경에서 자라날 수 있도록 해야 한다. 또한, 가정과 시설의 중간적 위치에서 시설보호의 단점을 보완하는 기능을 가진 가족보호와 지역사회보호를 중시하는 프로그램을 적극 개발할 필요가 있다. 이를 위해 가정생활의 경험이 특히 필요한 청소년을 선별하여 단독주택에서 부모의 역할을 담당하는 사회복지사와 함께 생활하는 그룹홈의 실시 등이 보다 확산될 필요가 있다.

5) 시설의 지역별 배치의 재조정

지역사회 특성에 맞게 청소년복지시설에 대한 수요를 정확히 파악하여 지역의 욕구에 부응하고 지역주민들이 쉽게 이용할 수 있는 시설을 적절히 배치해야 한다.

또한, 지역사회의 지지망 활용을 통해 다양한 방식의 연계시스템을 운용하여 지역사회의 관심도를 높이고 참여의식을 고취하여야 한다.

6) 시설 내 청소년을 위한 전문적 상담의 증대

모든 시설청소년은 가족으로부터 분리되어 살아야 하는 심리적 충격과 고통을 경험하기 때문에 치료적 보호를 필요로 한다. 치료적 보호가 가능하기 위해서는 시설 내의 청소년을 위해 다각적인 차원에서 상담지원이 이루어져야 하며, 보호시설에 전문 상담을 실시할 수 있는 직원이나 촉탁 상담원을 배치하거나 시설이 있는 지역사회의 전문상담프로그램과 연계하여 도움을 받을 수 있는 협조체제를 구축하는 등 구체적이고 실제적인 네트워크를 형성할 필요가 있다. 또한, 가족해체를 예방하는 지원서비스를 강화하고, 불가피하게 시설에서 보호·양육해야 하는 청소년들을 위해 그들의 가족, 친인척, 시설, 지역사회와 국가에 의한 강도 높은 공동의 현실적 노력이 절실히 요구된다.

7) 전문 프로그램 개발의 필요성

시설은 단순히 청소년의 기본적인 욕구의 충족에만 목적이 있는 것이 아니라 바람직한 인격형성과 건전한 성장을 돕고, 청소년의 문제를 해결하고, 퇴소 후 청소년의 자립과 자활을 돕는 데 있다. 그러므로 시설에 입소한 청소년에게 책임감, 자립심, 협동심 등을 배양할 수 있는 프로그램이나 자신의 문제를 해결하고 긍정적인 자아존중감을 형성할 수 있는 프로그램 및 청소년 눈높이에 맞는 프로그램을 운용 개발하여야 한다.

생각해 볼 문제

1. 청소년시설의 문제점과 개선방안을 생각해 봅시다.
2. 시설청소년을 위한 프로그램은 무엇인지 생각해 봅시다.
3. 시설청소년의 특성과 개념은 무엇인지에 대해 생각해 봅시다.

PART 4

청소년복지의 과제와 전망

Chapter 12

외국의 청소년복지 동향

전 세계적으로 청소년복지정책은 빈곤청소년, 장애청소년, 가출청소년 및 우범청소년 등의 요보호청소년을 중심으로 선별적인 지원과 보호에 중점을 두던 정책에서 모든 청소년과 가족까지를 정책대상으로 포함하여 예방과 발달에 보다 초점을 두는 방향으로 전환하고 있다. 특히, 최근의 경향은 청소년을 단순히 정책의 대상으로만 바라보는 것이 아니라 정책에 중요한 영향력을 행사하는 적극적 참여자로서의 역할을 부여하고 있다. 청소년복지에 관한 개념의 변화와 함께 청소년정책의 접근방향도 변화하고 있는 것이다. 이와 같은 청소년복지의 개념과 청소년복지정책의 세계적인 변화와 흐름은 우리나라의 청소년복지에 대한 접근방법과 청소년복지정책의 형성과 수행에 커다란 영향을 미치고 있다. 본 장에서는 미국, 일본, 독일 등의 청소년복지정책을 살펴보고 이들 정책으로부터의 시사점을 찾아보고자 한다.

1. 미국의 청소년복지정책

미국의 청소년복지정책은 청소년이 독자적 권리를 갖고 있으며, 성인과 사회의 기대에 부응해야 하는 책임도 동시에 지닌다는 데 기반을 둔다. 미국의 공적 부조와 사회복지서비스 중심의 청소년복지정책은 가정을 기반으로 한 재가복지서비스(home-based care) 등의 가족 중심의 정책을 보여 주고 있다.

1) 미국 청소년복지정책의 특징

미국의 청소년복지정책은 일반청소년뿐만 아니라, 빈곤 및 결손가정 청소년과 위탁보호청소년, 가출청소년, 비행청소년을 위한 법제를 각각 마련하여 실시하고 있다. 일반청소년을 위한 법제로는 청소년의 복지를 위한 'The Young American Act'(1990)와 안전한 학교를 위한 학교 관련 법률들, 그리고 교육확대를 위한 'No Child Left Behind Act'(2001) 등이 대표적이다. 빈곤아동을 위한 복지정책은 가족체계의 해체를 방지하고 근본적인 환경 개선에 주력하고 있다. 문제청소년에 대해서는 위탁시설 관련 법규를 재정비하고, 가출청소년의 비행을 방지하기 위해 '가출 및 노숙청소년법'을 제정하여 거리에서의 아웃리치프로그램과 전환생활프로그램 등이 가능하도록 하였다. 또한, '맥킨리법(McKinley Act)' 강화로 노숙 상태의 아동 및 청소년에게 더 많은 권리를 부여하였고, 이들의 학교복귀를 도울 수 있도록 담당자를 확충하였다. 또한, 비행청소년의 심각성을 인식하여 지역사회를 중심으로 하는 청소년권익보호프로그램을 마련하였는데, 이를 통해 청소년교정을 위한 지역사회 중심의 프로그램이 활기를 띠게 되었다.

미국 정부의 청소년복지 관련 기관은 지방분권적 성격을 갖는다. 1980년대 이후 정부 주도의 민영화 정책으로 인해 민간 부문의 복지서비스가 중시되면서 연방정부의 개입이 축소되었다. 따라서 연방정부에서는 보건 및 인간서비스부와 교육부가 주축이 되어 각 사안별로 분산되어 복지정책 관련 업무를 수행하고 있고, 기타 노동부, 국방부, 농림부, 법무부 등 정부 부처에서 청소년정책을 부분적으로 수행하고 있다. 따라서 연방정부 내에 단일화된 청소년정책을 전담하는 행정체계는 없으며, 정부기관별로 분산되어 청소년정책업무가 추진되고 있다. 각 주에서는 주 단위로 독자적인 제도를 갖고 시(county)에서 예산을 지원하고 행정관리를 담당하고 있다. 그리고 각 시에서 민간단체와 연계하여 다양한 청소년서비스를 제공한다. 일반적으로 청소년 관련 부처도 각 주의 청소년서비스국 및 복지국에서 청소년복지정책 업무를 다룬다. 전체적으로 볼 때, 연방정부는 주와 지방에 대해 매우 광범위하고 일반적인 최소한의 기준과 프로그램 범주를 정한다. 그리고 프로그램 시행의 세부적 사항은 각 주정부와 카운티에서 자율적으로 시행하기 때문에 주별, 시별로 조직형태나 프로그램의 내용이 상이하다.

청소년 업무를 담당하는 청소년지도사는 비영리단체나 대학에서 양성하고 있는데, 국가에서 부여하는 자격은 없으며, 민간에서 부여하는 자격만 있다. '미국적 인간학(American Humanics)'은 대학과 비영리단체가 연합하여 청소년단체에서 일할 지도자를 훈련하는 과정이다. 사회학, 교육학, 아동발달 등 관련 분야의 전공학부생이 인턴십(internship)과 학과수업, 전공수업 등을 통해 훈련받은 후 자격이 주어진다. 이 외에도 민간단체, 주(州) 청소년연구소 등이 시행하는 지도자양성과정이 있다. 이러한 자격에 따라 미국은 민간 청소년업무 담당기관 및 단체들이 적극적으로 활동하면서 다양한 법과 제도를 개선해왔다. 특히, 1980년대 이래로 청소년의 신체적 · 성적 착취 사례들이 폭로되면서 전국 규모의 비영리단체인 가출 및 청소년서비스 전국네트워크가 만들어졌다.

2) 청소년복지정책의 대상 및 사업

(1) 빈곤 및 결손가정 청소년에 대한 사업

미국의 빈곤 및 결손가정 청소년을 대상으로 하는 사업으로는 '사회보장법(Title Ⅳ-A)'에 따라 아동부양가족보조제도(Aid to Families with Dependent Children: AFDC)에 의해 주로 이루어지는 소득유지(income maintenance)사업과 '식품구매권(Food Stamps)법'에 따라 저소득가정과 청소년 개인에게 식품을 구입할 수 있도록 하는 식품구매권 정책의 식품영양사업이 있다. 이 밖에도 연방정부의 지원을 필요로 하는 각종 요보호대상자를 위한 사업으로 주정부에게 지급되는 사회복지서비스 종합지원금(Social Service Block Grant)에 따른 사회복지서비스사업과 교육 · 훈련사업 등이 있다.

(2) 심신장애청소년을 위한 교육훈련사업

1975년에 제정된 '전체장애아동교육법(The Education of All Handicapped Children Act)(PL94-142)'에 의해 주정부는 3~18세의 장애아동에 대한 교육프로그램을 맡게 되었고, 가능하면 장애아동을 일반교실에 통합시키는 등 다양한 교육방법과 복지서비스가 제공되고 있다.

(3) 가출 및 비행청소년을 위한 사업

가출 및 비행청소년을 위한 사업은 일반적인 가출청소년과 이동생활을 하는 가출청소년, 마약복용 가출청소년 등의 3가지 유형에 대한 사업이 제공되고 있다.

(4) 학대, 유기 및 미혼모청소년을 위한 프로그램

학대, 유기 및 미혼모청소년을 위한 프로그램으로는 아동학대예방과 치료사업, 아동학대 도전지원금, 아동학대에 대한 복합훈련프로그램, 위기에 처한 아동에 대한 보호양육사업, 가정폭력에 대한 서비스, 가정위탁사업, 독립생활사업, 입양사업에 대한 지원 등이 있다.

(5) 일반청소년을 위한 정부의 복지서비스

미국의 일반청소년을 위한 정부의 복지서비스는 종합청소년개발센터, 청소년보호사업, 아동복지사업, 입양사업, 가정위탁사업, 피난민, 이민가족 청소년사업, 미국원주민 청소년사업 등 다양한 사업들이 시기별, 지역별로 실시되고 있다.

3) 청소년복지정책의 전달체계

정부 차원에서 청소년복지정책만을 전담하는 연방정부 내의 부처는 없고, 보건 및 인간서비스부(Department of Health and Human Service: DHHS)에서 여러 사회복지정책과 함께 청소년정책도 함께 다루고 있다.

연방정부의 DHHS는 사회보장국, 보건재정국, 공중보건서비스국, 아동 및 가족서비스국 등으로 구분되어 있다. 이 중 청소년복지정책과 관련된 부서는 아동 및 가족서비스국이다. 주정부의 경우에는 공공복지청이 있는데, 가족 · 아동서비스 자문위원회가 설치되어 있고, 그 밑에 사회복지과가 있으며, 그 산하에 있는 아동 · 가족서비스사무소에서 청소년복지서비스를 제공하고 있다.

4) 주요 프로그램의 내용

(1) 일반청소년 대상 프로그램

① 21세기 지역학습센터(Century Community Learning Centers(Afterschool))

21세기 지역학습센터는 주정부가 지원하는 무료서비스프로그램으로서 청소년과 그의 가족에게 방과 후에 새로운 능력을 발견하고 새로운 기술을 학습할 수 있는 기회를 제공하는 것으로, 모든 학생이 참여할 수 있다. 이 프로그램은 학업성취도가 낮은 수준의 학생에게 수업 시작 전, 방과 후, 공휴일이나 여름방학에 주요과목인 독서, 수학, 과학과목에 대한 가정교사서비스를 제공하여 주와 지역 내에서의 학업성취기준에 도달할 수 있도록 도와 학업성취기회를 확장시켜 주는 데 초점을 둔다. 이 외에도 청소년과 그의 부모를 돕고 참가 학생의 정규학교 주간활동을 강화하고 보완하고자 마련된 청소년발달프로그램, 약물 및 폭력예방, 성격교육, 상담 프로그램, 예술, 음악, 기술, 영양 및 레크레이션 프로그램 등을 제공하고 있다.

② 청소년성장프로그램(Youth Build Program)

청소년성장프로그램은 1991년에 제정된 '청소년성장법(Youth Build Act)'에 따라 연방정부가 재정지원을 하는 프로그램으로, 지역사회의 발전을 위해 소외된 청소년을 지역사회로 통합시켜 사회에서 생산적인 역할을 수행하고 취업기회를 증대시키기 위하여 구체적인 직업훈련을 시키는 프로그램이다. 예컨대, 16~24세 사이의 빈곤가정의 학교중퇴청소년으로 하여금 자신의 지역사회에서 주택을 건축하거나, 개축하는 작업에 참여함으로써 고등학교 졸업장을 취득하도록 하는 것이다.

청소년성장프로그램은 청소년의 욕구에 대해 종합적으로 접근하여 청소년이 사회에서 생존할 수 있도록 지적 · 정서적 · 사회적 · 경제적으로 필요한 경험과 지식을 제공한다. 즉, 청소년 자신이 주체가 되어 시청에서 실시하는 지역사업에 참여함으로써 지도력을 함양하고 주요한 결정을 내리는 훈련을 받게 되는데, 프로그램에 참여하는 동안 청소년참여자는 생활비를 지급받게 되고, 수료 후에도 일 년에 $2,500까지 주택비를 지원받을 수 있다(한국청소년개발원, 1993).

(2) 가출청소년 대상 프로그램

'가출 및 노숙청소년법'에 의한 가출청소년 대상 프로그램은 근본적으로 노숙청소년을 예방하고 교육, 고용훈련, 건강보호, 약물치료, 기타 사회적 서비스를 받을 수 있는 통로를 마련해 주는 데 목적이 있다. 특히, 이 법은 2003년 10월에 재인가되면서 임산부를 위한 그룹홈이 전환생활프로그램의 재정지원을 받을 수 있도록 추가되었고, 18세 미만 청소년이 이 프로그램에 참여할 수 있는 기간을 540일에서 18세가 될 때까지로 연장하였다.

① 기본센터프로그램(Basic Center Program)

이 프로그램은 가출 및 노숙청소년에게 위기개입서비스를 제공하는 것으로 가출시 즉각적이고 안전한 쉼터를 제공해 주는 것은 물론 이들이 당장 필요로 하는 서비스를 제공해 주는 것이다. 따라서 아웃리치, 임시쉼터, 음식, 옷, 상담, 추후보호 등의 즉각적인 욕구를 충족시켜 주기 위해 지역사회 내의 공공기관 및 민간기관이 아동 및 가족담당부서로부터 재정지원을 받는다. 이 센터에서는 15일간의 거주기간을 넘지 않는 범위에서 단기보호서비스를 실시하고 있다.

② 지속적 생활프로그램(Transitional Living Program)

이 서비스는 응급쉼터에서 제공하는 단기적이고 귀가를 목적으로 하는 프로그램이 아니라 자립을 위한 보다 장기적이고 지속적인 원조프로그램이다. 특히, 귀가가 어려운 16~21세의 청소년에게 기관실무자가 지도, 감독하는 안전한 거주지의 생활공간에서 최대한 18개월까지 머물면서 기본적인 생활기술은 물론 독립생활에 필요한 기술을 습득하도록 하고 자립할 수 있는 능력을 향상시키고자 한다. 그리하여 이 서비스는 정부의 보조금이나 사회서비스기관에 장기적으로 의존하거나 범죄를 저지르는 것을 방지하고자 하는 데 목적이 있다.

③ 찾아가는 길거리프로그램(Street Outreach Program)

이 프로그램은 기관 내에서 서비스가 이루어지는 것이 아니라 실무자가 직접 길거리에서 생활하는 청소년이 있는 장소로 찾아가서 그들이 필요로 하는 지역사회 내의 서비스와 연결시켜 준다. 이 프로그램의 목표는 이들에게 안전함, 위기개입, 즉각적인 의료보호, 옷, 음식, 쉼터 등과 같은 당장 필요한 욕구를 충족시켜 줌으로써 더 이상 사회에서 소외되지 않고 사회의 주류 속으로 들어오게끔 하는 것이다. 특히, 길거리에서 생활하는 청소년에게 의료서비스를 제공하는 것을 주 내용으로 하여 이들이 경험하는 영양실조나 영양결핍으로 인한 신체적 건강문제는 물론, 에이즈 바이러스 감염, 약물남용으로 인한 치료 및 상담을 실시하고 있다.

(3) 비행청소년 대상 프로그램

① 청소년멘토링프로그램(Juvenile Mentoring Program)

청소년 멘토링프로그램은 학업실패, 학업중단, 갱집단에 속하거나 불법약물 사용 등의 비행행동에 연루된 청소년이 주 대상으로 하는 일대일 멘토링 프로젝트이다. 위기에 처한 청소년을 위한 멘토링프로그램은 지역 내의 교육기관과 종교 관련 기관, 경찰서와 소방서, 병원, 은행과 지역 내의 사업체 등 지역사회에 기초한 공공기관 및 민간기관 간의 협력을 통해 실시된다.

② 지역사회프로그램(Title V Community Prevention Grants Program)

이 프로그램은 청소년이 비행에 개입될 위험요소를 줄이고, 청소년사법체계에 연루되는 것을 예방하기 위해 보호적인 요소들을 강화하는 데 주목적이 있다. 이를 위해 재정지원을 함으로써 지역사회 지도자들로 하여금 해당 지역사회 내의 독특한 자원들에 대한 다각적인 사정을 주관하고 비행을 예방할 수 있는 종합적이고 협력적인 계획을 발전시키도록 한다. 아울러 지역사회는 멘터링과 방과 후 활동, 가정교사, 무단결석과 학교중퇴 감소프로그램, 약물남용 예방활동, 갱예방아웃리치, 경찰/보호관찰팀에 이르는 다양한 예방프로그램을 실시한다. 현재 이 프로그램의 모델프로그램은 166여 개가 있다(국가청소년위원회, 2005).

③ 소년사법제도프로그램(Balanced and Restorative Justice Program)

이 프로그램은 소년사법에 대해 균형을 이루면서 회복을 위주로 하는 사법제도 접근방법으로서 지역사회의 보호, 책임감, 능력개발이라는 세 가지 목표를 달성하기 위한 프로그램 내용으로 구성되어 있다. '지역사회의 보호'는 소년사법제도가 공공안전을 확보해야 할 필요가 있음을 말한다. 다시 말해서, 균형적이며 회복 위주의 사법처우라는 접근방식에서는 소년사법제도, 청소년범죄자 및 지역사회기관의 적극적인 참여를 필요로 한다. '책임감'은 청소년범죄자가 그들이 저지른 범죄에 대해 처벌을 받고 피해자 및 해당 지역사회에 보상해야 할 필요가 있다는 것을 의미한다. '능력개발'은 소년사법제도에 들어가는 청소년은 보다 생산적이고 책임 있는 시민이 되어야 한다는 것이다.

2. 일본의 청소년복지정책

일본은 근대 초기 서유럽의 영향을 받아 청소년복지정책의 토대를 마련하였으며, 이러한 토대 위에 청소년복지정책은 빈곤청소년, 장애청소년, 불량청소년 등에 대해 각각 요보호, 감화, 의료지원 등과 같은 선별적인 접근방법을 취하였다. 현재 일본은 사후처리 성격의 소극적인 대처에서 점차 일반청소년에 대한 복지로 그 범위를 확대하여 집단괴롭힘이나 학교부적응 문제 등에 대한 보다 적극적인 대응방안을 추진하고 있을 뿐만 아니라, 부모의 취업지원 등과 같이 가정에까지 그 영역을 확대하고 있다.

일본의 청소년지도자는 사회교육지도자, 스포츠지도자, 근로청소년지도자, 아동건전육성지도자, 농림수산업계지도자, 청소년국민운동 추진지도원 등 다양하다. 이들 지도자들에 대한 양성은 해당 분야에서 제공하는 소정의 연수과정을 통해 자발적으로 이루어지며, 별도의 국가자격은 없다. 스포츠지도자의 경우에는 기능심사사업의 인정에 관한 규정을 통해 지도자의 자질 향상을 꾀하고 있다. 청소년지도자의 연수과정은 국가나 지방자치단체, 해당 분야 민간단체 등이 담당하며, 고등교육기관 수준에서의 연수는 제공되지 않는다. 연수경비는 해당 부서 등에서 공적으로 지원한다.

1) 일본 청소년복지정책의 특징

일본의 청소년복지정책은 기본적으로 중앙정부와 지방자치단체, 주요 국공립기관의 정책 및 주요 사업을 통해 이루어진다. 그러나 최근에는 정부 주도에서 벗어나 민간단체와의 연계 및 협력을 확대하고 국민운동 차원에서 복지문제를 해결하고 있다.

일반청소년을 위한 복지정책은 청소년육성추진본부를 중심으로 청소년보호와 비행방지 차원에서 청소년의 건전육성을 강조하고 있다. 이를 위해 내각부를 중심으로 여러 행정기관이 연계하여 협력하고 있으며, 정책적으로는 2009년까지 '청소년 및 육아응원플랜'을 제정하여 중점계획과 구체적인 시책 및 목표를 제시하고 있다.

빈곤청소년에 대해서는 생활보호대상자 가정의 청소년과 요보호대상 청소년, 한부모가정 청소년 등에 대해 생활지원, 취학지원, 보호시설제공, 상담활동지원 등을 하고 있으며, 최근에는 보호에 그치는 복지정책이 아니라 자립을 위한 지원으로 바

꾸어가고 있다.

비행청소년의 경우는 법무성을 중심으로 보다 엄중하게 대처하고 정확하게 사안을 처리하려는 방향으로 바뀌어 가고 있다. 그에 따라 인신거래, 아동매춘, 아동포르노법 위반 등 인권침해 및 청소년에게 유해한 영향을 미치거나 건전육성에 위배되는 사안에 대해 집중 단속을 벌이고 있으며, 이를 위해 각각의 구체적인 법률을 마련하여 해당 범죄에 대해 적극적으로 기소하여 엄정한 과형을 부과하고 있다. 특히, 집단괴롭힘과 교내폭력을 조기에 파악하고 방지하는 정책에 비중을 두게 됨에 따라, 학교에서 규범의식에 관한 지도나 교육상담체제를 충실히 운영하고 출석정지제도를 시행하며, 문제청소년에 대해서는 관계 기관과 학교가 연계하여 지원팀을 구성하는 등 지역에서 지원시스템을 적극적으로 구축하고 있다.

학교거부, 섭식장애 등과 같은 심리적 문제가 있는 청소년에 대해서도 상담활동을 지원하고 있으며, 적응지원교실 등의 프로그램을 통해 부적응 청소년이 학교에 복귀하거나 사회적으로 자립할 수 있도록 지원하고 있다. 특히, 문부성에서는 교사나 교육지원센터 지도원 연수, 가정방문지도 등의 중심적 기능을 지원하고 있으며, 학교와 가정, 관계기관이 연계한 지역까지 포함한 서포트 시스템을 정비하여 '스쿨링 서포트 네트워크 정비사업'을 계속 추진하고 있다.

장애청소년에 대한 서비스의 기본방향은 장애의 조기 발견과 조기교육을 추진함과 동시에 장애청소년이 지역에서 안심하고 생활할 수 있도록 재택서비스를 충실하게 시행하는 것이다. 이를 위하여 문부성에서는 이들에 대한 특별지원교육을 펼치고, 자립활동과 개별지도가 가능하도록 유도하고 있으며, 후생노동성과 연계하여 간호사 및 교사의 의료적 케어를 제공하고 있다.

2) 청소년복지정책의 대상과 사업

(1) 가정생활과 관련된 사업

가정교육과 진흥을 목적으로 하는 사업으로는 가정교육에 관한 각종 지도자료의 작성 · 배포, 가정교육사무담당자회의 개최, 가정교육에 관한 TV방송의 실시위탁

등과 공공단체가 개설하여 실시하는 가정교육학급, 가정교육지역교류사업, 건전가정교육상담사업, 가정교육종합추진사업 등을 실시하고 있다. 또한, 후생성에서는 가정아동건전육성사업을 위해 아동건전육성행정의 일환으로 아동상담소, 가정아동상담실을 개설하여 아동이 있는 가정에 대한 상담지원활동을 전개하고 있다. 그 밖의 보호를 필요로 하는 아동의 복지대책으로는 양호아동의 복지대책, 보육아동에 대한 복지대책, 정서장애아동의 복지대책, 모자가정에 대한 복지대책 등이 있다.

(2) 학교생활과 관련된 사업

일본의 의무교육은 소학교 6년, 중학교 3년이다. 고등학교는 의무교육 수료 후의 교육기관이지만 1992년도 중학교 졸업자의 약 95% 이상이 진학하여 거의 의무교육적인 상황이 되었다. 일본의 고등교육기관은 대학, 단기대학, 고등전문학교이다. 특수교육은 맹아학교, 농아학교, 양호학교가 있고, 일반소학교, 중학교에도 특수학급을 설치하여 운영하고 있다.

(3) 근로청소년 복지정책

근로청소년 복지정책은 '근로청소년복지법'(1970)에 기초하여 노동성장관이 5년마다 책정한 근로청소년복지대책기본방침 및 도도부현(都道府縣)지사가 결정한 도도부현 근로청소년복지사업계획에 의해 종합적으로 추진하고 있다. 또한, 근로청소년을 건전하게 육성하기 위해 '근로청소년복지법' 제5조의 규정에 따라 7월의 세 번째 토요일을 근로청소년의 날로 정하여 각종 행사를 실시하고 있다. 근로청소년홈은 '근로청소년복지법' 제15조 규정에 기초하여 근로청소년복지에 관한 사업을 종합적으로 수행하기 위해 지방공공단체가 설치하며, 노동성에서는 근로청소년홈을 설치하는 지방공공단체에게 보조금을 지급하고 있다.

(4) 문제청소년에 대한 사업

청소년문제에 대해서는 1966년 4월 발족한 내각 총리대신의 자문기관인 청소년문제심의회에서 종합적 대책을 세운다. 총무청에서는 관계성청의 협력을 얻어 1979년부터 매년 7월 한 달 동안 청소년을 비행으로부터 보호하는 전국강조월간으로 정하여 비행방지를 위한 활동을 집중적으로 실시한다.

3) 청소년복지정책의 전달체계

일본 청소년복지정책과 관련된 각 법령에서는 연령에 따라 소년, 미성년자, 아동 등으로 구분하고 있으며, 이 중 소년 혹은 청소년이라는 용어를 사용한 법률은 소년법과 근로청소년복지법이고, 복지라는 용어는 아동복지법과 근로청소년복지법에서 사용하고 있다. 따라서 일본의 청소년에 대한 복지정책은 아동복지법에 따르고, 기타 근로청소년복지법과 청소년관련법이 청소년의 생활을 보장하고 있다.

청소년의 복지정책과 관련된 행정체계는 중앙정부의 청소년 관련 부처 중 행정내용에 따라 총무청, 경찰청, 과학기술청, 환경청, 법무성, 외무성, 문부성, 후생성, 농림수산성, 운수성, 우정성, 노동성, 건설성, 자치성, 최고재판소가 담당하고 있다.

청소년의 대책에 대한 종합적 조정업무는 총무청 청소년대책본부에서 맡고 있는데, 이 기관은 총무청 설치법에 근거하여 설치된 특별기관(조직)이며, 본부장은 총무청 장관이다. 청소년대책본부의 임무는 소년지도, 육성, 보호, 교정에 관한 기본적이고 종합적인 시책 수립, 청소년 지도, 육성, 보호, 교정에 관한 관계행정기관의 시책 및 업무의 종합 조정, 청소년 지도, 육성, 보호, 교정에 관한 사무 중에서 다른 행정부처에 속하지 않는 업무의 기획, 입안 및 실시 등이다.

지방정부의 청소년 관련 조직도 중앙정부와 같이 청소년전담기구는 없으나 지방행정단위에서 청소년복지행정을 시행하고 있다. 지방행정단위는 도도부현(都道府縣)과 시정촌으로 구분된다.

4) 주요 프로그램

(1) 정서장애아 문제와 복지

정서장애아의 치료기관인 일본의 정서장애아 단기치료시설은 정신의학 또는 심리학을 전공하고, 특히 아동정신의학이나 아동심리학과정의 이수를 필수요건으로 하는 소장 아래 아동정신과의 및 심리요법의 기술을 습득한 치료사 외에 지도원과 보모를 배치하여 통원하거나 수용시설에서 정서장애아를 치료하고 있다.

입소아동에 대한 교육은 시설 주변에 있는 학교의 분교 등에 설치하여 행해진다. 이것은 교육행정상의 정서장애아 특수학급제도의 일환으로 이루어진 것으로 이런 종류의 특수학급은 정서장애아 단기치료시설 외에 소학교, 병원 등에도 설치되어 있다.

(2) 장애아 복지와 교육

장애아동을 위한 복지대책은 예방 및 조기발견대책이 있는데, 최근의 의학발전에 따라 장애 원인의 상당 부분이 임신 중, 분만기 및 유아기의 이상에서 비롯된다는 의학적 연구결과가 밝혀지면서 모자보건에 관한 지식을 홍보하는 한편 각급 지방자치단체 및 보건소를 중심으로 하는 임산부, 유아에 대한 건강진단, 보건지도 및 방문지도를 행하는 등 모자에 관한 종합적인 보건대책을 활발하게 추진하고 있다.

장애아의 진로는 농·맹아학교, 양호학교(특수학교로 총칭된다), 일반학교의 특수학급(장애아학급), 일반학교의 보통학급 등이 있다. 어느 것을 선택하는가는 각 지방자치단체에 설치되어 있는 심신장애아 취학지도위원회가 아동의 상황을 판단해서 방향을 제시하고 있다. 양호학교에는 지체부자유아, 정신박약아, 병약아를 위한 각각 별개의 양호학교가 설립되어 있어서 아동의 장애에 적합한 교육 및 훈련을 시행하고 있다. 최근에는 정상아동의 보통학급과 같이 실시할 수 있는 교과나 행사는 합동으로 진행하는 통합교육을 진행하고 있다.

(3) 비행청소년의 동향과 처우

우리나라와 마찬가지로 일본에서도 20세 미만의 범죄자를 소년범으로 간주하여 형벌보다는 보호와 교육의 관점에서 처우하는 것을 원칙으로 한다. 14세 미만의 아동은 형법상 형사책임능력이 없다고 간주하여 '아동복지법'의 규정에 의거하여 처리한다.

범죄소년이 경찰에 검거되었을 경우, 벌금 이하의 형에 해당되는 범죄인 경우에는 직접 가정재판소에 송치하고, 그 외의 범죄에 대해서는 검찰관에게 송치한다. 범죄소년의 사건을 맡은 검찰관은 수사를 마친 뒤 범죄혐의가 있다고 인정되거나 범죄혐의가 없는 경우에도 범죄 가능성이 있다고 판단되는 등 가정재판소의 심판에 회부할 필요성이 있다고 인정되면 처우의견을 첨부하여 가정재판소에 송치한다.

가정재판소로 송치되면 가정재판소에서는 우선 소년에 관한 조사를 실시하는데 이 경우에 소년을 소년감별소로 보내어 자질감별을 위탁하는 경우도 있다. 조사나 심판이 끝난 뒤 지사 또는 아동상담소장 송치(18세 미만의 소년에 한정함), 심판불개시, 불처분, 보호관찰, 교호원 · 양호시설 송치, 소년원 송치, 검찰관 송치(16세 이상의 소년에 한함) 등의 결정이 내려진다. 이 중 보호관찰, 교호원 · 양호시설 송치 및 소년원 송치는 가정재판소가 행하는 보호처분으로서 보호관찰의 결정이 내려진 소년은 보호관찰관 및 민간 독지가인 보호사의 지도감독을 받는다. 교호원 · 양호시설 송치의 판결을 받은 소년은 아동복지법에 의한 시설인 교호원(불량행위를 했거나 할 우려가 있는 아동의 교호를 목적으로 하는 시설) 또는 양호시설(보호자가 없는 아동, 학대받는 아동 등의 양호 · 보육을 위한 시설)에, 소년원 송치판결을 받은 소년은 소년원에 각각 수용된다. 검찰관 송치는 형사처분에 해당하는 사건을 검찰관에게 송치하는 처분으로서 역송이라고도 지칭된다. 가정재판소에서 보호관찰처분을 받은 소년 외에 소년원에서 가퇴원한 소년, 기소된 뒤 형의 집행을 유예받고 보호관찰에 회부된 소년, 실형을 선고받고 소년형무소 등의 행형시설에서 가출옥한 소년은 보호관찰에 부쳐져 보호관찰관과 보호사의 지도 · 감독을 받는다.

3. 독일의 청소년복지정책

독일은 1918년에 '청소년청'이 생겼고, 1922년에는 '청소년복지를 위한 제국법률'이, 1953년에는 이를 개정한 '청소년복지법'이 제정됨에 따라 청소년청에서 모든 청소년문제의 상담과 지원, 보호를 담당하는 동시에 양육관청으로서 자리매김하게 되었다. 1991년에는 시대적 변화와 요구에 부응하기 위해 '아동청소년지원법'으로 개편됨에 따라 국가 통제와 간섭은 적어지고 사회적 서비스와 지원이 확대되는 계기를 마련하였다.

1) 독일 청소년복지정책의 특징

독일의 청소년복지관련법은 청소년근로보호법, 청소년 보호법, 청소년성보호(형법)로 나눌 수 있다. 그중 청소년의 근로를 보호하기 위한 독자적인 '청소년근로보호법'을 가지고 있다는 점은 매우 특징적이다. 이 법은 18세 미만의 청소년근로에 대한 효력을 가지며, 직업교육과정의 청소년, 취업청소년 또는 자영업청소년, 취업이나 자영업과 근로상황이 유사한 기타 근로업무에 종사하는 청소년, 직업교육과 유사한 교육내용을 갖는 교육과정에 있는 청소년을 대상으로 한다. 이 법에는 청소년의 근로를 주 5일 40시간 이내로 제한하고, 15세 미만의 근로는 금지하며, 근로시간은 6시에서 20시 사이로 제한하고 있다. 또한, 이 법에서는 최저 연휴가와 직업학교에 대한 내용을 다루고 있다.

'청소년 보호법'은 공공장소로부터 미성년청소년을 보호하고 청소년 주변의 풍속영업 등 삶의 환경을 조정하는 데 목적이 있다. 이 법에서는 청소년에게 판매나 제공될 수 있는 담배, 술, 필름, 컴퓨터게임과 청소년의 디스코텍이나 술집, 음식점 등의 출입, 체류 등에 관한 규정을 두고 있다.

한편, 청소년 성보호를 위한 독립된 법률은 아직 없으며, 형법에 청소년의 성보호에 관련된 '성적 자기결정에 관한 죄'에 대한 규정을 담고 있다. 기본적으로는 성이 개인의 문제이므로 국가가 관여할 수 없다는 입장을 취하지만 청소년이 성인의 성적 피해자가 될 수 있는 상황은 상당히 구체적인 조항을 두어 엄격하게 규제하고 있다.

2) 청소년복지정책의 전달체계

독일의 연방정부 내에는 '가족 · 노인 · 여성 청소년부'라는 청소년과 관련된 독립된 행정부서가 존재하며, 이 부서 아래 지방정부는 각자 청소년 관련 행정부서를 두고 있다. 지방자치단체를 기반으로 하여 지역의 청소년정책을 총괄하는 행정기구로는 광역지방자치단체의 청소년청과 지역지방자치단체의 청소년청이 있다.

청소년청은 연방정부법률에 따른 아동청소년복지를 관할하는 공공 실천기관으로 하나의 자치단체기구이며, 청소년복지를 실행하기 위한 사회사업서비스 행정기관이다. 청소년청의 업무는 행정기구에 대한 의결기구이자 청소년지원 및 복지에 대해 독자적 책임과 역할을 담당하는 청소년지원위원회에서 지시한다.

3) 주요 프로그램 현황

(1) 청소년 여가활동 지원정책

청소년복지의 과제를 개발하고 진행하는 책임은 공적 청소년복지기관, 즉 청소년청에서 담당하지만 청소년복지 현장의 실천적 과제는 민간단체에서 주로 담당하고, 상당 부분은 자원봉사자들에 의해 해결된다. 특히, 지역 청소년청은 아동청소년지원법에 따라 청소년사업이 충분히 진행되고 있는지의 여부와 적절한 청소년시설과 서비스 제공에 대한 계획적이고 총체적인 책임을 지며, 청소년사업을 담당하는 민간단체를 지원하고 양성한다.

(2) 아동보육 및 양육지원정책

아동보육시설은 유치원, 방과후보육, 어린이방, 영아방, 가정보육 등이 있으며, 그 활동내용은 연방법인 아동청소년지원법과 주시행령에 따른다. 양육지원 및 상담에는 양육상담, 수양가정양육, 사회교육적 가정지원, 시설양육 등이 있으며, 부모의 별거나 이혼을 상담해 주는 가정지원서비스도 제공된다.

(3) 위기청소년보호 및 지원정책

위기청소년에게는 청소년상담소, 아동보호전화, 응급보호소, 청소년보호소를 두어 위기상황에 대한 보호요청을 할 수 있도록 하고 있으며, 이에 따른 보호조치는 청소년양육권자의 동의와 미성년재판소의 합헌 판결에 따르도록 한다.

(4) 응급구호정책

응급구호조치는 양육권자의 의사와는 관계없이 조치가 취해지는 것으로서 위기보호조치와 달리 일반보호조치가 취해지기 전에 보호가정이나 시설에 청소년을 보내는 것이다. 또한, 지속적인 사회교육적 개인지도보호는 청소년이 다른 형태의 청소년복지서비스를 통해 문제해결을 찾지 못했을 경우에 제공하며, 시작부터 종료까지 사회교육적 성격을 띠고 진행한다.

(5) 연방 프로그램

의무교육과정과 취업준비교육과정을 이수한 후에도 계속 교육을 받아야 하거나 취업을 하지 못하는 청소년은 '직무상 미숙', '직무수행불능', '직무상 불리조건' 등으로 분류된다. 이러한 청소년에게는 특수프로젝트, 즉 실직자를 위한 프로젝트에 참여시킨다. 그런 프로젝트의 주요 부분은 독일연방정부의 가족 · 노인 · 여성청의 소년부(BMFSFJ)가 후원하는 취업 중심 청소년사업을 위한 연방프로그램에 속하거나 지역별 청소년국에서 운영하는 노동시장 중심의 청소년사회사업의 지방자치단체별 선도사업에 속하거나, 혹은 1999년부터 연방정부의 노동 · 사회부에서 운영하는 새로운 취업프로그램인 점프(Jump)에 속한다. 이러한 프로젝트의 목적은 청소년의 취업능력을 증진시키는 데 있다.

(6) 점프(Jump)

1998년 선거 후에 연방정부는 실업을 줄이기 위한 새로운 프로그램인 점프(Jump)를 실시했으며, 그 목표는 1년 이내에 교육프로젝트나 취업프로젝트에 최소한 10만 명의 청소년을 참여시키는 것이었다. 그러나 새로운 프로그램인 점프는 이용 가능한 수단이 개선되지 않은 채 단순히 프로그램만 확장하는 것으로 학교에서 직장으로 전환하는 체계에 필요한 구조적인 변경이 일어나지 않는다는 비판이 제기되었다. 즉, 프로그램의 목표가 구조적인 개혁이 아니라 즉각적인 조치라는 점이었다. 그리하여 청소년을 정상적인 노동시장으로 끌어들이는 데 큰 성공을 거두지 못했다.

(7) 모니터링 및 평가프로그램

모니터링 및 평가프로그램은 독일의 청소년정책 분야의 질적인 발전과 평가를 위한 것이다. 질적인 발전을 위한 조치는 문제가 있는 아동을 위한 법률에 따른 사회교육적인 활동영역에서 단체나 기관 또는 비주거지활동과 관련된 SGB Ⅷ 개정에 의해 법적 구속력을 갖도록 규정하였다. 이 프로그램의 결과로 다양한 대중이 청소년봉사유형의 잠재력을 논의하기 시작하였다.

(8) 기타 복지프로그램

독일의 기타 복지프로그램으로는 20세기 초 독일의 청소년운동기에 생겨나 2004년 현재 554개에 이르는 청소년을 위한 숙박시설인 유스호스텔, 100년 이상의 역사를 가진 고아원으로서 청소년복지와 교육 및 직업교육을 병행하는 숄 형제의 집, 대표적인 청소년위기보호센터인 베를린 아동청소년보호센터 등을 들 수 있다.

4. 국가별 청소년복지의 시사점

영국, 미국 등과 같이 소외청소년, 문제청소년을 주요 정책대상으로 하는 국가는 청소년정책을 시행하는 의미가 협소하다. 미국, 일본, 프랑스 등과 같이 청소년을 대상으로 하는 국가 차원의 법률이 존재하지 않는 국가도 많다. 이에 비해 우리나라는 청소년정책의 대상도 넓으며, 「청소년 기본법」과 「청소년 보호법」 등 청소년정책의 법률적 기초가 마련되어 있다. 청소년행정의 전담부서가 강력하지는 않지만 존재하고 지방과의 전달체계도 갖춰져 있으며, 수련활동이라는 청소년정책의 독자적 영역도 확보하고 있다. 그러나 이러한 형식과 체제가 잘 갖추어져 있다고 해서 청소년에 대한 서비스의 질이 높은 것은 아니다. 영국, 미국과 같이 청소년정책이 기존의 부분에 분산되어 실시되고 있고 독립적인 청소년 부분이 없어도 지역사회에서 청소년이 받는 서비스의 질은 더 높을 수 있다. 형식과 제도는 청소년정책을 효율적으로 실행할 수 있는 수단으로서 의미가 있지만, 더욱 중요한 것은 청소년사업의 성과를 높이는 일이다. 그러므로 사회변화, 청소년의 요구, 개인 및 사회 발전에 부합하는 청소년사업을 입안하고 효율적으로 수행하는 일이 무엇보다 중요하다.

1) 미국의 청소년정책

미국의 청소년정책은 청소년을 문제 소지로 보는 관점과 이에 대한 사회예방적 차원이 강하게 반영되어 있다. 이러한 이유로 저소득가정이나 소외집단청소년이 청소년정책의 주요 목표집단이다. 미국의 청소년정책에 대한 방향 전환은 이들 집단에 대한 대응방식의 변화를 의미한다. 그에 따라 과거의 미국청소년정책은 문제에 대한 대책이나 문제행동예방에 관심을 기울였지만 현재는 이러한 정책의 실효성에 의문을 제기하고 이들 집단의 성공적인 성장과 발달에 관심을 기울이는 청소년개발(Youth Development)을 주요 목표로 하고 있다.

미국의 청소년정책을 통해 몇 가지 시사점을 얻을 수 있다.

첫째, 방과 후 시간에 다양한 활동 기회와 이에 대해 지원해 주는 방과 후 운동(The After-school Movement)이 학교폭력, 학교중퇴, 기타 학교 관련 문제가 심각한 우리나라에서도 청소년교육의 질적 향상을 도모하는 데 도움이 될 수 있다.

둘째, 증가 추세인 청소년가출을 감소시키고 이를 예방하기 위해 관련법의 제정과 그에 따라 중장기적으로 거주할 수 있는 쉼터의 제공과 가출청소년이 사회생활에 독립적으로 적응할 수 있는 기술을 가르치고 훈련하는 프로그램을 개발하는 데 도움이 될 수 있다. 우리나라에도 미국의 기초센터프로그램에 해당하는 청소년쉼터가 있기는 하지만 뚜렷한 법적 근거가 없다 보니 서비스 제공에 어려움이 많다. 더욱이 이들을 위한 장기적이고 계획적인 중장기 거주프로그램이 거의 전무하고 독립준비를 위한 교육 및 훈련프로그램이 전무한 실정이다. 그에 따라 시간이 지날수록 가출청소년에 대한 관리감독이 제대로 이루어지지 않음으로써 국가 부담과 손실이 커지고 있으므로 만성가출청소년문제를 사회문제로 인식하여 국가 차원의 체계적인 제도를 마련하는 것이 시급하다.

셋째, 청소년의 올바른 가치관 형성과 발달을 위해 지속적으로 관심을 가져 주는 성인 멘터와의 정기적인 만남을 통해 현실에 대한 올바른 이해능력을 기를 수 있는 멘터링 프로그램을 활성화하는 데 도움이 될 수 있다. 이러한 프로그램이 정착되면 청소년의 개인적 성장은 물론 학업증진과 사회성 개발을 도모하는 데 유용할 것이다.

2) 일본의 청소년정책

일본의 청소년복지정책을 통해 얻을 수 있는 몇 가지 시사점은 다음과 같다.

첫째, 일본은 청소년복지정책을 중앙정부와 지방자치단체, 민간단체가 연계하여 추진하고 있다는 점이다. 일본은 지역 중심에 민간의 자발성을 강조하는 복지정책을 실시함으로써 각 분야별 전문가로 구성된 자원봉사단체와의 연계를 활발히 하고 있을 뿐만 아니라 학부모와 지역사회주민의 협력을 강조하는 국민운동 차원으로 프로그램을 키워가고 있다.

둘째, 일본은 지방 청소년행정이 잘 발달되어 있다. 지방자치단체의 각 부서와 공안위원회, 교육위원회에 청소년 관련 업무가 할당되어 있다. 중앙에서는 지방자치단체 청소년관계 주무담당자회의 등을 개최하여 내각부 및 관계부처 시책 및 사업설명 등을 함으로써 중앙과 지방조직의 연계가 잘 이루어져 있다. 그러나 최근 청소년대책위원회에서 내각부로 청소년행정체계가 변화되어 외형적 규모는 커졌지만 종전과 같은 응집력과 전문성을 발휘하기는 어려울 것으로 보인다. 우리나라도 최근 새로운 정부가 들어서면서 국가청소년위원회가 폐지되고 관련 업무를 보건복지가족부 내의 아동청소년정책실로 이관함으로써 종전과 같이 독자적으로 청소년 관련 업무를 수행할 수 있을지에 대해 의문이 제기된다.

셋째, 일본의 청소년육성사업이 국민운동 등 홍보계몽활동이 많은 것이 특징이므로 이러한 일본의 활동이 우리나라에서도 범국가적 차원에서 청소년사업이 이루어질 수 있도록 국민적 공감대를 형성하는 데 도움이 될 수 있을 것이다. 이러한 일본의 주요 청소년사업으로는 전국 코도모플랜이 있다. 코도모플랜은 2002년부터 주5일제 수업이 전면 실시됨에 따라 청소년육성환경과 다양한 활동을 진흥시키는 체제를 정비하기 위한 3개년 전략으로써 학습체험, 자원봉사, 국제교류, 정보화 등을 주요 사업으로 하는 계획이다.

3) 독일의 청소년정책

독일의 청소년정책을 통해 얻을 수 있는 시사점은 다음과 같다.

첫째, 독일의 청소년복지는 아동과 청소년을 대상으로 통합적인 지원정책을 실시함으로써 아동과 청소년의 발달적 특성이나 사회적 성격, 지원의 연계성 등이 잘 통합되어 있다. '아동청소년지원법'에 나타난 아동청소년복지의 통합성은 여가활동과 보육, 양육, 보호, 교육, 위기지원, 응급구호, 정신장애지원, 모자가정지원, 청소년을 둔 가정지원, 각종 법원 관련 지원 등의 정책이 종합적으로 망라되어 있어 정책이 효율성을 거둘 수 있도록 되어 있다. 우리나라도 청소년정책을 실시함에 있어서 통합적인 차원에서 청소년정책이 실시될 수 있도록 도움을 줄 수 있을 것이다.

둘째, 독일의 청소년청은 청소년복지사업을 지방자치단체가 독자적으로 총괄 기획, 수립하고 지원하는 특별행정기구로서 청소년지원위원회와 청소년청 행정업무기구로 이원화되어 역할을 분담하고 있다. 청소년지원위원회는 청소년지원계획이나 관련복지, 사회단체의 재정지원을 담당하고 있고, 청소년청의 행정업무기구는 청소년지원위원회에서 결정된 정책을 집행한다. 모든 청소년 관련 사업의 지원은 아동청소년지원법에 의해 국가와 지방정부로부터 보장되고 있는 점도 시사하는 바가 크다.

4) 유럽의 청소년정책

유럽에서는 노르웨이, 핀란드, 스웨덴 등의 스칸디나비아반도 국가들이 복지국가로서의 위상이 잘 발달되어 있다. 이 나라들의 청소년정책 역사는 10~15년 정도로 비교적 짧고 복지국가로서의 위상에도 불구하고 청소년정책을 수행하는 데 시민사회가 중요한 역할을 담당하고 있다. 이 나라들에서는 청소년정책이 청소년사업과 동일한 의미로 이해되며, 청소년사업을 주도하는 시민사회단체가 청소년정책 결정의 주요 인자가 된다.

스웨덴의 청소년정책은 청소년을 자원, 권리, 독립, 다양성의 관점을 가진 존재로 보고 청소년에게 진정한 권한을 부여하여 복지기회를 제공한다는 분명한 목표를 갖고 있다는 데서 우리나라의 청소년정책에 시사하는 바가 크다. 즉, 우리나라의 청소년정책은 복잡하고 추상적인 면이 많아 정책 결과가 분명하게 나타나지 않을 위험을 안고 있으며, 일자리 창출, 창업 지원, 노동법 개선, 주거 지원 등 청소년 자립을 위한 정책적 지원이 미흡하므로 이를 보다 확대시킬 필요가 있다. 즉, 입시 중심의 사고에서 벗어나 청소년을 국가 사회 발전에 주요한 일익을 담당하는 자원으로 인식하고 그 실천을 위해 정부에서 적극적으로 지원해야 할 것이다. 또한, 청소년이 영향력을 행사할 수 있도록 정기적인 포럼의 조직과 법 · 제도적 개선도 필요하다. 청소년이 자신과 관련한 주요 문제에 대하여 영향력을 행사함으로써 스스로 권리를 보장받을 수 있기 때문이다. 직업 파악 및 프로그램 개발, 문제 예방, 정책 참여 등 지역사회의 청소년 복지환경 개선과 권한 부여에 대한 적극적인 역할이 요청된다.

노르웨이는 청소년정책의 수립과 추진에 있어 주정부와 지방정부에 상당한 권한과 자율이 부여되어 있기 때문에 지역단위 청소년의 욕구와 필요에 따른 지원을 제공해 줄 수 있고, 현장 중심의 실제적인 정책을 추진할 수 있어 매우 효과적이라는 점에서 시사하는 바가 크다. 우리나라도 지방정부에 대한 자율과 권한을 부여함으로써 지역 특성에 맞는 청소년 사업과 복지서비스를 제공할 수 있도록 지원함과 동시에 행정기관과 학교, 비정부기관, 단체 등 지역사회의 다양한 자원 간의 연계협력체제를 구축하여 청소년복지정책의 전문성과 효율성을 높이는 방안을 강구하여야 할 것이다.

이처럼 유럽에서는 공공기획의 과정에 청소년의 참여를 유도하고 기회를 제공함으로써 청소년의 이익과 권익을 보장하는 정책을 중요하게 다루고 있다. 우리나라에서도 최근 청소년정책이 보호와 육성의 틀에서 벗어나 참여와 자율을 강조하고 있다. 이를 통해 청소년이 누려야 할 기본적인 인권을 보장해 주고, 청소년 자신의 역량과 재능을 계발하는 주도적인 참여를 통해 보다 적극적으로 사회에 참여할 수 있는 사회기반을 마련해야 할 것이다.

생각해 볼 문제

1. 미국, 일본 및 독일의 청소년 복지프로그램을 비교 분석해 봅시다.
2. 외국의 청소년정책과 비교하여 한국 청소년정책의 위치와 제도적 문화적 특성에 다른 시사점을 논의해 봅시다.
3. 각 국가가 지향하는 정책의 특성과 장 · 단점을 이해하고 우리나라의 현실에 비추어 수용 가능한 정책적 대안을 제시해 봅시다.

Chapter
13

청소년복지의 과제와 전망

산업화 · 정보화 사회가 됨에 따라 청소년과 관련한 각종 사회문제가 발생하면서 청소년복지에 대한 관심이 증가하고 있다. 청소년복지는 과거 그 어느 때보다 정부 차원에서 관심을 가지고 관련 법령을 제정함으로써 다양한 정책을 입안하여 실행해야 한다. 청소년복지와 관련된 법규로는 「청소년 기본법」을 시초로 「청소년 보호법」, 「청소년복지 지원법」, 「아동 · 청소년의 성보호에 관한 법률」, 「청소년활동 진흥법」, 「학교 밖 청소년 지원에 관한 법률」 등이 있다. 청소년 관련법이나 정책의 시행은 그 역사가 30여 년에 불과하지만 청소년복지와 관련한 활동이나 정책은 괄목할만한 성과를 나타냈다. 그러나 다른 선진국과 비교하여 볼 때 여전히 우리나라의 청소년복지에 대한 각종 제도와 정책은 그 필요성이나 요구에 부응하지 못하고 있다. 특히, 학교 밖 청소년과 다문화가족 청소년이나 중도입국 청소년의 증가, 청소년의 미취업 등으로 인한 빈곤 · 위기청소년의 증가, 소득양극화 현상이 심화되면서 기초 생활에 어려움을 겪는 청소년도 증가하고 있지만 이에 대한 대책은 상대적으로 미흡하다. 따라서 본 장에서는 우리나라의 청소년복지에서 해결해야 할 과제가 무엇인지에 대해 살펴봄으로써 미래 청소년복지에 대해 전망해 보고자 한다.

1. 청소년복지의 과제

1) 청소년에 대한 개념의 정립과 통일

우리나라에서 '청소년'의 연령 구분은 매우 다양하다. 「청소년 기본법」, 「청소년 복지 지원법」, 「청소년활동 진흥법」에서는 청소년을 9세 이상 24세 이하의 자로 규정하고 있고, 「청소년 보호법」과 「민법」에서는 만 19세 미만의 자로 규정하고 있으며, 그 용어도 「민법」에서는 '미성년자'로 칭하고 있다. 한편, 청소년의 연령 범위와 중복되는 부분이 아동인데 이는 「아동복지법」에서 규정하고 있는바, 해당 법에서의 아동은 18세 미만의 자로 규정하고 있다. 이러한 연령 범주는 아동과 청소년의 구분을 모호하게 할 뿐만 아니라 아동과 청소년을 동일시하는 현상마저 야기함으로써 청소년과 관련된 각종 활동을 계획하고 실행하는 것을 어렵게 하는 요인이 되고 있다. 또한, 청소년을 의미하는 용어도 청소년, 미성년자, 연소자, 아동 등 매우 다양하기 때문에 이에 대한 통일된 개념과 범주에 대한 정의가 필요하다.

우리나라에서 '청소년복지'라는 용어가 사용되기 시작한 것은 1991년 「청소년 기본법」이 제정되면서 이 법에서 사용하는 용어인 '청소년복지'를 정의하면서부터라고 할 수 있다. 「청소년 기본법」에 의하면 청소년복지는 "청소년이 정상적인 삶을 누릴 수 있는 기본적인 여건을 조성하고 조화롭게 성장 · 발달할 수 있도록 제공되는 사회적 · 경제적 지원"으로서 이 경우의 청소년복지 대상은 9세부터 해당되어 아동복지와 혼돈될 수밖에 없다. 그리하여 청소년복지정책은 청소년에 대한 연령적 규정이나 제한이 아동과 뒤섞이다 보니 때로는 아동복지정책의 일환으로, 때로는 사회복지정책의 일환으로 시행되고 있다. 이러한 이유 중 하나는 청소년이라는 발달단계가 아동기에서 성인기로 이행하는 과정에 있기 때문일 수 있다. 그러나 청소년기는 아동기나 성인기와 다르게 자아정체감을 형성해야 하는 특징적인 발달과업이 있으므로 이 단계에 적합한 복지정책을 수립하여 시행해야만 한다. 이를 위해 청소년이라는 개념을 보다 확실하게 정의하고 통일된 연령 범위로 관련법을 정비하여 정책을 입안하고 시행해야 한다. 또한, 청소년복지라는 개념을 보다 확대하여

「아동복지법」과 중복되는 부분을 체계적으로 통합하여 청소년의 삶과 직결되는 교육, 노동, 문화, 보건영역 등을 포괄하는 통합적인 청소년복지정책을 수립해 나가야 한다.

2) 청소년복지에 대한 국가적 책임 인식

정부가 바뀔 때마다 청소년복지와 관련한 부분은 중요한 이슈로 부각되지 못하고 주변적인 문제로 인식되었다. 그러나 2011년 성년에 이르는 연령을 19세로 하향 조정함에 따라 청소년의 의견 개진이 보다 원활해지면서 청소년복지와 관련한 인식에 변화가 생기기 시작하였지만 여전히 우리 사회에서 청소년은 주변인에 머물고 있다.

우리나라에서 청소년복지가 국가적 책임이라는 인식을 하게 된 지는 그리 오래 되지 않는다. 물론, 전 세계적으로도 청소년복지에 대한 인식은 매우 느리게 진행되어 왔다. 유엔이 1979년에 '세계아동의 해'를 제정한 것에 비해, '세계청소년의 해'는 1985년에 제정하였고, 2000년에 이르러서야 세계청소년행동계획에 대한 합의를 도출하기에 이르렀다. 이와 같은 맥락에서 우리나라의 청소년복지정책도 1991년 「청소년 기본법」의 제정을 시작으로 2004년 「청소년복지 지원법」과 「청소년활동 진흥법」, 2014년 「학교 밖 청소년지원에 관한 법률」의 제정으로 청소년복지에 대한 국가적 책임을 강조하게 되었다. 그에 따라 정부에서는 국무총리 산하에 국가청소년위원회를 두어 청소년과 관련된 제반 업무를 관장하면서 다양한 청소년복지 활동을 전개하였다. 그러나 2008년 국가청소년위원회의 역할과 기능을 보건복지가족부 내의 아동청소년정책실로 이관하면서 그 안에 아동청소년활동정책관과 아동청소년복지정책관 및 청소년보호중앙점검단을 두고 청소년과 관련한 업무를 관장하게 되었다. 이후 정부가 바뀌면서 청소년 관련 주무관청은 보건복지부에서 여성가족부로 이관되어 중앙정부 차원의 청소년정책 기본계획 수립 등의 청소년정책은 여성가족부에서 입안하여 실행하고 있다.

한편, 전 세계적인 팬데믹 현상 등으로 경제적 어려움이 가중되는 상황에서 소득양극화 현상이 심화되면서 빈곤계층과 저소득계층 청소년의 상대적 박탈감 심화, 지역 간 불균형 발전으로 인한 교육기회의 격차 심화, 청소년 대상의 진로교육이나 직업훈련 등이 불충분하게 이루어짐으로써 청소년복지의 필요성이 가시화되었다. 그에 따라 이를 개선하기 위한 국가적 차원의 노력이 절실하게 필요하게 되었다. 청소년복지와 관련한 사각지대의 문제를 해결하지 못할 경우 다양한 청소년 일탈현상이 나타날 수 있어 사회불안을 가속화시킬 수도 있다. 그러므로 2006년부터 정부가 추진하고 있는 지역사회청소년통합지원체계(CYS-Net)와 같은 국가적 차원의 청소년지원 활동을 전국적으로 확대 · 실시할 수 있도록 중앙정부와 지방자치단체가 충분한 예산을 확보함으로써 청소년의 복지 요구에 적합한 맞춤형 서비스를 제공해 줄 수 있어야 한다. 이를 위해 지역사회 내의 각종 시설 및 유관기관과 학교와 가정이 유기적인 협력관계를 형성해야 하고 복지서비스가 필요한 청소년을 위해서는 청소년쉼터, 꿈드림, 내일이룸학교, 청소년 방과후 아카데미, 청소년수련시설 등을 확충하여 보다 효과적으로 다양한 서비스를 제공해 주어야 한다.

3) 청소년복지에 대한 통합적인 통계시스템 구축

청소년복지와 관련한 각종 정책을 입안하고 수행하기 위해서는 무엇보다 정확한 통계자료가 필수적이다. 현재 우리나라의 청소년과 관련된 많은 통계치는 통계청을 비롯하여 여성가족부, 보건복지부, 교육부, 대검찰청, 경찰청 등에서 산출하고 있다. 그러나 각각의 기관에서 산출하여 일반에게 공개하는 대부분의 통계자료는 기관의 특성에 따라, 혹은 자료가 수집되는 시점에 따라 서로 다른 수치를 제시하고 있다. 예를 들어, 가출청소년에 대한 통계자료의 경우에 경찰청 통계는 경찰에 가출로 신고한 청소년의 수로, 보건복지부 통계는 가출 아동 중 아동복지시설에 입소하거나 상담소를 이용한 청소년의 수로 제시하고 있어 실제 가출청소년 현황을 파악하는 데 한계가 있다. 일반청소년뿐만 아니라 도움이 필요한 위기청소년을 위한 정책예산을 확보하기 위해서는 무엇보다 정확한 통계자료가 뒷받침되어야 한다. 그러므로 다양한 기관에서 진행하는 통계자료의 수집을 통일된 자료로 제시할 수 있는 통합적인 통계시스템 구축방안이 모색되어야 한다.

4) 청소년복지관련법에 대한 정비

우리나라의 청소년관련법으로는 「청소년 기본법」(1991)을 시작으로 「청소년 보호법」(1997), 「아동 · 청소년의 성보호에 관한 법률」(2000), 「청소년복지 지원법」(2004), 「청소년활동 진흥법」(2004), 「학교 밖 청소년 지원에 관한 법률」(2014) 외에도 「영유아보육법」(1991), 「아동복지법」(1981), 「한부모가족지원법」(2007), 「근로기준법」(1997), 「국민기초생활 보장법」(1999) 등으로 다양하다. 이러한 법에서 정의하는 청소년 연령에 대한 범주가 다양하기 때문에 청소년을 아동과 구분하여 청소년만의 특성에 맞춘 다양한 복지시설, 즉 청소년수련원, 청소년야영장, 유스호스텔 등의 청소년수련시설이나 각종 청소년활동프로그램을 제공하는 청소년이용시설 등에 대한 규정이나 정의가 제한적일 수밖에 없다. 특히, 청소년복지와 관련하여 오늘날의 청소년이 가장 관심을 가지고 있는 직업훈련지원을 위한 제도적 장치에 대한 마련이 미흡하고, 청소년의 심리적 · 신체적 문제를 해결하기 위한 다양한 지원시설, 즉 청소년쉼터, 청소년상담실 등에 대한 규정도 미흡하다. 그러므로 청소년의 내 · 외적인 문제를 도와주고 심층적으로 지원하기 위해서는 관련 법규의 통일된 연령 규정과 청소년복지에 적합한 제도적 규정에 대한 정비와 마련 및 아동과 청소년을 아우를 수 있는 관련법에 대한 정비가 필요하다.

5) 청소년복지 행정체계의 정비

청소년복지가 보다 체계적으로 실시되기 위해서는 청소년복지 행정체계가 정비되어야 한다. 우리나라의 청소년복지 행정체계는 정부가 바뀔 때마다 중앙단위의 조직이 변경됨으로써 조직이 불안정하고, 지방자치단체도 행정 전담 부서의 이동이 잦아 일관성 있고 체계적인 정책을 수립하여 집행하는 데 어려움이 많다. 또한, 청소년복지 행정에 대한 예산도 충분하지 않아 열악한 재정 상황에서 각종 활동을 수행하고 있을 뿐만 아니라, 정부의 청소년복지 행정 예산은 일반적으로 타 업무와 함께 통합적으로 편성 · 집행되기 때문에 예산의 정확한 규모를 파악하는 것도 쉽지 않다.

한편, 청소년복지 행정은 평생교육 차원에서 관련 기관의 자발적인 협조와 지원 및 학교와 지역사회 내의 공공기관 · 청소년 단체 간의 상호 협력이 필요하지만 현실적으로 긴밀한 협조체제가 이루어지지 못하고 있다. 그러므로 원활하고 체계적인 청소년복지 행정을 위하여 중앙정부와 지방자치단체의 협조 및 지역사회 내의 유관기관 간의 상호 협력이 효과적으로 이루어질 수 있는 협조체제가 정비됨으로써 종합적인 청소년복지 행정이 이루어질 수 있도록 해야 한다. 이를 위해 중앙정부의 각 부처별로 분산되어 있는 청소년복지 업무를 총괄 · 조정 · 협의할 수 있는 통합적인 행정시스템을 구축하여 운영할 수 있는 방안이 모색되어야 한다. 더불어 지방자치단체의 청소년복지 행정체계도 정비하여 지역 중심의 청소년복지 행정이 효과적으로 수행될 수 있는 기반을 마련하는 것도 필요하다.

6) 청소년복지 전문인력의 확보 및 전문성 제고

청소년복지를 청소년의 요구에 맞게 수행하기 위해서는 무엇보다 이를 실행할 수 있는 전문성을 갖춘 청소년지도사, 청소년상담사 등의 전문인력을 확보하는 것이 필요하다. 그러나 전문인력을 양성할 수 있는 체제가 미약하고, 동시에 질 높은 서비스를 제공해 줄 수 있는 전문인력도 부족하다. 청소년복지서비스는 상담, 직업교육, 수련활동, 보호 등 매우 다양한 활동과 업무를 수행하기 때문에 해당 분야의 전문적인 소양과 능력을 갖춘 전문인력을 배출하기 위한 노력이 필요하다. 또한, 전문성을 향상시키기 위하여 청소년복지 종사자들이 일정 시간이 지난 후에 재교육을 받을 수 있는 체계적인 훈련시스템의 마련도 필요하다.

7) 청소년복지 종사자의 근무환경 개선

모든 복지 분야가 그렇듯 청소년복지 업무도 부족한 예산 때문에 이를 담당하는 종사자들에게 봉사와 희생을 직·간접적으로 요구하는 경향이 있다. 이는 열악한 근무환경과 활동시설의 영세성 및 재정 취약성으로 이어져 청소년복지 종사자의 이직률을 높인다. 이러한 원인은 청소년복지서비스의 질적 저하뿐만 아니라, 청소년복지 종사자의 사기 저하와 지도역량 감소로 이어져 청소년복지서비스의 활성화에 부정적 영향을 미치게 된다. 그러므로 청소년복지 업무를 효과적이고 충실하게 수행하기 위해 청소년활동시설의 안정성을 확보하고, 청소년지도사 등의 전문인력에게 합당한 처우 개선을 통해 임금 수준을 현실화해야 한다. 이를 통해 청소년복지 관련 종사자들이 청소년복지 업무에 대한 만족감과 자긍심을 높임과 동시에 전문적인 역할 수행을 위한 기본 여건을 마련해 주어야 한다.

8) 청소년의 인권 보호와 참여 확대

「청소년복지 지원법」에서 청소년은 외부적 영향에 구애받지 않고 자기 의사를 자유롭게 표명하고 스스로 결정할 권리를 가진다고 규정함으로써 청소년의 인권을 보장하고 있다. 동시에 국가와 지방자치단체는 청소년과 관련된 정책을 수립하는 절차에 청소년을 참여시키거나 의견을 수렴할 수 있도록 청소년의 자치권을 확대하였다. 그러나 여전히 청소년은 학교나 일반 현장에서의 자유로운 의사표명이 제한받고 있으며, 청소년 관련 정책 수립 시 청소년의 참여도 극히 제한되어 있다. 그러므로 정부의 적극적인 홍보와 「청소년복지 지원법」의 올바른 시행을 통해 청소년의 인권이 보장되고 청소년의 참여가 확대될 수 있는 시스템을 구축해야 한다. 또한, 청소년의 인권이 보장되지 않는 경우에는 인권을 보장받을 수 있는 분명한 규정 마련이 필요하다.

2. 청소년복지의 전망

우리나라의 청소년복지는 「청소년 기본법」이 제정되면서부터 정부가 관심을 가지고 실시해 온 복지서비스로서 다른 복지서비스에 비해 그 역사가 짧아 전문인력이 부족하다. 정부와 지방자치단체는 청소년의 요구에 적합한 복지서비스를 제공해 주고자 다양한 정책을 실시하고 있으나 청소년복지의 대상 연령이 다양하여 복지서비스를 시행하는 데 어려움이 많다.

우리나라의 청소년복지서비스는 선진국에 비해 다소 늦은 감이 있지만 과거 선별적 차원의 복지서비스에서 보편적 복지서비스를 통한 예방과 실시를 우선하는 방향으로 전환해 가고 있다. 그에 따라 우리나라의 청소년복지는 다음과 같은 전망을 기대해 볼 수 있다.

첫째, 정부는 청소년에게 적합한 복지서비스의 제공을 위한 청소년정책 수립 시 청소년의 참여권을 보장함으로써 청소년의 의견을 청취하여 이를 정책 결정에 보다 적극적으로 반영하려고 시도할 것이다. 뿐만 아니라, 청소년 개인에게만 초점을 맞추기보다는 청소년을 둘러싼 가족과 그 지역사회까지 포괄하는 보다 폭넓은 청소년복지서비스를 제공할 것이다. 그에 따라 청소년의 삶의 질 향상을 위해 청소년의 인권이 보장되고 활발한 사회 참여를 유도하는 복지서비스가 제공될 것이다.

둘째, 청소년의 전인적 발달을 위한 다양한 수준의 체험활동이나 수련활동이 지속적으로 개발될 것이다. 이를 위해 지방 중소도시의 청소년도 다양한 체험활동이나 수련활동을 경험해 볼 수 있는 기회가 증대될 수 있는 장의 마련이 증가할 것이다.

셋째, 중앙정부와 지방자치단체의 청소년복지서비스에 대한 보다 적극적인 차원의 노력과 유기적인 협력체제를 구축함으로써 중앙정부와 지방자치단체가 통합적 차원에서 일반청소년과 특별한 문제가 있는 청소년 모두를 대상으로 미래 청소년의 요구 및 해당 연령에 적합한 복지서비스를 제공할 것이다. 앞으로 청소년문제는 점차 저연령화될 것이고, 요보호청소년의 수나 다문화가정의 청소년, 학교 밖 청소년 등이 증가할 전망이므로 이들을 위한 다차원적인 청소년복지서비스를 확대, 실시하게 될 것이다. 따라서 정부는 이에 대한 장기적이고 다양한 정책을 수립하여 시행할 것이다. 뿐만 아니라, 아동과 청소년에 관한 제반 행정업무를 통합하여 운영할 수 있는 행정시스템을 구축함으로써 효율적인 복지서비스가 제공될 수 있도록 종합적인 계획을 수립하여 실시할 것이다.

넷째, 지역 간 혹은 세계적인 문화적 교류가 보다 활발해질 것이다. 이를 위해 국가는 청소년교류의 장을 확대하여 활성화시킬 수 있는 보다 개방적인 청소년복지 프로그램을 개발하여 실시할 것이다.

다섯째, 과거에 비해 청소년에게 있어 일과 학업에 대한 의미가 달라질 것이다. 청소년기는 학업으로부터 일의 세계로 이행하는 단계이므로 이 시기에 실제적인 직업교육이나 진로준비를 할 수 있도록 체계적인 교육 및 일을 경험해 볼 수 있는 기회가 보다 많이 제공될 것이다. 이를 위해 청소년의 인력을 개발할 수 있는 국가정책의 수립 및 이를 실행할 수 있는 정부출연기관의 설립과 이를 위한 각종 프로그램을 개발하여 실시할 것이다.

생각해 볼 문제

1. 우리나라의 청소년복지를 위해 가장 우선적으로 해결해야 할 과제에 대해 생각해 봅시다.
2. 청소년 관련 문제를 해결하기 위한 중앙정부나 지방자치단체가 수행할 수 있는 정책에 대해 생각해 봅시다.
3. 아동과 청소년을 아우를 수 있는 복지서비스에 대해 생각해 봅시다.
4. 아동과 청소년의 연령을 통일한다면 몇 세가 가장 적합한지에 대해 논의해 봅시다.
5. 청소년의 피선거권을 현재의 19세보다 낮출 경우의 장·단점에 대해 논의해 봅시다.

참고문헌

▶ CHAPTER 01

과학기술정보통신부(2020). 2019 인터넷이용실태조사. 대한민국 정책브리핑. www.korea.kr.

구혜영(2020). 청소년복지론(2판). 서울: 신정.

네이버 지식백과(2021). 2010 세계 청소년의 해. 시사상식사전. pmg 지식엔진연구소.

도미향 · 강기정 · 이무영 · 박경애 · 장미나(2018). 가족정책론(4판). 서울: 신정.

배화옥 · 심창학 · 김미옥 · 양영자(2015). 인권과 사회복지. 국가인권위원회 기획. 파주: 나남.

법제처(2021). 국가법령정보센터. 청소년 기본법, 청소년 보호법, 민법, 소년법, 근로기준법. http://www.law.go.kr에서 2021. 2. 7. 인출.

위키백과(2021). 지속 가능한 개발(sustainable development, SD). https://ko.wikipedia.org에서 2021. 2. 7. 인출.

_______(2021). 틴에이저, 〈글로벌 세계 대백과〉. https://ko.wikipedia.org/

이상준(2015). 청소년의 스마트폰 중독 및 스마트폰 게임중독에 따른 보호요인과 위험요인의 비교 연구. 청소년복지연구, 17(2), 55-79.

천정웅 · 김윤나 · 이채식 · 전경숙(2012). 청소년복지론. 서울: 신정.

최원석 · 고경은 · 선필호 · 김동주(2012). 청소년복지론. 파주: 정민사.

충주시청소년상담복지센터(2020). 2020년 충주시 청소년 위기 영역별(학교폭력, 자살자해, 중독, 도박 및 약물, 음주 및 흡연) 실태조사.

한국청소년개발원(2003). 청소년정책론. 서울: 교육과학사.

Ellen Key (1900). 정혜영(역). 어린이의 세기. 서울: 지식을 만드는 지식(2014년 역서 발간).

Michel Hersen & Jay C. Thomas(2012).Comprehensive Handbook Of Personality and Psychopathology. Retrieved October 14.

Wilensky, H. & Lebeaux, C. (1965). *Industrial society and social welfare*. New York: Free Press.

국가법령정보센터 http://www.law.go.kr

위키백과 https://ko.wikipedia.org

▶ CHAPTER 02

국가법령정보센터(2021). http://www.law.go.kr에서 2021. 2. 1. 인출.

김세원(20121). 청소년기 아동학대 피해경험과 초기 성인기의 발달결과. 청소년문화포럼, 66, 34-62.

도미향(2004). 한국의 청소년복지정책과 관련법에 관한 연구. 아동복지연구, 2(1), 39-54.

법제처(2021). 국가법령정보센터. 청소년복지 지원법. http://www.law.go.kr에서 2021.2. 1. 인출.

여성가족부(2021). 정책안내. 청소년복지. http://www.mogef.go.kr에서 2021. 2. 8. 인출.

이민우(1999). 후생경제학. 서울: 율곡출판사.

이소희 · 도미향 · 정익중 · 김민정 · 변미희(2005). 청소년복지론. 서울: 나남출판.

이용교(1995). 한국청소년복지의 변화와 발전방향. 한국청소년개발원 광복 50주년 기념학술세미나, 109-130.

_____(1997). 소규모 아동복지시설의 운영실태와 활성화 방안. 한국아동복지학, 5(1), 169-206.
체육청소년부(1988). 청소년백서. 서울: 체육청소년부.
최현 · 이용교 · 이춘화 · 정병오(1991). 청소년 상담사업 활성화 방안 연구. 서울: 한국청소년연구원.
한국청소년개발원(2003). 청소년정책론. 서울: 교육과학사.

▶ CHAPTER 03

국가청소년위원회(2006). 청소년 참여의 현황문제점 및 운영방안 연구. 서울: 국가청소년위원회.
김기헌(2013). 청소년 자살예방 정책 연구, 서울: 한국청소년정책연구원.
나동석 · 남세진 · 김성이 · 조흥식(1993). 청소년복지론. 서울: 한국청소년개발원.
노병일 · 노대겸(2019). 청소년복지론. 서울: 양성원.
법률 제15988호(2018. 12. 18., 일부개정). 청소년복지지원법(약칭: 청소년복지법).
법률 제17286호 일부개정(2020. 05. 19). 청소년활동 진흥법.
에듀인 뉴스(2017.07.10.). 4차산업혁명과 지능정보화시대.
여성가족부(2020). 2019 청소년백서. 서울: 여성가족부.
유광찬(2005). 특별활동 지도 프로그램 개발. 서울: 교육인적자원부.
유진이(2018). 청소년심리 및 상담. 서울: 양서원.
유진이 · 김영인 · 홍영균 · 신현숙 · 차조일(2006). 청소년 유해업소 개선대책 연구. 서울: 한국청소년시설환경학회, 한국청소년개발원.
이용교(2004). 디지털 청소년복지. 광주: 인간과 복지.
조선일보(2007. 12. 6.). OECD 발표, '국제학력평가' 보고서 분석.
_______(2018. 4. 27.). 청소년 인구 감소.
홍봉선 · 남미애(2018). 청소년복지론. 서울: 공동체.
Biesteck, F. P.(1978). *Client self-determination in social work*. Chicago, IL: Loyola University Press.
Perlman, H. H. (1957). *Social casework: A problem-solving process*. Chicago, IL: The University of Chicago Press.
Trecker, H. (1972). *Social group work*. New York: Association Press.
꿈드림 www.kdream.or.kr/
대한민국청소년의회 https://youthassembly.or.kr
조선일보 www.chosun.com.data
청소년참여포털 http://www.youth.go.kr/ywith
한국청소년상담복지개발원 www.kyci.or.kr/
한국청소년활동진흥원 www.kywa.or.kr

▶ CHAPTER 04

고용노동부(2014). 「근로기준법」. 세종: 고용노동부.
_________(2014). 「근로기준법시행령」. 세종: 고용노동부.
보건복지부(2020). 「아동복지법 시행령」. 세종: 보건복지부.
_________(2020). 「아동복지법」. 세종: 보건복지부.
신복기 · 박경일 · 장중탁 · 이명현(2005). 사회복지행정론. 서울: 양서원.
여성가족부(2019). 「청소년복지 지원법」. 서울: 여성가족부.
_________(2020). 「청소년 기본법」. 서울: 여성가족부.
_________(2020). 「청소년복지 지원법 시행령」. 서울: 여성가족부.
_________(2020). 「한부모가족지원법」. 서울: 여성가족부.
_________(2020). 「한부모가족지원법시행령」. 서울: 여성가족부.
이용교(2004). 한국청소년복지. 서울: 학현사.
이용교 · 황옥경 · 김영지 · 김형욱 · 이중섭 · 박경희(2005). 한국의 아동 · 청소년 권리. 서울: 인간과 복지.
이윤구 · 박명윤 · 함병수 · 천정웅 · 이용교 · 이종원 · 한승희 · 김정명(1990). 외국 청소년정책에 관한 연구. 서울: 한국청소년연구원.
장동일(2006). 사회복지행정론. 서울: 학문사.
조선총독부(1923). 「조선감화령」. 경성: 조선총독부.
조선화 · 강명숙 · 김혜진 · 류진아 · 박희현 · 이지항 · 최명선(2005). 문제중심으로 접근한 청소년복지론. 서울: 교문사.
한국청소년개발원 편(2005). 청소년복지론. 서울: 교육과학사.
황성철 · 정무성 · 강철희 · 최재성(2005). 사회복지행정론. 서울: 현학사.

▶ CHAPTER 05

길은배 · 이미리 · 문성호(2005). 청소년지도사 근로실태 및 전문화 방안 연구. 서울: 한국청소년개발원.
김경준 · 최인재 · 조흥식 · 이용교 · 이상균 · 정익중(2005). 청소년복지정책 현황과 개선방안 연구. 서울: 한국청소년개발원.
보건복지부(2020). 「아동복지법」. 세종: 보건복지부.
신복기 · 박경일 · 장중탁 · 이명현(2005). 사회복지행정론. 서울: 양서원.
여성가족부(2018). 2018 청소년백서. 서울: 여성가족부.
_________(2020). 「청소년 기본법」. 서울: 여성가족부.
이소희 · 도미향 · 정익중 · 김민정 · 변미희(2005). 청소년복지론. 서울: 나남출판.
장동일(2006). 사회복지행정론. 서울: 학문사.
한국청소년개발원(2003). 청소년정책론. 서울: 교육과학사.
______________(2005). 청소년복지론. 서울: 교육과학사.
한국청소년상담원(2004). 청소년상담사 국가자격제도 발전방안 연구. 서울: 한국청소년상담원.

황성철 · 정무성 · 강철희 · 최재성(2005). 사회복지행정론. 서울: 현학사.
여성가족부 http://www.mogef.go.kr/index.jsp.
한국청소년상담복지개발원 https://www.kyci.or.kr/userSite/index.asp.
한국청소년활동진흥원 https://www.kywa.or.kr/.

▶ CHAPTER 06

과학기술정보통신부 · 한국정보화진흥원(2020a). 2019 스마트폰 과의존 실태조사. 세종: 한국정보화진흥원.
________________(2020b). 2019 인터넷이용실태조사. 세종: 한국정보화진흥원.
________________(2020c). 2019 한국인터넷백서. 세종: 한국정보화진흥원.
관계부처 합동(2016. 5.). 건강한 스마트사회 구현을 위한 스마트폰 · 인터넷 바른 사용 지원 종합계획(안). 관계부처 합동.
관계부처 합동(2018. 12.). 스마트폰 · 인터넷 과의존 예방 및 해소 종합계획(안)[2019-2021]. 관계부처 합동.
교육부 · 보건복지부 · 질병관리본부(2019a). 제15차(2019) 청소년건강행태조사 결과발표회 자료집. 오송: 질병관리본부.
________________(2019b). 제15차(2019년) 청소년건강행태조사 통계. 오송: 질병관리본부.
교육통계서비스. 청소년의 인터넷 · 스마트폰 이용 현황. https://kess.kedi.re.kr/post/6684806?itemCode=03&menuId=m_02_03_03에서 2021. 1. 8. 인출.
권구영 · 이혜자(2002). 청소년의 인터넷 사용과 정신건강 간의 관계에 관한 연구. 정신보건과 사회사업, 13, 59-86.
권선중 · 김교헌 · 이호석(2005). 아동의 컴퓨터 게임 중독과 신체증상: 불안의 매개효과. 조사연구, 6(2), 39-50.
김경희 · 권혜진 · 김희영 · 이종화 · 김수강(2004). 여자 고등학생의 흡연 경험에 영향을 미치는 예측 요인에 관한 연구. 청소년학연구, 11(3), 339-362.
김동일 · 이윤희 · 강민철ㆍ정여주(2013). 정신건강 문제와 인터넷 중독: 다층메타분석을 통한 효과크기 검증. 상담학연구, 14(1), 285-303.
김미진(2006). 청소년 약물남용의 사회복지적 개입방안에 관한 연구. 조선대학교 정책대학원 석사학위 청구논문.
김선영(2001). 약물남용 청소년의 약물중단에 관한 연구. 숭실대학교 대학원 석사학위 청구논문.
김연화 · 정영숙(2005). 부모자녀간의 의사소통 및 또래관계와 아동의 인터넷중독 경향. 대한가정학회지, 43(10), 103-114.
김주일(2003). 독일의 청소년 약물중독 예방활동에 관한 연구. 청소년복지연구, 5(2), 133-150.
김지경 · 연보라 · 정은진(2018). 2018년 청소년 매체이용 및 유해환경 실태조사. 서울: 여성가족부.
김희영 · 김경희 · 권혜진 · 최혜정 · 이종화 · 김수강(2004). 중학생과 고등학생의 오락용 약물사용에 관한 비교연구. 청소년학연구, 11(3), 271-298.
남궁지영 · 김혜자 · 박경호 · 송승원 · 김양분 · 정민주 · 최유리(2018). 2018 한국교육종단연구-한국교육종단연구 2013: 중학생의 교육경험과 성장(TR2018-136). 서울: 한국교육개발원.

남영옥(2005). 중학생의 인터넷중독, 게임중독, 음란물중독의 심리사회적 특성비교. 청소년학연구, 12(3), 363-388.

노혁(2007). 청소년복지론. 서울: 교육과학사.

메디컬투데이(2012. 8. 1). 청소년기 음주, 학습 · 발육부진 유발한다. http://www.mdtoday.co.kr/mdtoday/index.html?no=197102에서 2012. 8. 1에 인출.

문형란(2005). 청소년 약물남용 실태 및 대책에 관한 연구: 서울시 중 · 고등학생을 중심으로. 중앙대학교 행정대학원 석사학위 청구논문.

박근영(2019). [2019년 8월 이슈통계] 청소년의 인터넷 · 스마트폰 이용 현황.

박승민 · 김창대 · 천명재(2005). 청소년 인터넷 중독에 관한 국내 연구의 동향과 과제: 연구 주제를 중심으로. 청소년상담연구, 13(2), 3-14.

봉은주 · 김은아(2015). 청소년 음주문제와 인터넷중독이 정신건강에 미치는 영향. 청소년학연구, 22(9), 1-23.

손경애(1992). 청소년 약물남용의 실태와 대책. 서울: 현대사회연구소.

신윤정(2004). 청소년 향정신성 유해약물 사용 현황과 관련요인분석. 보건복지포럼, 92, 77-87.

여성가족부(2018). 2018년 청소년 매체이용 및 유해환경 실태조사. 서울: 여성가족부.

__________(2019). 2019 청소년백서. 서울: 여성가족부.

오정근(2005). 광복 후 약물남용의 법적 규제와 청소년 대책. 청소년복지연구, 7(2), 23-35.

월드리서치앤컨설팅(2020). 2020년 마약류 심각성에 대한 국민 인식도 조사. 청주: 식품의약품안전처.

윤명숙 · 조혜정 · 이현희(2009). 청소년의 학업스트레스 및 또래애착이 우울에 미치는 영향: 인터넷 사용과 음주행위의 매개효과를 중심으로. 사회과학연구, 25(2), 131-156.

이미리 · 조성연 · 길은배 · 김민(2014). 청소년학개론. 서울: 학지사.

이상주 · 배경희(2004). 인터넷 과잉이용 학생과 보통이용 학생간의 자존감, 공격성, 우울 비교. 청소년학연구, 11(3), 299-319.

이소희 · 도미향 · 정익중 · 김민정 · 변미희(2005). 청소년복지론. 서울: 나남출판사.

이종복 · 이소희 · 오영재 · 이명숙 · 이용교 · 방은령(1998). 현대 청소년복지론. 서울: 양서원.

이현아(2004). 대학생의 인터넷중독 유형에 따른 특성과 인터넷중독의 영향. 대한가정학회지, 42(3), 27-49.

이형하(2003). 인터넷중독 정도가 도서지역 청소년의 심리정서, 행동, 학업부적응에 미치는 영향. 청소년학연구, 10(4), 263-288.

정경아 · 한규석(2001). 게임중독 청소년의 특성분석: 개입의 필요성 판단을 위한 연구. 2001년 한국심리학회 연차학술대회논문집, 223-228.

주석진(2011). 인터넷 중독과 학교사회복지 실천. 서울: 이담.

최미라(2006). 청소년의 인터넷중독과 인터넷음란물중독에 관한 연구. 한림대학교 대학원 석사학위 청구논문.

최미선(2006). 청소년의 인터넷중독에 영향을 미치는 요인 연구. 침례신학대학교 사회복지대학원 석사학위 청구논문.

최재윤(2017). 청소년 약물남용에 대한 미래 약사의 역할. 대한약국학회지, 3(1), 7–20.

한국정보화진흥원(2020. 5. 25.). 2020년 제7회 인터넷중독전문상담사 자격시험 시행공고. 세종: 한국정보화진흥원.

한상철 · 김혜원 · 설인자 · 임영식 · 조아미(2008). 청소년 문제행동: 심리학적 접근. 서울: 학지사.

홍봉선 · 남미애(2007). 청소년복지론. 서울: 공동체.

홍세화 · 유광수(2016). 재가노인의 약물오용행위 예측모형, 대한간호학회지, 46(5), 630–641.

Kraut, R., Patterson, M., Lundmark, V., Kiesler, S., Mukophadhyay, T., & Scherlis, W. (1998). Internet paradox: A social technology that reduces social involvement and psychological well-being. *American Psychologist*, *53*(9), 1017–1031.

Watters, S. O. (2003). 인터넷중독의 이해. 이소희 · 오영재 · 김민 · 김민정 · 김민규 · 김호영(공역). 서울: 학지사. (2001년 원저 발간).

Yen, J. Y., Ko, C. H., Yen, C. F., Wu, H. Y., & Yang, M. J. (2007). The comorbid psychiatric symptoms of Internet addiction: Attention deficit and hyperactivity disorder (ADHD), depression, social phobia, and hostility. *Journal of Adolescent Health*, *41*(1), 93–98.

Young, K. S. (1996). Internet addiction: The emergence of a new clinical disorder. *Cyber Psychology and Behavior*, *1*, 237–244.

Young, K. S. (1998). *Caught in the net: How to recognize internet addiction and a winning strategy for recovery*. NY: John Wiley & Sons.

Young, K. S. (2000). 인터넷중독증. 김현수(역). 서울: 나눔의 집. (1998년 원저 발간).

세계보건기구 http://www.who.int/topics/substance_abuse/en

▶ CHAPTER 07

교육부 · 보건복지부 · 질병관리본부(2019). 제15차(2019년) 청소년건강행태조사 통계. 오송: 질병관리본부.

국가인권위원회(2017. 6. 15.). 「아동 · 청소년의 성보호에 관한 법률 일부개정법률안」에 대한 의견표명. https://www.humanrights.go.kr/site/program/board/basicboard/view?menuid=001004002001&boardtypeid=24&boardid=7601443에서 2021. 2. 6. 인출.

__________(2019. 9. 9.). 국회 계류 중인 「청소년성보호법 개정 촉구」국가인권위원장 성명. https://www.humanrights.go.kr/site/program/board/basicboard/view?currentpage=30&menuid=001004002001&pagesize=10&boardtypeid=24&boardid=7604511에서 2021. 2. 6. 인출

김예원(2019). 온라인 기반 성착취 피해 아동 · 청소년 법률지원을 위한 사법체계 구축방안. 여성과 인권, 22, 38–48.

김지경 · 연보라 · 정은진(2018). 2018년 청소년 매체이용 및 유해환경 실태조사(연구보고 2018-17). 세종: 한국청소년정책연구원.

김지영 · 황지태 · 최수형 · 김현아(2018). 2018년도 아동 · 청소년대상 성범죄 동향분석: 2017년 신상정보등록대상자를 중심으로(연구보고 2018-57). 서울: 여성가족부.

남미애(2001). 청소년의 매춘에 영향을 미치는 요인에 관한 연구. 청소년학연구, 8(1), 271-305.

박선영(2016). 아동 · 청소년 성매매 환경 및 인권 실태 조사 결과 토론문. 국가인권위원회 아동 · 청소년 성매매 환경 및 인권 실태 조사 결과 발표 및 토론회 자료집, pp. 187-188.

박영란 · 윤덕경 · 황정임 · 이찬진(2004). 성매매방지 관련 법령정비 및 피해자보호제도 개선방안 연구. 서울: 한국여성개발원.

아시아경제(2019. 3. 4.). "피임 얼마나 하나요"…청소년 첫 성경험 연령 만 13.6세. https://www.asiae.co.kr/article/2019030411380045071에서 2021. 2. 4. 인출.

여성가족부 보도자료(2017. 5. 2.). 조건만남 경험 청소년 10명 중 7명, 모바일 채팅앱이나 채팅사이트로 만나: 『2016 성매매 실태조사』 결과 발표. 서울: 여성가족부.

여성가족부(2019). 2019 청소년백서. 서울: 여성가족부.

예방교육통합관리. 성문화센터 소개. https://shp.mogef.go.kr/shp/front/anony/edu/anonyYngBgs.do?menuNo=82080100에서 2021. 2. 6. 인출.

유문무(2005). 청소년 성매매 현상의 원인과 대책. 한국공공관리학보, 19(2), 163-194.

이기연(2016). 아동 · 청소년 성매매 관련 인권개선 정책방안. 국가인권위원회 아동 · 청소년 성매매 환경 및 인권 실태 조사 결과 발표 및 토론회 자료집, pp. 127-168.

이미정 · 윤덕경 · 황정임 · 박찬걸 · 황의정(2014). 성매매특별법 10주년 성과와 과제. 서울: 한국여성정책연구원.

이소희 · 도미향 · 정익중 · 김민정 · 변미희(2005). 청소년복지론. 서울: 나남출판사.

이수정(2019). 온라인 기반 청소년 성착취 체계 분석과 법 · 제도적 대응방안. 여성과 인권, 22, 11-21.

이용교(2004). 한국청소년 복지. 서울: 현학사.

이유진 · 윤옥경 · 조윤오(2013). 아동 · 청소년 성보호 종합대책 연구 II: 아동 · 청소년 성매매 예방 및 피해지원 대책연구. 서울: 한국청소년정책연구원.

이춘화 · 조아미(2005). 청소년성매매 사례분석을 통한 상습화 예방 및 치료 대책에 관한 연구. 청소년복지연구, 7(1), 87-110.

이해경 · 이경성 · 신현숙(2004). 청소년의 성매매 경험 유무를 변별하는 사회심리적 특성 연구. 청소년학연구, 11(1), 289-305.

이현숙(2019). UN 아동권리협약을 통해 본 온라인 기반 청소년 성착취 해결방안. 여성과 인권, 22, 22-37.

정규석 · 조정자 · 유순화(2003). 청소년성매매에 관한 다체계 모델 검증. 청소년학연구, 10(3), 239-259.

정하성(2007). 청소년의 발달단계에 따른 성교육프로그램 개발연구. 청소년학연구, 14(2), 299-326.

정현미(2016). 아동 · 청소년 성매매 환경 및 인권 실태조사 개요. 국가인권위원회 아동 · 청소년 성매매 환경 및 인권 실태조사 결과발표 및 토론회 자료집, pp. 3-21.

조성연 · 이용교 · 방은령(2000).청소년의 원조교제에 대한 탐색적 연구. 청소년복지연구, 2(2), 99-116.

조아미 · 이명화(2001). 성매매 청소년의 과거, 현재, 그리고 미래. 청소년복지연구, 3(2), 57-71.

조영주 · 김동식 · 남궁윤영 · 이혜경(2018). 청소년 성교육 수요조사 연구: 중학생을 중심으로. 서울: 한국여성정책연구원.

조진경 · 김진 · 김현아 · 박혜란(2017). 해외의 성매매 청소년에 대한 보호 · 지원체계 현황과 향후 과제. 서울:

국회입법조사처.
홍봉선 · 남미애(2007). 청소년복지론. 서울: 공동체.
황순길 · 이은경 · 권해수 · 박관성(2001). 청소년 가출과 성매매 실태분석. 청소년문제 정책포럼 자료집, 17-72.
황주희(2004). 청소년성매매 유입 전 · 후의 사회적응에 관한 질적 연구. 신라대학교 사회복지대학원 석사학위 청구논문.
EvE(2019). 2019 청소년 성性문조사. https://drive.google.com/file/d/1rTsoMGOOfKYtPHG2UwWT5SPEvPP4ZyUN/view에서 2021. 2. 2. 인출.

▶ CHAPTER 08

경찰청(2015). 경찰백서. www.police.go.kr. 2015. 10. 25. 인출.
_____(2020). 2019 경찰통계연보. www.police.go.kr. 2021. 1. 25. 인출.
김성이 · 조학래 · 노충래(2003). 청소년복지학. 서울: 집문당.
김영지 · 김희진 · 이민희 · 김진호(2019). 아동 · 청소년 권리에 관한 국제협약 이행 연구-한국 아동 · 청소년 인권실태 2019 총괄보고서. 세종: 한국청소년정책연구원.
김정남 · 박미랑(2020). 가정 밖 청소년의 학대피해와 범죄 가해 · 피해의 중첩현상에 관한 연구. 한국범죄학, 14(3), 27-45.
김종우 · 김성천 · 박은미 · 정익중 · 강병권(2015). 아동실종의 이해. 서울: 양서원.
김지연 · 정소연(2014). 가출청소년 보호지원 실태 및 정책과제 연구. 서울: 한국청소년정책연구원.
김지혜(2003). 가출 청소년의 비행 경험에 대한 해석적 연구. 한국사회복지학, 54(8), 99-121.
김지혜 · 안치민(2006). 가출청소년의 학업중단 영향 요인과 대책. 한국청소년연구, 17(2), 133-157.
김혜온 · 정정숙(2014). 남 · 여 가출청소년의 가정복귀 요인. 한국청소년연구, 25(3), 39-68.
김희진 · 백혜정 · 김은정(2018). 가정 밖 청소년의 실태와 자립지원 방안 연구. 세종: 한국청소년정책연구원.
남미애 · 홍봉선(2007). 가출청소년 및 청소년쉼터 실태조사. 서울: 국가청소년위원회 · 한국청소년쉼터협의회.
남영옥(2001). 부모의 양육행동에 따른 청소년의 성격 특성이 가출행동에 미치는 영향. 한국사회복지학, 45, 156-184.
민가영(2007). 가출, 지금 거리에 '소녀'는 없다. 서울: 우리교육.
박영호 · 김태익(2002). 가출 예측 척도에 의한 여중생들의 가출 요인 분석. 청소년상담연구, 10(2), 81-99.
박은미(2006). 빈곤 가출청소년 선교를 위한 교회의 청소년쉼터 운영에 관한 연구. 선교와 신학, 18, 167-193.
보건복지부(2012). 아동복지통계. 서울: 보건복지부.
_________(2020). 연도별 보호대상아동 발생 및 보호현황. www.mohw.go.kr. 2020. 12. 15. 인출.
여성가족부(2014a). 2014 청소년유해환경 접촉 종합실태조사. 서울: 여성가족부.
_________(2014b). 2014년도 청소년사업 안내. 서울: 여성가족부.
_________(2020). 2019년 청소년복지시설 현황(공개용). www.mogef.go.kr. 2021. 1. 25. 인출.

________(2021). 2021년 청소년사업 안내. www.mogef.go.kr. 2021. 1. 25. 인출.

원혜욱(2001). 가출로 인한 청소년범죄의 유형 및 대처방안. 형사정책, 13(2), 217-241.

유서구 · 김응수 · 김윤나 · 서보람 · 강현우(2012). 가출팸 '11 실태조사 및 정책과제 발굴 결과보고서. 서울: 여성가족부 · 한국청소년쉼터협의회.

윤현영(2004). 가출청소년 보호 시설의 발전방안. 가출청소년 보호대책 토론회 자료집, 41-52.

이순형 · 이혜승(2004). 가출청소년보호 전문상담기법 연구. 서울: 청소년보호위원회.

이형기 · 김태훈 · 유한석 · 이승범 · 조범수 · 진성일 · 한상준(2019). 홈리스(노숙 · 가출 · 가정 밖) 청소년 경로분석을 통한 정책제안. 작은연구 좋은서울 19-07. 서울: 서울연구원.

정혜영 · 안옥희(2001). 청소년의 가출충동에 영향을 미치는 예측요인. 아동간호학회지, 7(4), 183-193.

조성연 · 방은령(2002). 청소년들의 인터넷 사용실태 조사연구1: 이메일과 채팅을 중심으로. 청소년복지연구, 4(2), 101-123.

한상철(2000). 가출 청소년의 지각된 사회적 지지와 우울과의 관계. 한국청소년연구, 11(2), 29-53.

한상철 · 이수연(2003). 가출청소년의 우울 및 자살행동에 대한 상담학적 개입전략에 관한 연구. 청소년상담연구, 11(1), 152-165.

행정안전부(2020). 지방자치단체 행정구역 및 인구 현황. www.mois.go.kr. 2021.1.15. 인출.

홍봉선 · 남미애(2010). 성매수피해청소년의 욕구와 사회적 지원방안. 청소년복지연구, 12(1), 1-33.

황진구 · 김지연(2020). 가출청소년 지원 강화를 위한 청소년복지시설 재구조화 연구. 세종: 한국청소년정책연구원.

Aviles, A. & Helfrich, C. (2004). Life skill service needs: Perspectives of homeless youth. *Journal of Youth and Adolescence*, *33*(4), 331-338.

Baker, A., McKay, M., Lynn, C., Schlange, H., & Auville, A. (2003). Recidivism at a shelter for adolescents: First-time versus repeat runaways. *Social Work Research*, *27*(2), 84-93.

Child Welfare League of America. (2005). *CWLA best practice guidelines: Children missing from care*. Washington: CWLA Publication Department.

Dalton, M. & Pakenham, K. (2002). Adjustment of homeless adolescents to a crisis shelter: Application of a stress and coping model. *Journal of Youth Adolescentce*, *31*(1), 79-89.

Halcon, L. & Lifson, A. (2004). Prevalence and predictors of sexual risks among homeless youth. *Journal of Youth and Adolscence*, *33*(1), 71-82.

Hoyt, D., Ryan, D., & Cauce, M. (1999). Personal victimization in a high-risk environment: Homeless and runaway adolescents. *Journal of Research in Crime and Delin-quency*, *36*, 371-392.

Kurtz, D., Jarvis, V., & Kurtz, L. (1991). Problems of homeless youths: Empirical findings and human services issues. *Social Work*, *36*, 309-314.

National Runway Switchboard. (2007). Reporter's sourcebook on runaway & homeless youth. www.1800runaway.org/sourcebook. 2007. 12. 15. 인출.

Pollio, D., Thompson, S., Tobias, L, Reid, D., & Spitznagel, E. (2006). Longitudinal outcomes for youth receiving runaway/homeless shelter services. *Youth Adole-scence*, *35*, 859-866.

Ree, G., Franks, M., Raws, P., & Medforth, R. (2005). Responding to young runnaways: an evaluation of 19 projects, 2003 to 2004. Department for Education and Skills. www.dfes.go.uk/research. 2007. 10. 12. 인출.

The U.S. Department of Justice, Office of Juvenile Justice and Delinquency Prevention. (2002). National incidence studies of missing, abducted, runaway, and thrownaway children. www.ncjrs.gov/pdf-files 1/ojjdp/196469.pdf. 2007. 11. 23. 인출.

Thompson, S. & Pilai, V. (2006). Determinants of runaway episodes among adole-scents using crisis shelter services. *International Journal of Social Welfare*, *15*, 142-149.

Thompson, S., Zittel-Palamara, K., & Maccio, E. (2004). Runaway youth utilizing crisis shelter services: Predictors of presenting problems. *Child & Youth Care Forum*, *33*(6), 387-404.

▶ CHAPTER 09

고기홍(2003). 학업중단 청소년 문제와 상담적 개입방안. 학생생활연구, 24(1), 117-136.

고용노동부(2021). 취업성공패키지. www.work.go.kr. 2020. 12. 15. 인출.

관계부처 합동(2015). 학업중단 예방 및 학교 밖 청소년의 자립역량 강화: 학교 밖 청소년 지원대책(안). www.moe.go.kr. 2020. 12. 15. 인출.

교육부(2020). 2020년 대안학교 및 대안교육 특성화 중고등학교 현황. www.moe.go.kr. 2020. 12. 15. 인출.

김광운(2004). 학업중단 청소년 지원협의체의 활동방향. 광주보건대학 논문집, 29, 61-76.

김성이 · 조학래 · 노충래(2003). 청소년복지학. 서울: 집문당.

김종우 · 주수산나(2018). 학교상담현장에서 인식하는 학업중단숙려제의 실제: 근거이론 접근을 중심으로. 상담학연구, 19(2), 107-124.

김충기(2007). 진로교육과 진로상담. 서울: 동문사.

남기곤(2011). 고등학교 단계 학업 중단의 경제적 효과 추정. 시장경제연구, 40(3), 63-94.

박덕제(2007). 한국 청소년의 경제활동: 현황과 그 배경. 한국경제학회 2007년 경제학 공동 학술대회 자료집, 1-15.

박창남 · 도종수(2003). 청소년 학교중퇴의도의 원인에 관한 연구. 청소년학연구, 10(3), 207- 238.

박효진(2015). 학교 밖 여자청소년을 위한 음주폐해 예방프로그램의 효과. 서울대학교 대학원 석사학위 논문.

서울특별시 교육청 학교 밖 청소년 도움센터 친구랑(2021). www.friend.sen.go.kr. 2021. 1. 25. 인출.

여성가족부(2019). 학교 밖 청소년 지원 사업개요. 참고자료. 세종: 여성가족부. www.mogef.go.kr. 2021. 1. 25. 인출.

여성가족부(2021). 꿈드림. www.mogef.go.kr. 2021. 1. 25. 인출.

오영재 · 백경숙 · 조선아(2004). 청소년복지론. 서울: 대왕사.

윤여각 · 박창남 · 전병유 · 진미석(2002). 학업중단 청소년 및 대안교육 실태 조사. 서울: 한국교육개발원.

윤철경(2014). 학업중단 청소년 실태와 정책과제. 학교 밖 청소년 및 가출 청소년의 실태와 정책과제, 13-30.

이경상(2003). 국가발전과 청소년대안교육: 학업중단 청소년들의 진로설정 실태 및 지원방안. 2003년 한국

청소년학회 추계 학술대회 자료집, 93-109.
이병환(2002). 학업중단 청소년의 사회적응 방안. 한국교육, 29(1), 175-196.
이주연 · 정제영(2015). 학업중단에 영향을 미치는 보호요인과 위험요인 간의 '힘겨루기'에 대한 질적 연구. 교육학연구, 53(3), 89-118.
이현림(2007). 진로상담. 서울: 양서원.
조아미(2002). 청소년의 학교중퇴 의도 결정요인. 청소년학연구, 9(2), 1-22.
조아미 · 이진숙(2014). 학업중단 청소년의 생활과 욕구. 청소년학연구, 21(7), 146-170.
진미석(2005). 미국의 학교-일 이행지원정책(School-to-Work Opportunities Act)의 경험과 교육정책의 이론과 실천의 시사점. 비교교육연구, 15(4), 275-306.
최상근 · 양수경 · 남기근(2010). 학업중단위기 학생의 실태와 지원 방안 연구. 서울: 한국교육개발연구원.
최호성 · 박창언 · 김희용(2007). 대안학교 설립 · 운영 규정(안)에 대한 비판적 논의. 중등교육연구, 55(1), 181-201.
하태욱 · 이종태 · 이병곤 · 곽현주(2018). 비인가 대안학교 학생 인권상황 실태조사 연구. 서울: 국가인권위원회.
하형석 · 이종원 · 이정민(2019). 학교 밖 청소년 추정치 추계방안 연구. 세종: 한국청소년정책연구원.
허민숙(2020). 학교 밖 청소년 지원사업 현황과 개선과제. 서울: 국회입법조사처.
Kasen, S., Cohen P., & Brook, J. (1998). Adolescent school experiences and dropout, adolescent pregnancy, and young adult deviant behavior, *Journal of Adolescent Research*, *13*, 49-72.
Marin, P. (1995). Using open-ended interview to determine why Puerto Rican students drop out of school. *Journal of Multicultural Counseling & Development*, *23*, 158-170.

▶ CHAPTER 10

(주)가우디(1999). 왕따리포트. 서울: 우리교육.
강동욱(1999). 학교폭력의 원인에 대한 고찰. 형사정책, 11, 263-283.
교육부(2020). 2020년 학교폭력 실태 조사 결과 발표.
구본용(1997). 청소년의 집단따돌림의 원인과 지도방안. 서울: 청소년대화의 광장.
구자순(1996). 학원폭력, 어떻게 이해할 것인가? 때리는 아이 맞는 아이. 서울: 청소년대화의 광장.
김준호(1997). 학교폭력의 실태와 대책. 범죄방지포럼.
보건복지부(2020). 자살예방백서. 서울: 보건복지부.
사회통계국(2014). 2014사망원인통계결과. http://kostat.go.kr/portal/korea/kor_ko/5/2/index.board?bmode=read&aSeq=348646.
성문주(2020). 학교폭력예방 및 대책에 관한 법률 개정 내용과 함의. 디지털융복합연구, 18(2), 121-126.
여성가족부(2014). 폭력 유형별 피해 생애경험률 집단비교. 서울: 여성가족부.
오윤선(2006). 청소년의 이해와 상담. 서울: 예영 B&P.
한국청소년개발원(2006). 전국 청소년문제 행동 실태조사 연구. 서울: 한국청소년개발원. p.124-150.

김영지(2016). 한국 아동 청소년 인권실태 연구Ⅵ: 2016 아동 · 청소년 인권실태조사 통계. 세종: 한국청소년정책연구원.

Cohen-Sandler, R., Berman, A. L., & King, R. A. (1982). Life stress and symptomatology: Determinants of suicidal behavior in children. *Journal of Academy Child Psychiatry*, *21*, 178-186.

Corvo, K. N. (1997). Community-based youth violence prevention: A framework for planners and funders. *Youth & Society*, *28*(3), 291-316.

Olweus, D. (1978). *Aggression in the school: Bullies and whipping boys*. Washington, DC: Hemisphere.

경찰청 http://www.police.go.kr

대검찰청 http://www.spo.go.kr

청소년폭력예방재단 http://www.jikim.net

통계청 http://kostat.go.kr/portal/korea/index.action

_____ http://www.nso.go.kr

학교폭력대책국민협의회 http://www.ttastop.org

SBS뉴스. 2007년 6월 8일자

_______. 2015년 3월 11일자

▶ CHAPTER 11

교육과학기술부(2014). 2013년 2차 학교폭력 실태조사 분석결과 발표자료.

교육부. http://www.moe.go.kr/web/45859/ko/board/view.do?bbsId=294&boardSeq=51534 2015. 10. 4. 인출.

김기환(1996). 시설아동을 위한 심리, 정서치료개발 방향. 한국아동복지시설연합회 제21회 아동복지세미나 자료집. p.34.

박태영(1998). 아동복지시설의 기능 개편에 관한 연구. 사회복지개발연구, 4(3), p368-384.

보건복지부(2020). 아동복지시설현황. 서울: 보건복지부.

서울신문. http://go.seoul.co.kr/news/newsView.php?id=20151118016016. 2015. 11. 17. 인출.

손혜옥 · 최외선 · 이미옥(2008). 시설 청소년의 자립 준비도에 영향을 미치는 변인. 한국가족복지학, 13(4), 185.

신혜령 · 김보욱(2011). 시설청소년의 자립지원프로그램 효과성에 관한연구. 미래청소년학회지, 8(1), 29.

이경상(2011). 시설청소년의 자립준비실태. 청소년학연구, 18(10), 341.

이현주(1999). 아동시설의 프로그램 운영 실태와 관련 요인. 한국아동복지학, 8, 59-78.

교육과학기술부 http://www.mest.go.kr

대검찰청 http://www.spo.go.kr

보건복지부 http://www.mw.go.kr

여성가족부 http://www.mogef.go.kr

▶ CHAPTER 12

국가청소년위원회(2005). 청소년정책비전과 주요추진과제. 서울: 국가청소년위원회 · 한국청소년개발원.

김경준(2005). 외국의 청소년 복지정책. 서울: 한국청소년정책연구원.

김민(2015). 유럽 청소년복지정책과 사업이 우리나라에 주는 시사점: 프랑스와 독일을 중심으로. 미래청소년학회, 12(1), 169-191.

김향초(2005). 가출청소년의 이해와 지원프로그램. 서울: 학지사.

노병일 · 노대겸(2019). 청소년복지론. 서울: 양성원.

노용오(2005). 청소년 지도사가 쓴 청소년복지론. 서울: 구상.

법률 제15988호(2018. 12. 18., 일부개정), 청소년복지지원법(약칭: 청소년복지법).

여성가족부(2018), 제6차 청소년정책기본계획(2018-2022). 서울: 여성가족부.

________(2020), 2019 청소년백서. 서울: 여성가족부.

청소년보호위원회(1998). 외국의 청소년보호 프로그램 I, II. 서울: 청소년보호위원회.

____________(2001). 가출청소년보호 법 · 제도 연구. 서울: 청소년보호위원회.

____________(2002). 미국 가출청소년 프로그램의 이해. 서울: 청소년보호위원회.

한국청소년개발원(1993). 외국의 청소년복지정책연구–미국과 일본을 중심으로. 서울: 한국청소년개발원.

Boots, S.W. & Geen, R. (1999). Family care or foster care? How state policies affect kinship caregivers, The Urban Institute, series A. no. 1-34.

Crosson-Tower, C. (2001). *Exploring child welfare: A practice perspective* (2nd ed.). New York: Allyn & Bacon.

DfES(Department for Education and Skills) (2005). *Common core of skills and knowledge for the children's workforce*. Nottingham: DfES.

Galey, G. A. (1995). JJDP Act: A second look, *Juvenile Justice*, *2*(2), 11-18.

Green, J. M., Ringwalt, C. L., & Iachan, R. (1995), Shelters for runaway and homeless youths: *Capacity and occupancy*, *Child Welfare*, *74*(4), 549-561.

Thornberry, T. P., Huizinga, D., & Loeber, R. (2004). The causes and correlates studies: Findings and Policy implications. *Juvenile Justice*, *15*(1), 3-19.

저자소개

조성연 연세대학교 대학원(Ph. D.)
호서대학교 유아교육과 교수

유진이 명지대학교 대학원(Ph. D.)
평택대학교 아동청소년교육상담학과 교수

박은미 연세대학교 대학원(Ph. D.)
서울장신대학교 사회복지학과 교수

정철상 명지대학교 대학원(Ph. D.)
호서대학교 청소년문화 · 상담학과 교수

도미향 숙명여자대학교 대학원(Ph. D.)
남서울대학교 아동복지학과 교수

길은배 경희대학교 대학원(Ph. D.)
한국체육대학교 스포츠청소년지도학과 교수

21세기의

청소년복지론

초 판 1쇄 발행 2021년 8월 13일
초 판 3쇄 발행 2025년 2월 5일

지 은 이 | 조성연 · 유진이 · 박은미 · 정철상 · 도미향 · 길은배
펴 낸 이 | 김기섭
편 집 인 | 이혜란
펴 낸 곳 | 창지사 www.changjisa.com
08589 서울시 금천구 가산디지털 1로 83 파트너스타워 1차 9층
전화 (02)719-2211~3
팩스 (02)701-9386
등 록 | 1977년 4월 28일 · 제1-421호

ISBN 978-89-426-1455-4 (93330)

값 23,000원